郑彭年 著

中国历代强国梦

天津出版传媒集团
天津人民出版社

图书在版编目(CIP)数据

中国历代强国梦 / 郑彭年著. -- 天津 : 天津人民出版社, 2019.10

ISBN 978-7-201-15368-1

Ⅰ. ①中… Ⅱ. ①郑… Ⅲ. ①中国历史-通俗读物 Ⅳ. ①K209

中国版本图书馆 CIP 数据核字(2019)第 215567 号

中国历代强国梦

ZHONGGUO LIDAI QIANGGUOMENG

出　　版　天津人民出版社
出 版 人　刘　庆
地　　址　天津市和平区西康路 35 号康岳大厦
邮政编码　300051
邮购电话　(022)23332469
网　　址　http://www.tjrmcbs.com
电子信箱　reader@tjrmcbs.com

责任编辑　岳　勇
装帧设计　明轩文化 TEL:23674746 ·李晶晶

印　　刷　天津旭丰源印刷有限公司
经　　销　新华书店
开　　本　710 毫米×1000 毫米　1/16
印　　张　27
插　　页　4
字　　数　350 千字
版次印次　2019 年 10 月第 1 版　2019 年 10 月第 1 次印刷
定　　价　78.00 元

▲ 新疆楼兰王国西端部的尼雅遗迹

◀ 新疆拜城县克孜尔石窟壁画
▼

▲ 汉朝与罗马接触的终点站海城(在黎巴嫩西顿)

▲ 唐风壁画（日本高松冢古坟出土）

▲ 宋风雕刻（日本镰仓长谷大佛）

◀ 中国台湾台南市孔庙

▲ 北京国子监（辟雍）建于乾隆四十九年（1784）

序　言

中华民族是个优秀的民族，历史悠久、文明古老。自古以来就是按照人类社会发展规律和自身的国情创造自己的历史，走出了一条与西方社会发展相异的道路。至唐代，中国封建小农经济高度发达，使中国的科学文化一直处于世界领先的地位，创造了光辉灿烂的古代文明，中国成为世界文明的中心。然而从宋代开始，国运趋向衰微。至明清两代，由于世界历史发展特定的诸多因素，造成经济停滞不前，社会发展落后，人民生活贫困。许多仁人志士纷纷寻求救国救民的道路并付诸实践，掀起了一个个改良和革命运动，全身心地致力于民族复兴。由于晚清颓势已不可避免，尽管国人亟亟自救，最后不免覆亡的命运。但是民族复兴的传承给中国梦提供了最具体、最现实、最清晰的历史解读，以激发我们的爱国情，传承我们的强国梦，重铸辉煌的中华盛世，其意义重大。

人类拥有智慧及丰富的想象力，说人类的文明和进步从梦想开始并不过分。近代世界大国的兴起大多如此，日不落帝国的英国梦、金元帝国的美国梦、彼得大帝的俄国梦、铁血宰相俾斯麦的德国梦、明治维新的日本梦等便是其例，中国也有自己的“梦”，只是与他们大不相同，而且是社会主义的和平崛起，不可同日而语。

中国梦并非是当前从零开始的，它不仅传承了历代仁人志士的自强梦，还感性地描绘出中华民族的锦绣前程，可以说是继往开来。它给个人梦提供了广阔的空间。宏大叙事式的国家梦也是具体微小的个人梦。国家梦最终是由一个个鲜活的个体梦汇聚而成。人民是追梦、寻梦、圆梦的主体。他们在开垦国土、扩大版图和发展经济中，在多民族国家的形成以及在抗御外侮中，做出了巨大的贡献。

本书爱国主义色彩强烈，读之可以激发我们热爱祖国之心，以增强我们的理论自信、道路自信、制度自信、文化自信，在习近平新时代中国特色社会主义思想引领下，不忘初心，牢记使命，高举中国特色社会主义伟大旗帜，决胜全面建成小康社会，夺取新时代中国特色社会主义伟大胜利，为实现中华民族伟大复兴的中国梦不懈奋斗。

本书写作和出版，承蒙郭峰、唐海明两位先生及桐乡志愿者协会义工委员会诸同志在各方面鼎力相助，不遗余力，谨在此表示衷心谢忱。

桐乡郑彭年谨记

2019 年 1 月

目录

第十四章 太平天国的金田起义梦

第十五章 李鸿章的“自强”“求富”梦

第十六章 清德宗的变法维新梦

第十七章 中华民国先行者的革命梦

中国先民的开荒梦

北京人

北京人石器

原始社会

山顶洞人塑像

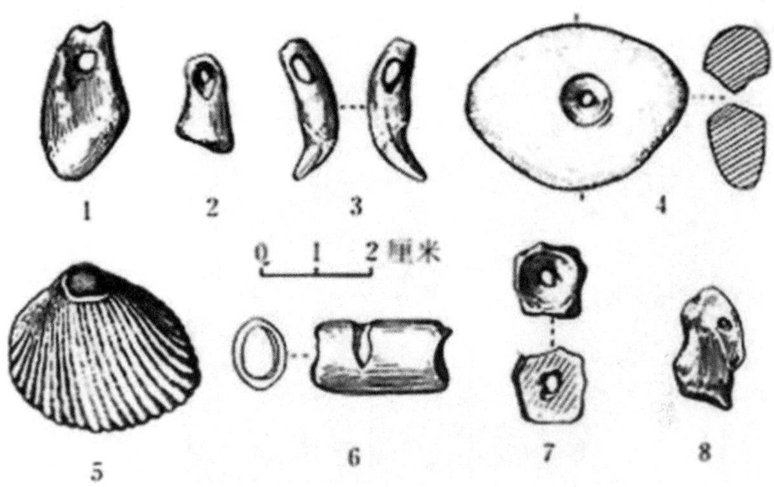

山顶洞人石器

彩陶文化

黑陶文化

几何印陶文化

良渚文化

余姚河姆渡文化

1.中国原始居民

据学者推论,蒙古人种可能是北京猿人的嫡系子孙。但他们生养滋息的地区不是在北京周口店一带,而是在广漠的蒙古大内海周围。从地质上考察,今天的蒙古沙漠和陕北产盐区曾是太古时代的热带大内海,气候适宜,森林茂密,鱼类兽群丰富,足以养活一个较大的原始人族群,给他们提供了分途发展的基础。中华人民共和国成立初期在内蒙古沿边的怀来、怀仁、绥德、靖边、榆林、左云、归德堡及内蒙古哲里木盟(今通辽市)等地发现了许多动物化石,如象、马、牛、鹿、披毛犀等,全是代表上新世晚期至更新世初期的热带动物,与"猿成人"的历史年代相当,给蒙古起源说的推论提供了有力证据。

至于蒙古人种从内海分途发展的情况,根据现存的文化遗址,大致可以探索出其移动方向。最早向东南移动的一支,约在五六十万年前居住在今河北平原,留下了周口店遗址,后持续发展,演化为渤海系统的商族黑陶文化。其次为向西南移动的一支,约在二十万年前居住在今鄂尔多斯草原,留下了河套遗址,再经持续发展,演化为陕甘系统的夏族彩陶文化。再次为向北移动的一支,游牧于贝加尔湖一带,约在二万年前居住在今东北北部,留下了扎赉诺尔、顾乡屯遗址,形成了独立发展的东夷系统文化。其后又分一支,从该地向西南移动,约六千年前,居住在今内蒙古河套地区,留下了赤峰、林西遗址,发展为后来的北狄系统文化。此外还有从夏族分歧转化的西羌文化。以上种种大小血系,统由蒙古人种一脉派生出来,构成中国人种的主要成分,成为今日很多民族的直接祖先。如羌人为回族的祖先,狄人为蒙古族的祖先,夷人为满族的祖先。特别是夏商两族,自新石器时代起就不断接触、斗争和融合,逐步演进为汉人。

中华民族另一个主要成分是马来人种(又称南太平洋系人种)。它的骨骼构造和文化遗存,与蒙古人种有显著的差异,或许是爪哇猿人的嫡系子孙,约在旧石器时代由南太平洋向中国迁移。它的一支从越缅边境跨入云南,深入四川的广汉,形成今日苗、彝等西南少数民族的祖先。另一支沿东京湾海岸,进入闽广沿海一带,前锋直抵中国台湾、琉球和日本,形成今日黎、瑶、高山、百越等少数民族的祖先。

中国是一个多民族的国家,这个民族大家庭中的各个成员,都有其光荣的历史传统和自己特殊的贡献,尤其是近代以来革命斗争中大家担负了休戚与共的命运。这条民族纽带越来越紧,绝不容许分割。

2.旧石器时代原始居民的文化(前180万年——前1万年)

(1)旧石器时代文化的特征和分期

所谓旧石器时代,就是人类以打制的粗糙石器为主要生产工具的时代,这个时代的主要文化成就,首先是能够制造石器,其次是发明火并懂得使用火和管理火。旧石器时代文化,大体可分为早、中、晚三个时期。早期文化相当于直立人(化石有元谋人、蓝田人、北京人、和县人、沂源人等)创造的,中期文化相当于早期智人(化石有大荔人、长阳人、许家窑人、丁村人等)创造的,晚期文化相当于晚期智人(化石有柳江人、资阳人、山顶洞人、河套人等)创造的。

中国旧石器时代人类化石和物质文化发展,既有明显的阶段性,又有地区之间的不平衡性,如北京周口店出现骨器,辽宁海城小孤山有带鼻的骨针,但基本特征是以向背面加工的小石器为主。虽然旧石器时代人类生产力水平很低,活动范围有限,但文化还是传播到远方,朝鲜和日本的旧石器文化曾受到了中国东北旧石器文化的影响,甚至有人类迁移过去。

(2)生活生产状况——从采集到狩猎

巢居、造火、狩猎是旧石器时代文化发展的三大阶段,有巢氏、燧人氏、伏羲氏等人的出现及其流行的传说，正是旧石器时代人类生活生产的真实反映。尽管今天考古学发达，毕竟地下资料有限，我们还得把传说和古籍提升为资料。其中不少描述得朴素生动，简直是原始生活的写照。《韩非子·五蠹》说："构木为巢，以避群害。"似尚未脱离树上生活。《庄子·盗跖》说："昼拾橡栗，暮栖木上。"表述人类已一半转入地面生活。《墨子·辞过》说："就陵阜而居，穴而处。"这是人类从巢居到穴居生活的写照。该书又说，未知为衣服时，衣皮带茭，未知为饮食时，素食而分处。可证明人类基本上过着采集生活（朴树种子和植物槐根为食料来源），衣皮肉食不过是偶然的事。

继有巢氏之后出现了燧人氏，《世本》明说："造火者燧人。"从考古学上证明，旧石器文化中期人类已能造火（摩擦生火）。因而人类在燧人氏时代已进入以食鱼为主的渔猎生活。古籍中还有燧人氏教民以渔，伏羲氏教民以猎的记录，说明进入伏羲氏时代人们创造了投枪和弓箭，还创造了原始衣着、独木舟、地上房屋，同时学会了在任何一种气候下生活，分布到所有可居住的地方去，成为世界上唯一的主人。

(3)婚姻状况——从族内婚到族外婚

从许多记载和传说可以明白，原始社会的最初阶段，婚姻上确实是杂交。"男女杂游，不媒不聘"；"兽处群居，未有夫妇匹配之合"。这些就是当初血亲杂交时期的情形。据专家推论，中国原始人寿命一般很短，血亲杂交当为重要原因之一。不过这种婚姻持续时间不长，后被同辈互婚即兄弟姐妹集团互为匹配的血族群婚制取代。这种新的婚姻关系随着生产力发展又发生巨变，正式由族内婚转变为族外婚。这种新产生的婚姻形态叫作亚血族群婚，即在不同家族范围内互相共夫与共妻，严禁母方兄弟姐妹间的性关系。这种族外婚制的优越性，使人类血缘发生重大改变，进化为现代人的体格。北京周口店的山顶洞人就是处于这一历史阶段的晚期智人。

(4)社会组织——从原始群到氏族、血缘家族、图腾集团、母系氏族

人类的生活和生产(劳动),一开始就是集体的,集体生活劳动,集体脱离动物界而成为人,因而原始人群便是最早的社会组织。由于生存条件的限制,原始群的成员一般为30至50人,生活流浪不定,两性关系实行杂交。由于生产力向前发展,原始群必须扩大编组,后来便通过血族群婚制的实行,到处出现人数不等的血缘大家族,即所谓氏族。人们通过更多的人、更好的工具和更密切的合作,可以猎取更大的野兽,获得更丰富的生活资料,生产力大为发展。血缘家族实际上就是扩大了的原始群,后来不断向前发展,势必繁殖过多而分裂,由一个母亲群派生出许多女儿群。而女儿群一经分出,便同母群关系疏远,在新的地区独立生存发展,组成一个新的家族集团。与此同时,为了维持内部团结和对外联络,人类历史上第一次出现了图腾集团。图腾是这些家族集团的共同名称,是人类最早的姓氏,也就是构成这些家族所有成员的共同祖先。图腾的标志一般以动物为名,取自本地区最有威望的动物,如狼、虎、熊、龙等。子图腾从母图腾分出以后,往往以别种动物为其独特标志,于是便分成许多不同的姓氏(图腾)。中国图腾集团(原始的氏族)的出现大约在旧石器时代文化中期,繁荣期约在旧石器时代文化晚期,相当于晚期智人。

氏族是亚血族群婚(族外婚)的历史产物。由于生产力不断发展,有了相对定居的可能,刚分离出来的子图腾在更广义的血缘约束下,不再作单独个别的发展,继续依傍在母图腾或兄弟图腾的周围参加共同生产劳动。在共同经营的命运下加强了彼此之间亲属关系的纽带,成为相互结婚的对象。这样,进步的族外婚才有了经常的牢固的保障,才使以母系为中心的氏族公社有了组织的可能。显然氏族所包括的成员只能是从始祖母一派流传下来的各代姐妹群及其子女,氏族本身只是一个稳固的母系范围。中国从旧石器时代中期起,由于狩猎技术的进步和族外婚的实行,原来存在的许多图腾集团都转化为以母系为中心的氏族,母系社会应运而生。从原始群到血缘家族、图腾集团,再到母系氏族的过程,当然是缓慢的、渐进的。这几种原始的社会组织是联系人类的纽带,后来进一步发展,使我们的祖先逐渐离开了“兽处群居”的动物界,进入了人类自己的社会组织。同时还出现了按年龄性别的个体劳动分工以及近亲氏族间的生产协作,人的力量更大了,这一切变化当归功于人类的伟大劳动,劳动创造人是千真万确的。

3.新石器时代原始居民的文化(前1万年——前3500年)

(1)从旧石器时代向新石器时代渡过

新旧两石器时代不是直接交替的,其间有一个过渡时期,人们将它称为中石器(细石器)时代。旧石器时代人类以采集现成的天然产物为主,制造的工具主要用来辅助采集。而新石器时代则人类经营畜牧业和农业,人类学会以自身的活动来增加天然产物生产的方法。也就是从单纯攫取天然产物的掠夺经济转变为以种植农业和饲养家畜为主的生产经济,这种转型过渡就是中石器时代。

中石器时代最大的特点是石器向细小化发展,有石刀、石镞、石钻等。其制作办法采用间接打击法和压削法,比旧石器时代采用直接打击法制造的要进步得多。以细小石器作为生产工具,反映了当时人们的生产活动对劳动工具有了新的要求。那些很薄的小石片镶嵌在木柄或骨柄上,组合成复合工具,刃口锋利,起到了想象不到的功用。弓箭的发明也是如此,大大提高了捕获野兽的能力,使狩猎成为劳动生产的一个部门,同时使人们将暂时吃不了的或弱小的猎物饲养起来成为可能。后来逐渐将野生动物驯育为家畜,为畜牧业的产生打下基础。中石器时代采集仍是与狩猎捕捞并重的生产部门,人们在长期采集活动中懂得了植物生长规律,逐渐掌握栽培植物的技术,为进入新石器时代迈出了关键性的一步。

中国中石器时代遗址,早先有内蒙古的扎赉诺尔顾乡屯、林西、赤峰等遗址，还有辽宁锦西沙锅屯遗址。后来有河南许昌的灵井和陕西大荔的沙苑两遗址。

(2)新石器时代文化的特征

根据考古学,新石器时代的一般特征是:出现长期定居的村落、生产工具使用磨光的石器、烧制陶器,以及经营原始农业和畜牧业。与旧石器时代相比,采集、狩猎、捕捞等生产活动已退至次要地位,文化大为发展。

在原始社会中,石器一直是主要生产工具。人们为满足生产和生活的需要,不断改进石器制造工艺,使石器更加适用,因劳动对象和生产方式相异,对工具的要求也不同,于是出现了许多种类繁多,形式各异的石器。新石器时代虽然出现了磨制石器,但使用的主要是打制石器。磨制石器制作粗糙,只是刃部略加磨光,磨制方法一般是利用砺石加砂面蘸水研磨。将器物刃部或器身磨光可减少使用阻力,提高工作效率。这是工具制作中的一大进步,可见人类智力在不断发展。出土石器中大部分是农业生产使用的,有石铲、石刀、石镰、石斧。石斧上下大呈梯形,斧头大致为半圆形。此时用于粮食加工的石磨盘、磨棒和木制工具锛、凿等也出现了。骨质工具在这个时代生产中起了很大作用,主要用于狩猎、捕捞、纺织、缝纫等部门,种类有镞、锥针、匕首、梭镖、凿子等。

陶器是新石器时代的主要标志。陶器的发明和使用，是人类继发明火之后又一划时代的进步。以前人类主要吃烧烤食物,甚至生食,发明了陶器以后人们可以熟食,大大地改善了体质,加快了脑力的发展。创造陶器既反映了定居生活相对稳定,又反映了由于生产力发展而对贮藏物品的迫切需要,同时还反映了劳动分工日益精细,社会进入了母系氏族社会的繁盛期。新石器时代遗址很多，主要的有黄河流域的仰韶文化和长江流域的河姆渡文化、罗家角文化。

(3)原始农业、手工业和商业的出现

人类文明的产生与农业的出现和发展息息相关。一般来说，采集是人类生产活动的开始,但并不等于生产经济的真正开始。旧石器时代人们虽然已知制造和改进劳动工具,发展了狩猎生产,获得了较多的生活资料,但当时社会生产仍以采集现成的天然物为主,人们的劳动工具只是作为采集的辅助手段,还不懂再生产。因而真正生产经济的产生,必须有待于畜牧业和农业的发轫。畜牧业的发明是狩猎经济发展的结果,农业的发明是家畜饲养引起的结果,弓箭的出现象征着动物驯养的开始,一环套一环。所以蒙昧时代弓箭出现的意义同野蛮时代的刀剑和文明时代的枪炮一样重大。

黄河流域是中国文明的发祥地,也是世界上农业最先出现的地区之一。黄土地带的气候虽然干旱,年降水量较少,但土壤保水供水性能良好,而且土壤中含有较高的自然肥力。同时雨水集中在夏季,有利于抗旱作物(如粟)的生长。从各遗址发掘出来的文物来看,石器有刀、镰、斧、凿、磨盘、磨棒等农业生产工具,陶器有贮存粮食的鼎、釜、罐等。还有聚居的村落,房屋里有存放粮食的窖穴,其中残存大量粮食(河北省武安县磁山遗址)。由此可见,农业已在当时居民的生活中占据重要地位了。

长江流域的下游是河流冲积和湖沼淤积的平原,地势低平、水网密布、气候湿润,很适合农业,特别是种植水稻。浙江余姚的河姆渡遗址和桐乡的罗家角遗址是很著名的,再现了新石器时代的农业社会。

河姆渡遗址发掘面积达两千六百余平方米,出土陶器大部分是存放粮食的容器,还有大量木盆、木碗、木工具。木工具有铲、矛、匕、槌、桨、器柄。这些木工具打磨光滑,上面还刻着精美的花纹。这里的骨器,主要是生产工具,农耕、渔猎和手工工具一应俱全。以动物胛骨为材料制作的耕具有一百七十余件之多,种类繁多,功用不一。

河姆渡居民住在木结构的地面建筑内,它是一种高干栏式的长屋,上面住人,下面堆放杂物。其建筑方法很先进,以桩木为基础,上架横梁,构成架空的建筑基础,再在其上铺设楼板,在楼板上立柱、作墙、盖顶,木结构之间使用榫卯。在居住区发现了大量炭化稻谷,有的地方还有米粒。这是我国迄今最早的人工栽培稻。

在桐乡罗家角遗址的居住区内发现了炭化稻谷,陶器中夹杂着大量稻壳。稻谷经鉴定,为籼、粳两种。从以上两遗址表明,新石器时代晚期江南已大面积栽培水稻了。

随着农业的发展,陶器制作也成为原始手工业的一个重要部门,不仅种类繁多(饮食器、贮藏器、水器、炊器),而且造型和装饰也达到了新的高峰。仰韶彩陶是中国史前文化成就的标志,也是世界历史文化的珍品。

与陶器制作的同时,纺织编织也成为手工业的一个部门。纺织物、编织物的制作方式、程序和质量已发展到一定的水平。从出土陶器上的印纹可以知道,当时纺织品的织法和纱线的粗细已经差不多达到现代农家纺织的平纹布水平。

随着原始农业、手工业的发展,出现了原始交换关系。而这种关系必须在有食物储备的情况下才能发生,还必须通过氏族或部落领袖在一定协议下进行实物交换。"日中而市"就是这样的原始商业。

(4)宗教信仰:图腾崇拜

人类的原始宗教,最初只能是采取"万物有灵论"的自然崇拜的形式。这是人类对自然界威力无知与无能的反映,随着生产力的发展便从泛神论转变为对一定物质形象的崇拜,即图腾崇拜。"图腾"一词来源于印第安"totem",意即它的亲属、它的标志。因而图腾的第一个意思是"亲属",人们认为氏族人都源于某种特定的动物,与它有亲属关系,于是图腾崇拜便与祖先崇拜联在一起,《史记》说"天命玄鸟降而生商"(商族的祖先是玄鸟),就是这个意思。图腾的第二个意思是"标志",起到标志作用,具有团结群体、密切血缘关系、维系社会组织和相互识别的职能。图腾标志最典型的是图腾柱,印第安人村落中多立有图腾柱。其次是旗帜,夏族的旗帜为龙旗。简而言之,所谓图腾,就是原始社会人们把某种动物或植物当作自己的亲属、祖先和保护神。相信它不会伤害自己,反而还会保护自己,并且能获得超人的力量、勇气和技能。因此人们非常尊敬它,将它当作神。氏族、部落等社会组织均以图腾为名,以图腾为标志,图腾便成为原始集团家族的共同姓氏。以上的图腾观念激发了原始人的想象力和创造力、衍生出各种文化现象,诸如图腾名称、图腾标志、图腾禁忌、图腾外婚、图腾仪式、图腾生育信仰、图腾化身信仰、图腾神话、图腾艺术,等等。这些文化现象统称为图腾崇拜。

(5)龙图腾崇拜

中国的龙具有图腾的基本特征,它是各民族共同崇拜的图腾神。《说文解字》对龙的解释是:"鳞虫之长,能幽能明,能细能巨,能短能长,春分而登天,秋分而潜渊。"传说炎帝、黄帝、尧、舜和汉高祖刘邦的诞生及其形象都与龙有关,是龙种、龙子。古越人也以为自己是龙种,故断发文身以像龙子。直至今天,还在说我们是龙的传人或龙的子孙。这些都是龙图腾祖先观念的残余。至于龙图腾神观念更为普遍,大多数民族都把龙视为保护神。这种龙图腾观念的源流,可追溯到6000年前的新石器时代。1988年河南濮阳西水坡M45遗址发现伴着用蚌壳铺设塑成"龙虎图案"的墓葬可以证实。

该墓主是一位壮年男子,在其东西两侧分别用蚌壳铺塑一龙一虎的图案。龙长1.78米,高0.67米,昂首曲颈弓身;虎长1.39米,高0.63米,怒目张口,作行走状。在M45之北,还有一合体龙虎,龙虎为一躯,虎背上还有一鹿。在这合体龙虎以南又有一蚌壳铺塑的龙,背上骑一人。西水坡之后,约3000年前后的三门峡市庙底沟文化晚期、内蒙古赤峰红山文化、杭州余杭良渚文化、山西襄汾陶寺文化,均发现龙的不同形象,分别由鲵鱼、猪、鳄的艺术形象演化而来。可见龙的形象及其观念的起源是多元的,不同考古文化的居民对龙的观念方面有存在不断的交往过程。因而龙的观念及其形象的艺术表现形式,反映了原始宗教的发展进程。西水坡遗址中龙的造型已相当完善,可见所表现的原始宗教已进入成熟的程度。因为对龙的崇拜并非起源于对某一动物的崇拜,龙是一种宗教信仰的标志,本身就是宗教意识形态加工出来并寄以依托的结果。

4.母系氏族社会的繁荣

新石器时代是母系氏族社会的繁荣期。这个时期社会劳动进一步分工,男子外出作战、狩猎、捕鱼、获取食料,女子在家里预备食物、衣服以及照管家畜、栽培农艺、制作陶器。男子在森林中,女子在家庭里,两性各自成为自己制造和使用工具的主人。正因为女子是集体家庭经常的操作者,又是下一代子女的唯一养护者,母系氏族制度才有发展的结实基础,才有传说中的"感天而生""知母不知有父"的记载。

关于中国大陆母系氏族社会的情况, 考古学家直到新石器时代晚期才发现汉族祖先自己的文化,即彩陶文化、黑陶文化和几何印陶文化。

(1)彩陶文化(夏族文化,约前5000—前3000年)

进入新石器时代晚期,中华民族骨干——汉族的祖先正式在黄河流域登场。其文化被普遍发现。它就是彩陶文化,因1921年首先在河南渑池仰韶村发现,故又称仰韶文化。彩陶文化分布于甘、青、陕、豫、晋诸省(黄河流域),遗物有生产工具和日用陶器两大类。生产工具以磨制的石器为主,常见的刀、斧、锛、凿等,打制石器仍占一定的数量,骨器相当精致。日用陶器以细泥红陶和夹砂红褐陶为主,细泥红陶上常有彩绘的几何形图案或动物形花纹。彩陶制法上的特点是:泥质细腻平底手制,主要形式为瓶罐钵等,少数三足器。陶器表里光滑,饰纹繁多,窑温较低。磨光和施彩的工作,都是陶坯将干未干时进行;烧成以后,一般都在红色陶底上出现深红色或黑色的花纹。有的是先涂白衣,再施彩绘,其中以淡橙红色陶底最为美观。如此精美绝伦,既实用又美观的工艺品,不得不赞叹我们祖先的智慧。

当中原地区彩陶文化发展到顶峰时,东进为黑陶文化(商族文化)所阻,北进为细石器文化所拒,于是在今天的长城沿线和豫鲁晋三省的交界线上,到处留下了两种不同的混合文化遗址。这说明当时中国大陆上有几条文化主流互相冲突、互相渗透,唯有彩陶文化的创造者,在中原立足,成为真正的主人。这个主人是谁?据研究,他就是夏族(夏族虽不是创始者,但是重要继承人)。从地理位置来看,夏族活动的范围,与彩陶文化的分布区域相当。夏都安邑就是西阴村遗址所在地。

再从历史上来看,"商汤灭夏"以后彩陶文化突然衰落,这是彩陶文化被黑陶文化征服所致。夏族创始于黄帝族,由黄帝族一脉发展而来,但在商族强大的武力征服下立刻衰退,这典型地表现在中原的制陶工业上。那时陶器向黑陶、灰陶转化。再者在安阳小屯附近出土的彩陶很粗糙,纹饰退化,可见彩陶文化的兴衰实在是夏族势力消长的反映。

彩陶文化的主人除了制作彩陶和使用磨制的石器外,还使用骨器,如骨锥、骨针、骨刀、骨簇等。他们饲养大批家畜(猪、马、牛最多),发明了蚕丝(西阴村遗址发现蚕茧化石),过着定居的村落生活,属于母系氏族社会。

彩陶文化除中原地区外,还在山东、福建和江苏北部,甚至广东、香港、辽宁、新疆等边远地区也被发现,表明当时汉族的祖先夏族不但占有中原,并且其势力不断向边远地区扩张。

(2)黑陶文化(商族文化,约前2800—前2300年)

发生于东海海滨的黑陶文化比彩陶文化稍晚,是中国新石器晚期的一种文化。1928年首次发现于山东章丘龙山镇的城子崖,故又称龙山文化,分布于黄河中下游。黑陶的特点是:质细胎薄,形式复杂(有较多的三足器),大多轮制,少数手制或范制,饰纹简朴,窑温较高。最典型的黑陶是:陶胎极薄,表里漆黑,而且有光泽,被称为蛋壳陶,精品大多在城子崖出土,但黑陶工艺发达的顶峰,仍以日照两城子产区为代表。这里的黑陶,无论轮制技术还是成品质地,大大超过彩陶。不过总体说来，除城子崖、两城子遗址外，次品多而精品少。大多数成品，泥质含砂，陶壁粗厚，表面呈黑灰色，光泽不强。黑陶种类很多，有扁足舌足的鼎、高足的豆、扁嘴带柄三空足的鬲(古代炊具，样子像鼎，足部中空)等。除陶器外，在城子崖下层遗址中还发现三百多件石器，有石刀、石斧、石锛、石锤、石镰、石凿、石磨、石矢等。此外还有二百多件骨角器，如骨针、骨锥、骨凿、骨矢、骨鱼叉、骨簪等。更难得的是有许多蚌制的工具，如蚌锯、蚌镰等。在所有出土物中，最有文化意义的是16件无字卜骨。

黑陶文化的发源地和发展中心都在山东半岛，如青岛、滕县、临淄、城子崖、两城子。其后向西南北三个方向发展，进行多面扩张。其中向西的一支，与河南的彩陶文化角逐争雄，楔入彩陶文化的中心区域，以渑池县仰韶村作为最后的对峙点。向南的一支，通过豫向皖北发展，过淮河渡长江，东南向沿海发展，在杭州湾一带逐步繁荣起来，留下了良渚、金山卫等遗址。最后向北的一支，越过渤海到达辽东半岛，留下了羊头洼遗址。黑陶文化的繁荣期就是彩陶文化的衰落期，这显然是商灭夏在文化上的反映。

黑陶文化的居民除制作黑陶日用器具外，还从事农业和畜牧业(饲养猪、狗、牛、鹿)，掌握了较好的纺织技术，开始建筑原始的城墙。从发现的无字卜骨看来，黑陶文化实在是殷商小屯文化的先驱。“殷人尚鬼”的习俗，在黑陶文化中就有其渊源。根据碳14法测定，河南地区的黑陶文化年代是前2800至前2300年之间，属于父系氏族社会。

(3)几何印陶文化(吴越文化，前4800年—公元初)

在新石器时代我们祖先在中国北方创造了彩陶文化和黑陶文化，在南方也创造了自己的优秀文化，那就是南方沿海的南太平洋系的几何印纹陶文化。它分布于浙江、江苏、广东、福建等省。江浙两省发现的遗址较多，代表地点：浙江有余杭、萧山、平湖、嘉兴、桐乡、海盐等，江苏有金山、奄城、湖熟等。其中良渚最为著名，称为良渚文化。这种文化自成一系,被视为吴越本位文化,又叫吴越文化。

良渚的印纹陶分布在地面和农耕土层中,构成无数明显的小区域。陶器上的纹饰分印纹、刻纹两种,都为美观的几何图形,早期的有回纹、格纹、水浪纹、米字纹等二十多种,晚期的有钱纹、蛇皮纹等五六种。陶器的泥质和制法比较低劣,形式也很简单,只有罍、瓮、瓿等数种,少数带有褐黄色的薄釉。广东海丰出土的陶器也很多,但没有良渚的典型。随同印纹陶一起出土的石器,有磨制的石斧(爪形、梯形)、石杵、石镞(菱形)及有孔的石环。这些石器过去在闽广以北很少发现,近来在江西樟树镇、长沙五里牌、杭州老和山等地也有少量出土,可见新石器文化在江南分布的大势。

这里要特别提出的是浙江余姚的河姆渡文化 (前 5000 年—前 4500 年)属于新石器早期。它的陶器形状以圆底为主,有釜、罐、盆、钵和支脚(釜和支脚是主要炊具)。纹饰有绳纹、印纹、刻纹,还有美丽的几何形装饰花边,以及写实的图案(如游鱼水草图)。河姆渡遗址的房屋为干栏式建筑,即用方木、圆木和木板打出成排的桩,在桩上架龙骨,铺地板,再在其上立柱盖顶。有榫卯结构,地板采用企口板拼接方式,具有较先进的木作技术。值得注意的是河姆渡文化中发现大量稻壳、炭化米粒和稻草朽灰等。此外还发现用水牛肩胛骨制作的挖泥锹,表明当时水稻耕作已有一定的规模。家畜饲养也较普遍,主要是猪和水牛。石器制作粗糙,种类不多,有斧、锛、凿之类。骨器木器数量多,且种类复杂。其中有木桨,说明当时已有水上交通。

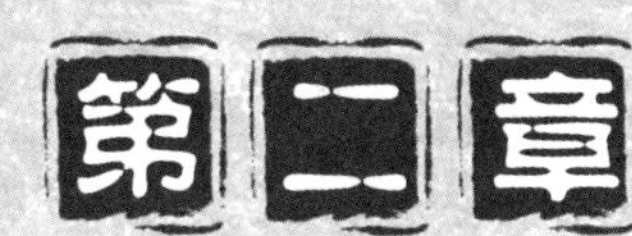

第二章 春秋战国诸子百家的学术梦

孔　子

墨　子

老　子

庄　子

1.时代背景:王权衰落与诸侯争霸

西周封建领主王朝的基础是建立在周初大封建(封土建国)之上的,形式上是统一了,但由于封建的生产关系和生产组织存在着极大的封锁性和割据分散性,只能是形式上的统一,不能达到真正的中央集权。天子与诸侯间的正常联系只能通过宗法和婚姻来维持,而体现这个封建秩序的是贡纳制度。一旦出现危机,只能怀柔说服,天子不可能组织一支强大的军事力量来解决。在这种离心力的根本危机下,周室趋向式微不可避免。穆王以下,历共、懿、孝、夷诸王。其颓势已不可挽回。加之外族压迫加剧,周天子在戎马仓皇中从镐京迁于西郑(今陕西华县),再迁于槐里(今陕西兴平市)。后来虽经"宣王中兴",因私田生产占优势动摇了井田制度,仍然走下坡。前 781 年宣王死,幽王即位以后天灾不断,加之废申后及太子宜臼而立褒姒及其子伯服,诸侯不服,引起危机爆发。前 771 年申侯勾结犬戎,入侵周室,杀死幽王及其子伯服,西周灭亡。

前 770 年周平王东迁洛邑,周室纲纪进一步解体,天子威望扫地,政治中心从天子移向诸侯,霸政代替了王权,中国历史进入春秋时代。具体地说,就是"强国众,合强攻弱以图霸;强国少,合小攻大以图王"。强国的陆续出现是产生霸权的基本前提。春秋时代的基本特点是王室式微、诸侯内讧、蛮夷戎狄威胁,也就是所谓"戎狄交侵""蛮夷猾夏"。春秋时代有 148 国,齐、晋、秦、楚及吴、越疆土最大,为一等国;鲁、卫、郑、宋次之,为二等国;陈、蔡、许、曹又次之,为三等国。一等国为主盟国;二、三等国也有权参加盟会,通称列国;其余小国只对宗主国服役,不能对外独立行动。主盟国中齐、晋、楚、秦先后称霸,吴、越续霸。霸主名义上是尊王攘夷、团结互助,实际上是加强对小国的榨取和奴役。其手段是"上挟天子,下令诸侯,外行仁义,内图私利,以盟会歃血为前奏,以谲计暴力作后盾"。即所谓"挟天子以令诸侯"的霸主们的典型作风。

春秋霸政的递嬗,形式上表明诸侯国力的消长,实质上反映社会自身发展的规律。这是中国封建社会从低级走向高级,从分裂走向统一,从领主统治走向地主统治的必由之路。春秋霸政的基本实质,就是封建兼并扩大进行。原来井田制度是比较狭隘的、固定的、机械的,把一定的人口编制在一定的土地上,但历时稍久,人口繁殖起来,土地不够分配,直接影响到劳动生产者及家属的生存,不得不向外发展寻求出路,这是领主发动战争的天然动力。战争一经发动,农民被组织起来参加战争,阶级矛盾暂且缓和,领主也满足了贪婪的欲望,可谓一举两得。春秋初年大小国家不下二百,兼并结果,所剩不足十分之一,其激烈程度可想而知。此外,兼并战争还使散居在中国内部和四境的外族遭到征服和融合。其中如陕西境内的诸戎为秦国所灭,杂居晋豫的诸戎分别为晋楚所灭,强大的赤白两狄主要为晋国所灭,群蛮、百濮和淮上诸夷主要为楚国所灭。整个春秋一代是齐、晋、秦、楚四大强国争霸的过程,也是华族自身不断发展壮大的过程,最后连秦、楚两国也都基本华化了。历史证明,正是通过这样的兼并战争,中国历史才可能从分散走向统一,封建兼并本身虽是对统一的否定,但兼并结果又使历史走向统一。

春秋后期,晋国的姬姓贵族大部分没落或灭亡,造成异姓贵族争权,即赵、韩、魏、智氏四家和范、中行两家之间武力争夺晋国统治权。首先范和中行两家战败而逃奔齐国,土地被四家平分。后来智氏被三家消灭,尽分其地,即所谓三家(赵、韩、魏)分晋。前403年,周威王赐命韩、赵、魏三家大夫为诸侯,补办了追认手续。从三家分晋开始,中国历史便进入了战国。战国史是春秋史的延长,领主兼并全面扩大,领主作为一个阶级逐渐壮大,迈步走向胜利。

战国是七国(秦、韩、赵、魏、楚、齐、燕)争雄的时代,是春秋争霸局面的延续和发展。尊王攘夷、团结互助的口号早已成为过去,霸主们企图挽救封建领主垂危的统治宣告失败。代之而起的是地主政权的秦和山东六国的领主地主混合政权之间的斗争,是更大规模的军事屠杀和更多曲折的外交角逐。战国 182 年的政治情况基本如此。

2.社会经济的发展

(1)铁的发明和进步

中国的铁何时发明,很难考证。不过从铁字古文“銕”来考证,“銕”是从“金”,从“夷”。从造字命义看,中国古代冶铁术先由东夷发明,后来才被华族采用。因为从西周到东周(春秋战国),华夷杂居,而华族诸侯中最先学会用铁的正是山东的齐国,管子(管仲)的书中曾多次提到盐铁的国有。《管子·海王》篇说:“一女必有一针一刀、若其事立;耕者必有一耒一耜一铫,若其事立。”《管子·地数》篇又说:“山上有赭者,其下有铁。”可见齐国境内铁器使用相当普遍,而且连开矿采冶技术也知道。《国语·齐语》篇引管子说:“美金以铸剑戟,试诸狗马。恶金以铸锄、斤,试诸壤土。”铁在金属中光泽最差,“恶金”应是指铁,“试诸壤土”应是铁耕的创始。《管子·小匡》篇说:“美金以铸戈、剑、矛、戟,试诸狗马;恶金以铸斤、斧、锄、夷、锯,试诸木土。”两者差不多,不过《管子·小匡》篇把铁器的使用范围扩大到手工业部门了。

齐国正式推行并扩大铁的采冶事业,当在齐灵公灭莱以后。叔夷镈铭文说:“余命汝司余斯其莱徭役陶铁徒四千,为汝隶寮。”叔夷是当时齐国掌管官府冶铁的工正,仅叔夷手下就有铁工 4000 名,而且全部由莱夷担任,可见当时冶铁业之盛况。此与希腊人向赫梯人学会冶铁的故事相似。

随着时代发展,冶铁技术不断进步。铁的熔解点比铜约高 1/3,即铜为 1064 摄氏度,铁为 1520 摄氏度,必须提高炉温。于是改进鼓风设备,发明了叫作橐(大皮囊)的鼓风器,鼓风与炉结合,就是现代的鼓风炉。再加上模范和锻锤,便构成了冶铁技术的全部内容。《管子·地数》篇记载:“出铜之山四百六十七,出铁之山三千六百九。”此数字虽不可信,但反映了当时铁的产量和用途比铜宽广,不论农具、手工业工具，还是家庭日用器具，都使用铁器，兵器更不用说了。春秋战国（东周）时代出现了许多冶铁中心，如吴的干溪（在太湖旁，出名剑“干将”）、越的若耶（出名剑“莫耶”）、魏的绛邑、秦的川蜀、齐的临淄、赵的邯郸、韩的邓饰（今河南孟州市）和龙渊（今河南西平）等地。韩的龙渊宝剑最为典型。

铁器的发明大大提高了生产力，为深耕易耨（锄草）创造条件，同时替代了铜的地位。后来铜开辟了新的领域，向钱币和镜方面发展。

(2)农业的发达

铁耕的出现，对农业生产是一次巨大的革命。铁耕非但推广了牛耕，而且改进了休耕。休耕方法是：上等土地，田百亩则休耕（生草）五十亩；中等土地，田百亩则休耕百亩，即两年轮休一次；下等土地，田百亩则休耕二百亩，即三年轮休一次。这种休耕方法比较原始。后来魏相李悝加以改进，以作物轮植代替土地轮耕。这反映社会生产力向上发展，也是铁耕所引起的结果。不过铁耕最重要最直接的后果是掀起一个开荒运动，各国境内的荒地沼泽得到开垦。著名的有河南的荥泽、圃田泽、孟诸泽，山东的菏泽、巨野泽、雷夏泽，淮泗地区的沛泽，河北的巨鹿泽，山西、河南交界的大陆泽等。开垦运动有官垦和私垦两种，不论何种形式，都是铁器发明的结果，否则披荆斩棘的开垦无法进行。

同样，所有水利灌溉工程也是与铁器使用分不开的，许多大水利工程均有赖于铁制工具的使用。如鸿沟的开凿（最早由郑宋两国开凿）。它从荥泽引济水，东至开封，南下经淮宁，由颍入淮，贯穿和灌溉了郑、卫、曹、宋、陈、蔡六小国。又如吴王夫差开凿的刊沟和黄沟，其中刊沟纵通江淮，构成日后大运河的骨干。

在变法后的秦国，开凿了沟通泾、洛二水的郑国渠和划分内外岷江的都江堰。郑国渠开凿后，使陕北耕地面积大大扩充，从此关中不愁缺粮，惠及子孙万代。都江堰位于川北灌县。杰出的水利专家李冰，根据人民长期治水的经验，创造了一种竹笼装卵石的离碓，砌成分水的堤坝,将岷江分为内外二江,永远安流,至今仍是成都盆地灌溉和交通的命脉,在世界水利史上应该大书特书。

(3)手工业和商业的发达

西周初期,以自给自足的领主经济为基础,手工业生产只是作为家庭副业而存在,唯有官办的工奴手工业生产占绝对优势,垄断着工艺技术,专门替诸侯公室服务,其中掌握监督生产大权的仍然是百工、工师、工尹和工正。这样,手工业生产必然受到限制,停滞不前。

春秋战国中期,生产力迅速发展,社会需要手工业产品也普遍增长,成群的手工业者从农业分离出来,集中在各国的城邑,开设大大小小的工场,进行手工业生产,并设店铺出售。但独立手工业者的出现,未曾破坏农民的自给自足经济,产品远不及工奴制造的。不过随着社会经济进一步发展,商业市场进一步扩大,以及生产技术进一步提高,特别是铁制工具的使用和百工技艺的传播,为独立的手工业生产开辟前进的道路。于是各种各样的手工业部门产生了,分工进一步细化,如制轿的、制鞋的、织布的、造矢的、装甲的、攻染色的、治棺木的、制炉的,五花八门。尤其是铁兵器的使用,极大地促进冶铁业的发展,出现了许多名门工匠,如赵国的郭氏、卓氏,魏国的孔氏,鲁国的程氏、丙氏,即以冶铁发家,成为富豪。再者,各国都有自己的名牌产业,如韩的弓箭、吴越的刀剑、邯郸的冶铁、临淄的制陶、长沙的锡器、豫章的黄金、齐的桑麻纺织、合肥的皮革等。与此相应,各行业的巧匠辈出,如离娄和鲁班,尤其是鲁班(即公输般)被尊为木匠的祖师,相传发明了木作工具,创造攻城的云梯和磨粉的硙。

春秋战国后期,官营手工业也相当发达,其中以齐国为最。当时齐国官营手工业共分木工七部、金工六部、皮革工五部、设色工五部、刮磨工五部、陶工两部。大致官营工业以兵器和军需品为主,其余是日用消费品和奢侈品。如需求量大,由私营手工业辅助。

农业手工业分工扩大的必然结果是商业发展。采邑与采邑间、地域与地域间、国家与国家间，都需要商品交换。而商品交换最初只有两种形式，一是官方垄断的商业行为，一是城乡生产者自动进行的直接交换，独立商业当然是后来才出现的。那些独立商人，一部分来自脱离农业生产的农民，一部分来自“食官”商贾的解放，另一部分来自士大夫这一低级贵族的转业。商品经济战胜自然经济是历史必然，故独立商人的出现毫不足奇，是封建社会经济持续发展中的必然现象，不由任何自由意志所转移。

商业的发展必然带动货币的发展，中国最早使用金属货币始于西周，但真正使用是从战国时代开始，后来逐渐发展，成为市场活动的主流，而货币形态也层出不穷。货币形态按国别分有以下四种：第一种是周秦的钱（圆廊方孔），重约半两，魏赵沿黄河一带也使用；第二种是三晋的镈（歧头耕具形），即常见的“布”（有圆脚布、方脚布和尖脚布多种）；第三种是燕齐的刀币（马刀形），燕刀多铸有“明”字，故又称“明刀”；第四种是楚国的方币，一称“斤”，每斤含16个等分的小方格，每格重1两。以上许多货币，形制复杂，其形状几乎都是从工农业生产工具脱胎而来。如镈币和刀币是耕具的象形；方（斤）币是井田的图案；钱币是环形石斧的演化。总之，中国古代货币灿然多样，在世界古币中最为突出。

3.学术从官学向私学转换

春秋战国（前770—前256）之际，社会的大动荡引起文化学术领域的大变化。原来保存在官府的《诗》《书》等典籍散落在民间。原来只能由供官职的人传授，现在可以在私人间传习，甚至主要在私人间传习。私人讲学成为风尚，于是各派学术兴起，大大提高了学术研究的水平，开创了百家争鸣的新时代。孔子是私人讲学的重要倡导者，也是私人讲学风尚中最有成就的，最有代表性的，对后世影响巨大。墨子略后于孔子，他创立了墨家学派，与孔子的儒家学派并称为“显学”（即著名的学派）。孔子（前551—前479）名丘，字仲尼，鲁国陬邑（山东曲阜）人。

少贫且贱，做过委吏（司会计）和乘田（管畜牧）等事。学无常师，聚众讲学，从事教育活动。后周游列国，整理《诗》《书》等古代文献，并把鲁史官所记《春秋》加以删修，成为我国第一部编年体的历史著作。弟子相传先后有三千余人，其中著名的有七十余人。他的教育思想是注重“学”与“思”的结合，提出了“学而不思则罔，思而不学则殆”和“温故而知新”等命题。主张因材施教，要有“学而不厌，诲人不倦”的精神。政治上提出“正名”的主张，认为“君君、臣臣、父父、子子”都应名副其实，名不实则言不顺。在维护贵族统治的基础上实行德治和教化，反对暴政，施行仁政。孔子的学说成为两千余年封建文化的正统，被尊为圣人。现存《论语》一书，记有孔子的谈话及孔子与门徒的回答，是研究孔子学说的主要资料。

墨子（约前468—前376）是墨家的创始人，名翟，宋国人，后长期住在鲁国。曾学习儒术，因不满其烦琐的礼另立新说，聚徒讲学，成为儒家的反对派。他反对儒家的天命和爱有差别的学说，力主“兼相爱，交相利”，不应有亲疏贵贱之别。墨子本人更有“摩顶放踵，利天下为之”的实践精神。他的“非攻”思想，反映了当时人民反对掠夺战争的意向。他的“非乐”“节用”“节葬”等主张，是对当时贵族“繁饰礼乐”和奢侈享乐生活的抗议。他重视生产，强调“赖其力者生，不赖其力者不生”。初步认识到劳动是人类生活的基础。他认为“官无常贵，民无终贱”，企图用上说下教的方法说服统治者，以改善劳动者与小生产者的社会地位、经济地位。他的思想有唯物主义的倾向，是中国唯物主义的先驱。他的弟子很多，以“兴天下之利，除天下之害”为教育之目的。现存《墨子》53篇，为研究墨子和墨家学说的基本资料。

4.学术思想的繁荣

(1)儒家哲学

支配中国封建社会长达3000年的权威思想——儒学，是崇奉孔子学说的重要学派，其创始人为孔子。

儒家学说主要是祖述尧舜，宪章（效法）文武（周文王和周武王），崇尚礼乐和仁义，提倡忠恕及不偏不倚的中庸之道。政治上主张德治和仁政，重视伦理道德教育。战国儒家有八派，重要的有孟子、荀子两派。汉武帝独尊儒术后，不同时期的儒家学者，为适应当时的需要，从孔子学说演绎出各种儒家学派。如在汉代，有以董仲舒和刘歆为代表的今古文经学及谶纬之学；在魏晋，有王弼、何晏以老庄思想解释儒经的玄学；在唐代，有韩愈为排佛而倡导的儒家"道统"说；在宋明，有兼取佛道思想的程朱派和陆王派的理学；清代有汉学、宋学之争和今文经学和古文经学之争。总之，在历代儒家经典中蕴藏着巨大的古代思想文化宝库，现代人享用不尽。

贯穿整个儒家思想体系的精髓就是"中庸之道"。这一高明玄妙的哲理，体现在政治要求上是无党无偏的"王道"；体现在做人要求上是无过无不及的"中庸"。中的对立面是不同的两极，故人品修养要不狂不狷；讲语文修养要不野不史（文质彬彬）；讲工作作风要善于进其所进，退其所退；讲政治原则要懂得"民以君为心，君以民为体"；讲人际关系要父子以慈孝相维，君臣以仁忠相许，兄良则弟悌，夫义则妇德。再者，"中"没有常（固定）位，随时推移，因而事物两端间处处是中，也处处非中。这样若能把握中的妙用，便可称为"得圣之时""素位而行"。这实在是至高极难的美德。

中庸之道体现在思想指导原则上，仁是无所不包无所不当的高贵品质。这种高贵品质表现在对人的关系上是"博施"，表现在自我修养上是"克己"，表现在工作态度上是"力行"，表现在学习方法上是"好学"，表现在言语技巧上是"木讷"，表现在做人风格上是"刚毅"。总而言之，"仁者人也"，仁就是最高的做人之道，仁的中心精神是自我的谦抑和对人的友爱。中庸之道体现在行动实践上，除"克己"以外便是"礼"。仁是礼的内涵，礼是仁的外限，两者一表一里，相辅相成；没有礼的规范则仁将泛滥无归,没有仁的准则礼也徒成具文,所以知礼贵在守仁,行仁必须蹈礼。

把仁和礼运用到政治上去就是仁政和礼治,对人民施仁政是关键。首先要做到“民有恒产”不愁冻饿,然后再在社会富庶的基础上推行教化,这就是所谓礼治。孔子毕生收集古典,创造性地加以整理,厘定为《诗》《书》《易》《礼》《乐》《春秋》6部经典,流传于世。这份宝贵的遗产成为我国整个封建时代社会生活思想的指导力量。

儒学的中庸性,主要是在行仁,重视人的实践,不离人而言天,不离行而言知, 这种显著的人文主义倾向是仁的特色:“省刑爵, 薄税敛”;“节用而爱人,使民以时”;反对暴政,和为贵。

孔子不仅是个哲学家,还是个杰出的教育家,相传弟子三千人,著名的有七十余人。他的学习方法大致可分五大步骤,即博学、审问、慎思、明辨、笃行。尤其在自学方法上,“温故知新”“见贤思齐”“不耻下问”“举一反三”“知过必改”“学而不思则罔”等名言,给我们许多宝贵启示。孔子被历代尊为大圣人,当之无愧。

孔子死后,其学说分为八派,重要的是孟子、荀子两派。孟子一派强调恢复先天具有的“是非之心”,达到天人合一的境界;提出“仁政”思想,提倡“以德服人的王道”,反对 “以力服人的霸道”。荀子一派则从儒家立场吸取道家的自然观点和法家的法术思想,形成以儒家为主兼容各家的思想体系,政治上主张王、霸并用,礼、法双行。若将两者加以比较,则孟子主张性善,荀子主张性恶;孟尊仁义;荀隆礼法;孟法先王,荀法后王;孟谈天人合一,荀谈人定胜天。有人认为孟子保守,荀子进步,但不见得如此,随时代而定。

(2)墨家哲学

墨家哲学反映了广大劳动人民的思想意识,其创始人是墨子。

春秋战国之交,社会制度激烈变动,士以下的自由民阶层,也要求取得社会上的地位,以作为自己经济利益的保障。自从官学下移之后,社会文化主要被士阶层掌握，自由民阶层中的个别分子，因社会地位接近，可从士那里学得一些文化，墨子是其中的杰出代表者。自由民要求从自给到小康的经济生活，要求从妥协到合作的政治环境，只着重阶级关系调整，不主张斗争，所以在墨子的著作中充满说教的气息，所采取的工作方法也只是上说下教。因此墨子的学说才能在当时社会上公开传播，建立与儒学敌对的学派。

墨家学说的特点是："贵实行不贵文采，重口说不重著书。"其中心思想是"兼爱"。墨家的兼爱与儒家的博爱完全不同，儒家博爱首先亲亲，如石子投波，越远越淡；墨家兼爱是无差别对待，如春风过境，一视同仁。其次，儒家的老老幼幼，推己及人，是把博爱行仁归结于道义；而墨家不惜摩顶放踵以利天下，把"兼相爱"建立在"兼相利"的基础上，物质先于精神，有了物质才能谈得上爱。最后儒家施爱除宗法关系外别无准则，而且只局限于上对下的施舍；墨家兼爱的宗旨是"必中万民之利"才算合理，偏重于抑强扶弱的互助。总之，兼爱学说，以保障劳动生产利益为中心，主张人与人之间普遍展开互助，具体做到"有余力以相劳，有余财以相分"。共劳共享，成为墨家的最高理想。由此出发，墨子坚决彻底地攻击儒家的礼乐。他在《墨子》的《节用》篇、《节葬》篇、《非乐》篇中批判了封建领主的奢侈纵欲生活，在《非攻》篇中反对非正义的封建战争，提出了以庶民为本位的空想社会制度，在当时社会起到了震撼作用。

墨子的兼爱思想还体现在政治主张上，那便是"尚贤"和"尚同"。"尚贤"要求人选合理，"尚同"要求制度改革，两者合一便构成理想的庶民政治——"官无常贵，民无终贱"。他企图以上说下教的方法说服当时的王公大人，以改善劳动者、小生产者的经济地位和政治地位，必使"饥者得食，寒者得衣，劳者得息，乱者得治"。由于墨子学说的平民性和大众化，深受平民欢迎，弟子众多，以"兴天下之利，除天下之害"为教育目的，尤重艰苦实践，服从纪律，对当时思想界影响很大。不过后来秦汉统一中国之后,集权政治进一步强化,墨学被歧视,最后遭到禁绝。

(3)道家哲学

道家是以老子、庄子关于“道”的学说为中心的学术派别。道家之名,始见于汉马司谈的《论六家之要指》一书,称为“道德家”。《汉书·艺文志》称为道家,列为“九流”之一。传统认为,老子是道家的创始人,庄子则继承和发展了老子的思想。如果再上溯,则有杨朱的“全性葆真”说,宋研、尹文的“情欲寡浅”说,田骈、慎到的“弃知去己”说,这些都是接近道家的思想,为道家先驱。老子姓李名耳,楚国苦县(今河南鹿邑人),是《道德经》(即《老子五千文》)的作者。书中用“道”来说明宇宙万物的演变,提出了“道生一,一生二,二生三,三生万物”的观点,认为“道”是“天莫之命(命令)而常自然”的,故“人法地,地法天,天法道,道法自然”。“道”可以解释为客观自然规律,同时又有“独立不改,周行而不殆”的永恒绝对的本体的意义。《道德经》运用了朴素辩证法,达到纯熟的地步。它提出“反者道之动”的命题:“正复为奇,善复为妖”;“祸兮福之所倚,福兮祸之所伏”。一切事物都有正反两面的对立,而且对立面互相转化。一切事物的生成变化都是有和无的统一,所以“天下万物生于有,有生于无”。

老子学说的精髓是“无为”,无为的妙用在于消解矛盾,阻滞事物发展。提出“无为自化”“无事自富”“无欲自朴”的道理,主张无为而治。无为而治的最高典范就是法天,天素来是无为的,天对人不加干涉,听任万物滋长。同样,愈是勤于为政的,人民必愈见穷困,从而全面否定现存的制度及一切有为的政治,必须“绝圣弃智”“绝巧弃利”“绝仁弃义”而一切归于素朴。由此进一步发展,提出了“小国寡民”的空想社会制度,让人们回到社会和谐的公社式农业生活。此外,老子的处世要术是“知其雄,守其雌”;“知其白,守其黑”;“知其荣,守其辱”。这些是“取守”间的辩证运用,也叫“柔弱胜刚强”,“无为而无不为”,“积极的退却”。不精通正反易位的法则是不可能提出来这种观点的。

老子的学说是中国宝贵的文化财富，对中国哲学的发展有很大影响，后来唯物和唯心两派都从不同角度吸收了他的思想。

庄子(庄周，前 365—前 290)，宋蒙邑(河南商丘)人，是老子学说的重要继承者。他的辩证法不是采取老子的正反循环法，而是齐一万物的相对论，取消对立，把是非、美恶、成败、荣辱和生死等同起来，消灭时间空间的差异，把自己导入浑混无知的境界，最后通过"去知"，提高到"忘我"，使物我同归于一。其处世要术是泯除是非，跳出是非的纷争，永远休止在自然的均衡上。政治上倡导反礼法，任自然，彻底破坏现存秩序。他说"圣人不死，大盗不止"；"人之君子，天之小人。"一切文物制度都要摧毁，最后要埋没人类的理性，毫无自主地与天地万物共生共长，超脱现实，回到无人的世界里去。其结果只能是颓废堕落，自我毁灭。

(4)法家思想

法家起源于春秋时的管仲、子产，发展于战国时的李悝、商鞅、慎到和申不害等人。商鞅重"法"，申不害重"术"，慎到重"势"。至战国末期，韩非认为商鞅"徒法而无术"，申不害"徒术而无法"，慎到则偏于"自然之势"，都是不完全的、片面的。韩非子把法术势三者有机地结合起来，提出以法为核心，建立一套完整的法治理论，集先秦法家学说之大成。

法家主张"各当时而立法，因事而制礼；礼法以时而定，制令各顺其宜"，要求巩固封建土地私有制度，建立统一的君主国家。提出重农抑工商的观点，提倡耕战政策，以农致富，以战求强；厉行严刑峻法，在法律面前，小民和大吏完全平等；监察官吏职守，建立官僚制度。法家为实现其主张，曾和旧贵族进行激烈的斗争。法家主要著作有《商君书》和《韩非子》等，对后世法学思想影响很大。

第三章

秦始皇的皇帝梦

秦始皇

秦始皇陵兵马俑前锋队列

兵马俑个体像

铜车马

1.秦国的崛起

(1)崛起的原因

春秋战国之交，新兴的地主经济已在各个领主国家内部萌芽，并取得不平衡的发展。一切建立在领主经济基础上的政治制度和社会制度，都成为历史发展的障碍，新旧秩序的矛盾正在显现并进一步深化，到处都在酝酿着政治改革，变法运动已成为时代的普遍要求。其中著名的有战国初年魏、楚两国的变法。

著名法家李悝任魏相多年，他的著作《法经》6篇成为秦汉以后立法的样板。他大力兴修水利，提倡精耕细作，讲求平籴欢农、调剂丰歉等惠农政策，不久魏国果然富强起来。但魏国没有从根本上废除井田制度，所以此次变法没有产生质的变化，富强的基础不稳固，只能暂且缓和一下社会矛盾。吴起是李悝的同学，前387年由魏投奔楚，楚悼王用以为相，实行变法。他主张疏散贵族，实行移民；开源节流，加强国防；屏除说客，统一舆论；厉行法治，集权中央。显然他的改革是指向楚国以王族为首的顽固保守集团，必然遭到反动贵族攻击。结果悼王死后，吴起立即被射杀并肢解。李悝、吴起两人都是由儒而法，志在改革社会。但当时魏、楚两国领主贵族势力太大，经济上又倾向保守，两者虽有不同程度的进展，变法均宣告失败。

然而如此先进的地主制经济改革却在偏僻落后的秦国取得了成功。商鞅变法以前，秦国地广人稀，生产落后，2/3的土地尚未开发。前408年才开始征收实物地租，迈出地主制经济的第一步。前378年才开始建立正规的市场，商品经济初次露面。政治上内乱激烈，国君经常被杀，前375年才开始着手编制户籍。文化上还残留着父子兄弟同居一室的戎狄旧习俗，受到六国的轻视，战国诸子百家中找不出一个秦国人。军事上不能参与东方诸国的角逐，连本国东北的西河上郡都被魏国占领。然而在如此落后的国家，商鞅变法取得成功，这似乎是奇迹。

其实不然，正因为原来的领主经济基础薄弱，推行新的地主制经济阻力较小，所以才可以顺利发展并取得成功。这也是秦国崛起的根本原因。我们从后来的历史也可以证明，凡先进富强的国家难以发动革命，而落后贫穷的国家革命往往取得胜利。

(2)商鞅变法

前 374 年，秦献公自雍迁都栎阳，秦国势渐强。前 364 年，秦在石门(陕西高陵县)打败三晋军队，国势大振。前 361 年秦孝公即位，以尊官封土为招引，下令广泛求贤，卫国公孙鞅西上入秦应聘，公孙鞅本是卫国没落贵族，曾师事李悝，以刑名学事卫相公叔痤。公叔临死时曾把他推荐给魏惠王，但不用，于是应召入秦。初受到冷遇，商鞅以惊人的雄辩折服了孝公，前 359 年孝公任命商鞅为左庶长，授以全权变法。秦从简公时代开始采用实物地租，农业有了一定的发展，后来又开辟了商市，重编了户籍，为变法创造了条件。商鞅变法分两步走，前 359 年到前 351 年是第一步，也是准备阶段，主要是消极地破旧。其内容如下：

一是整编户口，以五家为伍，十家为什，各自互相纠察，及时举报。这样既可清查坏分子保障社会治安，又可直接控制农户收回领主贵族使役下的大量劳动力。

二是改组家庭，反对大家庭制度。兄弟父子之间都要析产分居，各立门户。这样既可废除戎狄旧习限制家族中父权的发展，又可消除依赖想法提高劳动积极性。

三是提倡务农，奖励男耕女织。凡经营工商业者，同贫穷懒汉一样，连同妻子没为官府奴婢。这样既可限制商人高利贷者兼并土地，又可由政府独占工商业，增强国家财力。

四是奖励军功，激发为公而战的正义感。建立首功制，战场上斩首 1 人即赐爵 1 级。爵分 20 级，8 级以下为民爵，9 级以上为官爵。这样既可激发战斗士气提高杀敌效果，又可培养新兴地主阶级的实力。

五是削弱领主,废黜无军功的宗室贵族,撤销原有爵位及特权。只许坐食租税,不得干预民事。原有的领主贵族只能根据军功大小重定爵位。这样既可大大削弱原有领主贵族的基础力量,又可为新兴的地主经济开辟一条平坦的道路。

总之,第一阶段的改革是摧毁旧基础,奖励农战,培养国力。这当然与吴起在楚国变法一样受到以太子为首的领主贵族集团的反对,但商鞅在孝公的大力支持下坚持实行到底。新法实行不到十年,秦国气象一新,盗贼绝迹,民富国强。接着商鞅策动孝公迁都咸阳,前350年在新的政治环境中宣布了第二阶段的变法，提出了一系列建设性的改革:

一是建立地主经济:废井田开阡陌,土地准许自由买卖。保障合法的土地所有权,按亩数征收实物地租,租率为50%。这样便建立了新兴地主的所有权。

二是改组生产组织:废除旧有的领邑,普遍设立郡县,将全国的小都、乡、邑、聚等并编为41个县,设县令和丞治理。这样便正式建立了适合地主制经济的生产管理机构。

三是统一度量衡,废除旧有度量衡的名称,前344年铸造了标准的量器(即商鞅量)。这样便在制度上确保了地主阶级的利益。严格地说,自孝公六年(前356)正式下令变法,至孝公二十四年(前338)死,商鞅当权18年实行改革,成绩巨大,不仅农业生产迅速发展,商业也有长足的进步。前336年开始由国家铸造货币,这反映了当时商品经济的发育已趋向成熟。

(3)商鞅变法的历史意义

春秋以来，地主制经济从萌芽到茁壮是经过一段较长历程的,建立新的生产秩序已成为广大人民的普遍要求。秦国大力推行变法,正反映着这种历史趋势。变法胜利标志着中国封建社会开始从低级发展到高级,它使落后的秦国迅速强大起来,最后实现了全国的统一。这一生动的事例，再一次证明新生事物一定会战胜陈旧的历史规律不可逆转。秦在西周时代本为膏壤沃野的农业区，春秋以后因戎狄长期侵占，变农田为牧场，造成生产力衰退。秦称霸西戎只是军政上的绥抚，并非经济上的拓殖和开发，由于地力长期受到破坏，秦霸业一直没有进展，以致在变法以前基本上停留在半华半夏半戎狄阶段。具体地说，商鞅变法时秦国地广人稀，生产落后。商鞅提出“内急耕织之业，外重战伐之赏”，订出特殊优待条例（如给田宅、免兵役等），招徕三晋农民来秦开垦，专力耕织生产，以补劳力之不足。并在此基础上推广地主经济的先进农业技术。这样一来，秦国短期内将泽卤地区全部变成良田，生产面貌焕然一新。而商业交通也随之发展，东下河渭长江，南走巴蜀滇僰，西北通陇西上郡，以所多易所鲜。以上地区都纳入了秦的经济势力范围，使东进政策有了强大的物质保证。由此再经惠文王、武王、昭王、孝文王、庄襄王五世 117 年，由秦王政完成了统一大业。而商鞅以异国客卿坚持农战政策，亲手完成了推陈出新的历史性改革。他为了贯彻变法要求，始终坚持“刑九赏一”的严格的法治政策，以大无畏之精神完成使命。商鞅被杀是完全出于私念报复，他所领导的变法运动永远指示着历史前进的方向。

2.秦灭六国

(1)战国时代的形势

战国 182 年的基本形势是地主政权的秦国和领主地主混合政权的山东六国之间的斗争，是大规模战争和曲折多变的外交角逐。这里先记述一下七国的政治地理形势。

楚国疆域最大，人口最多，约 500 万，可出兵 100 万，占有江、淮、汉三大流域的主要地区，约为当今湖北、湖南全部，江苏、浙江、安徽大部，豫鲁赣陕川各一部。自长沙至江南为南楚，自彭城（徐州）至广陵（扬州）为东楚，自淮北至汝南为西楚，合称三楚。因受秦压迫，都城逐步东移，原在郢(湖北江陵县)，后迁陈(河南淮阳县)，再迁寿春(安徽寿县)。

秦国人口约300万，可出兵60万，有“雄国”之称。国土占有泾渭洛汧洮岷流域及河套地区，约为当今陕西全部、甘豫川湘鄂内蒙古各一部，地势险要，可守可攻。都城原在雍(陕西岐山)，后迁栎阳(陕西临潼区)，再迁咸阳。变法以后国富民强。

赵国疆域仅次于秦，人口约250万，可出兵50万，有“万乘强国”之称。占有河汾清漳等流域的重要地区，约为当今山西大部、冀豫鲁内蒙古各一部，地势险要，特别在山西境内，为兵家必争之地。都城邯郸。后又开拓北境，国土更广。

齐是濒海大国，人口约400万，可出兵70万，有“四塞之国”的称号。占有河济流域的重要地区，约为当今山东大部及河北一部，与中原关系非常密切。定都临淄。齐的地理位置远离强秦，有发展余地，在国际政治上与秦匹配，曾互称东西帝。齐文化优越，自由讲学风气兴盛。

魏是中原大国，人口约400万，可出兵70万，有“四平”“四通”之国的称号。占有富饶三河(河东、河西、河内)地区，约为当今山西西南部、豫鲁陕各一部。地势平坦，交通便利，但与秦近邻，成为秦军东进的首要目标。都城原在安邑，后迁大梁。

燕是东北新兴国家，人口约150万，可出兵30万，占有今河北大部、辽东辽西内蒙古一部。因国势弱小，外交上主要依附齐赵，军事上始终不能起到独立的领导作用。

韩在七国中疆域最狭小，人口约150万，可出兵30万，占有今河南中西部及山东一部。都城原在阳翟，后迁新郑。韩是秦魏的门户，秦东进，首当其冲，所遭战祸最惨。

从上述七国政治地理形势来看，秦雄居关内，极利战守。其他六国不易团结抗秦，而韩魏受祸最烈。赵虽与秦匹敌，但不能独当秦锋。齐燕距秦最远，又皆困于私斗。楚虽然是泱泱大国，但暮气沉沉，只图旦夕苟安。因而虽然六国土地六倍于秦,人口十倍于秦,仍不免被秦各个击破而亡国。

(2)外交角逐

秦国20年变法立竿见影,国势顿强,积极东进,魏国首当其锋。战国初年,魏曾多次西侵秦地,开拓国境,并沿洛水筑长城与秦接界。因此秦决心东进,必先击败魏在河西的军力。商鞅死后10年间(前338—前328)秦攻魏日益急迫,魏不得不连献阴晋(陕西华阴市)、河西、上郡三地,但仍不能遏止秦兵渡河。与此同时,韩国西境宜阳一带屡遭秦军攻击,丧师失地几无宁日,秦对山东六国造成严重威胁。于是合纵连横运动应运而生。所谓合纵就是弱国联合进攻强国,也就是指齐、楚、燕、韩、赵、魏六国联合抗秦。所谓连横就是跟从强国去攻打其他弱国,也就是指六国中的某几国跟从秦国进攻其他国家。另一种说法,南北为纵,六国地连南北,故六国联合抗秦谓之合纵;东西为横,秦地偏西,六国居东,故六国服从秦国谓之连横。前者为自救运动,后者为自全运动,这两条不同的路线都是历史现实要求的产物,不是谁想出来的。

合纵运动创始人洛阳苏秦,曾师事鬼谷子学习纵横术。初西游秦国,被惠文王拒绝。后北走燕赵,以赵为领导,以燕为根据地,组织了共同抗秦的攻守同盟。结果说赵成功,受封武安君,依次说服韩、魏、齐、楚。前333年纵约结成,苏秦身佩六国相印,在洹水上结盟,共推赵为纵约长,投纵约书给秦。秦大怒,次年遣使公孙衍策动齐魏反赵,纵约瓦解,苏秦在赵不能立足,先后投奔燕齐,无果而终。

连横运动创始人魏国张仪,曾与苏秦同学于鬼谷子,熟悉攻势,精于口才。初游说六国一无所获,后受惠文王礼遇,尊为客卿。前328年正式任命为秦相,发动外交攻势,实行连横政策。张仪以楚国为重点对象,以魏国为根据地,秦楚一旦联合,其他国家必然望风披靡。何况当时齐楚两国关系和睦,不拆散齐楚盟好便不能控制中原局势,故连横运动的先决条件是争取楚国。正好当时楚国当权派怀王及宠臣靳尚等昏庸无能,认贼为友,张仪的谋略得以实现。另外张仪成功的原因:一是善于运用秦国实力的支援,二是掌握楚国的内外矛盾。这样他才能威诈并行,并发挥魏国毗邻秦、楚的基地作用,连横运动最后取得胜利。张仪按计划依次以威胁利诱的手段游说韩、齐两国,最后全力动摇赵国抗秦的立场。赵国既然不再坚持抗秦,燕国也只能放弃。前311年横约结成,张仪回秦复命,未至咸阳,闻惠文王死便返回魏国为相,横约无形解散。

合纵连横运动是战国时代一场尖锐的外交角逐和政治斗争, 双方代表不同阶级的利益。即合纵是代表领主阶级的利益,连横是代表地主阶级的利益。合纵阵营外观强大,而内部虚弱,矛盾百出。连横阵营表面孤立,而内部团结一致,坚固结实。从另一个角度讲,此时中国已进入新旧两种封建势力的对决阶段。只有代表新兴地主制经济的秦国才是历史的主导力量。再者运动并非因苏秦、张仪个人失败而终止,张仪的连横政策以范雎的"远交近攻"和李斯的"惯用反间"的形式继续执行下去。而苏秦的合纵政策也被六国少数精英(齐国孟尝君、魏国信陵君、赵国平原君、楚国屈原和春申君)继续坚持下去。六国合纵攻秦共计六次:前318年为第一次,楚、赵、魏、韩、燕五国参加(发动人苏秦);前298年为第二次,齐、魏、韩三国参加(发动人孟尝君);前288年为第三次,楚赵齐魏韩五国参加(发动人李兑);前288年为第四次,六国全部参加(发动人苏代);前247年为第五次,楚、赵、魏、韩、燕五国参加(发动人信陵君);前241年为第六次,楚、赵、魏、韩、燕五国参加(发动人赵将庞煖)。此后六国已丧失合纵能力,战国历史进入尾声,只等秦军铁蹄东进了。

(3)军事统一

昭王时代,秦重用白起,授以对外用兵全权。前293年白起大败韩魏联军于伊阙(河南洛阳龙门山)。前278年白起灭楚国都城郢,打开了秦军东进的大门。前260年白起与赵将廉颇决战于长平 (山西高平市)，赵败后太行山险要全归秦掌握，赵从西境全线撤防。伊阙、灭郢、长平三大战役对秦统一大业具有决定性意义，白起"功高震主"。但由于在前 258 年攻打赵国邯郸战争中持不同意见，被范雎谗害，赐死于咸阳。可见当时秦虽然强大，然而统一条件尚未成熟。事实上秦前线损失严重，后方国内虚空，长期围攻赵都，在战略上十分不利，白起坚决反对围赵是正确的。然而在秦国内政局势微妙发展下，白起的英断却成了范雎陷害的借口。白起死后，秦国虽然基本上奠定了统一的局面，但赵楚两国尚残存一定的实力，诸侯间的团结互助较前有所增强。而秦军也因连年作战遭到较大损失，无形中将秦国统一的时间推迟了 20 年。这样，秦统一大业便落在秦王政肩上。

秦王政(即秦始皇)是庄襄王之子，前 259 年生于赵国邯郸(当时庄襄王在赵为人质)。前 247 年 13 岁时即王位，因年纪尚幼，国事由相国吕不韦处理。前 246—前 240 年秦继续对外战争，重点对象是韩、魏、燕三国，夺取韩 13 城，魏 20 城，燕 20 城。前 239 年长安君成蛟率兵攻赵，因成蛟反而兵败。前 238 年长信侯嫪毐反，秦王政发兵镇压，在咸阳交战胜利，俘嫪毐以车裂处死。吕不韦因嫪毐事件，免相回河南封国。后来秦王政恐怕吕不韦叛乱，赐书恐吓，要将他及家属流放蜀地。吕不韦恐惧，饮鸩而死。从此以后，秦王政独揽大权，王位得以巩固。

秦王政对六国的政策是改蚕食为吞并，采取李斯的建议，制定"先取韩以恐他国"的吞并次序。前 233 年韩王派遣韩非出使秦国。韩非一入秦就被杀于云阳。韩王畏惧，拜服称臣。前 231 年韩国献南阳地。前 230 年秦王政命内史腾攻打韩国，俘获韩王安，韩国就此灭亡。前 229 年秦王政命端和率兵包围邯郸。前 228 年秦王政命王翦攻打赵国，俘获赵王迁，赵国灭亡。前 226 年秦王政命王贲、王翦攻打燕国，陷蓟城，取得太子丹的首级，燕王逃奔辽东。前 222 年王翦奉命攻克辽东，俘燕王喜，燕国灭亡。前 225 年秦王政命王贲攻打魏，水灌大梁，魏王投降，魏国灭亡。前 224 年秦王政命王翦攻打楚国，俘楚王负刍，楚将项燕立昌平君为楚王。前223年王翦、蒙武大破楚军,楚王昌平君死,项燕自杀,楚国灭亡。前221年秦王政命王贲从燕南攻打齐国,俘齐王建,齐国灭亡。至此,韩、赵、魏、楚、燕、齐六国全部平定,秦统一天下。

3.秦帝国成立

(1)秦始皇称帝

秦代以前,最高统治者的称号为王。三皇(伏羲氏、燧人氏、神农氏)五帝之所以称帝是后世人尊敬推崇他们而添加的,实际上他们都是部落联盟的酋长。夏、商、周三代以来君主只称王,只有前388年秦昭王为拉拢齐国,自称西帝,并遣使尊称齐湣王为东帝。齐湣王为使天下爱齐恨秦,不久便去帝复为王。秦昭王无可奈何,只好去帝。其后秦国一直不敢称帝,一百多年以来始终称王。及至前221年秦王政统一天下,踌躇满志,认为继续使用“王”的称号,不足以显示自己胜利者的威严和至尊,便颁布第一道诏令《议帝号》,下达臣下。诏令这样说:“寡人以眇眇之身,兴兵诛暴乱,赖宗庙之灵,六王咸伏其辜,天下大定。今名号不更,无以称成功,传后世。其议帝号。”

丞相王绾、御史大夫冯劫、廷尉李斯等接到诏令立即与博古通今的博士讨论,将其结果上秦道:“陛下兴义兵,诛残贼,平定天下,海内为郡县,法令由一统,自上古以来未尝有,五帝所不及。臣等谨与博士议曰:‘古有天皇,有地皇,有泰皇,泰皇最贵。’臣等昧死上尊号,王为‘泰皇’。命为‘制’,令为‘诏’,天子自称曰‘朕’。”

秦始皇说:“去‘泰’,著‘皇’,采上古‘帝’位号,号曰‘皇帝’。他如议。”(《史记·秦始皇本纪》)这样,秦始皇便采纳臣下的建议,将原来的“王”改为“皇帝”。从此以后,“皇帝”便成为秦王政的称号,并为后世历代最高统治者所沿袭。春秋以前“皇”和“帝”大致多指上帝或天帝,到战国时才开始用作君主的称号,正式以“皇帝”作为人间最高统治者的称号始于秦始皇,其目的不外乎给自己披上神圣外衣,扮演

"神人",建立至高无上、主宰一切的人间上帝。不仅如此,他还规定了许多皇帝专用的名称,如采纳臣下的建议,规定皇帝的命为"制",令为"诏",自称为"朕"。以前常人也可称朕,现在成为皇帝独用的自称代词,其他任何人不得使用。又如皇帝的印章称为"玺",用玉制成,称为玉玺。秦始皇的传国玉玺由李斯书写,方四寸,其上雕刻五龙,其文为"受命于天,既寿永昌"。此外还有乘舆六玺,即皇帝行玺、皇帝之玺、皇帝信玺、天子行玺、天子之玺、天子信玺,都象征着至尊至上的皇权。

西周中期以来始行"谥法",即王国和诸侯国的君臣死后,后人可以按其生前的行为和表现给予相应的谥号。谥号有善恶褒贬之别,一般说来大多为褒奖。秦始皇认为这种后议其先、下议其上的做法对至高无上的皇权有抵触,便下制书说:"朕闻太古有号毋谥,中古有号,死而以行为谥。如此,则子议父,臣议君也,甚无谓,朕弗取焉。自今以来,除谥法。朕为始皇帝,后世以计数,二世三世至于万世,传之无穷。"(《史记·秦始皇本纪》)然而,他做梦也没有想到,秦代只传至二世就寿终正寝了。

(2)中央政府(朝廷)

中国封建政治体制可分为两个阶段:从西周至秦代为低级阶段,即领主分封制,地方分权,政令由领主(诸侯)出;从秦代至清末为高级阶段,即君主专制,中央集权,政令由皇帝出,天下之事不管大小皆决于上。正如《史记》所说:"以衡石量书,日夜有呈,不中呈不得休息。"但个人精力有限,不能事事躬亲,包办一切,因而与秦始皇登上皇帝宝座的同时,建立以秦始皇为最高统治者的朝廷。皇帝的意志为圣旨,他的决断为金口,圣旨和金口说一不二,不得更改,形成高度专制集权。这样的君主专制政体持续长达两千多年,成为历代帝王的榜样,贻害之深令人咋舌。

秦代朝廷主要由三公和诸卿组成,三公即丞相、太尉和御史大夫。

丞相金印紫绶,掌丞天子,助理万机。初设时首任丞相有槐状、王绾两人,后有右丞相冯去疾和左丞相李斯。本来丞相为百官之长、三公之首,但秦始皇在位时,不仅任免权操纵于皇帝一人之手,连政务也都听命皇上,并无决策权。太尉金印紫绶,掌管军事。但太尉这一官职文献上没有出现,按制度应该有,可能是没有选出担任这一职务的官员,这与秦始皇意欲独掌兵权有关。御史大夫位上卿,银印青绶,其主要职责是传达皇帝的诏令制书,接受公卿的奏章和管理图籍文书及记事,同时还监察百官,主办重大案件。御史大夫位次于相,辅佐丞相办理国政,但因与皇帝关系密切,成为皇帝的耳目和心腹。

三公之下有诸卿,分掌朝廷各项政务,习惯上称为九卿,实际上不止九卿,是个庞大的官僚集团,主要如下:

奉常:掌管宗庙礼仪,有副职。其属官有太宰、太史、太卜等,还有博通古今的博士,成员多达数十人。

郎中令:保卫宫殿和守卫门户,或侍从皇帝左右,即殿中侍卫,有副职。其属官有大夫、郎、谒者。大夫掌管论议,郎掌守门户和出充车骑,谒者掌宾客礼仪。郎中令官虽不大,但侍卫禁中,接近皇帝,地位重要。

卫尉:掌宫门之内的卫士,即统领皇宫的警卫部队,守卫宫门内,有副职。

太仆:掌管舆马,主要负责饲养和提供皇室车马,安排皇帝出巡时的车驾次序,有时还亲自执鞭驾车。

廷尉:掌刑法,依法治罪,也就是全国最高司法官。其属官有廷尉正和廷尉左、右监。廷尉在诸卿中特别重要,秦始皇的重臣李斯曾任此职,参与朝政,后来由此擢为丞相。

典客:掌礼宾,有副职。主要负责各国君王使臣及少数民族来朝见时的迎送接待。

典属国:掌蛮夷降者,即归义臣服的少数民族,其属官有九译令等。

宗正:掌亲属,有副职。主要负责皇族宗室和皇室外戚事务。

治粟内史:掌谷货,有两副职。主要管理朝廷钱谷租税的收入和支出,全国农田水利、农业行政、粟帛贮运等也由其兼管。

少府:掌山海池泽之税,以供皇帝及皇室之用。少府与治粟内史有区别,前者是掌握皇室财务,后者是掌管朝廷(国家)财政。少府有六位副职,其属官有尚书、符玺、太医、乐府、导官、中书、谒者等一大批,还役使为皇室和官府制作器物服饰的大量刑徒和奴隶。少府机构庞大,反映了秦朝加强皇权和皇室国家合二为一的特征。

中尉:掌京师警备,有两位副职。主要负责卫戍京师搜捕“盗贼”。中尉与尉卫的职掌各有侧重,中尉负责宫殿之外和京师之内的治安,卫尉负责宫中治安,两者构成以皇宫为中心的京师咸阳的卫戍系统。

将作少府:掌治宫室,包括营造宫殿、宗庙、陵园等工程及其绿化。有两位副职(丞)和左右中三位侯。因秦朝大兴土木,将作少府职位重要。

主爵中尉:掌列侯。主要负责具体实施秦朝的赐爵制度,管理该制度的有关事务。

其他还有侍中、给事中、中常侍等内朝官,如掌管皇后、太子家的詹事和所谓“皇后卿”的将行等宫官。秦代朝廷即国家,是君主专制政体的核心,也是皇帝独断独行的最高权力机关,它与下辖的地方郡县构成遍布全国各地的专制统治网络。

(3)郡县制的确立

秦帝国国土广袤,其疆域东到东海,西达甘肃西南部,南至湖南,北达辽宁东南部。如此广袤的领土如何管理,已成为执政者商议的一大课题。丞相王绾等认为,诸侯初破,燕、齐、荆地遥远,不将皇子分封为王,前往镇定便无法统制。他建议沿袭西周以来的分封制度,请立诸子,以封建国。秦始皇下令让群臣议论,结果大家同意王绾的建议,封子建国以藩皇室。唯有廷尉李斯不同意,他说:“周文武所封子弟同姓甚众,然后属疏远，相攻击如仇雠，诸侯更相诛伐，周天子弗能禁止。今海内赖陛下神灵一统，皆为郡县，诸子功臣以公赋税重赏之，甚足易制。天下无异意，则安宁之术也。置诸侯不便。"（《史记·秦始皇本纪》）李斯反对分封制而实施郡县制是正确的，既能安置诸子功臣又可协调统治集团内部的关系。而且春秋战国以来有许多国家采用过郡县制，秦国也实行过，后来凡新占领的地方都设置郡，如南郡、上郡及河东、太原、上党、三川等郡。最后秦始皇说："廷尉议是。"肯定了李斯的意见，于是秦初设置36郡，即上郡、巴郡、汉中、蜀郡、河东、陇西、北地、南郡、南阳、上党、三川、太原、东郡、云中、雁门、颍川、邯郸、巨鹿、上谷、渔阳、右北平、辽西、砀郡、泗水、薛城、九江、辽东、代郡、会稽、长沙、齐郡、琅玡、黔中、广阳、陈郡、闽中。再加上后来增设的南海、桂林、象郡、九原、东海、常山、济北、胶东、河内、衡山、鄣、庐江12郡，秦代共设48郡、近1000县。

郡县地方政府大致与中央政府朝廷相呼应，郡有郡守、郡尉和监御史，分掌民政、军事、督察地方官吏。县有县令或县长，以及尉、丞，都是直接受中央政府的任免和调动。县以下有乡，乡三老和游徼掌管教化和治安，还有啬夫掌管诉讼收赋税等行政事务。乡以下有里，设里正。里以下有十户编成的什和五户编成的伍。户是男耕女织的个体家庭，什伍是最基层的社会组织。

秦代由郡、县、乡、里组成的郡县制与西周以来的分封制的区别在于：一是封国的王位和贵族的职位都是世袭的，而郡守县令则可以随时由朝廷任免。二是郡县必须直接接受朝廷的命令和监督，而封国则不一定如此。秦帝国的郡县制是中国地方组织形式之滥觞，两千多年来尽管郡县、府县、州县等名称改来改去，但其实质不变，皆是中央集权之基础，也是秦始皇建造的政治金字塔的基石。居于塔尖的是皇帝，而压在塔下的则是受万恶的封建专制主义统治的劳动人民。

4.天下统一的各项措施

领主分封制时代，领主各自为政。造成各领区社会现象互不相同，影响施政。秦帝国成立以后，这种现象当然不允许再继续存在下去。为了树立大一统的规模和皇帝的权威，必须做出统一的规划和标准，过去没有的也要重新制定。

(1)统一法律、度量衡、货币、文字和风俗

中国第一部法律是前5世纪末魏国李悝制定的《法经》，商鞅变法时根据《法经》改法为律，着手制定法律。前221年重新增订，将《秦律》颁行天下。秦律的制定主要是为防止和镇压反秦势力，稳定封建统治秩序，特别重视惩治“盗贼”。这里所谓的“盗贼”往往是对农民反抗斗争和暴动的诬称。《秦律》虽然遗失，但从后代的刑法志中可知一二。如罪至死的刑罚有车裂、弃市、剖腹、枭首、戮尸、腰斩、凿颠、抽胁、镬煮、囊扑、坑、磔，以及族诛、三族俱诛等。罪不至死的有肉刑，如黥、刖、宫、劓等，还有黥为城旦(脸上刺墨罚做筑长城的苦工4年)、鬼薪(脸上刺墨罚做宗庙的苦工3年)、谪戍等，或服其他劳役。

由于秦国实行统一的度量衡，度量衡器比较一致。统一天下后便以秦制为基础推广到全国，统一了度量衡，结束了战国以来混乱的局面，对商品经济的发展和税收有莫大益处。

与度量衡一样，战国期间货币非常混乱，不利于商品交换和国家财政，亟待统一。于是帝国成立后立即下令统一全国货币。其主要措施有三：一是国家统铸钱，严禁地方和私人铸钱，违者除没收所铸之钱及钱范外，还要拘捕和严惩。二是法定黄金和铜钱为全国通行的两种货币。黄金为上币，以溢为单位，每溢为20两。铜钱为下币，圆形、方孔、有郭，直径一寸二分，重半两，即每钱重12铢，通称“秦半两”。三是废除六国的旧币，改铸秦的旧币，不准以龟贝、珠玉、银锡之类充当货币。秦代统一货币政策对后世影响很大，历朝以来国家都掌握铸币权，而钱的形状也保持着“秦半两”圆形方孔的模式。

“书同文”是帝国统一的一大措施，主要有三：一是以秦字为基础，废除与秦文不同的原六国的异体字。二是简化字形而把繁杂的大篆简省为小篆，作为全国规范的文字。三是推广小篆，命李斯作《仓颉篇》、赵高作《爰历篇》、胡毋敬作《博学篇》(均用小篆写成)，作为文字的样本。

“车同轨”是帝国统一的另一大措施。行车的轨道要求一致，有利于行军和商业，但战国时却不能做到。晋国曾要求齐国“尽东其敞”，可以使晋国车辆行驶于由西到东的道路上，遭到齐国的拒绝。现在全国统一了，秦始皇便有权力做到“车同轨”的理想。他规定“舆六尺”，车的大小相同。这样，车的轨道自然相同，不致产生道路宽狭不同、方向不同的问题了。

此外，会稽刻石铭文中有“禁止淫逸”，琅玡刻石铭文中有“令同父子”，前者是针对男女关系说得，后者是针对父子关系说得，其出发点都是匡正“异俗”，可见秦始皇对统一全国的措施何等用心良苦。

(2)修筑驰道、直道和出巡

秦帝国为加强中央集权，便于出巡视察和行文通信，在帝国成立的次年(前 220 年)修筑驰道。所谓驰道就驰骋车马的通道，中央供天子行驶，植树为界，两旁可以行人。路面宽阔(50 步)，路基高厚，两旁植树。驰道以咸阳为起点，有两条：一条向东，抵达今山东、河北和辽宁；一条向南，抵达今湖北、湖南，东南至今安徽、江苏和浙江。

8 年之后的前 212 年，又从咸阳北上，以甘泉(云阳)为起点修筑一条通向九原(九原郡治所九原县，今包头市西)的直道，全长约七百千米。监修人是统率 30 万大军，防御匈奴的蒙恬将军，可见其军事上的意义。

在修筑驰道直道的过程中，秦始皇为炫耀威风和镇压六国残余势力，先后五次出巡。前 220 年第一次巡行陇西北地两郡。陇西、北地相当今宁夏和甘肃东部，为秦西部边疆，其巡行目的是督察边防，巩固后方。前219年第二次巡行东南齐楚故地，主要是为了泰山封禅和督察治安。封禅是帝王“受天命”的祭祀大典，可以提高帝国威望，加强皇权。泰山封禅之后巡行成山（今山东成山角）、之罘（今山东芝罘半岛），立石颂德。然后南行至琅琊（今山东胶南市），在此修建琅琊台，台上立石刻歌功颂德：“六合之内，皇帝之土。西涉流沙，南尽北户。东有东海，北过大夏。人迹所至，无不臣者。”在琅琊停留三个月之后，秦始皇一行南下，过彭城（今徐州），西南渡淮水，入楚故地，镇压潜伏的反秦势力。然后至南郡（今湖北江陵），取道南阳、武关（今陕西丹凤县）而回咸阳。前218年第三次巡行东部，先到之罘，随即赴琅琊，然后北上恒山（今河北石家庄东北），转上党（今山西长治西南）而回咸阳。前215年第四次巡行碣石和北边。碣石在今河北昌黎县境内，秦始皇北渡黄河，经历韩、魏、赵、燕故地，至碣石刻石之后，巡行北边。此行目的主要是视察北方边防，准备与匈奴开战。前210年第五次巡行东南一带，左丞相李斯、中车府令赵高和小儿子胡亥随行。秦始皇一行从咸阳出发，经武关，下云梦（汉水长江交汇处），望九嶷山（今湖南宁远县南）遥祭虞舜。然后沿长江东下，抵钱塘（今杭州），渡钱塘江东南行，抵达会稽（今浙江绍兴南）。在此祭祀大禹，立刻石（即著名的《会稽刻石》）而回钱塘。然后渡长江北上山东，从琅琊至成山、之罘，经陆路西行，经临淄（今山东淄博市）抵达平原（今山东平原南），病逝于沙丘平台（今河北平乡东南）。

(3)专制政策的实行

秦始皇的专制政策，大致可分为迁、收、毁、决、焚、坑六类。所谓“迁”就是便于就近控制，使人力财力集中在中央政权所在地，即历代所谓“强干弱枝”。前221年将原六国贵族及地方富豪12万户迁徙到咸阳。所谓“收”就是没收可作为反抗的武器，收到销铸不用。此举说明铜兵器已让位于铁兵器，冶铁技术有了更大进步。同年没收原六国兵器，销铸金人12个，各重千石。所谓“毁”就是前215年拆毁原六国用作防御的内地城郭及边境长城（六国防御匈奴的长城除外），以及用作防旱涝的川防堤防。所谓“焚”就是焚书，烧毁不利于帝国统治的书籍，严格控制思想。前213年下令焚书（不包括秦史记、医药书、种树书、卜筮书）。另外还下禁令：一是两人以上谈论诗书的，同处死刑。二是借古讽今的全族处死刑，官吏和知情不报者同罪。三是凡焚书令到达30天还不将书送缴官方的，全部烧掉，藏书人黥为城旦，强迫去筑长城。同时还禁止“私学”，不准私自传授学问。帝国只有一种学问，即法令，可以吏为师，请现任官吏讲习。所谓“坑”就是前212年的坑儒。当时因侯生、卢生等人骗取秦始皇求仙药的钱财逃跑，便迁怒于留在咸阳的文学和方术士，即所谓“诸生”。查出四百六十余名诸生，一律以“妖言惑众”“诽谤”等罪逮捕活埋。“焚书坑儒”实在残暴，给秦始皇留下洗不清的污名。

5.统一多民族国家的形成

(1)统一百越

中国东南和南方本来就居住着一个历史悠久、人数众多的民族，即史书上所说的越，因族属众多，种姓互异，部族之间存在着很大差异，故被称为“百越”，其主要有于越、闽越、瓯越、南越、西瓯等几部分。

于越也称越，主要分布于浙江一带，以会稽（今浙江绍兴）为中心，其民断发文身，春秋战国时臣服于楚。前223年秦将王翦、蒙武灭楚国，次年又进一步平定楚国的江南地区，臣服于楚的于越投降，设置会稽郡（郡治吴即苏州），下设吴、丹徒、钱塘、余杭、乌程、山阴等县。其后秦始皇巡行会稽，亲临于越，刻石颂德。从此以后，于越便融入中原汉族之中，文化也逐渐融合。

瓯越和闽越：瓯越以温州为中心，分布于浙江南部的瓯江流域。闽越以福州为中心，分布于福建闽江流域。其民处于山谷之间，篁竹之中,习水性便于用舟,其王皆越王勾践之后裔。秦降伏于越后,继续用兵瓯闽地区。经过激烈战斗才征服瓯越、闽越,设置闽中郡,郡治东治(今福州)。

南越和西瓯:主要分布于广东广西一带,又称"陆梁"。因岭外之人多处山陆,其性强梁,故称陆梁地。秦始皇灭六国之后,派遣尉屠睢率兵50万,分五路攻打陆梁地,但遭到南越和西瓯人民的抵抗。秦军经过旷日持久的激战,三年不解甲弛弩才打败南越,攻占番禺。但西线的军队仍受到西瓯人的狙击,粮食缺乏无力作战。秦始皇命监御史禄开掘灵渠,贯通湘水、漓水,解决了运输军粮的困难。秦军得以将大批军粮物资沿湘江经灵渠抵达岭南,深入西瓯继续作战。最后杀其王译吁宋,控制西瓯。前214年秦军继续攻克陆梁地(岭南),在此设置桂林(郡治在今广西桂平)、象(郡治在今广东崇左)和南海(郡治在番禺即广州)三郡。这样,秦帝国的南疆达到了南越中部和北部。次年又遣送罪犯到南越开垦,并征集1500名未婚妇女至岭南为士兵补衣。由于大批民众南迁,与南越、西瓯人民杂居共处,对于开发岭南和民族间的文化交流有很大意义。

(2)开通西南夷

西南夷是指分布在今贵州、云南、四川一带的少数民族。这些少数民族,居住在贵州中部和西部的有且兰和夜郎,居住在云南东川、曲靖一带的有靡莫。居住在滇池沿岸的有滇人,洱海地区的有昆明和隽,四川西南部的有筰和邛都,四川西部的有徙,四川西北部有的冉駹、甘肃南部的有白马氐。这些民族由于历史发展不平衡以及地区差异,过着不同的社会经济生活。有的已进入奴隶制社会,有的尚处于原始社会。秦帝国成立后,派遣常頞去开通西南夷,因交通阻塞,常頞先让众人开掘一条从今四川宜宾到云南滇池一带的栈道,因地处险要道路宽度只有五尺,被称为"五尺道"。栈道开通后,帝国势力直接抵达且兰、夜郎、邛都、昆明等地,并按重点设置官吏,建立行政机构。与此同时,帝国还通过已建立的蜀郡(郡治在今成都),加强了与邛、筰、冉駹的联系,使它们纳入了帝国郡县制系统,成为统一多民族国家的一部分。

(3)北逐匈奴

匈奴是中国古代北方的一个强大的游牧民族,主要游牧于蒙古高原及南至阴山、北抵贝加尔湖的广袤地区。前3世纪前后,匈奴进入了奴隶社会,建立了奴隶主贵族统治的政权。最高统治者为“单于”,其下设置左右贤王、左右谷蠡王、左右大将等。因奴隶制国家发展及中原地区处于战乱,经常侵扰赵、燕的边境,抢劫财物,掠夺人口,为害匪浅。后来中原地区兼并战争加剧,赵、燕两国北边的防御力量削弱,以头曼单于领导的匈奴贵族统治集团乘机侵占了赵国自阴山至河南地(今内蒙古鄂尔多斯一带)的广大地区,并继续南下,对刚成立的秦帝国北边造成严重威胁。秦始皇先是采取积极防御的政策,前215年出巡北边,深知匈奴为患严重,遂派遣蒙恬率30万大军出击,很快就收复了河南地及榆中(今内蒙古伊金霍洛旗以北)一带的广大地区。接着蒙恬大军渡黄河乘胜追击,前214年夺回高阙(今内蒙古临河区北的狼山口),收复了阳山和北假(均在今内蒙古乌加河以北和乌梁素海一带)直抵阴山一带的广大地区,并在此分设34县,重新建立九原郡。郡治九原(今包头市西北),统辖北抵阴山,南至河南地北,东邻云中(内蒙古呼和浩特市西南)的广大地区。后来陆续迁去大批罪犯,鼓励民众移居边地。如前211年一次就移民3万家,至北河、榆中定居。这些迁去的刑徒和民众,一面屯田一面戍边,对北边开发和防卫发挥了很大作用。

由于秦帝国反击匈奴大获全胜,匈奴被迫“北徙”,匈奴不敢南面而望十余年,使今河套内外大片国土免遭兵祸,得以休养生息,促进了中国古代统一多民族国家的形成。

6.徐福东渡与科学技术东渐

秦王朝不仅是中国第一个统一多民族的封建大国,也是世界著名的古帝国之一,名播遐迩,光芒四射,泽及东瀛,徐福东渡即是。徐福其人其事,最早见于司马迁的《史记》,后来《汉书》《后汉书》《三国志》等都有记载。这些史籍的可靠性毋庸置疑,特别是《史记》被历代史学者奉为"正史之始",从未有人对其所述有所怀疑。再从这四部正史的编撰者司马迁、班固、范晔和陈寿的严谨治学态度,渊博的学术修养和处理史料方法来看,更不容怀疑,所以有关徐福的记载可以信赖。《史记》记载徐福有三处,其中一处是《秦始皇本纪》二十八年(前 219)条:"齐人徐市(福)等上书,言海中有三神山,名曰蓬莱、方丈、瀛洲,仙人居之。请得斋戒,与童男女求之。于是遣徐市发童男女数千人,入海求仙人。"

正史上虽然没有记载徐福入海后所止之地是日本,但中日两国民间一致传说徐福到了日本列岛。特别是日本,古来就对徐福传说感兴趣,很自然地把它和日本联系起来。主要原因是史前时代的日本从未开化社会到文明社会有赖于中国移民。而徐福则是中国古代移民的代表人物。徐福东渡的时候正是日本由原始采集经济的绳纹时代跨入农耕经济的弥生时代。在这个转变的历史过程中,渡来人特别是中国移民起了极其重要的作用。公元前二三百年前后北九州之所以能出现先进的水稻耕作文化,并进一步向东发展,把水稻耕作推广到全日本,最后促成了日本原始国家的产生,其最大的原因是一大批外来移民,特别是包括徐福一行在内的中国移民渡往日本的影响。中国及其他国家从石器时代进入青铜时代、铁器时代是经过数千年漫长岁月的,而日本因受中国先进文化的影响,仅花了五六百年时间,大大缩短了历史进程。这不得不归功于以徐福为代表的中国移民集团。

秦汉时代中国先进文化通过朝鲜半岛传入日本,给当时日本社会的发展起了很大作用,现概述如次:

第一是铜的传入。当时日本生产落后,主要靠大陆输入。青铜从中国传入比铁要早,当初传入的是青铜制品,如铜镜、铜铎、铜锋、铜剑、铜币等。

第二是铁的传入。当时日本还不产铁,主要从朝鲜南部输入铁材。后来朝鲜铁匠由王仁率领来到日本,带来了中国系统的冶铁技术。于是日本开始用中国技术冶铁,制作出大刀、马具、短甲等精细铁制品。政府垄断铁生产,铁不能自由生产和交换。

第三是水稻的传入。水稻耕作的源流来自中国,从朝鲜半岛传入是肯定的。稻不是偶然机会传入日本的,稻的传入还伴随着一整套耕作技术的传入。时间大约在公元前3至2世纪,先传入北九州,后来扩展到东北,波及东日本。水稻传入不仅对日本人的生活方式产生影响,而且还是划时代的变革,使日本从以狩猎捕鱼为主的采集经济社会进入以水稻耕作为主的农业经济社会。

第四是科学技术的传入。其中重要的有冶炼术、建筑术、制陶术、土木工程、养蚕织布、天文历学、医学、制革术等。在新技术方面,还从朝鲜传入一种来自中国的西方漆画即"密陀绘"。它是使用密陀僧(Murdhasong,一种油质的漆画颜料)画的新画法。这是日本最早的油画,法隆寺藏的玉虫橱上面的画是现存的密陀绘。

7.秦始皇暴政与秦二世重祸

(1)筑长城

宏伟的长城举世闻名,被誉为古代文明的七大奇迹之一,体现了中华民族的伟大、勇敢、勤劳和智慧。一说到长城,就会联系到秦始皇筑长城。不过长城的修筑,就时间而言,要早到战国初期,就空间而言,齐、楚、魏、燕、赵、秦和中山等国都相继修筑,不是始于秦始皇,后来历代都有加筑,也不是秦始皇完成的,而且秦的长城只限于国境北部。第一是连接燕、赵、秦的旧长城,即把燕、赵北边的长城与秦的西北长城两不相接的地方连接起来;第二是添修新的长城,主要是在今陕北、宁夏、甘肃地带,成为一座西起临洮(今甘肃岷县),北傍阴山,东到辽东(辽东郡的碣石,朝鲜边境),长达万里(秦汉里数)的长城。督修人就是统领30万大军，坐镇上郡（今延安）的蒙恬将军。时间是前214年开始。

(2)造宫殿和皇陵

秦始皇政治上专制暴戾，实行中央集权主义，生活上穷奢极欲，沉湎享乐主义。前221年，在咸阳北阪仿造六国宫室。前220年，在渭水以南建信宫。前212年，在上林苑中建朝宫，先造前殿，即著名的阿房宫，东西500步，南北50丈。从荆楚运来建筑器材，从全国各地送来罪犯72万余人做苦工。总计宫殿数目，关中300所，关外400所，咸阳周围270所。大兴土木，一方面固然是耗费资财，另一方面却创造了物质文明，显示当时劳动人民的智慧和技艺。

秦始皇陵在今陕西西安临潼区城东骊山北麓，即位时（前246）即役使罪犯70万人开始建造，前210年下葬，历时36年。陵园规模宏大，遗址现有高76米，底485×515米的夯土陵丘。在两侧墓道中，出土两组大型铜车、铜马、铜人。陵丘周围有陵园围墙内外二重。内城周长2525米，外城周长6294米。陵园内外已发现寝殿和刻石作坊遗址。1974年在陵园东南和西南出土陶俑坑，有大批兵马俑。最大的一号坑东西210米，南北60米，深4.5—6.5米，已发掘出与真人真马同大的兵马俑500多件，按照军阵队列排列，估计全坑有6000多件。武士俑头梳各种发髻，身披铠甲或短袍，挟弓挎箭，或手执剑、矛、弩机等兵器，造型生动，刻画精致。二号坑陶俑以战车和骑兵为主，有战车89辆，陶马472匹，武士俑900余件。三号坑有驷马战车一辆、武士俑68件，现均辟为陈列馆展出。近年兵马俑在伦敦展出，轰动全英国。如此举世无双的宝贵文物，仅是中国光辉灿烂的古代文明之一角，怎么不令我们自豪。

(3)狱吏政治

帝国建立之初，曾颁布全国通行的法律。其特点是严刑酷罚、暴戾残酷，毫无仁义可言，事事决断于法。刑罚名目繁多，层出不穷，有死刑、肉刑、徒刑、笞刑、髡耐刑（剃发）、赀刑、赎刑、废、谇（斥责）、收、连坐等。而在同一种刑罚内又按处死方式、对肢体残害部位、鞭笞多少、刑期长短、迁徙远近、赀罚轻重等分为不同等级。如死刑有戮、戮尸、弃市、磔、定杀三族、枭首、车裂、腰斩、体解、囊扑、蒺藜、凿颠、抽胁、镬煮；肉刑有黥、劓、刖、宫；赀刑有赀甲、赀盾、赀戍、赀徭；连坐有亲属连坐、什伍连坐、官吏和士兵上下级之间的连坐、检举人与被检举人之间的连坐。各种刑罚既可单独使用,也可重复使用,还可两三种结合使用。不同刑种的交错重复使用，使本来名目繁多和残酷的秦律更加苛酷。而且对农民和奴隶,往往是轻罪重罚,从严惩处。事情不只如此,秦始皇认为皇帝的威严是建立于刑杀之上,往往滥施淫威,肆意刑杀。如前218年秦始皇第三次东巡时,在阳武博浪沙(今河南中牟北)遭到张良与力士的狙击,便大发雷霆,下令大肆搜索天下10天,张良更换姓名后逃走。前216年秦始皇微服巡行咸阳,夜出在兰地(今陕西咸阳市东郊)遇盗,随即被随从武士击杀,但他仍下令关中大索20天。前212年秦始皇行幸梁山宫,在山上看见丞相出行的车骑很多,心甚不快。后来丞相出行的车骑减少了,他认为有人泄露了自己的话,将当时在场的宦官统统捕杀。前221年有人在东郡陨石上刻了"始皇帝死而地分"7个字,他便将石旁的居民全部杀掉,石头也被火葬。总而言之,秦始皇认为各级官僚中,狱吏(司法官)是最可信任的,提出以狱吏为师的口号,让自己的宠儿胡亥师事通晓律令的宦官赵高。他错认为帝国最可靠的统治工具是法律和牢狱,滥用法律,造成天下是个大狱网,不论关中父老还是关东少年,人人苦于狱吏政治,难怪后来反秦高潮时有人提出"约法三章",作为入关亡秦、收买人心的法宝。

(4)繁重的赋税和徭役

秦律正式规定的赋税有田赋(按田地亩数计算的税)和口赋(按人口数计算的税),以及盐铁之利(盐铁专利税)、山泽之税(采樵渔猎税)和种种苛捐杂税。田赋的税率虽然不清楚,但从入仓的粮食以数万石计算来看,田赋一定很重。史书说:"吏到其家,人头数出谷,以箕敛之”(按人数多少用簸箕来征收谷物),可见口赋也不轻。即使如此重税,仍不能满足政治欲望,即所谓“竭天下之资财以奉其政,犹未足澹其欲也”。

徭役比赋税更重,秦律规定,一般劳动人民从15岁开始服徭役,到60岁才免除。一个人每年必须有一个月的“更卒”(在本乡县服役),一生中必须为“正卒”(在京师当卫兵)一年,为“戍卒”(在边防戍守)一年。这是正常的徭役,还有战时临时的征发,如前215年至前213年征伐南越出兵50万,其后勤供应需要100万劳力恐怕还不止。再加上开掘灵渠所需的劳力,该是何等庞大的数字呀!秦始皇大兴土木,建造宫殿、修筑长城和驰道直道、开凿骊山坟墓等,需要多少劳役很难计算。如建造阿房宫,征发了数十万刑徒,砍伐了四川及湖南、湖北一带的大片林木。有诗为证:“蜀山兀,阿房出”。更甚的是建造骊山墓,从秦始皇即位之日开始,到他猝死才算完工,整整建造了37年。墓中“上具天文,下具地理,以人鱼膏为烛”,调集天下名工巧匠及营造阿房宫的苦工,其人力物力的消耗多么惊人。还有先后数次派遣徐福、卢生、侯生等入海求仙药,所耗资财无法估计,特别徐福带去的数千名童男童女之损失,其价值何等庞大。据统计,秦代全国人口约两千万,而每年强迫服役的不止200万,以致男丁不够女丁充当。1/10的人口脱离生产,而且是主要劳动力,对经济造成多大的破坏可以想见。至于被征发的劳动力,其役使之重,生活之苦,牺牲之大,有史料作证:“戍者死于边,输者偾(仆倒)于道。秦民见行,如往弃市。”“男子力耕,不足粮饷(吃不饱)。女子纺织,不足衣服(穿不暖)。”人们说“饥寒起盗心,”生活困难便会犯法,一犯法就遭镇压,镇压越重则反抗越大。如此恶性循环,结果导致帝国灭亡。

(5)秦二世重祸

前210年秦始皇第五次巡行途中猝死于平原沙丘,通过赵高、李斯两人一手炮制的“沙丘之谋”(后述),其小儿子胡亥登上皇帝宝座。

秦二世比其父有过之而无不及,更为昏庸暴戾,世称“重祸”。秦始皇在世时朝廷有三大政治集团,即以长子扶苏和将军蒙恬为首的群公子集团、以小儿子胡亥与宦官赵高为首的宦官集团,以及以丞相李斯为首的官僚集团。二世继位后为巩固皇位,赵高独揽朝政。两人狼狈为奸。他们在诛杀扶苏、蒙恬之后,又继续展开内部斗争。首先杀戮群公子12人、公主10人。公子高惧怕祸及全族,上书请求“从死”,即为始皇殉葬。公子将闾兄弟三人被囚后,仰天大呼“吾无罪”,悲愤痛哭拔剑自杀,宗室震恐。为除去旧时的公卿,杀戮将相,不久赵高与李斯成为政敌。李斯斗争失败后被腰斩处死。右丞相冯去疾、将军冯劫皆自杀。赵高因消灭异己有功,晋升为中丞相(指以宦官为丞相)。二世在以赵高为首的宦官包围下为非作歹,更加发扬了其父的败德。他恢复建造阿房宫,修筑驰道直道,制定更为严厉的法律,赋税越发加重,徭役征发不断。更甚的是征习骑射的材官五万名到咸阳屯卫,下令教他们射击狗马禽兽。首都咸阳集中徭役苦工太多,粮食发生恐慌,只得外调郡县粮草。而运送者还得自带口粮,以致咸阳150千米之内的人不得食用自己所种的谷物。令人发指的是,埋葬始皇时二世下令,始皇后宫凡无子者一律殉葬;为防止泄露机密而下葬后关闭墓道羡门,将全部工匠闭死在墓内,计以万数。

在赵高把持下的秦二世,政治昏庸腐化,黑白颠倒,“税民深者为明吏,杀人重者为忠臣”;“繁刑严诛,吏治刻深”;“死者相望,道路死人以沟量”。由于苛酷的刑罚,更是“劓鼻盈筐,断足盈车”;“赭衣塞路,囹圄成市”,真是一幅人间地狱图。如果说秦始皇的暴虐有统一的功绩尚可辩护,秦二世的重祸无可原谅,该死该杀!

8.秦始皇之死

前述前210年秦始皇第五次巡行东南一带后,车队从山东由陆路返回咸阳。当车队经临淄(山东淄博市东北)抵达平原(今山东平原南)

时,正值盛夏,天气炎热,秦始皇突然患病。因秦始皇素来怕死,厌恶提及“死”字,群臣也不敢谈到死事,所以没有及时医治,以致病情日益恶化。在弥留之际,留下一封给长子扶苏(当时他与大将蒙恬在上郡守卫边防)的玺书:“与丧,会咸阳而葬”。玺书已封未发而秦始皇突然死亡,落入保管印玺的中车府令(主管乘舆车驾)赵高之手。赵高出身卑贱,因通晓律法被任命为中车府令,兼教小儿子胡亥法律。此人擅长迎奉,骗取秦始皇信任。现在皇帝已死,诏书在自己手中,野心勃发,乘皇位更换之机,策划了窃取朝权的阴谋活动。

赵高首先要打动胡亥的心,对他说:“上崩,无诏封王诸子而独赐长子书。长子至,即立为皇帝,而子无尺寸之地,为之奈何?”“方今天下之权,存亡在子与高及丞相耳,愿子图之。”胡亥犹豫不决,赵高进一步说:“大行不小谨,盛德不辞让……顾小而忘大,后必有害;狐疑犹豫,后必有悔。断而敢行,鬼神避之,后有成功。愿子遂之!”到底胡亥年轻才20岁,听从了赵高废长立幼的阴谋。接着赵高便去说服李斯。他说:“君听臣之计,即长有封侯,世世称孤,必有乔松之寿,孔、墨之智。今释此而不从,祸及子孙,足以为寒心。”(以上见《史记·李斯列传》)李斯在赵高威胁利诱之下,与之沆瀣一气,共同策划阴谋。于是废除始皇给长子扶苏的玺书,伪称丞相李斯受始皇遗诏于沙丘,立子胡亥为太子。另外还作伪书下达扶苏与蒙恬,诬称扶苏“为人子不孝”,蒙恬“为人臣不忠”。后来又进一步逼迫长子扶苏自杀,蒙恬请囚。这就是所谓“沙丘之谋”,给秦帝国带来严重恶果。

秦始皇猝死沙丘后,左丞相李斯以为,皇帝崩于巡行途中,如果匆促宣布,恐怕诸公子及天下有变,秘不发丧。将其尸体放在辒辌车(古代的卧车)里,由秦始皇生前亲幸的宦官御车,每天照常上食,百官依然前来奏事。当时知道秦始皇之死的只有赵高、李斯、胡亥及所幸宦官五六人。

“沙丘之谋”得逞之后,车队随即由此北上,经井陉(今河北井陉西北)抵达九原(今内蒙古包头市西北),然后沿直道进入关中。到达咸阳后,朝廷便为始皇发丧。胡亥以太子的名义继承帝位,称二世皇帝。农历九月,葬始皇于骊山。

第四章

汉武帝的发展梦

汉武帝

汉牛耕画像石

长沙马王堆汉墓帛画

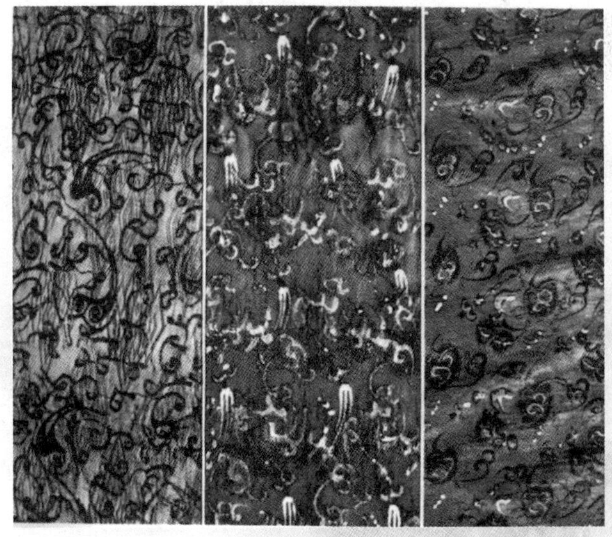

汉代织锦

雅典帕特农神庙

(左)巴尔米拉遗迹　　(右)巴尔米拉出土汉锦图案

1.汉武帝初年的富庶

汉武帝(刘彻,前140—前87)是中国历史上杰出的封建帝王之一,与秦始皇齐名,称为“秦皇汉武”。但他的雄才大略、武功盖世却超越秦皇。不仅如此,汉武“尚法尊儒”“王霸并行”的统治策略,远胜秦皇一筹,对封建专制主义体制有所建树。不过汉武帝的盛世并非突然从天而降,自有其历史原因:

从刘邦成立汉帝国到武帝即位(前202—前140)已有六七十年,其间朝廷始终执行休养生息的政策,生产发展,人口增加,国富民强。如刘邦初封功臣时,大侯不过万户,小侯才五六百户。而现在萧何、曹参等大侯户数发展到四万余户。又如财政收入,汉代政府与皇帝的收入分开,分别由大司农、少府管理。政府收入年达四十余亿,除去开支尤尚余二十余亿,称为“禁钱”,存于国库。钱粮也十足收缴于谷仓。因此谷仓钱库充裕,京师的太仓之粟满溢,粮食变红。钱库里穿钱的绳子烂了,多得无法计算。从前马100金一匹,丞相只能坐牛车。现在则大街小巷可以见到马,乡间更是壮马成群。人民只要没有水旱灾,生活一般还可以过去。关于武帝初年富庶的情况,史书这样记载:“至今上即位数岁,汉兴七十余年之间,国家无事,非遇水旱之灾,民则人给家足,都鄙廪庚皆满,而府库余货财。京师之钱累巨万,贯朽而不可校;太仓之粟陈陈相因,充溢露积于外,至腐败不可食。众庶街巷有马,阡陌之间成群。”(《史记·平准书》)

2.改正朔易服色

封建王朝伊始,改正朔和易服色是两件必办的大事,借以表示帝王的受天命和神圣性。改正朔就是修订历法和改元(年号),易服色就是改变服装的颜色。当时人们以阴阳五行学说为根据,认为汉是得土德而兴起的,土色黄,所以汉应当以黄色为贵,皇家服装采用黄色。武帝以前有6种历法,不精密也不方便。于是下令让司马迁、儿宽等二十余人领导修改历法。太初元年(前101)完成,称为太初历。此历以正月为岁首,比较正确,有利于农事,沿用两千多年不变。帝王年号也是从武帝开始建立的。以前帝王无年号,只记年数,或以前、后加以分别。现在有了年号,当然进步得多了。

3.重视推举和使用人才

汉帝国成立后,中央和地方都需要大批官吏进行统治。当初官吏来源大致有四:一是跟从高祖起义的功臣,中央高级官吏大多是他们充当的;二是学过法律而有吏治才能的文吏,各部门各级政府的官僚多半是他们充当的;三是功臣后裔或两千石以上的官任满3年,就任其一子为郎,叫作"任子";四是有资财的可纳资为郎,初规定须纳资十万,景帝时减为四万。其他就是具有察举制度雏形的"举贤良方正"。而第三项"任子"和第四项"纳资为郎"的办法最不可靠,未必是贤能的人。当时朝廷也认为可信用的人太少,元老功臣早已成为粪土,其子孙与朝廷疏远,一般革新的政策旧人很难接受和有效地执行,只有从广大中小地主阶层中吸收优秀知识分子参加政权机构,才能弥补此种缺陷。于是武帝即位不久就采纳董仲舒的建议,连续多次下诏察举贤良方正,任用为官。如建元元年冬十月(前139),下诏举贤良方正、直言极谏之士。光元元年(前134)十一月,下令郡国各举孝廉一人。同年五月下诏举贤良说:"贤良明于古今王事之体,受策察问,咸以书对,著之于篇,朕亲览焉。"要求贤良著书立说,由武帝亲自阅览。大儒董仲舒就是这一次被推举出来的。此次,董仲舒在对策中明确提出"使诸列侯二千石,各择其吏民贤者,岁贡各两人"的主张。这一主张包括岁贡和定员,对象有吏有民,在制度上比文帝时更为完备。岁举的人才统称为"贤良"或"贤者",实际上他们包括有才能的人和以封建道德伦理为标准而应该表彰的人。推荐时若偏重于某一方面的,又称为举茂才、孝廉等。所以说州郡茂才、孝廉是从董仲舒开始的。光元五年(前130),武帝又下诏征召:“明当世之务,习先圣之术”的贤良。公孙弘就是这一次被征召的,那时好黄老学的窦太后已死,6年后他就做到丞相,封为平津侯,打破汉代先侯后相的惯例,也打破高祖非武功不侯的旧例。其后丞相、御史大夫无不为名儒,即所谓“布衣卿相”。

察举制度则实行之时,郡国实行效果不佳,有的郡连一人也没有推举,武帝于元朔元年(前128)冬十一月下诏严加督促责备。后来经过朝臣商议,规定严惩办法:“不举孝,不举诏,当以不敬论。不察廉,不胜任也,当免。”这个时期公孙弘已从博士连升为丞相,他建立客馆,开设东阁,征招通晓儒术和有才能的人参与议政,并上奏武帝,要求地方官吏也要由儒者充任。

据史书记载,武帝自建元元年至元封五年(前140—前106)大规模征召人才有6次之多。此外武帝偶然遇到的茂才异等者,也经常提拔任用,朝廷人才济济一堂。史书记载:“是时,汉兴六十余载,海内艾安,府库充实……群士慕向,异人并出。卜式拔于刍牧,弘羊擢于贾竖,卫青奋于奴仆,日磾出于降虏……汉之得人,以兹为盛。雅儒则公孙弘、董仲舒、儿宽,笃行则石建、石庆,质实则汲黯、卜式,推贤则韩安国、郑当时,定令则赵禹、张汤,文章则司马迁、相如,滑稽则东方朔、枚皋,应对则严助、朱买臣,历数则唐都,洛下闳,协律则李延年,运筹则桑弘羊,奉使则张骞、苏武,将率则卫青、霍去病,受遗则霍光、金日磾,其余不可胜纪。”(《汉书·公孙弘·卜式·儿宽传》)这里所提及的人物,几乎全部是布衣,有的出身低微,如理财家桑弘羊是商人出身,军事家卫青是奴仆出身,大臣金日磾是少数民族的降虏出身,儒家卜式是牧人出身。他们都是被武帝破格录用的杰出人才,个个都有出色的业绩,为国为民做出一定的贡献。

4.尚法尊儒与创建学校

贾谊在其著作《过秦》中论述秦代灭亡的原因有二:一是暴虐不施

仁义；二是拒谏饰非，忠臣不敢谏，智士不敢谋。然后得出结论："牧民之道，务在安之。"确实如此，汉朝吸取秦亡教训，提倡仁义德治与严施刑罚相结合的治国方针，也就是儒法兼施。前述汉初的"文景之治"是基于新黄老学（清静无为）的休养生息，适合"小国寡民"，对偌大的汉帝国不适合，非有一套完整的思想体系不可。因而武帝即位的次年（前139），罢免以前举贤良中所录用的法家、纵横家等，并任命爱好儒学的窦婴为丞相、田蚡为太尉，提拔王臧（武帝当太子时的少傅）为郎中令、赵绾为御史大夫主持朝政。王臧和赵绾都是当代名儒鲁申公的弟子，精通儒学。但那时爱好黄老学的窦太后还在，极力反对，将他们论罪下狱。建元六年（前135）窦太后死后，武帝立即任命田蚡为丞相，大规模举贤良，征召儒生为官，以儒学为根据奉行德治。其中最重要的是采用董仲舒的建议："罢黜百家，独尊儒术"，把儒学定为朝野的主导思想。朝廷不仅选拔官吏以儒学为准则，而且定儒学为一尊，在社会意识形态上将其树立为绝对权威，对后世影响巨大。

与此同时，武帝为了行使其权术又重视法治，命法律家张汤制定严厉的法令，让他担任掌管全国刑狱的廷尉，严施法治。其实武帝"内多欲而外施仁义"，外面标榜儒家的仁义礼，内里实行法家的法术势，法术是根本手段，以儒术加以掩饰，此乃武帝政治的基本特点。

武帝尚法尊儒的同时，创建学校，中央建立太学，地方建立郡国学。这是采纳董仲舒的建议。不过真正实施是在16年后的元朔五年（前124），经由丞相公孙弘之手来完成的。董仲舒认为平素不养士，就无处求得贤士。养士最好在太学，太学是贤士的发源地。武帝以前有五经博士，但只是研究经学的，是皇帝备用的闲官。现在设置的博士弟子员50人，就成为中央专门传授经济学的教授，为中国历史上大学之滥觞。这些博士弟子员是选拔出来的，其条件是：一是好文学、敬长上、肃政教、师乡里。二是外表仪状端。三是年龄18岁以上。全国各地区，凡郡国、县、道、邑的人民具备以上条件的，由郡国2000石的官吏保送前来京师,入太学学习一年,经过考试,能通一经的方可做官(补文学掌故缺)。高才生即可为郎中。显然这是从中小地主家庭出身的优秀分子培养国家干部的一种方法。至于郡国建立学校,详细情况不清楚。从后来发展的郡国学推测,不过是传经论语之类的学问。

5.强化皇权

第一,推恩王侯子弟。前述吴楚七国之乱以后,景帝将王国任用官吏的权力收归朝廷,精减行政机构,但问题没有真正解决,王国仍拥有广大的土地,威胁朝廷安全。元光元年(前 134)主父偃献策说:"古者诸侯地不过百里,疆弱之形易制。今诸侯或连城数十,地方千里,缓则骄奢易为淫乱,急则阻其疆而合从以逆京师。今以法割削,则逆节萌起,前日朝错是也。今诸侯子弟或十数,而适嗣代立。余虽骨肉,无尺地之封,则仁孝之道不宣。愿陛下令诸侯得推恩分子弟,以地侯之。彼人人喜得所愿,上以德施,实分其国,必稍自销弱矣。"(《汉书·主父偃传》)这就是所谓推恩法。这种办法名义上是皇帝恩赐土地,实际上是削减诸侯王的土地,削弱地方势力,而且皇族也乐意接受,收到很好的效果。武帝采纳主父偃的建议,于元朔二年(前 127)实行推恩法,允许诸侯王推私恩而把一部分王国土地分给子弟为列侯,由皇帝制定这些列侯的名号。按照汉制度,侯国隶属于郡,地位相当于县。这样一来,王国析为侯国,王国土地缩小,朝廷直辖土地扩大,朝廷不行削藩而藩自析。

第二,迁徙地方富贵。此种强化皇权、弱化地方势力的措施,在高祖时就实行过了,武帝则继续加强其力度和广度。建元三年(前 138 年)将郡国富豪迁到茂陵(今陕西兴平市),每户发给钱 20 万、田 2 顷。元朔二年(前 127),武帝采纳主父偃建议,将郡国豪杰和 300 万以上的富豪迁到茂陵、云陵(今陕西淳化县北)。太始元年(前 96),将郡国吏民豪杰迁到茂陵、云陵。此外还将山东临淄的强宗大族迁到江南会稽。武帝这样做是内实京师,外削奸猾,不诛而害除,确实是个好办法。

第三,盐铁官营。在政治上强化皇权的同时,武帝在经济上打击富豪,加强朝廷财力。以前私人可以煮盐冶铁,现在盐铁官营。在产盐区设置盐官,雇工煮盐;在产铁区设置铁官,雇工采矿铸铁,出售铁器。盐铁官统属于中央的大农。

第四,均输平准。过去上交中央的货物由地方负责送到京师,长途跋涉,耗费人力财力。现在大农派官员到郡国,根据各地区对货物的需要沿途出卖,然后买取京师所需的货物运回。地方不必把货物送到京师,不仅节省运输费,还便于朝廷采购,一举两得。这就是所谓"均输"。为防止大商人囤积居奇和操纵物价,以求物价平稳,京师设置平准官,统一管理全国运至京师的货物。平准官根据市场行情或卖或买。这就是所谓"平准"。

第五,算缗告缗。元狩四年(前 119)朝廷下令对商人、高利贷者征收财产税,对手工所做的商品征收商品税。这种财产税和商品税叫作"算缗"。财产税的税率是 2000 而一算(一算为 120 钱),即 6%。商品税的税率是 4000 而一算,即 3%。责令商人自报财产,若申报不实或隐瞒者,罚戍边一年,并没收财物。凡有人揭发检举的,以财产的一半作为奖赏。这就是所谓"告缗"。元鼎三年(前 114)朝廷发动检举,中产以上的大多被告发,许多人破产。据记载:"(朝廷)得民财物以亿计。田,大县数百顷,小县百余顷。宅亦如之。商贾中家以上大率破(产)。"这样,朝廷增加了收入,国家增强了力量。

第六,统一铸造五铢钱。以前准许诸侯王国铸钱,元狩四年(前 119)将铸币权收归朝廷,统一铸造五铢钱,严禁地方和私人铸钱。同时规定通用三种货币:其中,皮币(用鹿皮一尺见方制成),面值 40 万;白金币(银锡合金),圆形面值 3000,方形面值 500,椭圆形面值 300。统一货币给经济、政治的稳定起到了很大作用,加强了国家的实力。

6.拓展版图

汉代西南地区居住着许多少数民族,当时称为“西南夷”。他们分布在乌江、金沙江流域的有夜郎、滇、邛都等,主要从事农业。在澜沧江流域的,有嶲、昆明,以游牧为生。在大渡河流域的,有徙、筰都、冉駹,从事游牧或农业。在甘肃南部的,有白马,属氐人。秦时,巴蜀与邛都、筰都、冉駹已有交往。番阳令唐蒙出使南越时发现蜀地出产的枸酱,知道蜀地经西南夷有路可以到达南越。于是建元六年(前 135)武帝任命唐蒙为中郎将,由蜀出使夜郎(今贵州西部),在此设立犍为郡(今四川南部及贵州北部一带),并发巴蜀兵修筑陆路通牂牁江,以便进军南越。同时武帝又任命司马相如为中郎将,出使邛都、筰都,新设置十多个县。后因工程浩大,耗费无功,修路作罢。至元狩元年(前 122),武帝又从蜀派出使者,取道西南夷,打算去身毒国(印度)。这样,汉与滇的道路打通了,加强了汉与西南夷的联系,但通身毒的道路始终没有打通。元鼎五年(前 112)武帝发夜郎附近诸部的兵攻南越,因且兰君长反汉,计划受阻。次年汉兵从蜀南下,攻克且兰,在此设立牂牁郡(今贵州黄平西)。夜郎入朝,被武帝封为夜郎王。接着汉又以邛都设置越嶲郡(治所在今四川西昌东南),以筰都为沈黎郡(治所在今四川雅安县),以冉駹为汶山郡(汉所在今四川茂汶县),以白马为武都郡(治所在今甘肃成县)。元封二年(前 109)武帝发兵征伐滇,滇王投降,在此设置益州郡(治所在今云南晋宁),仍由滇王管理。这样西南地区便纳入汉版图,中原先进文化促进了少数民族的发展。

武帝时,东南地区居住着闽越、东越、南越三大少数民族。他们名义上隶属于汉,但实际上处于半独立状态。当时三越互相攻击,汉乘机逐一平定。建元三年(前 138),闽越围攻东瓯(今浙江永磊),汉派兵救援东瓯。兵未至而闽越自退,东瓯王请求举国内迁,汉便将他们迁于江淮间。建元六年(前 135),闽越攻打东越,汉以擅自兴兵问罪。闽越恐惧,其王弟余善杀王降汉。后来余善为东越王。元鼎四年(前 113)南越王赵兴之相吕嘉杀赵兴反,余善上书请以兵 8000 跟从汉军击吕嘉,后又遣使勾结南越,汉攻下南越番禺后,余善又反。武帝派兵分别由海陆进击,元封元年(前 110)各路汉军进入东越,余善被杀。汉将东越居民迁于江淮间。这样,江淮间的闽越人与东越人,逐渐与汉人融合。无鼎五年(112)武帝派伏波将军路博德、杨仆等率水军 10 万攻入南越,夺得番禺,吕嘉被俘。南越的桂林监居翁率领西瓯 40 万人归汉。于是汉于南越、西瓯及其所附近地区设置儋耳、珠崖、南海、苍梧、郁林、合浦、交趾、九真、日南(以上 3 郡在今越南)9 郡,大大拓展了汉版图。

7.君主专制主义的发展

(1)儒学的复兴

先秦无儒,尽是法家的天下。不仅如此,秦始皇悉召文学方术之士,在咸阳制造了"焚书坑儒"的惨剧。他以法令治国,以狱吏为师,彻底敲破了儒生的饭碗。汉高祖不喜欢儒学,自然不事诗书。他以萧何、曹参为丞相,以"清静无为"治国。吕后继之,尽是黄老的天下。接着文帝本好刑名(法家),景帝不任儒者,窦太后又好黄老之术,儒家只得沉住气等候时机。不过早在楚汉之际逐渐出现转机,高祖围鲁的时候,城中在奏乐演习礼仪,人们捧着诗篇朗诵和围解。还有老掉牙的诗书家鲁申公,去朝见刘邦这位胜利者。这些现象就是证明,惠帝的时候,废除私藏图书的禁令,以此为契机,儒家更是公开讲学,大招门徒。山东大师无不采用伏生的尚书课本, 齐地学诗的都使用辕固生的讲义,鲁地学诗的都使用申培公的讲义,赵燕学诗的都用韩生的讲义。这样,门徒越多则势越盛,想夺取黄老学的阵地。辕固生胆敢在窦太后面前诋毁老子书为"家人信"(道理浅短或私家之学),险遭害死。由此可见两派(儒学、黄老学)斗争之激烈。及至武帝即位,建元六年(前 135)窦太后死,儒家才扭转颓势,开辟新纪元。这个捩转有两个先决条件:一是社会物质生活的发展，二是儒学自身的转变。以前社会物质生活贫困，才有主张节约朴素的黄老学得宠，现在社会富裕，黄老学自然退下舞台。以前（战国）儒学代表封建领主利益，讲“世卿”“世臣”“井田”等，推崇维护领主利益的诸侯分封制度，只有公羊学派是“讥世卿”而维护官僚制度的。而现在，精通公羊学的大儒董仲舒继承思孟学的“天人合一”思想，糅合阴阳家邹衍的学说，纠正法家任刑过重的弊病而创立的新儒学，主张“限田”“尚法尊儒”，代表了新兴地主阶级的利益和官僚制度。这就是儒学自身的转变。社会的发展和儒学自身的革新，迎合了武帝的文教政策，于是一跃登上历史舞台。

不仅如此，武帝还听从董仲舒的建议，把儒学高举到顶峰，其他学术一概排除，即所谓“罢黜百家，独尊儒家”。董仲舒的建议是这样说的：“今师异道，人异论，百家殊方，指意不同，是以上亡以持一统；法制数变，下不知所守。臣愚以为诸不在六艺之科孔子之术者，皆绝其道，勿使并进。邪辟之说灭息，然后统纪可一而法度可明，民知所从矣。”（《汉书·董仲舒传》）

（2）新儒学的内容

新儒学的基本纲领是董仲舒呈武帝的对策“天人三策”。而“天人三策”是以《春秋》公羊学为理论基础，从“天人感应”的神学出发，糅合阴阳学说、五行学说以及法家的法术势为一体的政治原理，为董仲舒进入仕途的敲门砖。他所谓“天人感应”就是“天人合一”。天是最尊贵的，它不仅创造了万物，还创造了人。天是有意志的，和人一样，也有喜怒哀乐。只有人的结构与天地偶合。成人有骨 366 节，与一年的天数相副；大骨 12 节，与一年的月数相副；体内有五脏，与五行相副；外有四肢，与四季相副。天意是要一统天下的，皇帝受命于天，王侯受命于皇帝，大臣受命于国君。家庭也是如此，儿子受命于父亲，妻子受命于丈夫。国和家一层层的统治关系都是按照天意来办理的。皇帝是秉承上天的意志来治理天下的，违背皇帝就是违背天命，违天不祥。皇帝既然是秉承天意来办理国家大事,如果皇帝所作所为是“善”的,上天就会降福,表示保佑。如果所作所为是“恶”,上天就会降祸,表示厌弃。屡降灾异而仍不悔改,便会改朝换代,对君主暴虐做出警告,以免激起反抗,祸及国家,起到了制约君权的作用。这就是所谓“谴告”“改制”之说。“谴告”是君权神授的一种变相解释,“改制”则是保证新继位的皇帝掌权执政,两者都伸张了君主专制主义,保障了君主平稳地统治天下,不出现大乱。由此可见天是何等仁慈,欲止其乱。与此同时,君主通过某些行政措施或某些宗教仪式,也能感动上天,让天改变原来的安排,实现了天人沟通,达到了天人合一。即天道和人道或自然和人为的合一。

“道之大原出于天,天不变道亦不变。”这是董仲舒在对策中的名言。固然如此,那么与他所主张的“改制”“更化”不是有了矛盾吗?不然,他所谓永恒不变的政治原理——道,所要随时变化的是政治制度,“改正朔,易服色,无他焉,不改不顺天志而明自显也”。他还进一步解释:“故王者有改制之名,无易道之实。”也就是说:“徙居处、更称号、改正朔、易服色。”意即新皇帝受命、应天,但“其大纲、人伦、道德、政治、教化、习俗、文义尽如故。”用现代话来说,形式上可以发生变化,实质上社会性质、生产方式、生产关系却永恒不变。这当然是错误的,但在当时却起到了巩固封建统治的作用。

董仲舒还用阴阳五行说来体现天意,认为天“贵阳而贱阴”,阳为天之德,阴为天之刑,因而“天任德不任刑”。五行是天道的表现,“五行者,乃孝子忠臣之行也”。阴阳学说本来适用于自然,他却将阳尊阴卑的理论用于社会:“君臣、父子、夫妇之义,皆取诸阴阳之道。君为阳,臣为阴;父为阳,子为阴;夫为阳,妻为阴。”并进一步说:“王道之三纲,可求于天。”“仁、义、礼、智、信五常之道,王者所当修饬也。”这里所说的三纲就是指君为臣纲,父为子纲,夫为妻纲。此三纲是天定的,不可违背。先秦儒学没有此种说法,自从董仲舒提倡之后,三纲五常便成为历代封建王朝维护统治秩序的工具,影响深远。

关于人性论,董仲舒异于孟子的性善论,也不同于荀子的性恶论,主张性三品说,即“圣人之性”“斗筲(心田狭窄)之性”和“中民(一般百姓)之性”。人性天定,天使人有善有恶。“圣人之性”善,“斗筲之性”恶,两者不可改变。“中民之性”有善质而未能善,只有外教然后能善,即人性善是教育的结果。那么谁来实施教化呢?当然是君王。君王顺天意来教化民众,民众必须服从。由此出发,进一步提出“顺命”“成性”“防欲”的主张。防欲比先秦的节欲、寡欲更为深刻。

与董仲舒同时代的大儒公孙弘,将法家的法术势糅合到儒家的仁义礼智之中,主张礼义与刑赏交替使用,以仁义为表,法术为里,也就是杂王霸之道。他在对策中说:“臣闻天下之通道五,所以行之者三,曰君臣、父子、兄弟、夫妇、长幼之序,此五者天下之通道也。智、仁、勇,此三者天下之通德,所以行之者也。故曰力行近乎仁,好问近乎智,知耻近乎勇。知此三者,则知所以自治;知所以自治,然后知所以治人,天下未有不能自治而能治人者也。此百世不易之道也。”(《史记·平津侯主父列传》)当时参加对策的儒生有百余人,公孙弘被主持评议的太常初评为居下,因迎合武帝旨意,擢升为第一。后来公孙弘官运亨通,升至御史大夫,位列三公。

(3)对后世的影响

君主专制起源于商,形成于周,确立于秦,发展于汉,所以说汉代是君主专制政体发展的时期。它继往开来,承前启后,为后世的君主专制政体提供样本。秦代虽然确立了君主专制政体,但制度不完备,意识形态薄弱,手段过于残忍,滥用刑法,只罚不赏,人民没有得到好处。汉接受秦亡的教训,政策有所调整,如举贤良、纳忠言、办学校、任德不任刑、外儒内法、王霸并行,等等。在给人民利益方面也实行了一些改良措施,如盐铁官营、限民占田、去奴婢、薄赋税、省徭役等。而汉代对君主专制主义最大的发展, 在于给后世统治者提供了如何进行统治的理论基础，以及如何巩固其统治秩序，保持天下大一统的局面。如加强皇权、削弱地方分权、君权神授、受命于天、天人合一、天人感应等。特别是提倡“三纲五常”和“谴告”，前者从社会最底层来加强君权，后者是从至高无上的天来约制君权，对后世帝王启发之大，影响之深，不言而喻。

8.汉武帝经营西域

汉武帝初年，继续实行文帝、景帝对匈奴的和亲政策，与之通关贸易。匈奴自单于以下皆亲汉，往来于长城之下。刘彻是个有作为的皇帝，对屈辱的和亲政策不满。加之即位以来天下太平，经济发展有实力对外扩张。元光二年(前133)武帝采用雁门富豪聂壹的计谋，命聂壹诈降，引诱匈奴攻打马邑(今山西朔县)，汉以埋伏的大军准备将匈奴一举消灭。但匈奴骑兵入塞，半途发觉有诈引还。从此以后，匈奴断绝和亲，经常在边塞侵扰，但双方仍保持关市贸易。光元六年(前129)开始，武帝出兵攻打匈奴。其后三十余年间，汉与匈奴多次发生战争，其中有三次大战役：

第一次：元朔二年(前127)匈奴入侵，武帝派遣卫青率军从云中出击，北抵高阙，迂回至陇西，夺回河套一带，解除了匈奴对长安的威胁，汉在那里设置朔方郡，巩固边防。

第二次：元狩二年(前121)武帝命霍去病带兵从陇西出发，过焉支山(今甘肃山丹县)，西入匈奴境内千余里。同年夏，霍去病由北地出发，南下祁连山，沉重打击了匈奴的右部，匈奴浑邪王杀休屠王，率部4万人降汉。汉在浑邪王、休屠王的故地设立酒泉、武威、张掖、敦煌4郡。这样便打通了内地与西域的直接交通。

第三次：元狩四年(前119)汉发骑兵10万，命卫青、霍去病分别从定襄代郡出击，预约会师漠北。结果大获全胜，匈奴主力向西远遁，漠南无王庭。汉军占领了自朔方以西至张掖、居延海的大片土地。汉在这里开渠屯田，设置田官，安置官兵6万人，保障了河西走廊的安全。

汉朝对匈奴战争的胜利，解除了汉初以来北方农业地区受到匈奴的威胁，从而使边郡与内地加强了联系。大批移民、戍卒、屯田兵纷纷西来，在荒漠的土地上开辟耕地，垦殖大为发展。中原的生产技术和先进的文化在边疆传播开来。从令居(今甘肃永登)西至敦煌，沿河西走廊修筑一道长城。从敦煌西至盐泽(罗布泊)，还修建亭燧(烽火亭)。屯田区、城堡和亭燧，是西汉在西北边境政治军事的据点，也是先进经济、先进文化的传播站，对匈奴及其他游牧民族社会的发展，起到了一定的作用。

9.西汉张骞通西域

(1)西域的实情

汉代西域，有广狭二义之分。广义西域，泛指今玉门关、阳关以西，经过天山南北，越过葱岭，直至中亚、南亚、西亚、欧洲、非洲的广大地区。狭义的西域，主要是指我国新疆天山南北、葱岭(今帕米尔)以东，玉门关、阳关以西的地方。狭义的西域，小国林立，号称36国(后又分为五十余国)，是从汉朝通向葱岭以西诸国(中亚)的交通孔道。

当时通向中亚诸国的道路有南北两条：南道诸国有鄯善(古楼兰，今新疆若羌县)、婼羌、且末、小宛、精绝、戎卢、拘弥、渠勒、于阗(今新疆和田)、皮山、莎车(今新疆莎车)等国。这些国家都在今昆仑山以北，塔里木河以南，由莎车向西翻过葱岭，通大月氏(主要地区在今阿富汗境内)、大夏(今阿富汗北部)、安息(今伊朗)诸国。由此向南，可通身毒。北道诸国有疏勒(今新疆喀什)、尉头、温宿、姑墨(今新疆阿克苏)、龟兹(今新疆莎车)、乌垒、渠犁、焉耆(今新疆焉耆县)、尉犁、危须、山国等国。这些国家都在天山以南，塔里木河以北。由疏勒向西，翻过葱岭，通往大宛(今中亚费尔干纳一带)、康居(今中亚阿姆河以东、巴尔喀什湖以西之地)、奄蔡(在今咸海、里海一带)诸国。

南北二道诸国,都在今新疆天山南路,居民大多务农,也从事畜牧。天山以北,有姑师(今新疆吐鲁番)、且弥东西国、卑陆前后国、蒲类前后国等国。除姑师农业比较发达外,大多过着游牧生活。西域36国,龟兹人口最多,约有八万居民,最少的只有数百人。统治者除国王以外,还有辅国侯、左右将、骑君、都尉、译长等官职。张骞通西域以前,西域36国隶属匈奴,由匈奴西边的日逐王派遣僮仆都尉进行统治。经常派出数千骑兵往各地巡逻,并征收繁重的赋税。

在西域36国以北,即今天山北路的伊犁河流域,有大月氏和乌孙。他们原来居住在河西地区的敦煌、祁连之间,后来匈奴攻打大月氏,杀其王,将王头作为盛酒的器具。大月氏被迫西迁,在伊犁河流域安家。但匈奴又指使乌孙攻打大月氏,大月氏又被迫西迁,迁到伪水(今中亚阿姆河)流域。因而大月氏与匈奴结下深仇大恨,但无人帮助,无可奈何。

乌孙也是游牧民族,人口较多,约有六十万。国王号称"昆弥",下设相、大禄、左右大将、侯、都尉、大夫、大吏、舍中大夫、骑居等官吏,处理政务。乌孙原来隶属匈奴,后来强大起来,反抗匈奴的控制,二者产生不和,要想独立。同时西域36国不堪负担匈奴繁重的赋税,也渴望脱离匈奴的羁绊。

(2)张骞第一次出使西域

汉武帝虽然身居长安未央宫,但情报畅通,对匈奴的一举一动了如指掌。西域诸国与匈奴的矛盾日益尖锐他很清楚。于是在他头脑中便浮起利用大月氏与匈奴之间的矛盾而两面夹攻的念头,且制定具体计划,切断匈奴之右臂。当然这是一般的说法,其实武帝攻打匈奴目的在于匈奴长期占据汉与西方的通商要道,影响了对外贸易,要清除东西交通道路上的障阻,彻底赶走那头拦路虎——匈奴。

建元三年(前138),武帝下令招募出使西域,联络大月氏的使臣。张骞(约前164—前114)西汉汉中郡城固县(今陕西固县)人,武帝建元初

(前140)担任郎官。武帝一下令,张骞便以郎官身份应募。同年,张骞偕同堂邑氏家的家奴甘父及随从百余人一起从长安出发,取道陇西郡进入匈奴境内。不久即被匈奴捕获,将他送到单于驻跸的地方。单于诘问张骞道:“月氏在吾北,汉何以得往使?吾欲使越(指汉南方的南越),汉肯听我乎?”匈奴说出此话,显然已经觉察了汉朝的谋略。张骞无话可对,被匈奴拘留了十多年之久。张骞在匈奴虽已娶妻生子,但他仍手持汉节,不忘使命,一心归汉,伺机逃脱。及至元光六年(前129)才有机会逃出匈奴,西行十余天,经过姑师、龟兹等地,翻过葱岭,到达大宛。大宛王早已知道汉朝富庶,渴望通商,今张赛一行来到,十分欢迎,厚礼相待。张骞将事情始末和盘托出,请求派人送到大月氏,将来归汉定当厚报。大宛王深以为然,派遣向导和翻译将张骞一行送到康居,转送大月氏。张骞谒见大月氏王,劝说大月氏王东归河西故地,与汉朝夹击匈奴。

当时大月氏已在中亚伪水流域定居。这里土地肥沃,生活富裕,又远离汉朝,已无报胡之心,不愿东归。张骞在此始终不得要领,无法可施,只好离开大月氏,动身东归长安。当他行经匈奴时,又被俘虏,扣留一年余。正当此时,单于病死,内部大乱,张骞乘机携带妻儿及堂邑甘父逃出匈奴。元朔三年(前126)平安回到长安。张骞第一次出使西域,往返前后达13年之久。初行时百余人,生还者仅张骞与堂邑甘父二人。张骞留胡节不辱,得到武帝嘉奖,拜为太中大夫。堂邑甘父封为奉使君。

张骞第一次出使西域,虽未达到预期目的(联络大月氏夹攻匈奴),但却与西域诸国建立了联系,而且知道了有关西域的地理、物产、人口、风俗等情况,增进了汉朝对西域的了解,为第二次出使成功奠定了基础。

(3)张骞第二次出使西域

张骞出使西域路经大夏(巴克特利亚)时,曾经见到蜀郡出产的蜀布和竹杖,便询问这些东西来自何方。商人回答说,是从大夏东南数千里的身毒买来。张骞认为,大夏位于汉的西南,身毒又在大夏东南,想来离蜀郡不远。从汉到西域,要经过匈奴,道远路险,如果从蜀地经过“西南夷”地区,穿过身毒到西域,路既近又无危险,便向武帝陈说通西域的好处:葱岭以西诸国(如大夏、安息)出产珍奇异物,兵力较弱;大宛以北的大月氏、康居虽然兵强马壮,但看重汉财物,若能赠以财物,令其入朝,便可和平归服,汉威德遍及四海。

武帝听后,认为此事可为,欣然接受,便命蜀郡、犍为郡派遣使者,从冉駹(四川西北部茂汶一带)、筰都(四川西部汉源一带)、邛都(四川西昌一带)、僰道(四川宜宾附近)四路出发,各行一二千里,结果没有找到通向身毒的道路。

元朔六年(前123),武帝因张骞曾长期留滞匈奴,熟悉当地情况,便派他为校尉,随从大将军卫青出征匈奴。结果大军凯旋,论功行赏,张骞被封为博望侯。元狩二年(前121)武帝任命张骞为卫尉,令他与李广一起从右北平(河北东北部、辽宁西北部一带)出击匈奴。当时的部署是,李广率四千余骑为先锋,张骞率万余骑为殿后。因张骞所部行军迟缓,未能按预期到达,以致李广的军队被匈奴包围,损失惨重。张骞因贻误戎机,论罪当斩。结果允其以功赎罪,免官为民。事后出现转机,同年骠骑将军霍去病大破匈奴,浑邪王投降,河西地区归属汉朝,汉与西域的交通畅通无阻。

元狩四年(前119),张骞为报君恩,建议再次出使西域,联络乌孙东归河西地区,共击匈奴。乌孙原居住在祁连山与敦煌之间,其王昆莫本来臣属于匈奴,后来日渐强大,双方发生摩擦,造成不和,远迁伊犁河流域。如今匈奴被汉朝驱至漠北,河西地区空旷无人,蛮夷风俗眷恋故土,又贪财物,若贿赂巨财,招其回归故土,即可断匈奴右臂,这样,既联络了乌孙,又可招来其西的大夏等国成为外臣臣服汉朝。元鼎元年(前116)武帝听从张骞的建议,任命他为中郎将,率领持节副使多名及随从三百人,每人给马二匹,并携带牛羊万头和价值数千万的金帛前往西域。沿路顺便派遣副使到其他国家通好。

张骞此次出使西域十分顺利，没有遭到匈奴阻拦。到达乌孙后，便向其王说明来意：与汉结为兄弟，共击匈奴。乌孙王自以为距匈奴近，大臣皆畏惧匈奴。再因距汉远，又不知汉大小实情，不愿东归。张骞在乌孙良久，始终不得要领，只好分遣副使出使于阗、大宛、康居、大月氏、大夏、安息、身毒诸国。

元鼎二年（前115）张骞返回长安时，乌孙派遣使臣，携带礼物，随同前来，窥视汉朝情况。乌孙使者目睹汉朝地广人多，国家富强，回报乌孙王。乌孙王也乐意与汉和亲，永结友好。元封年间（前110—605），汉宗室江都王刘建之女细君下嫁乌孙王。临行前细君公主吟咏悲歌一首：

吾家嫁我兮天一方，远托异国兮乌孙王。
穹庐为室兮旃为墙，以肉为食兮酪为浆。
居常土思兮心内伤，愿为黄鹄兮归故乡。

（《汉书·西域传》）

张骞第二次出使西域，历6年之久，虽未达到说服乌孙东归之目的，却加强了汉与西域诸国之间的联系。张骞出使有功，被拜为大行，掌管各族事务。1年之后的元鼎三年（前114），张骞病逝。他死后一年余，所遣副使分别回到长安。各国使臣也随同前来，纷纷与汉朝建立联系，北方陆上丝绸之路全线开通。张骞虽死，但声名卓著，远播中外。西方后世之人，将他评为“中国哥伦布”。我国古来也有“张骞凿空”的说法，二者意思差不多，都是开创新纪元。据史书记载，丝绸之路开通之后，“使者相望于道，一辈大者数百人，少者百余人”。“一岁中使者多者十余辈，少者五六辈，远者八九岁，近者数岁而返”。汉朝派往西域的使臣以及从西域到长安的使者络绎不绝，“于是西域诸国始通于汉矣”。丝绸之路的开辟，在我国统一多民族国家的发展过程中以及东西方文化交流史上都产生了深远的影响。

10.丝绸之路的开通

所谓丝绸之路，就是古代以来联系亚洲与欧洲的东西方交通道路的总称。

这条道路，在地域方面则是从亚洲经西域，横断亚欧非三大陆。在时代方面则是从古代到现代，连绵不断地被人们利用，发生了许多事件，涉及众多民族与国家。就其全貌而言，极其广大而复杂，发生许多战争，兴起各种文化事业，运送多种多样的物资，更有众多的人往来于这条道路。

在丝绸之路上有许多国家，各自组织商队，与邻近国家进行贸易，各式各样的文化在其上通过，相互进行交流。从远方异国传来的文化在其他国家繁衍，其形态、作用、机能等必然相异，而产生一种新文化。接受这种新文化的人又必然按其所好而使其变形，并进一步将它传给次一个地方，这是丝绸之路的魅力所在。丝绸之路是东西方经济文化交流之路，也是人类创造并进一步发展文明的必由之路，更是体现人类物质和精神财富价值之路，弥足珍贵。

围绕这样的丝绸之路而进行的东西方文化交流，早已从悠久的古代就开始了。然而丝绸之路这一名称本身，并非那么古老。

首先使用丝绸之路这一名称的，是著名德国地理地质学家利希霍芬(Richthofen)。1877 年他的名著《中国》第一卷出版，其中将前 114 年至 127 年中国与中亚国家、西北印度取得联系进行丝绸贸易的中亚交通道路，称之为“Seidenstrassen”，那是距今一百三十余年的事情。德文“Seiden”是丝绸的意思，“Strassen”是道路的意思，“Silk Road”是英文译名。但是随着东西关系史的进展，丝绸之路的概念逐渐扩大，从中国到中亚的地域，进一步扩大到西方的叙利亚。这是德国历史学家赫尔曼(Herrmann)的主张。

赫尔曼的主张后来得到许多学者的赞同，及至20世纪20年代，法德两国探险队在叙利亚的巴尔米拉(Palmira，叙利亚沙漠西部，由所罗门王创建，是美索不达米亚与地中海东岸贸易的中继站)地方出土汉锦，才正式确立。其后，从中国经中亚到达叙利亚的宏大丝路，由中亚的探险家进行实地勘察。他们是瑞典的斯文·赫定、英国的斯坦因。后来，以丝路为中心的东西方文化交流，由许多东方学者进一步研究，得出一个结论：丝绸之路是指今天从中国经中亚、西亚到达伊斯坦布尔和罗马的整个商路，而且还包括通过欧亚大陆北部草原地带的草原路，以及往返于印度、东南亚的南海路。

丝绸之路是古代以来欧亚大陆的大动脉，在这条大动脉的舞台上，亚历山大大王、汉唐军队、商队、各种民族依次登场。不仅如此，丝绸之路还是东西文化交流的金桥。在丝绸之路上的各种文化，由商队传播到东西方，一方面形成了各种异质文化，一方面促进欧亚文化的发展。此乃丝绸之路在文化史上的魅力。

11.北方陆上丝绸之路的具体路线

根据文献记载，当时通西域的道路大致为通过河西四郡，出玉门关或阳关，穿过白龙堆，到楼兰，自此分南、北两道。北道自此向西，沿孔雀河至渠犁(今新疆库尔勒)、乌垒、轮台，再西经龟兹、姑墨至疏勒。南道自鄯善的扜泥城，西南沿今车尔臣河，经且末、扜弥、于阗、皮山、莎车至疏勒。自疏勒往西，越葱岭，向西南，到大月氏，再往西到达安息，更西到达条支(今伊拉克一带)，最后可直达大秦(罗马帝国东部)。自疏勒越葱岭往北，可到大宛、康居。东汉时，与北匈奴多次交战，迫使北匈奴西迁，汉遂开辟了新北道。这条通道的路线是：由敦煌向北到伊吾，然后西经柳中、高昌壁、车师前部交河城(今新疆吐鲁番)，经焉耆，越天山至龟兹。再循原北道西行抵疏勒。这些沟通中西交通的要道就是著称于后世的丝绸之路。

第五章

魏蜀吴三国的称帝梦与长江流域的开发

曹　操

刘　备

孙　权

关 公

曹 丕

周 瑜

三国、两晋、南北朝是中国封建割据时期。从民族发展上来看,这是民族重新组合时期。从帝制上来看,这也是分裂动乱时期,为隋唐再统一做好准备条件。这个时期可分为三个历史阶段：第一阶段为魏、蜀、吴三国鼎立(196—266),第二个阶段为西晋的短暂统一和东晋、十六国的混战（266—420），第三个阶段为南北朝对峙和共同趋向衰亡(420—589),共达394年之久。

三国、两晋、南北朝虽然是分裂和混乱的,但在许多消极现象掩盖下还存在着积极因素，也就是国家的分裂为新的大一统做好准备,民族间的斗争为新的民族关系协调做好准备,经济的凋敝为日后的繁荣积蓄力量。正如范文澜所说,长江流域一向落后的经济逐渐追上黄河流域的水平。黄河、长江两大流域合起来,中国封建经济的势力更繁盛了。在这个基础上,才产生出比两汉更强大的唐朝。(白寿彝主编:《中国通史》,上海人民出版社,1989年,第566页)

这个时期的军阀尽管自称皇帝,但其皇权与秦皇、汉武不可同日而语,只相当于诸侯王。

1.三国鼎立

(1)魏国曹丕称帝

魏、蜀、吴三国鼎立是以曹魏的发展为主线的,所以这里先记述曹魏。196年曹操强迫汉献帝迁都许昌,“挟天子以令诸侯”,架空了皇帝,实际上结束了汉朝的统治,揭开了三国鼎立的序幕。同年曹操以军事编制的形式实行屯田，既保障了军粮供应又解决了流民就业问题,对充实军事力量和提高政治威望都有重大意义。

建安五年(200)十月的官渡(河南中牟县北)之战,曹操大败当时的大军阀袁绍。这是历史性的重大战役,开创了曹操稳占中原的局面,使曹魏在以后三国历史发展中始终占有优势的地位。袁绍败走两年后病死,长子袁谭与次子袁尚争位,互相残杀。袁谭战败逃回青州,求救于曹操。曹操接受袁谭的请求，并约为婚姻。袁谭乘曹操攻打袁尚的机会，扩充自己的势力。建安十年(205)曹操攻杀袁谭，幽州守将以幽州降曹操，袁尚、袁熙逃奔三郡乌桓，后又奔辽东，被辽东太守公孙康所杀。当时黑山农民军张燕，率部下十余万人投降曹操。建安十二年(207)曹操征伐三郡乌桓，出卢龙塞(今河北迁西喜峰口附近)，东指柳城(今辽宁朝阳西南)，胡人、汉人二十余万投降。这样，曹操占据了河北四州，征服了乌桓，自领冀州牧，已经统一了大半个北方和中原地区。建安十三年(208)六月，曹操恢复丞相制度，自任丞相。

曹操基本上平定北方之后，同年七月南征荆州刘表。八月刘表病死，其子刘琮接任荆州牧。九月曹操大军开抵新野(今属河南)，刘琮投降。当时，官渡之战后投奔刘表的刘备驻扎在樊城(今湖北襄樊)，听说刘琮投降便率军向江陵(今属湖北)撤退。曹操追击，打败刘备军，占领江陵。曹操的进军，威胁了孙权的统治，他命大将周瑜率军 3 万，与刘备联军抵抗曹操。曹操自江陵东下，至赤壁(今湖北江夏区西赤矶山)，与孙、刘联军接战不利，暂且驻军乌林(今湖北洪湖市东北，在长江北岸邬林矶)，与孙、刘联军隔江对峙。周瑜用诈降之计，命大将黄盖率领小战船十艘，上装柴草，浇以膏油，假称投降，向北岸前进，至离曹营二里处之时，各船一齐点火，借助风势，直冲曹营。曹操大败，船舰烧毁。曹操不得不率军从华容道(今湖北监利县西北)陆路撤回江陵。这就是著名的赤壁之战。赤壁之战，基本上奠定了三国鼎立的局面。曹操没有实现吞并荆州和江东的目的，但占有了襄阳，消除了来自南方的威胁。孙权占有荆州东部江夏等郡，扩大了地盘，巩固了江东根据地。最大的受益者是刘备，他在北方未曾有过立足之地。现在他据有半个荆州，有了安身立命之处，可以进取益州，从荆、益两路出击，与曹操争天下。曹操因南征北战有功，被汉献帝封为魏公，将冀州的河东、魏郡等 10 郡赐为魏国的封地。其所任丞相与冀州牧照旧不变，权势愈来愈大。后来因孙权杀关公而取得荆州有功，曹操表彰他为骠骑将军、荆州牧。孙权遣使入贡,向曹操称臣,并劝曹操代汉称帝。曹操部下也乘机向曹操劝进,他却说“是儿欲踞吾著炉火上耶”。自己还不想称帝,打算做周文王。建安二十五年(220)正月,曹操从前线回到洛阳,当月病死,终年66岁。同年十月曹操的次子曹丕(魏文帝)代汉称帝,国号魏,建都洛阳。

(2)蜀国刘备称帝

赤壁之战以后,刘备取得荆州四郡,站稳了脚跟,但只是实现了雄图的第一步。按照诸葛亮的《隆中对》的设想,“益州险塞,沃野千里,天府之土,若跨有荆、益,保其岩阻,西和诸戎,南抚夷越,外结好孙权,内修政理;天下有变,则命一上将,将荆州之军以向宛、洛,将军身率益州之众出于秦川,百姓孰敢不箪食壶浆以迎将军者乎?”这样,霸业可成,汉室可兴。雄图的第二步便是西取益州 (今四川全部和云南、贵州大部)。益州是益州牧刘璋统治的天下,建安十六年(211)刘璋获悉曹操要派大军讨伐汉中的张鲁(黄巾军五斗米道的首领),十分恐惧,于是采纳张松建议,派人到荆州迎接刘备来益州。这就正中刘备下怀。刘备到益州后却反客为主,攻打刘璋。最后将刘璋包围在雒城(今四川广汉西北),并下命给留守荆州的诸葛亮,火速领兵西上。诸葛亮立刻与张飞、赵云率兵入蜀。建安十九年(214)五月刘备攻下雒城,刘璋逃到成都。刘备乘胜追击,在成都与诸葛亮的军队会师。刘璋见大势已去,出城投降,刘备终于取得益州。刘备自称益州牧,拜诸葛亮为军师将军,实施法治,以此为基地向外扩张势力。正值此时,曹操打败五斗米道的黄巾军,平定了汉中,直接威胁巴蜀。因此,刘备下一个战略目标是取得汉中。汉中周围群山环绕,中间是汉水盆地,土厚民丰,是个战略要地。进可以出兵中原,退可以拥有雍州(今陕西西安市西北)、凉州(今甘肃张家川)。当曹操平定汉中后,自己退回长安,让夏侯渊、张郃驻守汉中。建安二十四年(219)刘备进军汉中,老将黄忠在定军山(今陕西勉县东南)消灭了夏侯渊军。曹操急忙从长安赶到汉中,至同年夏败局无法挽回,最后只得撤兵回长安,刘备实现了占领汉中的既定目标。同年秋,刘备自立为汉中王，提升魏延为督汉中将军，留守汉中，自己则回到成都。同年七月，刘备下令给在荆州的关羽，乘曹操汉中失利之机，攻打曹操占领的襄阳、樊城(今湖北襄樊市)。关羽奉命出击，大败曹军。曹操大惊失色，使用离间之计，让孙权放弃本已十分脆弱的孙刘联盟，派吕蒙袭取关羽的后方公安与江陵。关羽放弃樊城回救，兵败被杀，蜀国失去了荆州。

建安二十五年(220)正月曹操病死，子曹丕继承魏王位。同年曹丕称帝，国号魏。消息传到成都，诸葛亮等劝请刘备称帝。刘备多次推脱，最后为继承汉统，于次年(221)称帝，国号为汉，也叫蜀或蜀汉，定年号为章武。任命诸葛亮为丞相，许靖为司徒。同年五月定刘禅为太子。章武元年(221)七月，刘备决定进攻孙权，为关羽报仇。次年二月刘备东征，在长江南岸沿山势东进，最后在猇亭(今湖北宜都西北)一带扎营。蜀军自巫峡至夷陵，连营数百里，立数十营，凭借高处，据守险要，气势锐盛。吴国年轻大将陆逊看出破绽，火攻蜀军，连破四十余营，蜀军损失惨重。刘备连夜向西突围，抄小道逃至白帝城(今四川奉节县东)。这就是夷陵之战，在白帝城，刘备一病不起，章武三年(223)四月，刘备病情恶化，死于白帝城永安宫，终年63岁。临终前将诸葛亮召至白帝城，托付后事说，嗣子刘禅，可辅佐则辅佐之，如其不行，君可取而代之。诸葛亮哭着说："我当竭尽全力，效忠贞之节，死而后已。"

刘备死后，太子刘禅即帝位，改元建兴，史称后主。刘禅封丞相诸葛亮为武乡侯，兼任益州牧，蜀国政事全由诸葛亮决断。诸葛亮辅政后第一件大事是恢复与吴国的联盟。第二件大事是亲率大军平定南中(四川南部及云贵)，并进一步加以开发，改变其落后面貌。建兴四年(226)魏文帝曹丕病死，其子魏明帝曹睿继位。诸葛亮认为这是进攻曹魏的好机会，次年春带兵20万进驻汉中，伺机北伐。自228—234年，诸葛亮进行五次北伐：228年春第一次北伐，出兵祁山(今甘肃礼县东北)，初次作战胜利，夺取曹魏的西安(今甘肃陇西)、安定(今甘肃镇原)、天水(今甘肃甘谷)三郡,后因马谡丢失战略要地街亭(今甘肃秦安县),打乱了战略部署,不宜再战,只好退回汉中。228年冬第二次北伐,包围陈仓(今陕西宝鸡东)。因久攻不下,粮食缺乏,无功而还。229年春第三次北伐,攻取武都(今甘肃成县)、阴平(今甘肃文县)两郡。诸葛亮留下将兵据守,自己退回汉中。231年春第四次北伐,出兵包围祁山。魏明帝将司马懿从荆州调来迎击蜀军,凭险坚守不战。双方相持一个多月,蜀军因军粮缺乏,主动退兵。234年春第五次北伐,诸葛亮率10万大军,出斜谷口,在渭水南岸的五丈原(今陕西岐山县)安营扎寨,再次与司马懿率领的魏军对峙。司马懿仍然采取坚壁拒守的对策,不与蜀军交战。两军在五丈原相持一百余天。同年八月诸葛亮积劳成疾,一病不起,最后死在军中。大将姜维按诸葛亮生前所嘱,秘不发丧,整军从容撤退。司马懿恐怕中计,不敢追赶。蜀军进入斜谷口后,才下令发丧。

诸葛亮死后,蜀汉国力江河日下。后主刘禅是个庸才,宠信宦官黄皓,政治昏聩。魏元帝景元四年(263),魏国分兵西、中、东三路大举伐蜀。魏军东路主力在剑阁为蜀将姜维所阻,不得入蜀。魏将邓艾却渡阴平,翻山越岭,从剑阁后面来到江油(今四川江油),并向涪(今四川绵阳)进军。驻守涪的是诸葛亮的儿子诸葛瞻,在魏军猛攻下只好退守绵竹。后来邓艾攻入绵竹,诸葛瞻及其子诸葛尚战死沙场。接着邓艾进军至雒(今四川广汉),离成都只有40千米。于是刘禅召开群臣会议,决定投降。刘禅之子刘谌不同意屈辱投降,刘禅不听,他只得带着妻儿到祖父刘备庙里大哭一场,先杀妻儿,然后自杀。刘禅投降后,又命姜维投降。蜀汉士兵听说要投降敌人,都气得拔刀砍石头。

(3)吴国孙权称帝

赤壁之战以后,魏国致力于巩固后方,吴蜀两国围绕荆州问题展开长期争夺。荆州人口众多,物产丰富,为吴蜀必争之地。蜀若失去荆州,就被封闭在三峡以西的四川,东面无法与吴、魏争衡。吴若不占领荆州,就会时刻受到蜀的威胁。当初孙、刘两家为联合抗魏,孙权把荆州借给刘备，后来刘备取得益州，势力急剧壮大，造成对吴的威胁。建安二十年(215)孙权向刘备讨还荆州未果，便派吕蒙带兵攻打长沙、零陵、桂阳三郡。后来双方妥协，以湘水为界，平分荆州。建安二十四年(219)驻守荆州的蜀将关羽攻打魏的襄樊，对吴构成威胁。孙权与魏密谋，夹击关羽。关羽在吕蒙的偷袭下，一败涂地，关羽战死，荆州尽失。刘备为替关羽报仇，称帝后倾全力向吴进攻。因此孙权不得不向曹丕称臣，接受吴王的称号，争取魏国保持中立，以全力对付刘备。终于在夷陵之战大败刘备，确立了吴在荆州的统治。

魏、蜀、吴三国鼎立的政治背景是曹操和曹丕以汉献帝为招牌，挟天子以令诸侯。因此政治上吴不如蜀，蜀不如魏。当 220 年曹丕称帝之后，刘备以汉室合法继承人的身份也于 221 年称帝。然而孙权没有这个政治背景，所以称帝较晚。为了夺取荆州，孙权不得不韬光养晦。夷陵之战胜利以后，孙、刘恢复联盟，解除了后顾之忧，孙权最后才于黄龙元年(229)称帝。孙权称大帝以后，全力治国，发展经济，吴国得以巩固。吴是三国中最后灭亡的，究其原因有二：一是江南经济发展，有丰富的物质基础；二是孙权执行正确的政策，如争取江北和江东大族地主的支持，审时度势灵活处理三国间的关系，举贤任能，统治集团内部较为团结等。

263 年魏灭蜀之后，本来打算休整 3 年后再去灭吴。但灭蜀后的第二年，司马昭死了。泰始元年(265)其子司马炎接受魏的禅让为皇帝，是为西晋武帝。又过了 15 年，即咸宁五年(279)才开始讨伐吴国。此时吴国的统治者是孙权的孙子孙皓。孙皓残暴多忌讳，荒淫好酒色，政治混乱。因此益州刺史王浚上奏晋武帝："孙皓荒淫凶逆，宜速征伐。若一旦皓死，更立贤王，则强敌也，愿陛下勿失事机。"后来镇南大将军、都督荆州诸军事杜预也上奏，赶快讨伐。这样，晋武帝才下决心伐吴。同年十一月，晋以二十多万大军，分 6 路，沿长江上下，大举伐吴。吴军虽然在西陵(今湖北宜昌)以西的吴晋两国交界处，用铁索和铁锥封锁长江,但障碍被晋最西一路的王浚军破除,顺江而下。再加上江陵、夏口、武昌诸路大军的胜利,晋军很快就到达建业。兵临城下,孙皓只好投降。晋武帝太康元年(280)三月,吴国亡,结束了三国鼎立的历史。

2.长江流域的开发

西汉的时候,长江流域人口稀少,农业技术还停留在水耕火耨的阶段。商业也不发达。据说这里无饥馑之患,也无贫富显著的差异,这就是经济落后的表现。到了东汉,江南人口显著增加,从二百多万增加到六百多万,建造如绍兴的鉴湖和章县的陂堰那样的水利工程。但就全国来讲,北方平原的黄河流域还是经济发达的地区。到三国以后,长江流域发展迅速,孙吴在江南立国,就是以前代江南地区的不断开发为条件的。

孙权统治期间, 江南的开发仍在长江沿岸和长江下游三角地带,岭南珠江流域尚在逐步兴起。而广大内地仍是地广人稀,经济文化比较落后。至于东南腹地,多山地,居住的是越族。山越地域广大,人口众多,他们居住的地区靠近吴国中心地带的吴郡、会稽、建康等地,对吴国有相当大的威胁。为了增加兵源和财源,孙吴数次征伐山越。规模最大的一次是 234—237 年诸葛恪征讨丹阳郡山越, 将他们中间强壮的收编为士兵(有 4 万人),老弱的划归郡县从事生产。居住在荆州地区的少数民族称为蛮,交州地区的称为夷,孙吴对蛮、夷人也有过征伐。如黄龙三年 (231), 以潘浚率兵 5 万征讨武陵蛮。又如赤乌十一年(248)以陆胤为交州刺史、安南校尉,进入交州,招降纳叛,安定疆域。从此以后,交州清泰。孙吴征服山越、蛮、夷等少数民族以后,一方面将他们收编为士兵,另一方面划归郡县作编户耕田种地。同时还和曹魏一样进行屯田。屯田有军屯和民屯之分,管理屯田的官称为典农校尉和典农都尉。最有效的办法是在他们原来居住的地区设置郡县,纳入统治编制。在江南荆、扬、广、交地区,从东汉时的 20 个郡、265 个县,增加至43个郡、313个县。郡县和人口的增多,表明经济的发展。

两晋南北朝以来,黄河流域因战乱不断,社会遭到严重破坏。土地荒芜,人口减少。相对而言,长江流域破坏较轻,经济损失小。而且北方人民大量南渡,对南方的土地垦殖有益。江南的农业生产技术,原来比北方落后,直到南朝晚期,还在使用火耕肥田的办法,粪肥到后来才推广。有了肥料,加上充沛的雨水,农业生产很快就发达起来。江南水乡的河网化灌溉系统,在前代的基础上更为发展。江浙的太湖流域、江西的鄱阳湖流域、湖南的洞庭湖流域,以及浙江东部的杭嘉湖地区、会稽地区都成了著名的产粮区。沈约对江南农业经济发达有较详的记载:"江南之为国,盛矣!……丹阳、会稽……地广野丰,民勤本业,一岁或稔,则数郡忘饥。会土带海傍湖,良畴亦数十万顷。膏腴土地,亩直一金;鄠、杜之间(汉代农业发达地价高昂地区),不能比也。荆城跨南楚之富,扬部有全吴之沃;鱼盐杞梓之利,充仞八方;丝棉布帛之饶,覆衣天下。"(《宋书·孔季恭传》)沈约是梁武帝的昭明太子萧统的老师,吴兴武康(今浙江德清县武康)人,江南丝绸之府、鱼米之乡的情景,他是亲眼看见的,所记属实。农业发达,手工业、商业相应繁荣,沿长江出现了许多大都市,如江陵、夏口、建康、京口等。特别是建康是南朝政治经济中心,人口有数十万,粮食和日用品都要从外地运来,商业繁荣可以想象。有关商业的税收,在南朝宋、齐、梁、陈的税收中占有重要地位。三国时江南的丝织业开始发展,至南朝养蚕缫丝已经普遍推广。荆、扬两州的丝织业很发达,两地生产的纺织品,数量多至可以供应全国。也就是沈约所说的"丝棉布帛之饶,覆衣天下"。

此外,中国和南海的贸易在宋、齐时也有发展。广州是南海贸易的大港口,南海各地的货物从这里输入中国,中国各地的货物从这里输出国外。广州经济繁荣,凡在这里做过官的大多发了财。当时民间流传两句话:"广州刺史但经城门一过,便得三千万也。"

长江流域经济的发展,是南渡的北方劳动人民、江南汉人和各少数民族人民共同开发所做出的。经过近四百年辛勤劳动的付出,到隋唐才结出硕果,迎来了中华帝国的兴盛期。而这个黄金时代,只有中原黄河流域的文明不足以达到，必须是中原黄河流域文明与江南长江流域文明合成一股力量,才能达到。

第六章

陆海丝路法显、玄奘、义净的文化交流梦

法顕伝

……法顕等五人、随使先発。
復与寶雲等别。(敦煌)屯皇太守李浩、
供給度沙河。沙河中、多有悪鬼熱風、
過則皆死、無一全者。上無飛鳥、
下無走獣、遍望極目、欲求度處、
則莫知所擬。唯以死人枯骨、
為標識耳。行十七日、計可千五百里、
得至鄯善国。

《佛国记》,又名《法显传》

玄奘画像(现藏日本东京国立博物馆)

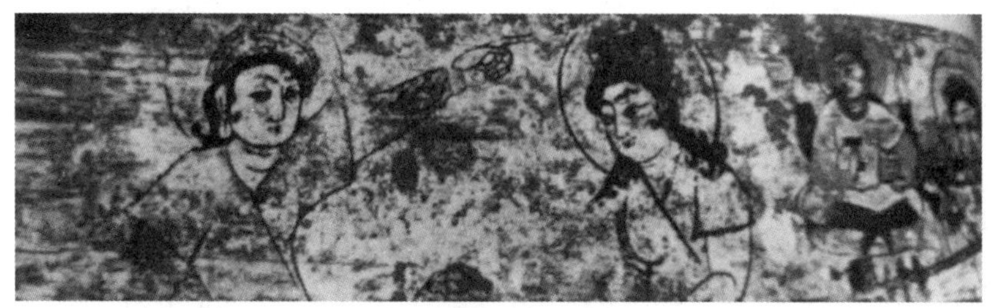

蚕种西渐

东渐西域僧与入竺求法僧

汉人僧侣

1.法显(约337—422)

佛教传入中国,至东晋法显的时代已经有300年了。当时佛教的两大派别即大乘佛教和小乘佛教流行中国。所谓大乘佛教即摩诃衍那(Mahayana)的意译。强调一切众生皆可成佛,一切修行应以自利利他并重。大是对小而言,乘是指运载工具,比喻普度众生从现实世界的此岸到达悟的彼岸之意。该派认为自己的教法最好,所以自称大乘。主要流传于中国、朝鲜、日本、越南等国。所谓小乘佛教即希那衍那(Hinayana)的意译,重于自我解脱,又称上座部佛教,流行东南亚各国。当时佛教盛行,整个东晋104年,共建造佛寺1700余所,其流行程度可想而知。但是中国佛教送过来的多,即大多印度僧人来中国传教,拿回来的少,即中国僧人去印度取经的少。法显以前即使有人去印度求法,也只到西域为止,没有真正亲临天竺的。同时法显以前,佛经翻译大致齐全,而关于戒律的经典没有。而且随着佛教兴盛、寺院林立、僧尼日增,便产生了寺院的管理问题,也就是说要使寺院生活正常运行,就需要比较详细的条例。规范僧尼的戒律,除了印度本土之外,别无他处可觅。因此,东晋宋初出现一股中国僧人西行求法热。当然法显去印度的目的主要是寻找戒律,但中国僧人西行者,或意在搜寻经典,或旨在师事天竺高僧,或欲睹圣迹,动机不一。

法显本姓龚,山西平阳(今汾阳市西南)人,3岁出家为沙弥,自幼聪明过人。有一天法显与同学数十人在田里割稻,有饥贼来抢其谷,诸沙弥全部逃走,只有法显留着不走,对贼说:“君欲须谷,随意所取。但君等前世不布施,故今生饥贫。今复夺人,恐来世弥甚。贫道预为君忧,故相语耳。”言讫即还,贼弃谷而去。众僧莫不叹服。20岁受大戒,仪轨整肃。

(1)西域行程

晋隆安三年(399)法显与同学慧景、道整、慧应、慧嵬等从长安出发,先到陇的乾归国(西秦都城金城,今甘肃兰州市西),在这里夏坐(佛教每年雨季在庙里安居3月)。这是离长安后第一次夏坐,时间是399年,法显65岁。夏坐毕,前进至耨国(南凉的都城,今青海西宁)。从这里越养栖山而至张掖镇,在这里又第二次夏坐(400)。从张掖走到敦煌,太守李暠供给渡沙河(自敦煌西至鄯善国间的大沙漠)。关于穿越沙漠的情况,梁僧祐《出三藏记集》这样记载:

> 西渡沙河,上无飞鸟,下无走兽。四顾茫茫,莫测所之,唯视日以准东西,人骨以标行路耳。屡有热风、恶鬼,遇之必死。显任缘委命,直过险滩。有顷,至葱岭。岭冬夏积雪,有恶龙吐毒风,雨沙砾。山路艰危,壁立千仞。昔有人凿石通路,傍施梯道。凡度七百余梯,又蹑悬絙过河数十余处。仍度小雪山,遇寒风暴起,慧景噤战不能前,语显云:"吾其死矣,卿可自去,勿得俱殒。"言绝而卒。显抚之号泣曰:"本图不果,命也奈何!"复自力孤行,遂过山险,凡所经历,三十余国,至北天竺。

法显一行过了沙漠,来到了鄯善国。在此住一月后,又西北行15日,到焉夷国(即焉耆国)。在这里住二月余,承蒙苻公孙供给,得以前进。又经过一段沙漠,所经之苦,人理莫比。路经1月5日,到于阗。其国丰乐,人民殷盛,全都信佛,僧人数万,多学大乘。法显在于阗滞留3个月,看毕行像,向合子国(今新疆叶城县)进发。途经25日,便到合子国。在此停留15日,南行4日,进入葱岭,在于麾国(在今叶尔羌河中上游一带)进行第三次夏坐,时间是401年。夏坐后,行进25日,便到竭义国(即疏勒国)。法显一行在疏勒国看到了5年盛会和佛唾壶。疏勒国在葱岭之中,自葱岭向前,草木果实皆异,唯竹及安石榴、甘蔗与汉地相同。法显一行自此西行,向北天竺进发。途经1月,方始翻越葱岭,进入北天竺。

(2)在北天竺

北天竺首当其冲的是陀历国，法显一行在此稍加停留便渡河到乌苌国(今巴基斯坦北部斯瓦脱河流域)，在这里夏坐，时间是402年。夏坐毕南下，到达缩呵多国。自此东下走了5天路程，到达犍陀卫国(今斯瓦脱河注入喀布尔河附近地带)。这里国人多学小乘，有佛以眼施人的遗迹。自此东行7日，到达竺刹尸罗国(今巴基斯坦北部拉瓦尔品第向北的沙汉台里地方)。佛为菩萨时在这里以头施人，投身饲虎。这两处都树立大塔。

从犍陀卫国南行4日，到了弗楼沙国(今巴基斯坦白沙瓦)。这里有大塔、佛钵。再西行16由延(1由延为20千米、15千米、8千米等说)到达那竭国醯罗城(今阿富汗贾拉拉巴德城南之醯达村)。由此再行1由延来到那揭国城(今贾拉拉巴德城西)。这里的两国都有佛的遗迹。在那揭国，法显一行住了一冬3个月，然后南越海拔4000米的小雪山时，唯一的同伴慧景病死。法显一人越小雪山(今迦布罗城以南的西菲得山)后向南到罗夷国。这里有僧人3000，大小乘皆有，法显进行第五次夏坐，时间是403年。

再南下行10日，到达跋那国（今巴基斯坦北部的邦努)，这里有3000名小乘僧。由此东行3日，再渡新头河，到过毗荼(今印度旁遮普)，佛法兴盛，大小乘都有。由此东南行，经过许多寺院，进入中天竺。

(3)在中天竺

先到摩头罗国(今印度北方邦的马土腊)，由此南行，到了名为中国的地方，法显在这里写下了非常著名的文章：

中国寒暑调和，无霜雪。人民殷乐，无户籍官法，唯耕王地者乃输地利，欲去便去，欲住便住。王治不用刑斩，有罪者但罚其钱，随事轻重，虽复谋为恶逆，不过截右手而已。王之侍卫、左右皆有供禄。举国人民悉不杀生，不饮酒，不食葱蒜，唯除旃荼罗。旃荼罗名为恶人，与人别居，若入城市则击木以自异，人则识而避之，不相唐突。国中不养猪鸡，不卖生口，市无屠店及酤酒者。货易则用贝齿，唯旃荼罗、渔猎师卖肉耳。自佛般泥洹后，诸国王、长者、居士为众僧起精舍供养，供给田宅、园圃、民户、牛犊、铁券书录。后王王相传，无敢废者，至今不绝。

以上记载把公元400年前后在笈多王朝月护二世(超日王)统治下的中国社会情形描写得如此具体而生动，实属罕见。印度古代史内容缺乏，有一位印度史学家曾说过，如果没有法显、玄奘、马欢的著作，重建印度历史是不可能的。(白寿彝主编:《中国通史》第8册，上海人民出版社，1989年，第927—928页。)

由中国向东南行18由延，来到僧伽拖国(今印度北方邦西部)。这里佛教遗迹颇多，法显在龙精舍夏坐。这是西行求法第六次夏坐，时间是404年。夏坐毕，法显东南行8由延，到达拘萨罗国舍卫城(今印度北方邦北部腊普提河南岸的沙海脱、马海脱)。由此东行约一由延，来到迦维罗卫城(Rummindei，今尼泊尔的腊明地)。其后法显向东南行，到毗舍离国、摩揭提国等，遍历中天竺的许多著名佛迹，如王舍城、灵鹫峰、鸡足山、伽城、竹园精舍、旷野精舍、鹿野精舍等，最后回到摩揭提国(即《大唐西域记》中的摩揭陀国)的巴连弗城，即华氏城。这里是阿育王的都城，佛教遗迹很多。法显在这里得到《泥洹》胡本1部及《摩诃僧祇律》1部，亲自抄写戒律。法显在此住了3年，大致是西行求法的第七年至第九年，即义熙元年至三年(405—407)。

其后，法显顺恒水东下18由延，到达瞻波大国(今印度比哈尔邦东部的巴格尔普尔)。由此东行约五十由延，到达多摩犁帝国。这里是海口，其首都故址在今印度西孟加拉邦西南的坦姆拉克(Tanluk)。法显在这里抄经画像，居住2年，相当于义熙四年和五年(408—409)。法显在印度的活动到此结束。

(4)在师子国

师子国是意译,《大唐西域记》称之为僧迦罗国。其音译,即今之斯里兰卡(Sri Lanka)。师子国是印度洋中的岛国,隔保克海峡与印度半岛相望。公元前5世纪已建立维阇耶王朝。这里佛教盛行,佛教文化发达,有纪念佛来此化恶龙的大塔,有无畏山的无畏精舍,法显在此寺院曾看到故国的白团扇而感触流泪。还有国王从印度携回来的贝多树和声名远扬的佛牙。在无畏精舍东20千米的地方有跋提精舍,僧侣达2000人。城南3.5千米的摩诃毗诃罗精舍更大,有僧侣3000人。法显在师子国住了2年。关于法显在师子国的情况,慧皎的《高僧传》卷三《法显传》这样写道:

> 于是持经像寄附商客,到师子国。显同旅十余,或留或亡,顾影唯已,常怀悲慨。忽于玉像前,见商人以晋地一白团绢扇供养,不觉凄然下泪。停二年(义熙六年、七年即410、411),复得《弥沙塞律》《长杂二含》及《杂藏》,并汉土所无。既而附商人大舶循海而还。

(5)漂海回国

大船乘有二百余人,途遇暴风,众人恐慌,抛弃杂物以减轻载重,任风漂流,幸无损伤。经十余日,来到耶婆提国(Javadvipa,今爪哇岛)。在这里停泊5个月后,又随其他商船东驶广州。扬帆二十余日,夜遇大风,全船震惊。众人以为搭乘了和尚才遭此厄运,欲将法显推下海去。结果被法显的檀越(保护人)喝住。然而情况虽然危急,到了水尽粮竭的地步,只好任风漂流……最后《高僧传》这样写道:

> 忽至岸,见藜藿菜依然,知是汉地。但未测何方,即乘船入浦寻村。见猎者二人。显问:"此是何地耶?"猎者曰:"此是青州长广郡

牢山(即崂山,在青岛东六七十里)南岸。”猎者还,以告太守李嶷。嶷素敬信,忽闻沙门远至,躬自迎劳。显持经像随还。

这样,法显便回到了久别重逢的祖国。青州刺史请留过冬,法显说:“贫道投身于不反之地,志在弘通,所期未果,不得久停。”于是法显于义熙九年夏秋二季在青州停留之后,于义熙十年(414)南抵京城建业(今南京),在道场寺跟外国禅师佛驮跋陀罗(Buddna-bhadra)译出《摩诃僧祇律》《方等泥洹经》《杂阿毗昙心论》。法显于隆安三年(399)从长安出发,至义熙十年(414)南抵建业,西行求法合计 16 年,亲历陆海丝路。在法显以前真正到达印度求法的僧人几乎没有,所以汤用彤在《汉魏两晋南北朝佛教史》中说:“海陆并遵,广游西土,留学天竺,携经而返者,恐以法显为第一人。”

法显后来到荆州新寺,在那里圆寂。年龄是 82 或 86 岁。

2.玄奘(602—664)

玄奘是中国佛教学者,唯识宗开创人,著名佛经翻译家、旅行家和中印文化交流使者。通称“三藏法师”,俗称唐僧。本姓陈,名祎,洛州缑氏(今河南偃师缑氏镇)人。自幼“聪悟不群,备通经典,爱古尚贤。非雅正之籍不观,非圣哲之风不习。不交童幼之党,无涉阛阓之门,虽钟鼓嘈囋于通衢,百戏叫歌于闾巷,士女云萃,亦未尝出也。”

13 岁出家,住东都净土寺,后与其兄游学成都,两三年间,究通诸部。武德五年(622)21 岁时在成都受具足戒。夏坐后,泛舟三峡,沿江到荆州天皇寺。道俗咸请法师讲《摄论》《毗昙》。讲罢后,又北游询求先师。至相州造休法师质难问疑,又到赵州谒深法师学《成实论》。又入长安,在大觉寺就岳法师学《俱舍论》。皆一遍而尽其旨,经目而记于心。然而在成佛的根据、步骤和方法等问题上,深慨各典论述不一,为澄清疑窦,决心乘危远迈,杖策孤征,西行求法。于是结侣上表,请求西行。

但有诏书下达,不予批准。众人作罢,只有玄奘不服,固志西行求法。

唐太宗贞观三年(629)秋八月,玄奘从长安出发西行,时年26岁。玄奘进入甘肃地方,经天水、兰州,来到凉州(今武威),在此停留一个月有余,为当地僧侣讲《般若经》。听众满座,连数百里外的僧侣也远道前来参加,大受欢迎。大家听说玄奘为求法而去印度,各地纷纷清扫道路和住所,等候玄奘光临。当时李大亮为凉州都督,奉圣旨严禁出关。李大亮问玄奘来凉州缘由,逼迫他回京。凉州有慧威法师,为河西之领袖,闻得玄奘有西行求法之志,深感喜悦,鼎力相助。秘密派遣二弟子暗中护送。因而玄奘不敢公开出门,采取昼伏夜行的办法,一路来到瓜州(今敦煌)。出玉门关,至莫贺延碛,长四百余千米,古称沙河。上无飞鸟,下无走兽,复无水草。行百余里,不料迷路,觅野马泉不得,正要取下水袋饮水时,袋重失手,水袋倾覆,慧立的《大慈恩寺三藏法师传》记载道:

> 千里之资(指饮水),一朝斯罄。又路盘回,不知所趣,乃欲东归,还第四烽(烽火台)。行十余里。自念我先发愿,若不至天竺,终不东归一步,今何故来。宁可就西而死,岂归东而生。于是旋辔,专念观音,西北而进。是时四顾茫然,人马俱绝。夜则妖魑举火,烂若繁星。昼夜惊风拥沙,散如时雨。虽遇如是,心无所惧。但苦水尽,渴不能前。是时四夜五日,无一滴沾喉。口腹干燋,几将殒绝,不复能进。

玄奘正在生死关头,一阵凉风,身体稍微复苏。睡眠片刻,醒后进发,发现草池,下马就饮,人马皆得苏息,盛水取草进发。再经两日,方始出流沙到伊吾(今哈密)。接着玄奘接受高昌国王曲文泰之请,来到王城(今吐鲁番)。曲文泰盛情招待,除补充给养外,还赠送黄金100两、银钱3万、丝绸500匹、马30头、劳力25人,并派遣殿中侍御史欢信送至突厥叶护可汗王庭。还给叶护可汗带去礼物丝绸500匹,果味2车。更给沿途各国开具介绍文书24件,每一封信附大绫一匹以为凭信。这样,玄奘得以顺利西行,经焉耆、龟兹、姑墨至凌山(Bedal,天山拔达岭)。这里已是葱岭北隅,其山险峭,峻及于天,加之风雪交加,无法饮食、睡眠,唯有悬釜而炊,席冰而寝。7日以后,方始出山,同行之中,冻死者十之三四,牛马更甚。出山后,至大清池,即热海(Issikkul,即吉尔吉斯斯坦的伊塞克湖)。沿海西北行250千米,到达素叶城,会见叶护可汗。由素叶城西南行,出铁门(突厥的关塞)至睹货罗国(吐火罗)。自此行路数百里,渡阿姆河而南下,进入阿富汗。越过兴都库什山脉,到达东克什米尔。再南下,从现在的巴基斯坦进入北印度。

玄奘从长安出发西行以来,经历近两年岁月,到达印度摩揭陀国的王舍城(今比哈尔邦拉吉基城),入那烂陀寺。那烂陀寺是当时印度的最高学府、佛教圣地,玄奘在此从师戒贤(Silabhadia)法师学法,几乎学遍大小乘学说,融会贯通,职位晋升到副主讲。留学5年后,又游学印度各地数十国,巡礼圣迹。游学回那烂陀寺后,又主讲《摄大乘论》和《唯识抉择论》。当时那烂陀寺大德师子光根据空宗"三论"驳《瑜伽师地论》,玄奘为此撰《会宗论》,调和空有二宗观点。还和小乘论师"顺世论" 者辩论, 大获全胜, 名声四扬。后来当时统治恒河中游的戒日王(606—647年在位),礼请玄奘在曲女城开设"无遮大会"进行布道。听讲者有18个国的国王及僧侣达3000人之多。玄奘作《真唯识量颂》,与会僧众无人敢破,成为大乘唯识宗的集大成者。玄奘的《成唯识论》是论证"我"(主体)、"法"不过是"识"的变现,都非真实存在,只有破除"我执""法执",才能达到成佛的境界。

戒日王要求玄奘留在印度,承诺为他建造100所寺院,但玄奘断然拒绝,踏上归国之路。戒日王赠给玄奘大量金币银币,下令各地护送,不得怠慢。玄奘的归途是遵循西域南道(即天山南路南道),从帕米尔高原经塔里木盆地及周边诸绿洲,即出葱岭后,经疏勒、叶尔羌(莎车)、于阗、且末、楼兰，然后辗转到达汉地。时年44岁的玄奘，于贞观十九年(645)春三月抵达久别16年的唐朝首都长安。当时太宗在洛阳宫，闻得玄奘回国，下令给西京留守、左仆射梁国公房玄龄迎接。

房玄龄乃遣右武侯大将军侯莫、陈实，雍州司马李叔慎，长安县令李乾祐奉迎，入住都亭驿。玄奘从印度带回来的古代梵语经典657部及佛舍利、佛像、佛画等，全部纳入弘福寺。因此，从长安朱雀大街到弘福寺，迎接的人群队伍长达数十里。接着玄奘谒见文武圣皇帝(唐太宗)于洛阳宫。二月，玄奘拜见于仪鸾殿，帝迎慰甚厚。并敕令法师撰修《西域记》。至贞观二十年七月十三日，书撰成，进表呈上。表中说："班超侯而未远，张骞望而非博。至于玄奘所记，微为详尽。斯周天下后世所公认，而非玄奘一人自负之语也。"

玄奘归国后，与许多人一起译经，其所译的经典称为新译。与此相对，以前鸠摩罗什所译的经典称为旧译。当时唐太宗为赞扬玄奘的业绩，于648年建造大慈恩寺，以他为上座。寺内设立翻译院，以推进译经事业。玄奘的译经，全部达到74部、1335卷，从太宗贞观十九年(645)至高宗龙朔三年(663)，前后历时19年。

据说玄奘拜谒唐太宗时说："印度是个遥远的国家，其灵迹和佛教迄今尚未详细记载。而在彼处，久已见到。因此将这些国家记录下来，告知未知的人们。"

太宗希望玄奘还俗，辅佐政务；还想在讨伐高句丽而繁忙之时同行巡视各地，以便咨询。但被以译经奉献余生的玄奘断然拒绝。

玄奘回国后，其翻译团队中的辨机和尚，以玄奘的旅行日记及其他相关资料为基础，编成名著《大唐西域记》全12卷。《大唐西域记》叙述了当时唐代西域(包括从新疆维吾尔自治区到中亚、印度次大陆)存在的约一百一十个国家的地理、政治经济、民俗、传说和佛教遗迹等。因此它并不是所谓旅行记。此书对于中亚、南亚的历史、地理、宗教的研究者来说，是极其宝贵的基础资料。后世的考古学者以此书的记载为基本，对佛陀初转法轮的“鹿野苑”古寺、佛陀活动据点之一的摩谒陀国都城“王舍城”旧迹，以及那烂陀寺等（都在印度比哈尔邦）进行发掘，证明玄奘所记完全正确可靠。该书于1857年由久良（Julien）译成法文，1884年由比耳（Beal）译成英文在伦敦出版。日文本由堀谦德者译出，1912年以《解说西域记》为书名在东京出版。

关于最贴近史实的玄奘传记，是他死后第二十四年（688）由其弟子慧心撰成的大慈恩寺《三藏法师传》全10卷。前半的5卷记述其从出生到西行求法，后半的5卷记述其从归国到逝世，唯不记在印度留学的情形。富有传说色彩的、受到人们称颂的玄奘事迹，随着时代的推移而出现许多用艺术手法写作的故事。计有宋代的《大唐三藏取经诗话》、金代的《唐三藏》、元代吴昌龄的杂剧《唐三藏西天取经》、明代吴承恩的小说《西游记》。其中《西游记》最为出色，笔法自由奔放，内容幻想离奇。

3.义净（635—713）

唐高僧义净，俗姓张，字文明，祖籍范阳（今河北涿州市），一说齐州（山东历城县）人。7岁时父母将他送入齐州西南20千米的土窟寺，跟从善遇、慧智二位法师学习。善遇博学多能，不仅精通佛经，还对六艺、天文、地理、阴阳、历算等外典有相当研究。慧智则专习《法华经》数十年，造诣极深。在二位法师教导下，义净学到了丰富的文化知识，同时在佛学方面也奠定了坚实的基础。贞观二十年（646）善遇法师逝世，义净就向慧智法师学习内典，昼夜勤奋研究，不知疲倦。贞观二十二年（648）受具足戒，正式出家为僧。数年勤学，义净学业大有进步。慧智见他天资聪颖，让他外出求学。于是义净离开土窑寺，来到佛教中心洛阳和长安。

由于当时佛教各派纷争，观点分歧，典籍的记载和解释互不统一，义净在学习中产生各种疑问，便萌生了去印度取经求法的念头。咸亨元年(670)义净在长安结识了并州的处一法师和莱州的弘祎法师,三人志同道合,相约去印度取经。当时去印度的陆上丝路因突厥阻碍不通,而海上丝路则较为畅通,海舶云集广州,搭乘商船去印度求法取经是众人一致的选择。于是他们离京南下,不料处一因母年高而作罢,弘祎行至江宁而中止,幸而途经丹阳时又有玄逵加入。咸亨二年(671)义净在扬州夏坐毕,同年秋接受龚州(今广西平南)冯孝诠的资助。搭乘波斯商船去印度。在等船期间,义净返回齐州,向慧智法师等故乡师友告别,当他再回广州,同行者唯门徒善行,其他人均因故罢退。

海舶出广州后,航行二十天左右,到达室利佛逝(今苏门答腊)。此时同行的善行因病被迫回国,义净独身继续前行,于咸亨三年(672)五、六月间到达马来半岛南端的末罗瑜国。由末罗瑜国到达裸人国,西北行半个月后到达耽摩立底(Tamralipti,在恒河口)。这里是东天竺的南界,义净在此居住一年余,跟僧人大乘灯学习梵语。耽摩立底虽离那烂陀寺不是很远,但途中常有强人出没,必须几百人结伴前往中天竺。不幸义净途中生病,落在众人后面,遭强人打劫,几乎丧命。最后义净还是赶上大队,到达朝思暮想的那烂陀寺。其后义净又离寺,去朝拜鹫峰、鸡足山、鹿野苑、竹林精舍等佛教圣迹。然后返回那烂陀寺,向著名僧人宝师子和智月等学习经典,研究瑜伽、中观、因明、俱舍论等学,并进行佛经翻译,考察印度佛教戒律和社会习俗。义净先后游历印度三十余国,历时 11 年,大约在垂拱元年(685),义净乘船离开印度东归。垂拱三年(687)他到达室利佛逝,在此停留二年余,专心从事翻译和著作。为了得到笔和纸,义净曾于永昌元年(689)随商船回到广州,得到贞固律师等人的帮助,然后又于当年十一月返回室利佛逝。天授二年(691)义净派遣大津将著作及新译的佛经送回国。武周证圣元年(695),义净携带经典四百部,与弟子贞固、道宏离开室利佛逝回国。

武则天对义净回国十分重视,不仅派出使者前往迎接,而且亲自率众人到洛阳上东门外迎接,诏命义净住在佛授寺。其后,义净先后在洛阳延福坊大福先寺，西京长安延康坊西明寺、东京福光寺、长安荐福寺等寺院翻译佛经。先天二年(713)正月，义净在长安荐福寺圆寂。享年79岁。葬于洛阳北原上，建有灵塔。乾元元年(753)，以塔为中心，建立了金光明寺。

义净在归国途中逗留室利佛逝时，写出了《南海寄归内法传》《大唐西域求法高僧传》。这两部著作记述了前往印度的僧人，其中二十余人从吐鲁番去印度，三十余人经广州出海去印度。这样，陆海二道的丝绸之路的情况在书中都有记载，成为研究东南亚各国历史宗教和海上丝路的绝好资料。关于陆路的情况，对尼婆罗(今尼泊尔)有许多记载。如玄会等僧人是从尼婆罗返回唐朝，而客死旅途的。至于两书所记录的海道情况尤为重要，由于玄奘的《大唐西域记》只记录了陆上丝路的所见所闻，法显的《佛国记》详于陆上丝路，略于海上丝路。因此义净所记录的有关南海各地的情况，便成为流传至今的关于南海各地的最早的历史地理资料。

第七章

唐太宗、玄宗的盛世梦

唐太宗

唐玄宗

敦煌莫高窟大佛(130窟)

敦煌莫高窟七尊像(45窟)

新疆克孜尔石窟的菩萨像和天部像

1.唐帝国成立

唐帝国是以李渊、李世民父子为首的地主贵族集团所建立的，而李世民出力尤多。李渊是陇西狄道人，祖父李虎，为西魏八柱国之一，北周夺取西魏政权后，追封为唐国公。父亲李昞，袭李虎封爵，任北周安州总管、柱国大将军。李渊7岁时继承唐国公爵位。他是隋文帝独孤皇后的姨侄，613年任弘化郡（郡治在甘肃合水县）留守，有权征发附近十三郡士兵。615年任山西、河东抚慰大使，有权选用郡县文武官员。616年任太原留守。他三次做地方长官，尤其是做军事重镇太原的留守，有利于起兵反隋。隋末农民大起义时，李渊的次子李世民眼见隋朝必将灭亡，便想乘机逐鹿中原，夺取政权。他结交晋阳令刘文静，联络所谓群盗大侠，准备起兵。《旧唐书·太宗纪上》说："时隋祚已终，太宗潜图义举，每折节（屈己下人）下士，推财养客，群盗大侠，莫不效死力。"

617年李渊采纳李世民计谋，起兵攻长安。当时关中隋军出关救援东都，关中空虚。李密不敢乘虚入关，却给了李渊入关的好机会。为解除后顾之忧，李渊与突厥始毕可汗讲和，自称大将军，命长子李建成统率左军，次子李世民统率右军，四子李元吉留守太原。李渊率领左右军从太原出发，同时派人四处招降各地隋官吏和豪杰。主力军一直前进，自河东郡城（今山西永济市）渡河至朝邑（今陕西朝邑县），分兵两路。李建成左军占据永丰仓，守潼关以防东方兵入关，并且解决了大军的粮食供应问题。李世民右军经略渭北，招募士兵多达二十余万，一举攻入长安。李渊是隋朝官吏，不敢公开反隋，以免敌人借口讨叛，造成不利影响。李渊入长安后，按预定计划，尊隋炀帝为太上皇，立西都留守代王杨侑为隋恭帝。这个计策很巧妙，一方面以太上皇的名义取消隋炀帝的帝位，另一方面以隋恭帝的名义招降隋朝官吏。然而更重要的是废除隋朝一切苛法禁令，模仿刘邦入咸阳约法三章，与民众订立约法12条，取得了民心，关中民众纷纷归附李渊，奠定建国的基础。618年隋炀帝被杀，李渊立即废恭帝，自立为帝（唐高祖），国号唐，建都长安，迎来了中华帝制的全盛期——大唐帝国。

李渊称帝以后，全国各地农民起义军声势仍然很大，还有许多地主贵族武装集团和隋官地方割据，唐势力仅在关中和晋南一带，亟待全国统一。在统一过程中，唐朝想尽各种办法和手段，煞费苦心。如对待关东的李密，李渊先和他结好，写信给他表示自己不想做皇帝，愿李密早成大业。这样可以暂免东顾之忧，让李密去跟王世充厮杀，好让李世民全力对付占据兰州一带的薛举。关于李渊写信给李密，《旧唐书·李密传》这样记载："欣戴大弟攀骈附翼，惟冀早应符箓，以宁兆庶。宗盟之长，属籍宽容。复封于唐，斯愿足矣。"

又如在进攻薛举及其子薛仁杲时，便联合薛举后方占据凉州一带的李轨，前后夹攻，把薛举、薛仁杲的势力消灭掉。与此同时，又联络河北的罗艺，让他牵制河北窦建德的农民军。而对江淮的农民军领袖杜伏威，则以高官厚禄收买，封他为吴王，使他与李子通相攻战。后来杜伏威被诱入长安，当其部下辅公祏起兵反唐时，杜伏威被唐所杀。

薛举、薛仁杲被消灭后，李世民的兵锋转向晋北的宋金刚和刘武周，将他们打败，消灭了关中左右两股敌对势力，稳定了关中的地位。于是唐继续用兵，分路出击，赵郡王李孝恭和大将军李靖经略巴蜀，胜利而归。淮安王李神通等经略山东，取得不少州县。李世民则与瓦岗军降将李勣、秦叔宝等出关进击王世充。王世充求救于窦建德。窦建德来援，被李世民大败于虎牢。擒窦建德于汜水，王世充投降。李渊杀窦建德，免王世充一死。但王世充在囚禁处被人杀死。这样，黄河南北广大地区都归唐所有，唐统一事业基本完成。

李靖、李孝恭等平定巴蜀后，挥师东下，进击占据两湖的萧铣。萧铣被围于江陵城，外无救兵，只好出城投降，长江中游地区全归唐所有。接着唐李孝恭、李靖、李勣分路进军江淮，消灭了辅公祏的势力，辅公祏被捕斩首。只有窦建德的部下刘黑闼,屡败再起,最后被李世民消灭。这样,淮南、江南全归唐所有。

最后在北方边境还剩下一个割据势力,那就是梁师都。他据有朔方等郡,完全依赖突厥的援助得以生存,628 年突厥衰乱,唐军击败突厥军,梁师都失去靠山被部下杀死,唐取得朔方城。于是割据局面结束,全国复归一统。罪魁祸首隋炀帝所引起的隋末农民大起义,和秦末、东汉末一样,胜利果实被地主贵族的割据势力攫取。不过农民并非一无所获,隋朝的残暴统治被推翻了,唐朝的统治者不得不吸取隋朝失败的教训,在政治上有所改善,使广大劳动人民得以有一个较长时期的安宁生活,创造出更多更大的物质财富和精神文明,在历史上写下了辉煌的一页。

2.唐前期的进步与繁荣

在中华帝国的历史上,唐是最强盛的朝代,历时 290 年。唐朝兴亡的历史大致可分为三个时期:第一,唐前期,618 年(唐高祖武德元年)至 741 年(唐玄宗开元二十九年),凡 124 年,其间主要矛盾是中央统治集团内部腐朽倾向与进步倾向的矛盾, 由于进步倾向起主导作用,国势得以保持长期强盛。第二, 唐中期,742 年 (唐玄宗天宝元年)至 820 年(唐宪宗元和十五年),凡 79 年,其间主要矛盾是中央集权势力与地方割据势力的矛盾,由于斗争结果,中央集权势力相对胜利,国家基本上能够保持统一。第三,唐后期,821 年(唐穆宗长庆元年)至 907 年(唐昭宗天祐四年),凡 87 年,其间主要矛盾是中央统治集团内部宦官势力与士族势力的矛盾,由于宦官势力占优势,中央集权势力趋向衰弱,以及黄巢农民起义军失败,地方割据势力胜利,唐朝灭亡,天下又出现五代十国大分裂局面。

(1)唐太宗贞观之治

开国皇帝唐高祖李渊好酒色,昏庸无能,全靠儿子李世民(唐太宗)的谋略和战功才取得江山,李渊本人并无才干。他根本未曾想到反隋做皇帝,连做个好官(太原留守)也没有想到。李渊和隋晋阳宫副监裴寂很亲密,两人日夜赌博饮酒,过着荒淫生活。由于李世民和晋阳令刘文静积极准备起兵,经裴寂劝说才起兵反隋。起兵后,他作为行军统帅,还接受裴寂所献的500名宫女,其昏谬可以想见。李渊登上皇帝宝座后,没有真正做到论功行赏,认为裴寂功劳最大,予以高度信任。真正有功的刘文静却被疑忌,甚至后来以谋反名义被杀死。用奸人,忌功臣,就是李渊的治国方针。在皇位继承问题上,他同样也犯了这种错误。李渊立长子李建成为太子,然而李建成是纨绔子弟,好酒色狩猎,亲近赌徒恶棍。他的四子李元吉比其兄更糟糕,李建成、李元吉两人,勾结宫中宠妃协力打击李世民,甚至用毒酒谋害。而李渊对李世民猜嫌亦甚,苦于没有借口不便作最后表示。正当此时,李世民为自卫,更为社稷,杀掉李建成和李元吉。在此情况下,李渊只好让位给李世民,自称太上皇。唐太宗李世民即帝位后,朝廷进步势力战胜腐朽势力,国家方始强盛起来。

627年唐太宗李世民即位后,以隋灭亡为戒,进行一系列政治改革。

第一,官僚制度。中央政府基本上沿袭隋的三省六部制,而略有改变。三省为尚书省、中书省、门下省。尚书省下统史、户、礼、兵、刑、工。唐初三省长官就是宰相。尚书省长官为尚书令一员,左右仆射各一员;中书省长官为中书令二员;门下省长官为侍中二员。以后尚书令和仆射不再为相,而且尚书令因唐太宗曾为此官,其后有官名而无实授。为宰相者必带平章事,如中书侍郎平章事,门下侍郎平章事,同中书门下平章事等。这样,事权日益集中到中书、门下两省,尚书省只成为执行机关,表现出中央集权日益加强。地方政府方面,唐高祖称帝时改郡为州,实行州县两级制,州设刺史,县设县令。贞观元年(627)又分天下为十道,下统州县。以后州以上才有观察使、节度使出现。唐太宗非常注意地方官吏的选用,曾说:“朕居深宫之中,视听不能及远,所委者唯都督刺史,此辈实理乱所系,尤须得人。”

第二,科举制度(取士制度)。大体沿袭隋制,士的来源主要是学校和州县来的乡贡。学校有6种:国子学、太学、四门学、律学、书(写字)学、算学。国子学收高级官(文武三品以上)子孙,名额300人。太学收中级官(五品以上)子孙,名额500人。四门学收低级官(七品以上)的儿子和普遍民家的聪明子弟,名额1300人。其中官家子500人,民家子800人。律学名额50人,书学、算学名额各30人。这三学的学生收八品以下官家子和民家子。以上六学统称国子监,设祭酒一人为监长。京都、都督府、州、县各设地方学校,学生名额最多80人。此外还有门下省的弘文馆(名额30人)和东宫即太子宫的崇文馆(名额20人),专收皇帝、皇太后、皇后的亲属和宰相高级官的儿子。633年颁布新定五经(《周易》《尚书》《毛诗》《礼记》《左传》)的经文,从此经文有定本。学生考试及格,由国子监贡到尚书省,接受吏部考试。

乡贡是在家自学的士人,学业有成,自向州县求举。经考试及格,由州贡到尚书省,接受吏部考试。学生和乡贡都受吏部(唐玄宗改礼部)考试。科目有秀才、明经、俊士、进士、明法、明字、明算、一史、三史等。其中明经、进士两科尤为重要,名臣大多这两科出身。明经主要考帖经,进士主要考诗赋。考试及格称为及第。科举取士,打击了魏晋以来士族门阀的势力,中小地主阶级也有参政的机会,缓和了阶级内部的矛盾。根据《唐摭言》卷一,有一次唐太宗在长安宫门看新进士,很高兴地说:“天下英雄入吾彀中矣”。唐人赵嘏的诗也说:“太宗皇帝真长策,赚得英雄尽白头。”

第三,府兵制度。唐沿袭隋制,实行府兵制,但略有改进。所谓府兵制就是“兵农合一”“寓兵于农”。即平时兵即农民,战时农民即兵。也就是向国家缴纳租税的农民,即为战争中打仗的士兵。府兵制一方面加强了对农民的管理,另一方面确保了军队的来源,与唐初国力强盛、对外战争的胜利都有密切关系。它的组织形式是：卫大将军（卫将军府）——折冲都尉（折冲府）——校尉（团）——旅帅（旅）——队正（队）——火长（火）。

府兵全国分 10 道，共置府六 634，其中关内一道有府 261，关外诸府统归中央十二卫统领，一小部分归东宫六率统领。府分三等，上府兵 1200 人，中府兵 1000 人，下府兵 500 人。统兵官每府设折冲都尉一人，左右果毅都尉各一人。300 人为一团，团有校尉；50 人为队，队有队正；10 人为火，火有火长。人民 20 岁服兵役，60 岁免役。士兵自备甲仗粮食和衣服，存入官库，行军时领取应用。十二卫是皇帝的禁军（卫兵），士兵从各卫所辖各府中抽调。边防重镇需要的精兵，本地不能满足，也要从各府中抽调。府兵制的缺点是调集时间较长，超过役期要免租调，减少国库收入。同时士兵出征，荒废农事，损失更大。后来府兵制被募兵制代替。

第四，评定氏族。魏晋南北朝以来，重视门第家谱，朝廷设立谱局，用人必须查考谱籍。因此政权把持在士族手中，凭着祖先的声望代代保持富贵。这是极其不合理的社会制度。隋文帝废九品中正官，不承认士族的社会地位，有意消灭魏晋以来的士族制度。唐太宗当然意识到这种不合理的制度，要建立一种以唐宗室和大臣为主体的新士族制度，成为当务之急。同时南北方士族，山东、关中士族，汉、鲜卑士族之间各有界限，也需要有一个统一的等第。于是唐太宗命高士廉和令狐德棻、韦挺、岑文本 4 人撰《氏族志》。他们收集全国士族家谱，依据史书辨别真伪，考正世系，推进忠贤，贬退奸逆，分清高低，定为九等。638 年撰成《氏族志》100 卷，293 姓，1651 家。皇族为第一等，外戚为第二等，其他按官品位定等级。过去唐功臣很多不是士族出身。《氏族志》承认了他们的等级和士族地位。过去南方士族被北方氏族轻视，《氏族志》恢复他们昔日的声望。关中士族一向比不上山东士族，《氏族志》承认他们的门第，与山东士族平列。这样，便造成一个以宗室为首、功臣（包括外戚)和关中士族重要辅佐,山东和南方士族为次要辅佐的新统治集团。这完全符合唐朝以关中为根本而统一全国的政策。

第五,修订律法。唐朝对律法进行改革,从高祖时就开始了。《旧唐书·刑法志》记载:“高祖初起义师于太原,即有宽大之令。百姓苦隋苛政,竞来归附,旬月之间,遂成帝业。既平京城,约法为二十条,唯制杀人、窃盗、背军、叛逆者死,余并蠲除之。及受禅,诏纳刘文静与当通识之士,因开皇律令而损益之,尽削大业所由烦峻之法。又制五十三条格,务在宽减,取便于时。”

上述唐初刑法上的改革,到太宗、高宗又重新厘定过,除去断趾的肉刑,省并了一些刑律。刑名有5种,即死刑、流刑、徒刑、杖刑、笞刑,与隋朝相同。637年唐太宗颁行《唐律》《唐令》。唐高宗命长孙无忌等撰《唐律疏议》,该书现存30卷,在研究中国封建社会法律史上有重要地位。当然唐朝法律仍旧是地主政权的法律,地主官僚犯法可以钱赎罪,或减一等治罪。尽管如此,唐能减除隋末的苛法,缓和阶级矛盾,对唐政权的稳定有利。

如上所述,唐太宗在贞观年间(627—650)实行了一系列政治改革,社会安定,经济繁荣,国势强盛,史家称之为“贞观之治”。唐史臣吴兢,特别写了《贞观政要》一书,记述当时的政事,歌颂唐太宗。唐太宗李世民确实是位明君,本人素质好,亲自参加唐朝创业斗争,吸取隋朝亡国的经验教训。他曾对侍臣说:“夫以铜为镜,可以正衣冠;以古为镜,可以知兴替;以人为镜,可以明得失。朕当保此三镜,以防己过。”

唐太宗为人有两个特色:一是不拘一格量才用人,二是虚心谦卑采纳谏言。唐太宗能够多方搜罗人才,而且不究以往。其部下有原为农民军将领的,如徐世勣、秦叔宝、程知节、张亮等。有原为政敌部下的,如屈突通本为隋将而战败被擒,戴胄本为王世充部下郑州长史,魏征原为李密部下又曾辅佐李建成。还有已汉化的外族或外族降将,如房玄龄、李靖、长孙无忌、尉迟敬德、阿史那杜尔、阿史那道真等。唐太宗对这些人都能做到信而不疑，各尽所长。《旧唐书·太宗纪下》说："拔人物则不私于党，负志业则咸尽其才，所由屈突、尉迟由仇敌而愿倾心膂，马周、刘洎自疏远而卒委钧衡。"选拔人才"不私于党"，对统治者而言很难做到，李世民却做到了，可以称为杰出人物。

唐太宗鼓励群臣直谏，魏征在谏臣中尤为突出。《贞观纪要·任贤》记载："太宗曰……征每犯颜切谏，不许我为非，我所以重之也。征再拜曰，陛下导臣使言，臣所以敢言；若陛下不受臣言，臣亦何敢犯龙鳞，触忌讳也。"

确实如此，如果李世民不愿听臣下的谏言，谁敢再说。纳谏的前提是皇帝自愿改正错误，他所以为之明君，就在于有自知之明。因而魏征一死，他便悲伤流泪说："今魏征殂逝，遂亡一镜矣。"

唐太宗能够注意农民生活和耕稼的艰难，减轻农民负担。《旧唐书·史良传上》记载："太宗皇帝削平乱迹，湔洗污风，唯思稼穑之艰，不以珠玑为宝。"《贞观纪要·务农》也记载："国以民为本，人以食为命，若禾黍不登，则兆庶非国家所有。既属丰稔若斯，朕为亿兆人父母，唯欲躬务俭约，必不辄为奢侈。朕常欲赐天下之人皆使富贵。今者徭赋，不夺其时，使比屋之人，恣其耕稼，此则富矣。"此外，设置义仓，放宫女出宫，释放死囚回家等也值得赞称。白居易曾有诗说："怨女三千放出宫，死囚四百来归狱。"

封建社会往往以"门户不闭"来说明社会安定，人民富裕。贞观之治，确实实现了此种情景。《贞观纪要·政体》记载："自贞观三年，关中丰熟……商旅野次，无复'盗贼'，囹圄常空。马牛布野，外户不闭。又频至丰稔，米斗三四钱。行旅自京师至于岭表，自山东至于沧海，皆不赍粮，取给于路。入山东村落，行客经过者，必厚加供侍，或发时有赠遗。此皆古昔未有也。"这样说来，未免有溢美之嫌。

(2)武则天专政弄权

649年唐太宗死，唐高宗即位。唐高宗是长孙皇后的儿子，因母舅长孙无忌的帮助才立为太子。唐高宗即位后,长孙无忌、褚遂良等贞观遗老执掌朝政。654 年唐高宗从尼寺将唐太宗的幼妾武则天迎入宫,大为宠爱。655 年唐高宗废王皇后,立武则天为皇后。唐高宗昏庸无能,而皇后武则天却精明能干,朝政全掌握在武则天手中。655 年武则天黜逐褚遂良。659 年逼迫长孙无忌自杀,黜斥长孙无忌一派的官僚二十多人,朝政开始由武则天支配。唐高宗想让位给太子李弘(武则天生四子,李弘是长子),武则天用毒酒杀死李弘,立次子李贤为太子。李贤尚称能干,唐高宗让李贤处理政务。680 年武则天废李贤,立第三子李显(唐中宗)为太子。唐高宗本想立能干的李弘、李贤为太子,但先后被武则天所杀,束手无策,任凭武则天摆布。682 年李显生李重润,唐高宗特地立他为皇太孙,希望太子、太孙名义既定,受到百官拥护,将来或许可以保持李家的帝位。不料次年唐高宗死,唐中宗即位,武则天以皇太后名义临朝称制,重演历代以来皇太后临朝称制的故技。

684 年武则天废唐中宗为庐陵王,立第四子李旦(唐睿宗)为皇帝。同年改东都洛阳为神都,改百官名称,为称帝做准备。690 年僧法明等献《大云经》,称武则天为弥勒佛下凡,代唐做天子。武则天颁布《大云经》,下令诸州建立大云寺。接着唐睿宗等六万余人上表请改国号。于是武则天顺从众议,宣布改唐为周,立称号为神圣皇帝。武则天不仅以谋略取得帝位,还用各种政治手段来维持其既得地位。第一,她用武力击败徐敬业等唐臣的举兵反抗,同时以特务手段提倡密告,擢用索元礼、周兴、来俊臣等人,专办谋反密件。第二,用索、周、来等 23 名酷吏,大杀唐朝宗室贵戚、大臣、刺史、郎将等。等到她称帝目的实现,为缓和过度紧张的群情,反过来大杀酷吏。691 年杀索元礼,流放周兴,表示滥杀之罪在于两人。697 年杀来俊臣。来的尸体被人们踏成肉泥时,武则天下诏列举来俊臣的罪恶,并加灭族罪,“以雪苍生之愤”。实际上酷吏都是秉承她的指使办事的。第三,控制亲近人,不让他们大肆胡作非胡。如武承嗣、武三思(武则天异母兄的儿子)、僧怀义、张易之、张昌宗等,对他们又拉又打,不给他们行政上的重权,不致酿成大害。第四,放手招官,借以收揽中小地主的人心。其办法有自举、试官、员外官、殿试贡士等。第五,选拔人才。武则天虽然以禄位收取天下人心,但对不称职的则黜罢或刑诛。史书称武则天"挟刑赏之柄以驾御天下,政由己出,明察善断,故当时英贤亦竞为之用"。如狄仁杰、姚崇、李昭德、魏元忠、张柬之、宋璟等,都是有才干的能人。人才之众,决不差于贞观之治。

武则天是女皇帝,她想把帝位传给姓武的,想把李姓的唐朝变为武姓的周朝,但遭到朝臣一致反对。朝臣们公认国家是李姓的国家,要求传位给皇太后的儿子。直到698年,武则天才决定立唐中宗为皇太子,取消唐睿宗的皇嗣名号,封他为相王。705年,82岁的武则天病重,宰相张柬之率领群臣入宫,杀奸臣张易之、张昌宗等,拥立唐中宗李显为帝,恢复唐国号和一切唐制度。同年武则天死去,遗制说"去帝号,称则天大圣皇后"。这表示武则天又回到李家来当先妣,她的皇帝梦醒了。

(3)唐玄宗开元之治

705年,唐中宗在张柬之等唐旧臣拥护下恢复了唐朝,但唐中宗比唐高宗更加昏懦,只信任韦皇后一人。武则天刚退出历史舞台,唐中宗与韦皇后又出演了唐高宗与武则天的故事。韦皇后与武三思勾结,形成武、韦两家外戚合作的腐朽集团,把张柬之等旧臣逐出朝廷,独揽大权。707年皇太子李重俊联络左羽林大将军李多祚等,发动羽林军三百余人,杀武三思。唐中宗又杀李重俊,韦皇后仍在中宗左右,势力仍大。安乐公主(中宗女儿,韦皇后所生)想让韦皇后临朝称制,自己做皇太女,便与韦皇后密谋,于710年毒死了唐中宗。韦家子弟及党徒5万人,按照武则天故事,准备拥韦皇后临朝称制。

李隆基曾任潞州别驾(四品官),在潞州(山西长治)募集一批勇士,罢官回京师后仍秘密招募勇士,特别与羽林军中号称"万骑"部队中的勇士结识,等待时机到来。唐中宗被毒死后,唐玄宗李隆基与太平公主

(武后之女、中宗之妹)联合,带领羽林军入宫,杀韦皇后、安乐公主、武延秀等,拥立李隆基的父亲、中宗之弟李旦为皇帝,是为唐睿宗。同时大举杀戮韦、武集团的人,韦家全部消亡,武家基本消灭。紧接着唐睿宗和太平公主登上政治舞台。唐睿宗也是个昏懦的人,他依靠李隆基和太平公主的力量做了皇帝,所以立李隆基为皇太子,让太平公主干预朝政,事事都要通过太平公主。这样势必助长太平公主的专横,引起公主与太子间的冲突和斗争。结果713年太平公主失败被杀,唐睿宗也传位给太子李隆基,是为唐玄宗。宫廷政变宣告结束,唐玄宗掌握朝廷大权。唐玄宗是个励精求治的皇帝,他在开元年间(713—741)的施政,有很大成就,被称为开元之治。

开元、天宝年间,唐朝的富裕达到有史以来的高峰。开元末年,两京米价一石不到二百钱,布帛价也很便宜。海内安富,行人出远门不用带刀。自西京安远门(西门)直到西域,沿路村落相望,田野开辟,陇右富饶天下闻名。全国各州县仓库里堆满了粮食和布帛,杨国忠奏准,令州县变卖库存粟帛,换成轻货。新征租税也折合成布帛,统统运送到京师。于是收藏天下赋税的左藏财物堆积如山。749年杨国忠请唐玄宗亲率百官到左藏察看,助长了唐玄宗的骄奢之心。日本遣唐使来长安,也大开府库,请他们参观。

唐玄宗的开元之治,确实可与唐太宗的贞观之治相提并论,迎来了封建盛世。当时赋役宽平、刑罚清省、百姓富庶,世称盛唐。杜甫也曾歌颂这个太平盛世:

忆昔开元全盛日,小邑犹藏万家室。
稻米流脂粟米白,公私仓廪俱丰实。
九州道路无豺虎,远行不劳吉日出。
齐纨鲁缟车班班,男耕女桑不相失。
宫人圣人奏云门,天下朋友皆胶漆。

百余年间未灾变，叔孙礼乐萧何律。

……

然而，随着天下太平，府库丰盈，唐玄宗在位岁久，年事渐高，日益骄惰。他不再励精图治，逐渐沉湎于酒色歌舞，从明君一下子堕落到昏君。

3.唐的对外发展和文化

(1)唐的对外发展

突厥本已臣服中国，隋末唐初逐渐强大起来，扰乱边境，深为大患。唐太宗一面离间突厥颉利可汗与突利可汗的关系，一面于贞观三年(629)派李靖、李勣为大将，分路进击。结果突利可汗率众投降，次年颉利可汗被擒，东突厥灭亡。东突厥故地，唐设立单于、浣海两部都护府进行管理。玉门关以西的西突厥，唐太宗也采取离间策略，使其自相残杀，然后以重兵消灭。

隋末吐谷浑强盛起来，占有今青海北部和新疆东南一带，阻滞中西交通商路。贞观九年(635)唐太宗命李靖、侯君集、李道宗、李大亮等出兵攻击，吐谷浑王伏允自杀，唐立其子诺曷钵为可汗，封为河源郡王。其他西域小国(如龟兹、高昌)也被唐太宗一一制服。

隋进攻朝鲜失败后，唐借口为中国子弟报仇，又东侵朝鲜。当时朝鲜半岛分为新罗、百济、高句丽三国，高句丽、百济与新罗发生军事冲突，新罗向唐求援，贞观十八年(644)唐太宗亲率大军进攻高句丽，虽然打了些胜仗，但因仓储无几，士兵寒冻，只好班师回朝。高宗显庆五年(660)唐与新罗结盟攻击百济，日本来援百济，唐将孙仁师大败日军于白江口，消灭百济。其后高句丽内乱，高宗总章元年(668)，唐派李勣、薛仁贵等攻打高句丽，占领平壤，国王投降。唐把高句丽分为5部，设安东都护府于平壤，并驻兵镇守。这样朝鲜半岛归于唐势力范围。

唐时印度分为东西南北中五天竺，贞观二十二年(648)唐派王玄策出使印度,遭中天竺阿罗那顺袭击,王玄策逃到吐蕃。其后王玄策在吐蕃和尼婆罗(尼泊尔)军队的帮助下打败中天竺,擒阿罗那顺送回长安。于是五天竺都来朝贡臣服,商路复通。

吐蕃即今藏族,在西藏西康一带,国王称为"赞普"。唐初对吐蕃采取和亲政策,将文成公主嫁给松赞干布。后吐蕃强大,向北发展并掠夺人口。高宗成享元年(670)以薛仁贵、郭待封为大将,与吐蕃大战于大非川(青海之东),结果大败。仪凤三年(678)又以李敬玄为大将,与吐蕃决战于青海,结果又败,于是吐蕃势力扩展到河西走廊并危及西域。及至武后时(690—704),武威军总管王孝杰大破吐蕃,收复龟兹、于阗、疏勒、碎叶四镇,吐蕃势力才得到遏止。

唐初对外发展的结果,使中国版图更加扩大,幅员辽阔,大大超过汉朝,成为亚洲和世界最强大最文明的国家。其疆域,南部与隋朝相同,即到达林邑(今越南中南部),北部极盛时包括贝加尔湖和叶尼塞河上游,西北曾到达里海,东北曾到达日本海。

(2)遣唐使与日本留学生(僧)

645 年开始的大化改新,使正在成熟的中央集权官僚机构在法律上明确下来,实现了以天皇为首的中央集权政府对全国人民的直接统治。与此同时,在对中国文化引进上也发生了重大变化,从过去专门从朝鲜半岛引进南北朝文化的时期转入直接引进唐文化的时期。日本在留唐学生药师惠日提出要同唐修好往来的建议后 7 年即舒明二年(630),开始派遣世界闻名的遣唐使,汲取唐朝统治经验和科学文化。自 630 年至 894 年共任命遣唐使 19 次,其中成行并到达长安的有 13 次。

遣唐使往来的路线有南北两条,即北路:由筑紫的博多经壹岐、对马、通过朝鲜南端和聃罗国(济州岛)之间到达仁川附近,然后直渡黄海;或沿朝鲜半岛西岸及辽东半岛东岸横渡渤海湾,在山东半岛的登州或莱州登陆。由陆路从青州经曹州、汴州、洛阳而达长安。南路:由筑紫的博多经值嘉岛(五岛),横渡东中国海,到长江下游,在明州(宁波)或扬州登陆,通过大运河至汴州而进长安。

遣唐使所负使命因时代不同而有所侧重,但总的说来有三项使命:一是处理外交事务,二是朝贡贸易,三是引进文物制度。遣唐使一般由大使、副使、判官、录事四级官组成,有时在大使之上还设持节使或押使。他们都是精通经史,擅长文艺,熟悉唐情况的中国通。使团成员有知乘船事(船长)、挟杪(舵师)、水手长、水手、造船都匠、船师、船匠、杂使、译语、主神(神官)、医师、阴阳师、画师、史生、卜部、音乐长、音声生、玉生、锻生、铸生、细工生等,还有不少留学生(僧)随行,人员众多。初期 250 人分乘 2 船,后期 500 人,最多时达 600 人,分乘 4 船。可见这是一个庞大的友好和学习的使团,在世界古代史上是罕见的。

遣唐使还有一个重要任务就是送留学生(僧)入唐学习,接他们学成回国。据统计,留唐学生约 144 名,其中大部分是学问僧,留学生只有 14 人,他们都是从有才华的贵族子弟中挑选出来。留学生进国子监所属六学馆学习,学问僧在长安、洛阳各大寺院钻研佛教。

在平安以前遣唐留学生的学习时间都很长, 有的长达二三十年之久。有的留学生甚至在唐娶妻生子。由于他们学习时间长,又同中国人久处,所以不仅其文化知识,且在生活习俗上都深受唐的影响,为中日文化交流和日本文化的发展做出卓越的贡献。如膳大丘在长安国子监学经史,回国后任大学寮助教;大和长冈在唐学唐律,回国后与吉备真备修订律令 24 条;菅原梶成在唐学医,回国后任针博士侍医;桔逸势在唐以文才闻名, 回国后推广中国书法。此外著名人物还有阿倍仲麻吕(698—770)、吉备真备(693—775)、空海(774—835)、最澄(766—822)、玄昉(? —746)、圆仁(794—864)、圆珍(814—891)等。

(3)鉴真东渡

唐代也有人东渡日本,促进中日友好,交流生产文化知识,其杰出代表人物是扬州名僧鉴真(688—763)。他俗姓淳于,江阳县人,14 岁在扬州大云寺出家。708年到长安实际寺,就弘景禅师受具足戒,后从名僧学律宗。733年南方律宗名僧义威死,鉴真成为南方戒律的权威,被尊为传戒大师,先后给四万多僧传戒。当时日本缺乏传戒律的高僧。朝廷派奈良兴福寺荣睿、大安寺普照两人到中国聘请鉴真赴日传戒。742年(天宝元年)鉴真接受聘请,下决心东渡日本。在誓师会上鉴真对以彦祥为首的21名弟子说:"是为法事也,何惜身命,诸人不去,我即去耳。"鉴真不惜生命决心东渡,但经历5次失败方始完成。

第一次失败:唐天宝二年(743)春已做好航海准备,由于朝鲜弟子诬告私通海盗而遭到官方追捕。

第二次失败:同年十二月出发,在狼沟浦(今南通南面的狼山)遇风暴,船被打破。

第三次失败:越州僧请鉴真从明州到杭州、湖州去讲律传戒,但知道他要去日本时便向官方密告,日本僧荣睿被捕,出海计划又告破产。

第四次失败:本来计划到福州下海,但在去福州途中被采访使阻止于永嘉。

第五次失败:唐天宝七年(748)鉴真61岁,在扬州计划东渡,后因海上遇难漂流到海南岛。

最后一次,唐天宝十二年(753)11月15日乘第11次遣唐使的副大使大伴古麻吕的船,从常熟西北的黄泗浦出发,20日到达日本,在萨摩国(鹿儿岛县)阿多郡秋妻屋浦登陆。鉴真时年66岁,双目已经失明,前后11年方始实现东渡日本的志愿。鉴真抵日后,在东大寺卢舍那大佛像前建立戒坛,传授戒律,给圣武上皇、皇太后、天皇、皇太子及其他俗僧传戒,日本戒仪因而完备。天平胜宝八年(756)鉴真为大僧都,两年后获"大和上"称号,天平宝字三年(759)奈良唐招提寺开基。天平宝字七年(763)76岁圆寂。

鉴真的主要业绩如下:①建立4所戒坛即奈良东大寺、下野药师寺、筑紫观音寺、奈良唐招提寺,将律宗传到日本。②校对《大藏经》。③

把先进的中国医学传到日本。④创建奈良唐招提寺,使建筑式样向日本风过渡。⑤带去王羲之的真迹,把中国风书法传入日本。⑥给日本美术家介绍唐朝雕刻式样,成为唐招提寺派的源头。

鉴真56岁起约11年光景先后5次漂流海上,频经炎热,致使双目失明,但他仍不气馁,继续东渡,其决心之大实在令人敬佩。大久保道舟在《日本文化史丛考》中说:“和上的东征变为日本佛教的血与肉,助长佛教的发展。”不仅佛教,鉴真还把各个领域的中国文化传到日本,促使日本文化发达起来,正如安藤更生在《鉴真大和上传研究》中所说,鉴真是日本文化的恩人。

(4)科学文化

对外交通和商业的发达必然使经济得到发展,经济发展又促进文化繁荣。这是一般规律。隋唐文化超过秦汉,也超过世界各国,站在领先的地位。现分别记述如下:

天文历学

隋朝时耿询发明以水力转动的浑天仪,《隋书》卷78《耿询传》记载:“询创意造浑天仪,不假人力,以水转之,施于暗室中……外候天时,合如符契。”又有刘焯精通历算,认为《周髀算经》所说日影千里差一寸的说法不可靠,向隋炀帝建议实测一次,但没有被采纳。至唐玄宗时太史监南宫说采用了刘焯的主张。进行实测子午线,结果得出子午线一度之长是351里80步。这是世界上第一次实测子午线的长度。

唐朝在天文历学上有很大进步,出了两位专家——李淳风、僧一行。李淳风考究前代浑天仪的成就和错误,著成《法象志》一书。僧一行贡献更大,一是制造黄道游仪,二是撰成《开元大衍历经》。《旧唐书》卷191《方伎僧一行传》记载:“时《麟德历经》推步渐疏,敕一行考前代诸家历法,改撰新历。又令率府长吏梁瓒等与工人创造黄道游仪,以考七曜行度,互相证明。于是一行推《周易》大衍之数,立衍以应之,故撰《开元大衍历经》。”《大衍历》于开元十七年(729)制成,后由日本留学生吉备真备带回日本,天平宝字七年(763)即被日本采用。该历共分七篇,包括平朔望和平气、七十二候,太阳和月球每天的位置与运动,每天见到的星象和昼夜时刻,日食、月食和五大行星的位置。

医学

隋唐医学比前代进步,从观念医学向实证医学转换。隋名医巢元方撰《诸病源候论》50 卷,对医学贡献很大。《诸病源候论》散佚不存,只能从日本人丹波康赖的《医心方》(982)中可看出隋唐医学和一个梗概,因为《医心方》主要根据《诸病源候论》写的。隋名医还有许智藏、许澄。许澄撰有《备急草要方》3 卷。隋唐之交的甄权和甄立言也很有名,前者擅长针灸,后者撰有《本草音义》7 卷。唐名医更多,如张文仲、孟诜、孙思邈等。其中孙思邈(581—682)最为有名。他总结了唐以前的临床经验和医学理论,收集方药、针灸等,著《千金要方》《千金翼方》。该两书首列妇女、幼儿疾病,并倡立脏病、腑病分类,其有新的系统性。当时注意临床经验,并能根据经验推究病源,如《旧唐书》卷 191《方伎孙思邈传》记载:"人有四肢五藏,一觉一寝,呼吸吐纳,精气往来,流而为荣卫,彰而为气色,发而为音声,此人之常也……及其失也,蒸则生热、否则生寒,结而为瘤赘,陷而为痈疽,奔而为喘乏,竭而为燋枯。诊发乎面,变动乎形。"这里虽然受阴阳五行的影响,但至少有实证的意义。《隋书·经籍志》所载的医书,有许多西域和印度医书,如《龙树菩萨药方》4 卷、《西域诸仙所说药方》23 卷、《西域名医所集要方》4 卷、《婆罗门诸仙药方》20 卷等,可见中国医学受西域和印度影响,这也是中西文化交流之一。

唐朝本草学也有进步,继梁朝陶弘景的《神农本草经》之后,苏敬等 21 人奉唐高宗之命编纂了《新修本草》,书中附有许多图画,增添了大量从西域带来的药物。

经学史学

唐朝初年儒学极盛,四方儒生集中长安,外国都派子弟到唐国子监读书,盛况空前。《旧唐书》卷189上《儒学传》记载:“四方儒士,多抱负典籍,云会京师。俄而高丽及百济、新罗、高昌、吐蕃等国诸酋长亦遣子弟,请入于国学之内,鼓箧而升讲筵者八千余,济济洋洋焉儒学之盛,古昔未有之也。”

当时对儒学注述较有贡献的是孔颖达的《五经正义》170卷和陆德明的《经典释文》30卷。文学家、哲学家韩愈(768—824)尊儒排佛,其著作《原道》《原性》,强调自尧舜至孔孟一脉相传的道统,维护儒家传统思想。后因谏阻宪宗迎佛骨,被贬为潮州刺史。

隋朝禁止私撰历史,开皇十三年(593)下诏:“人间有撰集国史,臧否人物者,皆令禁绝。”此举是要想把史书著述集中在政府之手。至唐朝,史官设置发生重大变革。以前史官隶属秘书省著作局,由著作郎掌修国史。唐贞观三年(629)专设国史馆,改隶门下省,馆设在宫廷中。由宰相监修国史,实领史职的是史馆修撰和直馆。由于唐朝专设史官国家修撰,所以官修史书很多。著名的有唐太宗御撰的《晋书》、魏征等撰的《隋书》、姚思廉撰的《梁书》和《陈书》、李百药撰的《北齐书》、令狐德棻撰的《北周书》、李延寿撰的《南史》和《北史》等。以后所谓的“二十四史”,唐朝修撰的最多。此外吴兢的《贞观政要》、刘秩的《政典》、杜佑的《通典》也很有名。尤其是高宗武后时刘知几(661—721)所著《史通》,是我国第一部史学评论专着,他不但总结了过去的历史学,而且大胆批判了过去历史著作的缺点和错误,对后世影响很大。

雕版印刷术的发明

雕版印刷是由石经发展而来,而与佛经传布的需要有密切关系。一般认为中国雕版印刷始于公元600年前后,其根据是胡应麟的《少室山房笔丛》卷4引陆河的《汾燕闲录》说:“隋文帝开皇十三年(593)……敕废像遗经,悉令雕版,此印刷之始。……雕本肇自隋时,行于唐世,扩于五代,精于宋人。”也就是说雕版印刷由隋朝创始,唐朝流行,五代发展,宋朝精通。如果真如胡应麟所说,那么中国印刷术发明世界最早,对世界文化的发展贡献很大。

唐朝时因流布诗文的需要,雕版印刷被广泛应用,元稹的《元氏长庆集》就是雕版印刷的,白居易的诗也被雕版印刷流传于世。扬州在中晚唐成为印刷业的中心,雕印一本书有达数千本之多,可见雕版印刷的发达。五代后唐明宗时,宰相冯道、李愚奏请按唐时郑覃所刻石经,刻九经印版,印书流布天下。《五代会要》卷8《经籍条》记载:“后唐长兴三年(932)二月,中书门下奏,请依石经文字刻九经印版。敕令国子监集博士儒徒,将西京石经本,各以所业本经句度,抄写注出,仔细看读,然后顾召能雕字匠人,各部随秩刻印版,广颁天下”。由此可见五代时已用木板雕印书籍了。后汉后周时屡次雕印《周礼》《仪礼》《公羊》《谷梁》《经典释文》等书,广泛流布天下。

文学

隋唐文学非常发达,形式繁多,有骈文、古文、律赋、诗、词、传奇、俗讲等,都很有成就,这里只就诗词略加记述。

唐代国力强盛、政治开明、思想活跃、生活富足,给诗人提供了广阔的生活与心灵空间。此外还有两个重要条件:第一是唐代实行科举制度,尤重进士科,而进士科必须考诗赋,不会吟诗作赋便休想考进士,因此士子必须学诗,促进诗歌发达。第二是统治者重视文学,唐太宗造文学馆,集中杜如晦、房玄龄、于志宁、苏世长、孔颖达、许敬宗等18学士,分成三批,每天6人值班,讨论典籍。

唐朝诗歌一般分为初唐、盛唐、中唐和晚唐四期。有人把唐诗的发展历程看作自然界的春、夏、秋、冬四季,初唐的诗歌创作如同春天,姹紫嫣红的花儿刚刚盛开,尽管华艳美丽,却柔靡无骨;盛唐诗歌阳光普照,万物勃发,充满生命力;中唐诗歌如秋风劲吹,色彩开始灰暗;晚唐诗歌如严冬,一片衰飒,格局狭小。总之,唐朝政治经济文化的繁荣是唐诗繁荣的基础,而唐诗流派异彩纷呈也是唐诗繁荣的表征,同时更是大唐文化开放、唐人精神自由的艺术折光。

初唐以王勃、杨炯、卢照邻、骆宾王“初唐四杰”及沈佺期、宋之问为代表。盛唐以王维、李白、杜甫为代表。中唐以“大历十才子”(李端、卢纶、吉中孚、韩翃、钱起、司空曙、苗发、崔峒、耿讳、夏侯审)及元稹、白居易为代表。晚唐以李商隐、温庭筠为代表。而其中以李白、杜甫、白居易最为突出。

李白(701—762),诗风雄奇豪放,想象丰富,语言流转自然,音律和谐多变。其诗表现出蔑视封建权贵的傲岸精神，对当时政治腐败作了尖锐的批判;对人民疾苦表示同情;对安史叛乱势力予以斥责,讴歌维护国家统一的正义战争;善于描写壮丽的自然景色,表达对祖国山河的热爱,为积极浪漫主义诗歌的新高峰。著名作品有《蜀道难》《行路难》《梦游天姥吟留别》《静夜思》《早发白帝城》等。

杜甫(712—770),善于运用各种诗歌形式,风格多样,而以沉郁为主;语言精练,具有高度的表达能力,继承和发展了《诗经》以来的优良文学传统,成为我国古代诗歌的现实主义高峰。他的许多作品显示出唐代由开元盛世转向分裂衰落的历史过程,故被称为“诗史”。著名作品有《兵车行》《自京赴奉先县咏怀五百字》《春望》《羌村》《北征》《三吏》《三别》《茅屋为秋风所破歌》《秋兴》等。

白居易(772—846),青年时家境贫困,对社会生活和人民疾苦有较多的接触和了解。历任杭州刺史、苏州刺史,后官至刑部尚书。文学上积极倡导新乐府运动,主张“文章合为时而著,诗歌合为事而作”,强调继承《诗经》“风雅比兴”的传统和杜甫的现实主义创作精神,反对“嘲风雪弄花草”而别无寄托的作品。早期所作讽喻诗尖锐揭发了当时政治的黑暗现象,也反映了人民的痛苦生活。自遭到贬谪后意志消沉,晚年尤甚,诗文多怡情悦性、流连光景之作。《与元九书》是他的诗论纲领,为我国文学批评史上的重要文献。著名作品有《长恨歌》《琵琶行》等。

音乐舞蹈

隋唐是中国音乐舞蹈辉煌发达的时代，外国传入的音乐舞蹈对中国产生很大影响。从北朝以来,外国音乐不断输入中国。《隋书》卷 14《音乐志》记载:"(北周)太祖辅魏之时,高昌款附,乃得其伎教习,以备飨宴之礼。……其后(武)帝聘皇后于北狄,得其所获康国、龟兹等乐,更杂于高昌之旧,并于大司乐习焉。"

及至隋时,炀帝大业年间(605—617)始定九部乐。所谓九部乐就是清乐、西凉、龟兹、天竺、康国、疏勒、安国、高丽、礼毕。其中清乐是汉末旧乐,是中国的,其他都是外国的。当时许多乐器,如羯鼓、答腊鼓、筚篥、羌笛等都是外国传入的。

至唐朝,外国音乐传入更多。《新唐书》卷 22《礼乐志》记载:"周、隋与北齐、陈接壤,故歌舞杂有四方之乐。至唐,东夷乐有高丽、百济;北狄有鲜卑、吐谷浑、部落稽;南蛮有扶南、天竺、南诏、骠国;西戎有高昌、龟兹、疏勒、康国、安国,凡十四国之乐,而八国之伎,列于十部乐。"唐朝所谓十部乐,即燕乐、清商、西凉、天竺、高丽、龟兹、安国、疏勒、康国、高昌十部,可见唐音乐是吸收许多外国音乐融合而成的。当时社会风气重视音乐,宫廷贵族爱好歌舞,唐玄宗李隆基就是个大音乐家,精通音律,曾亲自与杨贵妃训练梨园子弟。《新唐书》卷 22《礼乐志》记载:"选坐部伎子弟三百余教于梨园,声有误者,帝必觉而正之,号'皇帝梨园子弟。……帝又好羯鼓,而宁王(玄宗之弟)善吹笛,达官大臣慕之,皆喜音律。"

坐部伎与立部伎相对,为唐代宫廷乐舞的两大类别。坐部伎在堂上表演,其乐舞有《燕乐》《长寿乐》《鸟歌万岁乐》《龙池乐》等,舞者大致为 2—12 人,舞姿文雅,用丝竹细乐伴奏。立部伎在堂下表演,其乐舞有《安乐》《太平乐》《破阵乐》《圣寿乐》等,舞者 60—180 人不等,舞姿雄壮威武,伴奏乐器有鼓和锣,音量宏大。

唐朝外国舞蹈非常流行,有《菩萨蛮队舞》《胡旋舞》《胡腾舞》《剑器舞》等,安禄山与杨贵妃擅长《胡旋舞》。白居易有《胡旋女》一诗:"胡旋女,胡旋女……弦鼓一声双袖举,回雪飘摇转蓬舞,左旋右转不知疲,千匝万周无已时。"宫廷乐舞《霓裳羽衣曲》非常有名,相传唐玄宗梦登三乡驿，望女儿山，作此曲前半部，后吸收西凉节度使杨敬述所献《婆罗门曲》续成全曲。其舞与乐、服饰都着力描绘虚无缥缈的仙境和仙女形象。全曲分散序、中序、曲破三部分：散序为乐器演奏，不歌不舞；中序始有拍，亦名拍序，且歌且舞；曲破为全曲高潮，繁音急节，声调铿铮，结束时转慢，舞而不歌。

唐代舞伎谢阿蛮，史书上留名。她是京畿新丰(陕西临潼)人，原为民间艺人，后入宫廷，擅长《凌波舞》，表现龙女在波涛起伏的海面上翩翩起舞。此舞由唐玄宗作曲，以笛、羯鼓、琵琶、方响、筚篥、箜篌、拍板伴奏。谢阿蛮与杨贵妃情谊深长。

书画

隋唐书画也很发达。隋朝书法名家有房彦藻，隋唐之交有虞世南。唐太宗特别重视书法，写得一手草书，多方访求王羲之的墨迹《兰亭序》。唐朝早期书法家有欧阳询(557—641)，初学二王(羲之、献之)，后自成一家，书风劲险刻厉，于平正中见险绝，世称“欧体”，与虞世南、褚遂良、薛稷并称唐初四大书法家。中期有李邕、张旭、贺知章。张旭“善草书而好酒，每醉后，呼号狂走，索笔挥洒，变化无穷”。后期有颜真卿、柳公权。颜真卿(709—785)初学褚遂良，后从师张旭，正楷端庄雄伟，气势开张；行书遒劲郁勃，古法为之一变，开创新风格，对后世影响很大，人称“颜体”。柳公权(778—865)初学王羲之，后学颜真卿。正楷尤为知名，骨力遒健，结构劲紧，自成一家，与颜真卿并称“颜柳”。

隋唐绘画，无论人物山水，宫室器具，还是花草鸟兽，都比前代进步。隋画家展子虔，擅画人物车马，人物描法细致，以色晕染面部。画马立者有走势，卧者有起跃之状。写山川远近，有咫尺千里之势，曾在长安、洛阳、江都等地寺院画佛教壁画。作品《游春图》描写贵族游春的情景，为现今最古的卷轴山水画。唐画家尉迟乙僧，于阗贵族，擅画佛像。其父尉迟跋质那是隋画家，人称他们父子为“大尉迟、小尉迟”。唐画家阎立本(？—673)，笔力圆劲雄浑，尤精肖像，善于刻画性格。画唐太宗像及《秦府十八学士图》《凌烟阁功臣二十四人图》等，为当时称誉。此外《步辇图》描绘唐太宗接见吐蕃(西藏)赞普松赞干布派来迎接文成公主的使臣禄东赞的情景，反映了汉藏两族友好亲密的关系，是一幅具有重要意义的历史画(今存宋代摹本)。存世作品有《历代帝王图》，现藏美国波士顿艺术博物馆。

唐画家吴道子，在宫廷作画，玄宗闻其名任以内教博士。擅长佛道人物，笔迹磊落，势状雄峻，生动而有立体感。曾在长安、洛阳的寺观作佛道宗教画三百余间。落笔洗练劲爽，一笔挥就，描绘衣褶有飘举之势，人称"吴带当风"；用焦墨勾线，略加淡彩设色，人称"吴装"。苏轼评吴道子说："自三代历汉，至唐而备矣。……画至吴道子，古今之变，天下之能事毕矣。"存世作品有《送子天王图》。

李思训(651—716)，擅画山水松石，描写"湍濑潺湲，云霞缥缈"之景，金碧辉映为一家法，还常用神仙故事来点缀幽曲的岩岭。他的画风为后代画金碧青绿山水者所取法，有相当大的影响。存世作品有《江帆楼阁图》。

王维(701—761)，通音乐，工书法，精绘画，写诗多以山水田园为内容，以"破墨"画山水松石，其山谷郁盘，云水飞动，笔力雄浑，诗中有画，画中有诗，为山水画"南宗之祖"。

曹霸、韩干两人是师生，均擅长画马。天宝年间(742—756)韩干在宫廷画玄宗内厩的"玉花骢""照夜白"等名马，写出壮健雄骏之状，当时称为独步。存世作品有《照夜白图》。

边鸾擅画禽鸟和折枝花木，亦精蜂蝶，下笔轻利，用色鲜明而不掩笔迹。贞元(785—805)年间德宗命他画外国赠送的孔雀，因作一正一背，羽毛金翠辉映，神态生动，富有节奏感。边鸾的花鸟画艺术成就超越前人，推动了后世花鸟画这一科的发展。

建筑雕刻

隋唐时代的长安十分繁荣，为对外经济文化的交流中心。唐侨居长安的外国人,来自亚洲各地,远至波斯、大食,多时数以万计。隋长安城筑于隋文帝开皇初年,号大兴城,包括今西安城和城东、南、西一带。唐在此基础上加以发展,分宫城、皇城、京城三重。宋敏求《长安志》卷6、7记载:"宫城东西4里,南北2里270步,周13里180步,崇3丈5尺。""皇城东西5里115步,南北3里130步。""外郭城东西180里15步,南北15里175步,周67里,其崇3丈5尺。"

宫城为皇帝宫殿所在。皇城内有6省、9寺、5监、16卫等官衙。京城即为外郭城,指整个长安城,皇城、宫城都在其中。在宫城、皇城的东西面和皇城的南面,就是长安街市。城中南北有11条街道,东西有14条街道,周围共有10门,10门里面排列东西2市和110坊。如此宏大雄伟、配置整齐的城市建筑,在当时世界上是独一无二的。日本的平城京(今奈良)就是模仿唐长安城的。

当时寺院建筑既多又华丽,如长安的大慈恩寺、大兴善寺、龙兴寺、实际寺等,都受西域、印度建筑的影响。大慈恩寺的大雁塔最为著名,许多文人雅士都曾登塔吟诗。山西五台县佛光山的佛光寺是中国现存最古的佛寺之一,现存重要建筑有唐代的大殿、金代的文殊殿和北朝末年的祖师塔。大殿建于857年,面宽7间,高32米。斗拱和梁架结为一体,向室内外各挑出4层,使外檐出檐深远。室内天花高耸,从构架到外形及室内空间都与后代建筑有很大不同。室内有唐塑佛像、人像、壁画和唐人题字,这些建筑、雕塑、绘画、书法,汇集了中国唐代佛教艺术的精华,令人感叹我国文化之辉煌灿烂。

至于雕刻也很发达,慈恩寺大雁塔里有阴刻画,在大理石的弓形门上刻着阴刻佛像。长安宝庆寺中有美丽的砖塔,刻有十多个精美的半裸石佛。还有敦煌石窟中有许多佛像,在艺术上有很高成就。此外长安玄武门内14蕃酋石像,以及唐太宗昭陵(今陕西礼泉县东北)前的六块浮雕石刻也很著名。昭陵六骏石刻,是李世民为纪念他在建立唐王朝的战争中所骑的6匹骏马的雕像,刻于贞观十一年(637),六马姿势各异,但均雄劲有力,高度体现了中国古代雕刻的艺术水平。其中“拳毛騧”和“飒露紫”2 块于 1914 年被盗走,现存美国费城;“什伐赤”“青骓”“特勒骠”和“白蹄乌”4 块,现陈列在陕西省博物馆。

宗教

隋唐时代因中西交通发达和社会开放,西方宗教传入中国,使中国宗教丰富多彩,人民信仰自由。当时西方有 4 种宗教传入中国,即景教、摩尼教、祆教和伊斯兰教。

景教

景教是基督教的聂斯脱里派,5 世纪时由叙利亚人聂斯脱里创立,主要在古代东方流行,由设在巴格达的最高教会统辖,下设 25 个大主教区,中国是 11 教区,印度是 12 教区。7 世纪时聂斯脱里派的传教活动已遍及中亚,并在向东扩展。贞观九年(635)终于传入中国,主教阿罗本来到唐京城长安。《唐会要》卷 49《大秦寺条》记载:“贞观十二年(638)七月诏曰……波斯僧阿罗本,远将经教来献上京……即于义宁坊建寺一所,度僧廿一人。”这样便在长安开始传教,后向其他各地发展。寺院先称波斯寺,后称大秦寺。德宗建中二年(781)由长安大秦寺僧景净建立“大秦景教流行中国碑”(1622 年或 1625 年该碑在西安城外 2.5 千米的崇仁寺出土, 此时景教已在中国流行了 140 余年。其后又经历顺宗、宪宗、穆宗、敬宗、文宗几代皇帝,虽然没有多大发展,信仰还很自由。但至会昌五年(845),武帝下令灭佛,景教也受牵连,遭到禁绝。景教在中国虽然被禁,但在西城、中亚少数民族中很流行,至元朝景教又在中国流行起来。

摩尼教

波斯人摩尼在 3 世纪所创立的宗教,吸收佛教、基督教、祆教的一些思想而形成自己的教义。宣传善恶二元论:以光明与黑暗为善与恶的本原,光明王国与黑暗王国对立,善人死后得幸福,恶人死后堕地狱。武则天延载元年(694)传入中国,德宗时曾请摩尼师求雨。其后回纥人信摩尼教的很多,宪宗在太原府建立摩尼寺,以便回纥人的摩尼教徒信仰活动。武宗会昌灭佛时,摩尼教受到严重打击,京城女摩尼教徒 72 人皆死,财产没收。《唐会要》卷 49《摩尼寺条》记载:"摩尼寺庄宅钱物, 并委功德使及御史台京兆府差官检点。" 会昌三年(843),刘沔大破回纥,回纥信徒最多的摩尼教受禁也就更严。其后摩尼教便转入地下,在农民中相当流行。宋代的方腊起义便是以摩尼教来组织群众的。

祆教

古代流行于伊朗和中亚一带,相传为波斯人琐罗亚斯德所创,其教义保存于《波斯古经》中。认为世界有两种对立的本原在斗争:一种本原是善,化身为光明神胡腊玛达;另一种本原是恶,化身为黑暗神赫腊曼纽,而火则是善和光明的代表,故以礼拜"圣火"为主要仪式。前 6 世纪末被定为波斯帝国的国教,南北朝时传入中国,至唐朝信者渐多,长安城内有祆教祠 4 所。会昌灭佛时与景教、摩尼教同时遭禁。

伊斯兰教

阿拉伯人穆罕默德所创立, 为世界三大宗教之一。唐高宗永徽二年(651)大食(阿拉伯帝国)遣使到中国。《旧唐书》卷 4《高宗纪》记载:"永徽二年八月乙丑。大食国始遣使朝献。"开元初,大食国又遣使者来唐朝。因此伊斯兰教也随之传入中国。安史之乱时, 唐朝曾借用大食兵,他们以后便落籍中国了。而南方由海路到中国的穆斯林也日渐增多,著名的穆斯林瓦哈伯在广州传教,信仰的人更加多起来,伊斯兰教逐渐流行于中国。

道教

中国本土的道教,追尊老子为教祖。北朝以来,皇帝一贯信道教,每当皇帝即位,必受符箓。隋朝时道士以法术进宫的很多。唐高宗进一步提高道教的地位,麟德元年(664)在洛阳北邙山造老子像。乾封元年(666)追尊老子为太上玄元皇帝,因李耳与他同姓。玄宗更是个道教皇帝,因梦见老子,画老子像分布天下。对道士、女冠(女道士)特别优待,犯法也特予宽容。《唐会要》卷50《尊崇道教条》记载:"道士、僧尼、女冠等有犯,所由州县官不得擅行决罚,如有违越,请依法治罪。"玄宗令两京及天下诸州建造玄元皇帝庙,许多公主也出家做女冠。如睿宗的女儿金仙公主和玉真公主出家为女冠,为她们建造金仙观和玉真观。玄宗的杨贵妃入宫前做过女道士,叫杨太真。更有许多贵族官僚,舍宅为观,故信者越多。

佛教

唐朝佛教很盛行,佛经几乎都被译成中文,更出现了前述玄奘、义净赴印度取经的壮举。唐朝佛教中国化,出现了10个宗派,即俱舍宗、成实宗、三论宗、律宗、法相宗、华严宗、天台宗、真言宗、净土宗和禅宗。特别禅宗,四祖弘忍有二大弟子,一为神秀,一为慧能,两人经过悟道的考核后,弘忍终于把衣钵传给慧能。从此禅宗分为两派,神秀为北派之祖,慧能为南派之祖。神秀主张渐悟,慧能主张顿悟,两派分别对宋理学有影响。

唐朝上从皇帝下至百姓,大多信佛。太宗、高宗为翻译的佛经作序记,武后为佛造巨像,中宗大造寺观,肃宗、代宗在宫内设内道场,"晨夜念佛,动数百人,声闻于外"。宪宗命中使杜英奇押宫人30名,持香花到凤翔法门寺护国真身塔迎佛骨。其他如敬宗、宣宗、懿宗莫不信佛。但由于信佛者增多,政府丧失大量纳税户,武宗会昌五年(845)下诏灭佛,拆毁寺院4600余所,还俗僧尼260500人。五代时周世宗也曾进行过灭佛运动,但佛教有帮助统治者统治人民的功能,仍能盛行不衰。

第八章

封建体制下的变法与革新梦

王安石

张居正

1.王安石变法

封建王朝的统治,大致开国后数十年政治比较清明,对广大劳动人民剥削有所减轻,工农业生产发展,整个封建统治机器得以运转。但时间一久,国家朝廷日趋腐败,收支不能平衡。为维持其统治,不得不加重剥削和压迫,迫使农民不断起义。宋朝太祖、太宗盛世业已过去,真宗、仁宗、英宗三代相继衰落,因循苟安的思想弥漫朝野。不过朝廷中也有人提出过各种改革建议,如真宗时知扬州王禹称建言五事:谨边防通盟好、减冗兵冗吏、严选举入官不滥、淘汰僧尼、亲大臣远小人(宦官)。仁宗时天章阁待制宋祁上疏,裁减官兵,节省靡费。范仲淹提出新政十事:明黜陟、抑侥幸、精贡举、择长官、均公田、厚农桑、修武备、减徭役、覃恩信、重命令。宰相文彦博提出“省兵”。然而以上诸人提出的改革方案均不彻底,中国古代改革家王安石却从“变法”这个根本问题上来解决。他认为国家财力日益穷困,风俗日益败坏,在于法度不合“先王之政”。如要改革天下大事,又患人才不足,所以人才是当务之急。建议从教、养、取、任四个方面培养人才,使在位者得其才,然后再审视时势人情,变更天下之弊法。

北宋政治家王安石(1021—1086),字介甫,号半山,抚州临川(今属江西)人。庆历进士,初任鄞县(今宁波市鄞州区)知县,将官谷借给农民,以减轻高利贷剥削,有成效。仁宗嘉祐三年(1058),上万言书,主张政治改革,以期富国强兵。神宗熙宁二年(1069)被任命为参知政事(副丞相),入宫对奏。神宗问:“卿所施设,以何为先?”王安石答:“末世风俗,贤者不得行道,不肖者得行无道;贱者不得行礼,贵者得行无礼。变风俗,立法度,正方今之所急也。”神宗大悦,决定采纳而变法。于是次年拜相,推行一系列新法。首先成立“三司条例司”议订新法,推行改革:

其一,青苗法:凡州县各等民户在每年夏秋两收前,可至当地官府借贷现钱或粮谷,借以补助耕作,称青苗钱。借户贫富配搭,十人为保,互相检察。贷款数额依民户资产分五等,一等户每次可借十五贯。末等户一贯。春夏两次所借随同当年夏秋两税于6月和11月归还,每期取息2分。这样可救农民青黄不接之急,也可抑制高利贷的剥削。

其二,均输法:宋代赋役极重,所征部分实物非当地所产,需用高价购置输纳,且各地不顾年成丰歉,照陈规收税,使平民深感痛苦,商人获取暴利。新的均输法,授权总管六路财赋和茶、盐、矾、酒税的发运使,根据库藏和收支情况,凡朝廷所需货物,可动用国库拨款并移用六路财赋,尽量在价廉处或近地收购,存储备用,荒歉时作应变措施,同丰收区相调剂。既可节省购价和运费,减轻平民负担,又使国用充足,国家还具有调剂供需、平抑物价的权力。

其三,市易法:宋代豪商操纵市场,对外地小商运来的货物压价收购,然后高价出售,获取厚利。新的市易法,在汴京设“都市易司”,边境和重要城市设“市易司”,以内库钱由都市易司和市易司平价收购滞销货,售主也可易取官物。商人向官购货,可用财物作抵贷借官款,定期归还,半年付息十分之一,全年加倍。官府所需货物均由都市易司供应。

其四,免役法:也叫“募役法”“雇役法“,即将差役改为雇役,也就是交钱免役。将当役乡户所交的免役钱及坊郭等第户、原免役户的助役钱作为经费,由官府招募三等以上税户充役,并按照役的轻重给酬。实行后一般平民都减轻负担。

其五,方田均税法:以东西南北千步为一方,每年九月由县官派人分地丈量,按地势土质分五等定税,以各县原来租税额分派,并制定田契和各项簿册单据。这样可以平均负担,增加税收,但实行时有许多困难。

其六,置将法:即改革兵制,各路分别设将,每将各统领一军,全国共置将92人,各将置副一人,大量裁汰老弱冗兵,减少财政支出。

其七,保甲法:“变募兵而行保甲”,也就是民户编制以十家为一保,五保为一大保,十大保为一都保。凡家有两丁以上者,出一人作保丁,发给兵器,保卫其土地。这是一种维护治安并施行征兵制的组织形式。

以上新法受到守旧派（如文彦博、司马光、吕公著、吕大防、刘挚等）的坚决反对，实施时屡遭阻碍；加之手续繁杂，诸多不便，没有取得成效。王安石本人受到攻击，熙宁七年（1704）辞职。次年再任丞相，九年（1076）又辞职，两起两落。最后退居江宁（今南京市），忧郁病死，封荆国公。

2.张居正改革

明朝初年厉行海禁，朱元璋三令五申，不许片板下海，既不许外商来华，也禁止华商出洋，把中外物产交流严格限制在“朝贡贸易”之内。郑和下西洋即此实例。但是时代潮流不可阻挡，由于明末中国资本主义萌芽，商品经济发展，沿海人民特别是海商迫切要求开放海禁。于是有隆庆元年（1567）福建巡抚都御史涂泽民上疏“请开海禁，准贩东西二洋”之举。这一年嘉靖帝死，隆庆帝即位，著名改革家张居正（1525—1582）入阁当家，隆庆帝立即准奏。正如后任福建巡抚许孚远所说：“隆庆初年，前任巡抚涂泽民鉴前辙，为因势利导之举，请开市舶。易私贩而为公贩，议只东西二洋，不得（通）日本倭国。亦禁不得以硝黄、铜铁违禁之物夹带出海，奉旨允许。几三十载，幸大盗不作，而海宇宴如。”（许孚远：《疏通海禁疏》，转引自晁中辰《隆庆开放与华南经济》，见《中外关系史论丛》第五辑，书目文献出版社，1996年。）

张居正，字叔大，号太岳，湖北江陵人。从小以神童著称，16岁中举人，23岁中进士，后在翰林院20年。1567年嘉靖帝死，隆庆帝即位，张居正入阁。1572年隆庆帝死，万历帝只是10岁小孩，高拱、张居正、高仪为顾命大臣，辅佐小皇帝。当时万历帝一登基，太监冯保、内阁大臣高拱和张居正成为左右明朝政局的三驾马车。后张居正联合冯保，排挤高拱，皇帝老师、首辅大臣张居正独揽大权，大胆阔斧进行改革，颁布新法——《清丈法》《一条鞭法》《考成法》。此外还用名将戚继光练兵，剿平浙闽粤的倭寇，后调至北方，加强对鞑靼的防御。还用潘季驯主持治理淮河、黄河，都有显著成效。

《清丈法》。万历六年(1578)，明政府下令全国清丈土地，确定应交赋税，查处许多隐瞒的土地，纳税土地从400多万顷增至700万顷以上。此法不仅增加国家财政收入，还遏止豪农地主的土地兼并，减轻农民负担。

《一条鞭法》。此法又称《条编法》《总赋法》，就是对明代中期以来的国家赋税制度进行改革。明朝赋税繁苛，人民不堪负担，起义不断，而《一条鞭法》主要内容是简化税制。先将赋和役分别归并征收，后将扰民最重的役逐步并入赋内；原来10年一轮的里甲改为一年编派一次；赋役普通用银折纳；本来征收起解由人民自理，现改为官府办理。此外赋役以外的"土贡"、杂税也合并征收。万历年间(1573—1619)普遍推行，收到良好效果。此法最大的特点为由实物税转入货币税，稳定国库收入，是中国田赋制度的一大改革。但因豪强地主阻挠，统治者又不断加派赋役，并未彻底施行，各地实行也不一致。

《考成法》。该法规定，天下百官对内阁负责，督促官吏勤政廉政，成绩与乌纱帽挂钩，政绩考核成为法律。加强秉公执法、政治廉洁，可以说国民两利。

隆庆改革开放收到了很大效果。第一，推动了华南私人海外贸易的发展。隆庆开放海禁的同一年，正式开放福建漳州的月港，在此设置海澄县，并建立督饷馆，专门管理私人海外贸易，月港顿时繁荣起来，同时是也带动了老港(广州和澳门)的兴盛。还有如安平(泉州以南约三十千米)、梅岭和鸡笼(基隆)，也呈现一派繁荣景象。安平后来是郑芝龙海商集团的总部所在地，成为对日贸易的主要港口。第二，国库收入大增。万历四年(1576)月港税收万金，万历十一年(1583)增至二万余，万历二十二年(1594)再增至二万九千余。第三，促使华南商品经济的长足发展。对外贸易发展，反过来又促使国内商品经济进一步发展。白银内流一方面解决国内银荒，一方面助长国内手工业的发展。据统计，隆庆开放后的七八十年间，通过各种渠道从吕宋、日本流入中国的白银约一亿两左右，相当于明嘉靖年间44年和万历年间25年的白银赋税收入。关于隆庆开放的历史意义，山东大学历史系晁中辰指出："16世纪后期的隆庆开放是中国的一次历史性机遇，华南最先利用了这个机遇，最先和海外市场联系在一起，所以华南经济在此后表现得最富有生机。而隆庆开放后的华南诸港口则主要进行海外贸易，从而使中国逐步进入新形成的世界市场。史实表明，海外贸易有力地刺激了国内商品经济的发展和资本主义萌芽的滋生。也正是在这种意义上，笔者大胆指出，隆庆开放是中国经济重心由长江流域向华南转移的开始。"(晁中辰：《隆庆开放与华南经济》，《中外关系史论丛》第五辑，第35页。)

第九章

南宋高宗的偏安与岳飞、文天祥的精忠报国梦

岳飞

文天祥

1.北宋末的腐朽统治及其灭亡

(1)宋徽宗、蔡京的腐朽统治

元符三年(1100)正月宋哲宗死,无子,异母弟端王佶即位,是为宋徽宗。神宗的向皇后,以皇太后称制。向太后与高太后(神宗的皇后,哲宗的太后)一样,反对变法,变法派被驱逐。1101 年向太后死,还政于徽宗。徽宗是神宗的儿子,一心想消除朝廷内部的争论——即变法派与保守派的争论,主张调和,两派的人并用。但遭到反对,无法实行。徽宗调和不成,下决心再继续变法。1102 年改元“崇宁”,意为崇法熙宁(1068—1077),因熙宁年间神宗起用王安石变法。就在这一年(崇宁元年),徽宗罢免保守派韩忠彦、曾布两人的相位,起用蔡京为相。

蔡京是个两面派人物,早年曾追随变法派,元祐初年(1086)司马光废免役复差役时,蔡京知开封府,按照司马光的限令,5 天之内在开封府各县废复完毕,司马光大喜。然而绍圣(哲宗的年号,1094—1098)时章惇恢复新法,蔡京又依附章惇。其后被贬居杭州,与徽宗宠幸的大宦官童贯结识。童贯向徽宗推荐蔡京可以入相,宫中道士徐知常也在宫中活动。最后此举获得成功,蔡京被起用为相。蔡京与童贯等结成小集团,以“绍述”新法为名,把新法篡改为恣意搜括广大群众的恶法。在宋徽宗统治的 20 多年间,除先后 3 次暂时罢相之外,蔡京长时期与童贯等掌握着军政大权狼狈为奸,使宋皇朝日益走向腐朽堕落。

蔡京执政期间,首先是打击异己。将司马光、文彦博、吕公著、吕大防、韩忠彦、苏轼等百余人打为元祐奸党,由徽宗书写刻石,立于朝廷端礼门。已死者削官,生者贬官。打击的对象还包括变法派,指摘章惇、黄履等 10 余人为党人,“为臣不忠”,与元祐党人一样对待,予以贬逐。其次是尊儒崇道,举行尊儒活动,粉饰太平。并把孔子抬高到帝王的地位,曲阜孔庙建立大成殿。孔子后裔封圣衍公,世代袭封,宋朝以后历代相沿不变。还建立孟庙,把孟子的地位提高到次于孔子。依照科举制度设立道学，道士考试作道官，道士领取俸禄。全国各地大修道观，每一道观给田地千顷，纵令道士剥削农民，坐食百姓。

再次是搜括勒索，原来是抑制兼并的法令都变质为对人民群众的剥削。免役法的恢复，非但不能减轻人民负担，反而增加各种目的雇役钱，任意勒索，增加到数倍，农民卖牛易产还不能给。王安石变法时确实为朝廷积累了大批财高，内外府库充盈。东南六路粮米堆积如山。而蔡京用姻亲胡师文为转运使，将江淮、荆浙各路仓储钱谷搜空上贡给朝廷挥霍。还恣意增加盐税茶税，加重对大小商人的剥削。更甚的是设立西城括田所，在各地括公田。即把民间田地强占归朝廷，课收“公田钱”。这样强占的公田，竟达到三万多顷。

最后是奢侈腐化。1102年杭州设置明金局，由童贯主管。每天使用数千名工匠为皇室制造牙角、金玉、竹藤、织绣等各种奢侈品。所需物资全部向当地民间征敛，不付分文。1110年又设置苏杭应奉局，蔡京授命朱勔管领。苏杭应奉局搜罗各种花石树木运到京师，专供徽宗赏玩。朱勔等人凭借权势到处横行，收集花石树木，若有违抗，以“大不恭”治罪。深山奇石，湖中异物，强迫工役去开采。朱勔等还借此贪污勒索，民间苦不堪言。所收集到的花石树木用大量船只运送，称之为“花石纲”。运送船只所使用的役夫，多达数千人。一块石头所需的费用，竟达到数十万贯钱。两广、福建、四川等地官吏也仿效苏杭，运送奇花异竹到京师，满足皇帝赏玩。京师还建立明堂(祭祀的殿堂)，每天使用工匠上万人。又用数十万斤铜铸造九鼎，建造九座大殿安放。为安放各地运来的花石树木，在皇宫北面修建延福宫。其间又修建亭台楼阁，凿池修泉，布满奇花异木，真是人间天堂。徽宗擅长书画乐舞，整天在宫中玩乐。每逢节日，都要大摆酒宴，演戏作乐。蔡京为相以后，每年生日，全国各地官府还要“贡献”大宗礼物，称为“生辰纲”。徽宗时常对大臣赐给宅第，蔡京的赐第最为宏敞，园内树木如云。又在宅西毁民屋数百间，建立西园，居民被迫离家，悲愁泪下。有人说“东园如云，西园如雨(泪下如雨)。”

蔡京集团的宦官童贯,在蔡京支持下掌握军权,与蔡京并列为相。他和蔡京一样贪污腐化,家中金银财宝堆积如山,私家所藏多于府库。朱勔的甲第名园,遍布吴郡。田产跨连郡邑,每年收租十余万石。当然蔡京集团的财产是敲剥农民而来,当时民间流传歌谣说:“打破筒(童),泼了菜(蔡),便是人间好世界。”

(2)农民起义

北宋统治集团内部变法派与保守派之间的斗争尽管进行了数十年,但始终未能解决政治危机,结果酿成农民起义,加速了北宋的灭亡。宣和二年(1120)十一月,睦州(今浙江建德市)青溪县爆发了方腊领导的农民起义。方腊出身贫雇农,以摩尼教(拜日月,不信神佛祖先)为掩护,在深山幽谷聚众起义。起义军杀官吏和地主,焚烧宅院,夺取他们的财物,所向无敌,锐不可当。起义军先攻下青溪县,后攻下睦州,占领寿昌、分水、桐庐、富阳等县,最后进驻杭州城。东南地区受苦农民纷纷加入起义军,形成一支近百万人的大军。宋徽宗大惊,任命童贯为“江淮荆浙宣抚使”,率领禁军15万前往镇压。此时起义军正在向南发展,相继攻下婺州、衢州、处州等6州52县,把目标集中在夺取州县城市,没有在农民建立根据地。结果起义军在官军的猛烈攻击下,杭州、歙州、婺州、衢州、睦州相继失守,连青溪县也被官军收复。起义军只好逃入大山,据守根据地——帮源峒。1121年四月十九日以后,各路官军围攻帮源峒。由于地主方庚引路,官军从小路攻入峒中,方腊、方肥等领袖三十余人被俘,押解到开封。同年八月英勇就义。

大约与方腊农民起义同一时期,京东地区爆发了著名的梁山泊农民起义。梁山泊位于郓州(今山东东平县)寿张县。县南17.5千米有梁山,泊在梁山之南,周方数百里。据《皇宋十朝纲要》记载,宣和元年(1119)十二月,宋徽宗曾下诏东京东、西两路提点刑狱司带兵督捕“京东贼”宋江。不久又命“招抚”。这表明由宋江等36人领导的农民起义军已震动了朝廷,不得不采用镇压和招抚两种手段来对付起义军。这就是我国著名古典小说《水浒传》(施耐庵作)以农民起义和农民战争为题材创作的宋江农民起义。作者通过一个个"官逼民反""逼上梁山"的故事,揭示当时现实社会的矛盾和不平,塑造出许多个性鲜明的英雄人物。《宋史·张叔夜传》记载:"(起义军)转掠十郡,官军莫敢撄其锋,声言将至(海州)。"这里说明起义军不是像方腊那样攻打州县城镇,而是在东京东、西两路至淮南各州的广大农村打游击战。1121年二月宋徽宗命令海州知州张叔夜镇压和招安起义军,张叔夜派间谍侦察,获悉起义军夺得大船十余艘,装载货物。张叔夜预设埋伏兵,引诱起义军在海边作战,乘机焚烧船只。起义军被伏兵围困,副将被擒,宋江投降宋朝。其他史料也有宋江投降的记事。《宋会要稿》甚至载有宣和三年五月三日徽宗的诏书,说张叔夜等能责所部斩捕贼徒,声绩著闻,进官一等。宋江投降是事实,但梁山泊农民起义军仍然继续战斗,坚持到金朝南侵时,还向金朝发动攻击。金朝统治河北后,梁山泊仍然是起义农民的根据地。

2.金朝的崛起及其南侵

历朝以来,宋朝堪称最衰弱的皇朝,备受北方少数民族政权侵略之苦,先是辽朝(907—1125),后是金朝(1115—1234),最后是元朝(1206—1368),导致宋帝国灭亡。

北宋初,宋太祖急图收复被后晋石敬瑭出卖给辽朝的燕云十六州,两次攻辽失败后,采取守势,严守边防,防止辽兵入侵。1004年闰九月,辽圣宗领兵20万经保(今河北保定市)、定(今河北定县)两州,直趋澶州(今河南濮阳县),威胁东京。真宗被迫亲征,一心求和,与辽订立"澶渊之盟",以妥协退让求得边境安宁。宋向辽每年输银10万两、绢20万匹,各守边界,不得增筑城堡改移河道。仁宗时又每年增加绢10万匹,银10万两。

然而谁也没有想到,1115 年辽部下的女真族在阿骨打 (即金太祖完颜旻)领导下崛起,在混同江(松花江及同江以东黑龙江)边建立奴隶制国家,国号金。金朝建立后,随即向辽进攻,辽屡屡失败。北宋徽宗、蔡京、童贯集团密谋,联金灭辽。1120 年宋金双方商定,金兵攻取辽的中京大定府(辽宁昭马乌达盟宁城县),宋兵攻取燕京析津府(北京市)。辽朝灭亡后,宋朝将原来贡献给辽朝的“岁币”全部献给金朝。宋金签订的第一个协定,宋朝就确认了贡纳岁币的屈辱条件,哪里知道前门驱虎后门入狼,狼比虎更凶恶。

1122 年金兵攻占辽的中京、西京(山西大同),辽朝天祚帝入夹山(内蒙古萨拉齐西北)。燕京留守耶律淳被辽臣拥立称帝。此时辽正处于灭亡前夜,由童贯、蔡攸统领的宋军仍然不堪一击,从燕京大败而回,退守雄州(河北雄县)。童贯为逃避兵败的罪责,密遣使者到金营,要求金兵攻打辽的燕京。同年十二月金太祖亲自领兵一举攻下燕京,责备宋朝为何不出兵夹攻,并提出理由要求:燕京交还给宋朝,宋必须将燕京租税 100 万贯献给金朝。宋徽宗全部允许照办,因此宋朝每年除向金贡献原来献辽的岁币 50 万以外,又增加 100 万贯,称为“燕京代租钱”。1123 年金兵退出燕京时,在城内大肆抢劫,还把城内大批居民掳去做奴隶。童贯、蔡攸接收的,只是一座残破空城。然而童贯、蔡攸却吹嘘“凯旋还师”,朝廷君臣陶醉在收复燕云十六州的胜利之中。不仅如此,还要互相争权夺利,坐待灭亡。金兵退出燕京后,以主力追击逃跑的辽朝天祚帝。不久金太祖病死,其弟完颜晟即位,是为金太宗。1125 年二月,辽天祚帝在应州被金兵俘虏,耶律大石等辽贵族西迁。

金太宗消灭辽朝以后,便把侵略目标转向宋朝。1125 年 10 月,金太宗分兵两路,大规模南侵。一路由完颜宗翰(粘罕)率领进取太原,一路由完颜宗望(斡离不)率领进取燕京。两路金兵计划在宋朝国都东京(今河南开封)会师。完颜宗翰向太原进军时,童贯慌忙从太原逃回东京,金兵直抵太原城。完颜宗望到达燕京,宋守将郭药师投降。金兵以郭药师为向导，长驱南下，势如破竹，直向东京进军。

宋徽宗自以为收回燕京，向金朝屈辱纳币，便可太平无事了。现在金兵南下，惊慌不知所措。最后在下臣建议下，只好下达罪己诏，号召各地驻军"勤王"，救援京师。同时又召防御西夏的熙河经略使姚古和秦凤经略使种师道带兵来京师救援。此时金兵侵入中山府（河北定县），离东京只有 10 日路程，形势紧迫，徽宗想弃国南逃，被给事中吴敏劝阻，并推荐太常少卿李纲对付危局。李纲上奏"御戎"五策，要徽宗宣布退位，以收揽将士之心。后来金兵日益逼近，徽宗惊慌懊恼，气塞昏迷，跌倒在床前。经挽救方始苏醒，随即索要纸笔，写道："皇太子可即皇帝位，予以教主道君退处龙德宫。"

1125 年十二月，太子桓即位。是为钦宗，改明年年号为靖康（1126）。徽宗退位后，号"教主道君皇帝"，称太上皇。1126 年农历正月初三，闻得金兵已经渡过黄河，徽宗决定连夜南逃，仅带蔡攸及内侍数人，以烧香为名，偷偷离开东京，跑到亳州（今安徽亳县）。后又从亳州逃到镇江避难。童贯和殿前都指挥使高俅率领禁军，到泗州（今江苏盱眙）才赶上徽宗。童贯以扈从为名，全家逃到拱州（今河南睢县）。徽宗、蔡京、童贯集团溃逃后，京师朝野官民纷纷揭发他们的罪恶，要求严惩。结果蔡京在流放途中死于潭州（今湖南长沙），童贯被斩首，朱勔、蔡攸等都在流放地处斩。

3.保卫东京

靖康元年（1126）初，新皇帝钦宗下诏亲征，任命门下侍郎吴敏为亲征行营副使，以显谟阁直学士、开封府尹聂昌和兵部侍郎李纲为行营使司参谋官，看来似乎真想抗战。但四日，宰相白时中、李邦彦等投降派建议钦宗弃城逃跑，出奔襄（阳）、邓（今河南邓州市）避敌。抗战派李纲闻讯，上殿奏道："当今之计，莫如整厉士马，声言出战，团结民心，相与坚守，以待勤王之师。"钦宗问："谁能将兵？"李纲说："此乃白时中、李邦彦的职责。”白时中厉声说:“李纲莫非能领兵出战不成?”李纲说:“倘若治军,愿以死报。”钦宗随即任命李纲为尚书右丞、东京留守,以同知枢密院李棁为副,聂昌为随军转运使,领兵守城。李纲受命后,于五日早晨上朝时,见皇帝车马排列,禁卫、六宫准备出发。原来钦宗夜间又改变主意,仍然准备逃跑。李纲对将士厉声说:“你们愿意死守,还是愿意扈从出巡(逃跑)?”将士齐声说:“愿以死守。”

于是李纲入奏钦宗:“六军父母妻子都在城中,岂肯舍去?万一中途散归,谁来保卫陛下?何况敌军已经逼近,如以快马急追,谁来抵御?”钦宗经李纲一说,不敢再走。李纲传圣旨说:“上意已定,复言去者斩!”将士高呼万岁。钦宗登上宣德门,李纲、吴敏向门楼前的百官宣布,决策固守,并加勉励。

接着钦宗罢免白时中,以李邦彦、张邦昌为相,同知枢密院事蔡懋为尚书左丞。又命李纲为亲征行营使,主管侍卫亲军马军都指挥史曹蒙为副使,急速准备防御。此时完颜宗望的军队已到达东京城下,攻打宣泽门。李纲以敢死队 2000 人死守,金兵只好退去。宗望见武力不成,便遣使来宋,要亲王、宰相去金营议和。钦宗便派李棁为正使,郑望之为副使,前往金营议和。钦宗唯恐议和不成密告李、郑,可许增岁币三五百万两,犒军银三五百万两。还带去黄金 1 万两和酒果等礼品。但是完颜宗望提出议和的条件是金 500 万两,银 5000 万两,牛马各万匹,绢帛百万两,割让太原、中山、河间(河北河间)三镇,并以亲王、宰相作人质。李、郑两人回奏钦宗。李邦彦、张邦昌主张全部接受。李纲坚决反对,主张拖延时日,等待各地勤王大军到来。

当时钦宗弟康王赵构在京师自告奋勇出使金营。钦宗便任命康王赵构为军前计议使,宰相张邦昌为副使,前往金营议和。此时各地勤王兵陆续到达京师,特别是河北、河东路制置使种师道率领泾原、秦凤兵,号称“西兵百万”。实际上勤王兵有 20 余万,金兵不过 6 万。完颜宗望见宋军与日俱增,将军营北撤,不敢轻举妄动。这样,李纲、种师道等主张“以重兵临敌营,坚壁不战,等待敌军粮尽力疲北撤时中途出击”的战略逐渐奏效。然而钦宗想侥幸取胜,采纳武安军承宣使姚平仲的建议,于二月初一夜劫金营,企图生擒宗望,迎回康王。然而消息泄露,金营早有准备,姚平仲劫营不成,落荒而逃。天亮后,金军派使者到宋朝责问为何劫营,并要更换人质。宰相李邦彦回答说,劫营全是李纲、姚平仲的主意,不是朝廷本意。钦宗和李邦彦赶紧派使者去金营解释,劫营非朝廷本意,送上三镇地图求和,并立刻罢免李纲和种师道,来向金军谢罪。

如此荒谬举措,军民大哗。二月五日,太学生陈东在宣德门前上书,要求罢免李邦彦,再用李纲,城外军事交给种师道。城里军民听说太学生上书,纷纷前来声援。一时间聚众数万,堵塞街道,呼声震天。此时正好百官退朝来到宫前,民众当面指出李邦彦罪行,痛加责骂,并用瓦片投打。李邦彦吓得面如土色,偷偷溜走。吴敏传旨,要民众退去。民众不肯,群起击碎登闻鼓,还打死宦官二十多人。钦宗恐怕发生变故,被迫宣布李纲为尚书右丞、京城四壁守御使,立即登西城任职。民众还要求见种师道。种师道乘车来见,民众才始散去。

宋使来到金营,完颜宗望提出,必须宋帝亲自书定割让三镇才可退兵。钦宗照办,立即下诏割让三镇给金朝,并按要求将肃王赵枢送去做人质,换回康王赵构和张邦昌。

李纲复职后,立即下令杀敌者重赏,将士奋勇杀敌。二月初十,完颜宗望已取得三镇,又见宋朝积极备战,勤王军不断来援,乘势退兵。宋朝军民经过以上一番斗争,终于挫败了投降派弃城逃跑的图谋,保全了首都东京。

4.北宋灭亡

金兵北撤不及半载,1126年八月金太宗再次大举南侵。以完颜宗翰为左副元帅,以完颜宗望为右副元帅,仍分东西两路进兵。此时宋朝投降派控制朝政，抗战派被排斥殆尽，一心等待金兵来到后求和。

完颜宗翰猛攻太原。太原已被围困 8 个月(前述割让三镇，后钦宗反悔不再割让，所以宗翰又派别将围攻太原)，城中粮尽，九月初被金兵攻破，副都总管王禀自杀，通判方笈等 36 人牺牲。金兵攻下太原后，宗翰、宗望两军于九月下旬会师。十月初攻下真定府(河北正定)，继续南侵。钦宗惊慌失措，召集百官商议割让三镇事宜。唐恪、耿南仲、何粟等投降派力主割让，谏议大夫范宗尹甚至伏地流涕，请求割地以纾祸。最后钦宗决定派康王赵构、王云为副使者，到金营求和。赵构等到磁州(今河北磁县)，磁州知州宗泽正在备战抗金，百姓抗敌情绪高涨，王云被当作卖国贼杀死。因金兵已经渡河，赵构留在相州(今河南安阳)。

金兵渡过黄河后，派使者到宋朝，不再提割三镇，要挟以黄河为界，河东、河北地区全部归金。钦宗一一从命，派耿南仲到宗望军营割河东，派聂昌到宗翰军营割河北。还下诏说："民虽居大金，苟乐其生，犹吾民也，其勿怀顾望之意。应黄河现今流行以北州府，并仰开城门，归于大金。"于是河北、河东人民掀起反投降反割地的怒潮。聂昌到绛州(今山西新绛)下令割地，绛州人民拒绝诏书，将聂昌杀死。耿南仲陪同金使到卫州(今河南汲县)，民兵谋捕金使，金使逃走，耿南仲逃到相州，不敢再提割地，诈称奉帝命催促赵构领河北兵来保卫京师，并在募兵榜上署名，才得免死。

十一月二十五日，金兵先锋队抵达东京。闰十一月初，金兵攻城。抗战派和民众要求出城作战，钦宗和宰相唐恪置之不理。唐恪随钦宗巡城，民众要打他，被迫辞官。钦宗任命何粟为相，派他到金营求和。何粟到金营，宗翰、宗望直告，大金不想灭宋，叫赵佶(徽宗)来商议割地。何粟遵命，回来向钦宗回报。闰十一月三十日，钦宗到金营议和，跪呈降表："既烦汗马之劳，敢缓牵羊之请。""上皇(徽宗)负罪以播迁，微臣(钦宗)捐躯而听命。"拜倒在敌人脚下，无耻至极。宗翰对钦宗说："两国既和，恐四方闻京城陷而生变，请遣使晓喻。"钦宗答应照办。十二月初二，金兵将钦宗放回城。随即金朝官员入城，检查府库，收取档案文件，将库存金银绵帛财宝全部查封，还索取金100万锭、银500万锭、帛1000万匹犒军。钦宗完全照办，一面下令大括民间金银，一面派朝臣到河北、河东，命令各州县开城降金。

靖康二年(1127)正月，金朝把钦宗拘留在军营，扬言待金银交清后放回。钦宗只好下诏增派大员24人，进行"根括"(彻底搜括)，对皇亲国戚、内侍僧道、技人娼优家藏金银，搜括8天，得金248000两、银600万两、帛100万匹。金兵仍不满足，下令给开封府再来一次"根括"18天，得金7万两、银140万两、帛4万匹。侵略者的欲壑岂能填满，还嫌太少、竟杀根括官梅执礼等4人，其他官员各鞭背50。军民忍无可忍，准备武装反抗。开封府出榜禁止，并捕杀17人示众。

金兵除索取金银绢帛外，还抢去皇帝玉玺、仪仗、天下州府图、乐器、祭器及各种珍宝古器，掳去百工、技艺、妇女、内侍、僧道、医卜、娼优和后妃、亲王等贵族。连太上皇徽宗也被押到金营，最后下令废掉徽、钦两帝，随军掳走当奴隶，宣告北宋灭亡。1127年三月金兵撤退前，册立宋朝原宰相张邦昌为伪楚帝，统治黄河以南地区。四月，金兵大肆掳掠一番后，班师回朝。

5.南宋的确立

宋朝皇室全被金兵掳走，只剩下康王赵构在济州(今山东巨野)。金兵先锋队到东京时，钦宗曾任命赵构为河北兵马大元帅，知滋州宗泽为副帅，起兵勤王，有士兵8万人。宗泽获悉徽钦两帝被掳北去，上书劝说赵构做皇帝。1127年五月，赵构到南京(今河南商丘)登帝位。是为宋高宗，改年号为建炎，重建宋皇朝(史称南宋)。

高宗即位后，不能不标榜"中兴"，起用抗战派领袖李纲为宰相，副元帅宗泽知开封府兼东京留守。然而高宗又起用副元帅黄潜善为中书侍郎参与政事，汪伯彦为同知枢密院事掌握兵权，钳制抗战派。当时还都东京抗金,还是放弃中原继续南逃,成为抗战派与投降派激烈争论的一个主要问题。高宗采纳黄、汪的意见,准备逃往东南。李纲则反对,力主抗战,提出10条抗金建国的建议。高宗非但不听李纲的建议,反而要罢免李纲,以黄、汪两人取代。太学生陈东和进士欧阳澈上书说,李纲不能罢,黄、汪两人不可用,请高宗还都亲征,迎回徽、钦两帝。高宗竟然将陈东和欧阳澈押赴市井斩首,李纲当了75天宰相便被罢免。投降派完全控制了军政大权,为放弃中原逃往东南做好准备。同年八月李纲被罢免相位,十月南宋小朝廷全部逃到扬州,向敌人表示南宋皇朝已决定放弃中原。

金朝得到高宗逃跑的情报,同年十二月立即向中原分三路进军。由宗辅、宗弼(兀术)率领的东路军,于建炎二年(1128)正月攻陷青州(山东益都)、潍州(山东潍坊)后,被抗金义兵所阻,没有进展。由宗翰率领的中路军于建炎元年(1127)十二月攻入西京洛阳,但次年正月被西京统制翟进、翟兴兄弟收复,把金兵赶到河北。由娄宝率领的西路军于建炎二年(1128)正月攻陷长安,二月陷华、岐、陇、秦诸州,但不久被义军一一收复。正当人民抗金斗争取得初步胜利之时,高宗却诬指义军"假勤王之名,公为聚寇之患",勒令解散。老臣宗泽想乘势反攻,却被投降派指摘发狂而不能尽忠,忧愤成疾,背上发疽而死。宗泽死后,投降派杜充继任东京留守。他打击宗泽部下的抗战将士和人民义军,被迫散去。

1128年秋,金兵再度南侵,目标直指扬州。宗翰军出云中(今山西大同),陷濮州、澶渊,入山东境。建炎三年(1129)正月宗翰军陷徐州、淮阳、泗州,并派拔离速带兵急奔扬州。二月初三,高宗听到拔离速攻陷天长军(今安徽天长)的消息,惊慌失措,仅带少数侍从,渡长江逃到镇江。百官后来才陆续赶到。金兵进入扬州大肆掳掠后,焚城北返。后来高宗从镇江逃到杭州。朝野激愤,揭发黄、汪的投降失策。高宗不得不罢免黄、汪,改任朱胜非为相。1129年高宗由杭州北上,进驻江宁,改名建康府。同时先后两次派遣使者向金朝宗翰求和。在求和书中竟无耻地说:“今以守则无人,以奔则无地,此所以朝夕战兢。然惟冀阁下之见哀而赦己也。”“愿削去旧号,是天地之间,皆大金之国而尊无二上。”堂堂一位皇帝竟如此摇尾乞怜,不仅威风扫地,连人格也丧失殆尽。金朝不理高宗的乞降,再次出兵南下掳掠。1129 年闰八月,高宗听到金兵南下的消息,从建康跑到镇江。九月初又听说金兵攻陷山东登、莱、密等州,又从镇江逃到常州。十月再逃到杭州。接着金兵打到长江沿岸,进至黄州(今湖北黄冈)。然后从黄州渡江,进驻江州(今江西九江),入江西、湖北。守御江淮、镇守建康的杜充(从东京逃来守建康),听说金兵已经过江,便跑到真州(今江苏仪征)去投降金朝了。十二月,宗弼军向杭州进军,如入无人之境,连续攻陷杭州、越州(今浙江绍兴)、明州(今浙江宁波)、定海(今浙江镇海),追击高宗。高宗逃到定海无路可逃,便乘船入海,漂泊到温州避难。金兵乘船追赶,遇到大风雨,退回明州。放火烧城,大掠一番。1130 年二月,金兵又在杭州大肆掳掠,然后北归。

金兵此次南侵直抵海边,与以前攻陷东京、扬州时不同,在掳掠北返途中,受到南宋抗战将士的沉重打击,可以说金兵是败走的。如韩世忠在镇江与金兵大战,其妻梁氏亲自击鼓助战,金兵被困黄天荡 48 天。后来金兵利用老鹳河故道开凿一条大渠连接江口,才得以逃回建康。韩世忠以 8000 兵力打败 10 万金兵,其意义重大。

还有青年军官岳飞(1103—1142,相州汤阴人),在敌后坚持抗战,立下大功。岳飞贫农出身,北宋联金攻辽时应募参军。1126 年金兵围攻东京时赵构在相州募兵,岳飞再次应募入伍,曾在河北招抚使张所部下做过统制。张所罢职后,投入都统制王彦部下抗金。后转到宗泽部下。杜充代替宗泽后,岳飞受杜充统制。1129 年建康失陷杜充叛变降金,岳飞转移到宜兴县境内,继续抗金,归张俊管辖。金兵焚烧建康时岳飞在郊区前线,得悉金兵到静安镇便主动出击,与建康通判钱需两面夹攻,大败金兵。金兵败退,岳飞、钱需进驻建康城,光复了建康。

此次金兵南侵，主要目的是掠夺财富，不想在中原久居。所以1130年2月攻占东京后，同年九月在大名府册立原济南府知府刘豫为“大齐皇帝”,原太原知府张孝纯为宰相。两年后刘豫从大名迁到东京。金朝太宗将伪齐当作属邦,把中原和陕西地区交给刘豫统治。伪齐皇帝刘豫和三年前的伪楚皇帝张邦昌一样,都是汉奸傀儡皇帝,被人民唾弃。

1130年四月,宋高宗从海上回到越州。绍兴二年(1132)又返回杭州(1129年7月杭州升为临安府),以临安府为首都,南宋皇朝正式确立。至此,投降派黄善潜、汪伯彦等放弃中原、苟安东南的国策,由高宗亲自实现了。有诗为证:“山外青山楼外楼,西湖歌舞几时休?暖风熏得游人醉,直把杭州作汴州。”(林升:《题临安邸》。)

6.投降派与抗战派的斗争

建炎四年(1130)十一月,前御史中丞秦桧从金朝上京会宁府(黑龙江阿城南白城子)来到临安。秦桧在金兵攻陷东京时,随徽、钦二帝和大臣一起被掳走。保粟等人在进入金界途中自杀。秦桧却一直跟到金朝屈膝投降,还为金兵南侵做参谋。他自称从金朝逃回,其实是金朝放他回来作内奸。由于右相范宗尹为引荐,秦桧才得以朝见高宗。范宗尹进呈秦桧代高宗拟好的一封议和国书，高宗阅后很满意，称赞说：“桧朴忠过人,朕得之喜而不寐。”并任命为礼部尚书。3个月后又升任参知政事。绍兴元年(1131)七月,范宗尹罢相,任命秦桧为右相兼知枢密院事。1132年五月,秦桧网罗南宋投降派官员,成立修政局,修改南宋军政体制,以适应投降需要。还抛出“南人归南,北人归北”的政策,即不但放弃中原,而且把抗金投宋的河北人、中原人全部交还给金朝和齐国刘豫。左相吕颐浩从建康回朝,揭发秦桧,御史黄龟年弹劾秦桧专主和议,阻止国家恢复远图。高宗也说,南人归南,北人归北,我是北人,该归到哪里?罢免相位,永不再用。秦桧为相1年,即遭到群臣反对而罢相,但放弃中原,偏安江南仍是高宗的国策,他自己就是最大的投降派。

高宗的妥协苟安政策,并没有阻止金朝继续南侵。刘豫的齐国傀儡政权建立后,金朝一直指使刘豫南侵,一面自己出兵南下掠夺。在这种情况下,南宋仍然面临着抗战还是投降这一大问题,朝廷中形成以岳飞为首的抗战派和以秦桧为首的投降派,两派反复进行斗争。"当着金、齐发动南侵,战争威胁到南宋统治时,高宗不得不任用抗战派抵抗敌兵;当着抗敌获胜,将领们权势增强,而金朝又采取'以和议佐攻战'来诱降时,高宗又是信用投降派屈膝求和;南宋的屈辱招致金兵的再度南侵,高宗被迫再次起用抗战派将领;抗战派再度抗敌获胜,高宗和投降派就又在胜利形势下,再来求降。自高宗迁都临安以来的约三十年间,伴随着宋金斗争和宋皇朝内部斗争的发展,南宋皇朝大体经历了抗战——投降——再抗战——再投降这样一个历史过程"。(范文澜、蔡美彪等著:《中国通史》第五册,人民出版社,2009年,第273页。)

绍兴三年(1133)正月,金朝一面在川陕地区向南宋进攻,一面支持刘豫的齐国从中原地区南下。川陕方面,金兵遭到川陕宣抚副使吴玠的迎击。金兵大败,保卫了南宋的川陕地区。1133年二月,襄阳镇抚使李横和右武大夫牛皋等收复颍昌(今河南许昌),齐国刘豫派宋叛将李成率2万人来迎战,并向金朝求救。金朝完颜宗弼率领大军来援,颍昌、襄阳失守。五月高宗下令不得侵犯"齐界",并派韩肖胄去金朝求和。十一月韩肖胄回朝,金使李永寿来宋,要求归还齐国战俘和在东南的西北士民,并提出以长江为界,把江北土地全部给齐国刘豫。金使的无理要求激起抗战派将士的愤怒,岳飞建议收复襄阳6郡,光复中原。前述岳飞收复建康后,被任命为通州、泰州镇抚使,守卫长江下游。1131年至1133年间,岳飞为忠实执行南宋"荡清内寇"的使命,转战湘赣之间镇压农民起义。因此得到高宗的赏识,亲自召见岳飞,特赐"精忠岳飞”的军旗，升任镇南军承宣使、江南西路舒蕲州制置使，驻军江州（今江西九江）。当时岳飞多次上书，建议出兵北上，进取襄樊。岳飞的建议得到宰相朱胜非、参知政事赵鼎的支持，赵鼎推荐任命岳飞为统帅。牛皋自告奋勇率部去江州，受岳飞指挥。高宗迫于形势，不得不派岳飞出兵抗战，但仍无意光复中原。在岳飞出兵前，就规定种种限制，以“三省枢密院同奉圣旨”的名义规定：①只准收复襄阳府、唐、邓、随、郢州、信阳军六郡地土，不得超过以上州军分界。②敌军若逃遁出界，不须远追。也不得张皇事态，夸大过当，或称提兵北伐，或言收复汴京之类，却致引惹。③事毕，大军复回江上驻屯。

1134年五月，岳飞率领大军渡江。渡江时岳飞在船上发誓说：“飞不擒贼，不再渡江！”岳军旗开得胜，一举攻下郢州（湖北钟祥），齐守将京超自杀。然后岳军分兵两路，一路由张宪、徐庆攻随州，一路由岳飞亲率大军攻襄阳。齐将李成出襄阳20千米迎战，被岳军击败。李成逃跑，岳飞顺利收得襄阳。接着派牛皋增援张宪、徐庆，很快就攻克随州，活捉齐将王嵩。李成从襄阳逃走后，又纠集兵马与金军会师，在邓州（今河南邓州市）西北布阵，准备与岳飞决战。岳军分成数支，发动突然袭击，并以两面夹攻的战术再次击溃李成军，一鼓作气相继收复了邓州、唐州（今河南唐河县）、信阳军（今河南信阳市），完全按预定计划收复了襄阳等六郡，驻屯鄂州（今湖北武昌）。捷报传到临安，高宗又惊又喜，立即升任岳飞为清远军节度使、湖北路荆襄潭州制置使，统辖襄阳路府。不久又晋封为武昌开国侯。此时岳飞只有32岁，数年前他还是一个普通军官即统制。但是岳飞把功名看作尘土，还要实现其高远理想——收复中原。但是这理想与高宗偏安江南的国策相矛盾，而且他的功高位显引起了高宗统治集团的疑忌。

1134年九月，金朝纠合刘豫又发兵南侵。此次金、齐兵绕开岳飞和吴玠的防区，从泗州和楚州渡淮河南下。十月，金齐兵进至扬州大仪镇，被韩世忠打败，十二月初，金齐兵在庐州（今安徽合肥）城外被来援的岳家军打败。同年年底金齐兵退去。金齐兵退去后，朝中抗战派势力占上风，张浚以宰相兼都督诸路军马事的身份在平江府（今江苏苏州）召开各路将领会议，布置北伐：韩世忠军出楚州攻淮阳，刘世光军屯合肥，张俊军屯盱眙，岳飞军进驻襄阳，作进取中原的准备。岳飞军进驻襄阳后立即出征，在唐州北大败齐军，进抵蔡州（今河南汝南），离东京不远了。岳飞向朝廷请示进止，高宗下诏回师。岳飞只得奉命退守鄂州（今湖北武昌），但收复中原的情绪高昂，在此写下著名的词《满江红》："怒发冲冠，凭栏处，潇潇雨歇。抬望眼，仰天长啸，壮怀激烈。三十功名尘与土，八千里路云和月，莫等闲，白了少年头，空悲切。靖康耻，犹未雪，臣子恨，何时灭？驾长车，踏破贺兰山缺。壮志饥餐胡虏肉，笑谈渴饮匈奴血。待从头，收拾旧山河，朝天阙！"

由于刘豫屡战屡败，金熙宗于1137年十一月明令宣布废除刘豫的齐国，准备把刘豫统治的河南、陕西地区交给宋朝，要高宗像刘豫那样向金朝称臣，贡纳岁币。也就是要把宋朝变为属邦。同年十二月金使王伦来临安诱和，并表示议和后可将徽宗的棺材送还。高宗当然同意，1138年三月任命秦桧为右相，准备议和。十月，抗战派赵鼎被罢相，秦桧独揽相权，加紧议和。抗战派纷纷反对议和，但都被高宗和秦桧压制下去。绍兴八年（1138）十二月，秦桧代表高宗拜受金朝的诏书，接受和议。金朝把陕西、河南地区"赐"给宋朝，宋向金称臣，每年贡银25万两，绢25万匹。金朝归还徽宗和皇后的棺材。这样，宋朝正式成为金朝的臣属。

然而，不出人们的预料，仅仅一年多后，金兵又大举南侵。原来金熙宗以谋反罪名杀了完颜昌等贵族，完颜宗弼（兀术）、宗干等执掌大权。宗弼等反对把陕西、河南地区交给宋朝，决心发兵夺回。1140年五月，金朝以宗弼为统帅，分四路南侵。于是高宗又只好下令抗战。抗战令一下，宋金间展开大规模激战。结果顺昌之战（1140年五月）和郾城之战（同年七月）取得胜利。特别是郾城大捷，金兵被岳家军打得落花流水,闻风丧胆,逃回开封。还准备从开封北撤。岳飞得到情报,立即请求朝廷赶快命令各路兵马火急并进,发动总攻。岳家军则从郾城(今河北郾城)向朱仙镇(今河南开封市西南)进军,距东京开封只有22.5千米了。但是以高宗、秦桧的投降派却在胜利面前,再一次停战求和。以孤军不可久留为由,勒令岳飞退兵。岳飞上书力争说:“功及垂成,时不再来,机难轻失。”高宗非但不听,一天内连下12道金牌迫令岳飞退兵。岳飞无奈,含泪退守鄂州。已收复的郑州、颍昌、蔡州、淮宁等大片土地,又被金军夺去。

以妥协苟安为国策的宋高宗,于绍兴十一年(1141)四月,以酬赏为名,将抗战派韩世忠、张俊、岳飞召到临安,任命张俊、韩世忠为枢密使,岳飞为副枢密使,一举剥夺三大帅的兵权。接着,秦桧党羽、右谏议大夫万俟卨上疏弹劾岳飞,罪状是主张放弃楚州。结果岳飞被罢官出朝。秦桧一党随后又伙同张俊(后来附和秦桧主和)收买岳飞部将王贵部下的副统制王俊,指使王俊诬告张宪与岳云谋反,把张宪、岳云逮捕下狱。还把岳飞从庐山骗到临安,以谋反罪入狱。但是秦桧、万俟卨等始终找不到岳飞谋反的证据,韩世忠去质问秦桧。秦桧说:“飞子云与张宪书虽不明,其事体莫须有(或许有)。”韩世忠愤慨地说:“‘莫须有’三字何以服天下?”绍兴十一年(1141)十二月,岳飞以“莫须有”的罪名毒死于狱中,岳云、张宪被斩首。

投降派迫害抗战派成功之日, 也就是高宗屈膝臣伏金朝之时,从此宋换来了十多年太平日子。但好景不长,金朝发生政变,海陵王完颜亮杀金熙宗,自立为帝。1154年金朝从上京迁都燕京(北京),直接统治北方汉人地区,接着发兵20多万南侵,宋朝又面临着和战问题。1161年金朝发生突变,完颜亮进军到扬州时被部下所杀,金东京留守完颜雍自立为帝(金世宗)。于是金兵北撤,宋军收复两淮地区,抗战派抬头。1162年投降派首领高宗想投降而不能,只好退位,传位给孝宗。从此以后,金朝为巩固封建统治,不再发动南侵战争。但是南宋仍然面临着北上抗战收复失地，还是维持现状苟且偷安的两种选择，从而还存在抗战派与投降派的斗争，直到1206年蒙古崛起，金朝势力削弱，两派斗争才趋向缓和。

7.蒙古灭亡金朝

由女真贵族建立的金朝（1115—1234），1125年灭辽、1127年灭北宋以后，由奴隶社会很快转变为封建社会。从而在金统治的地区，出现了短暂的经济繁荣。但随着女真贵族地主的腐朽及统治集团内部的争权夺利，逐渐走向衰落。

1206年成吉思汗建立大蒙古后，1211年即开始发动南侵金朝的战争，曾一度占领金中都（今北京）。由于成吉思汗此时不想在中原建立统治，只在掳掠奴隶和财物，以及金宣宗的屈辱求和，暂且从中都退军。但中都以北仍处于蒙古军占领之下，金朝随时都有被消灭的危险。以金宣宗为首的投降派在蒙古军撤退后，便匆忙南逃，从中都迁都到汴京（今河南开封）。金朝南迁后，中都和辽东地区相继沦陷于蒙古之手。自海陵王迁都以来的六十多年间，中都一直是金朝的政治经济中心，中都的失陷表示金朝灭亡的日子不远了。1215年，由木华黎率领的蒙古军攻打金北京大定府（辽宁昭乌达盟宁城西大名城），北京宣抚使兼留守奥屯襄领兵20万拒战。不幸战败，北京沦陷于蒙古之手。金朝失掉北京，又丧失重兵，北方更加危急了。

蒙古军于1215年攻下中都后，成吉思汗即返回克鲁伦河畔的老家，集中主要兵力去消灭西方蔑儿乞、乃蛮等残余势力，将金朝交给木华黎去侵掠。面对蒙古的威胁，金宣宗又发动南侵宋朝的战争，企图在抗蒙失败后逃往南方立国。但山东、河北地区的抗金起义军投附宋朝，与宋军联合反金。从而金朝陷入背腹受敌困境。

1226年，成吉思汗亲领蒙古大军进攻西夏，企图一举灭亡西夏。1227年四月，成吉思汗到达隆德（今宁夏隆德），企图侵占金朝的德顺州(今甘肃宁静),作为驻地。金朝在德顺州没有驻军,德顺节度使爱申招来凤翔人马肩龙共守。蒙古军围攻德顺时,金军死守,力战 120 昼夜。城破,爱申自杀,马肩龙战死。五月蒙古军进攻临洮府(甘肃临洮),金临洮府总管陀满胡土门战败被被俘,但他见蒙军主帅始终不跪拜,终于被杀死。此时金宣宗已死,金哀宗在位。哀宗召集群臣商议,无一良策。六月西夏帝晛投降蒙古,西夏亡。在此情况下,金哀宗只好遣使到蒙古军营求和。蒙军拒绝金哀宗的求和,从清水县进攻凤翔(今陕西凤翔),直指京兆(今陕西西安),关中大震。正当金朝的汴京面临蒙古大军严重威胁之战,成吉思汗在清水县军中病死,缓和了汴京的危机。

1229 年八月,蒙古在克鲁伦河畔举行贵族大会,成吉思汗第三子窝阔台继承汗位。是为蒙古太宗。1231 年九月,蒙古分兵三路南下灭金:中军由窝阔台率领,攻河中府(今山西运城蒲州镇);左军由斡陈那颜率领,进兵济南;右军由拖雷率领,从凤翔过宝鸡,入小潼关,经宋境沿汉水而下, 自唐、邓攻汴京。计划 1232 年春三路大军合围汴京,消灭金朝。

蒙古军计划如期实现,经过钧州(今河南禹县)三峰山之战,金军主力全部败溃,1232 年正月蒙古军直驱汴京。不久汴京被蒙古军围困。汴京被围数月,粮尽无援,金哀宗于 1232 年十二月二十五日告别皇太后和后妃离开汴京,经陈留、杞县,到达黄陵冈(山东曹县西南),然后驻留归德(河南商丘)。哀宗逃离汴京时,汴京西面元帅崔立发动政变,杀完颜奴申、完颜斜捻阿不两相,及其他留汴官吏,投降蒙古军。1233 年三月蒙古军速不台进入汴京,杀掉金朝宗室,将后妃送回蒙古。同年六月中京金昌府(今河南洛阳)又被蒙古军攻克。

汴京、中京相继陷落,金哀宗便从归德逃到蔡州(今河南汝南),准备在此重整旗鼓抗蒙。蔡州地处淮河支流汝水上,与宋朝接壤。但是金哀宗没有想到此时宋朝已和蒙古达成协议,联合灭金。1233 年八月宋军攻下唐州(今河南唐河县),又进军息州(今河南息县)。金哀宗见宋助蒙攻金,哀宗派皇族完颜阿虎去宋朝议和,述说唇亡齿寒的道理:"蒙古灭国四十,以及西夏。夏亡及于我,我亡必及于宋。唇亡齿寒,自然之理。若与我连和,所以为我,也是为宋。"宋朝拒绝,不许议和。

由塔察儿率领的蒙古军与由孟珙率领的宋军分道向蔡州进军。十一月宋蒙两军在蔡州城下会师,将蔡州紧紧包围三个月之久。金天兴三年(1234)正月初一,宋蒙联军攻陷蔡州,金哀宗自缢而死,主帅完颜仲德投汝水自杀。皇帝和主帅死后,孛术鲁娄室、元志、王山儿、纥石烈柏寿等将士五百余人集体投河自杀,金朝灭亡。

金朝在中国北方统治长达120年之久。女真族人民和汉族人民在长期相处中,进行了经济和文化的交流。在元朝统治下,女真族和汉族逐渐融合,与其他各族人民一起,继续展开了反抗元朝统治的斗争。

8.元帝国成立及其灭宋

1241年十一月,元太宗窝阔台病死(56岁)。当时成吉思汗的嫡子只剩下察合台一人。1242年窝阔台的六妻(六皇后)脱列哥那暂摄国政。不久,察合台也死。脱列哥那皇后摄政近四年之久。1246年秋,贵族大会选举窝阔台的长子贵由继承大汗位,是为元定宗(41岁)。贵由继位两年后病死,汗位继承再次引起纷争,暂由贵由的皇后海迷失称制。1251年六月,贵族大会推选蒙哥继任汗位,是为元宪宗。蒙哥是成吉思汗四子拖雷的长子(次子忽必烈、三子旭烈兀、四子阿里不哥)。他是在诸系亲王意见分歧的情况下继任汗位的,所以即位后立即镇压反对派,更改政制,以巩固其统治。

蒙哥统治确立后,随即向四方展开侵掠:命其弟旭烈兀领兵征掠西亚的木剌夷和巴格达的阿拔斯王朝;命塔塔儿人撒里征伐欣都思(今印度)和怯失迷儿(今克什米尔);命忽必烈南征云南大理;命宗王也右等领兵侵掠高丽。

(1)忽必烈的汉法

蒙哥特别看重其弟忽必烈,继汗位后任命忽必烈治理漠南汉地军国大事。忽必烈自幼颖慧,青年时代就已结识中原文士,熟悉中原汉地的情况。成吉思汗以来诸王都兼容各种宗教,燕京大庆寿寺海云和尚早为蒙古大汗所尊崇。1242 年忽必烈将海云和尚请到漠北帐下,询问佛法大要、养生之道和安天下之法。海云和尚推辞说,释家佛法恐怕大王不能实行,还是请教中原大贤硕儒。海云和尚便把青年僧人子聪留下,自己告辞南还。子聪是西京南堂寺僧人,博览群书,熟读《易经》,精通天文地理历数, 此次海云北上路过南堂寺时将他带来推荐给忽必烈。同年西京怀仁人赵璧也应召到忽必烈左右,被称为秀才。赵璧学蒙古语,为忽必烈讲解《大学衍义》。忽必烈派蒙古学生 10 人,向赵璧学习儒学。还派他到四方去招聘中原名士。

1244 年,金朝状元王鹗由赵璧引荐到忽必烈王府,给忽必烈讲《孝经》《尚书》《易经》等及儒家的政治学说和历史,常至深夜才结束。1247 年僧人子聪推荐他的同学张文谦到忽必烈幕下,充任王府书记。子聪另一位同学张易,也被忽必烈重用。同年史天泽的幕僚张德辉被忽必烈召见,推荐名士魏璠、元好问等二十余人。1252 年张德辉和金朝名儒元好问北上见忽必烈,奉献“儒教大宗师”尊号,忽必烈欣然接受,可见他是何等向往汉文化。1235 年窝阔台的三子阔出南伐时,搜求儒、道、释、医、卜等人才,窦默、姚枢、许衡等儒学经师也出来,先后被忽必烈任用。窦默为忽必烈讲解“三纲五常”,姚枢为忽必烈讲解儒家的“治国平天下”之道。1251 年蒙哥即大汗位之后,忽必烈受命治理汉地。在此后的 10 年间,忽必烈继续召用流落的儒生和地方军阀的门客,在他周围组成一个官僚集团。忽必烈通过他们争取汉人地主、士大夫的支持,汉人地主、士大夫通过他们也力图影响忽必烈,使他接受以儒学为中心的封建文化和制度,以保护汉族地主的利益。

忽必烈的藩府谋士刘秉忠(即僧子聪)、赵枢等向忽必烈报告汉地不治的情况和对宋战争的诸多失策,主要是军将唯利剽杀,以致宋人不愿归附,而且造成沿边一带荒芜,导致战争缺乏坚实的后方基地。忽必烈采纳谋士们的建议,立即奏准设置邢州安抚司、河南经略司,并在关中封地设置陕西宣抚司,任命名士及藩府侍臣为长官、次官,惩办贪残官吏,约定法制,奖励农桑,平均赋税。河南地处对宋战争前沿,奏准以史天泽、杨惟中、赵璧为经略使,不让燕京断事官干预其事。又命经略司在唐、邓、汝、蔡、颍诸州设立屯田,广积粮仓。为经久之计,还修复襄阳、光化、均州等地的城堡,与宋朝的襄樊防线相对峙。

忽必烈的新政深得人心,并取得成效。这不免侵害了惯于征索的贵族利益。1256年忽必烈在滦河上游建筑开平城,营造宫室,藩府势力日益壮大。这必然引起蒙哥的疑忌。又由于一些贵族大臣不断进谗,导致忽必烈与蒙哥在汉地政策和权益上的矛盾终于爆发。1257年蒙哥派遣大必阇赤(左丞相)阿兰答儿和刘太平等到陕西、河南调查,审查和迫害两司(经略司、宣抚司)大小官员。此举实际上是打击忽必烈藩府的势力,迫使其交出邢州、河南、陕西三地区的权力,撤销三司。同时蒙哥决定亲自领兵侵宋,解除忽必烈的兵权。

1258年七月,蒙哥从六盘山出发,分兵三路入蜀。蒙哥入蜀后,留密里火者、刘黑马守成都,率军攻打叙州(今四川宜区)。大败宋守军,突破马湖江防线,沿江而下直趋重庆下游,封锁江面,以堵截南宋援蜀之军。1259年初,蒙哥大军入合州(今四川合川区),遣使到钓鱼城谕降,被守将王坚所杀。蒙古大军进而围困钓鱼城,王坚率军民拒守。蒙军围攻五个月未能攻克,损兵折将不用说,蒙哥因战事不顺而酗酒,终于病死合州军营。蒙军撤军北还。此时忽必烈所领的东路军在鄂州对面的长江北岸,获得蒙哥死讯后,仍坚持渡江围攻鄂州。十二月忽必烈获悉弟弟阿里不哥策划继任汗位,才匆匆与南宋议和,轻骑北上,经燕京返回开平(今内蒙古锡林郭勒盟正蓝旗)。

(2)元帝国成立

1260年三月,忽必烈返回开平后,立即召集塔察儿等贵族宗王,在开平举行选汗大会。忽必烈之弟末哥、东道诸王塔察儿、移相哥(哈察儿之子)、忽剌忽儿(成吉思汗弟哈赤温之子)、爪都(成吉思汗弟别里古台之孙)、西道诸合丹(窝阔台之子)、阿只吉(察合台之子)等,拥立忽必烈即大汗位。是为元世祖。

忽必烈继大汗位后,随即任命亲信祃祃、赵璧、董文炳为燕京路宣抚使,加强对华北的统治。四月,设立中书省,总管内外百司之政事,任命王文统为平章政事、张文谦为左丞。还任命八春、廉希宪、商挺为陕西四川等路宣抚使,张易为西京(今山西大同)等处宣抚使。同时忽必烈采纳僧子聪等幕僚的建议,按照汉人封建王朝的传统,颁布即位诏书,称皇帝。从成吉思汗建立蒙古国家以来,从未建立年号,忽必烈始建元"中统"。诏书说:"稽列圣之洪规,讲前代之定制。建元表岁,示人君万世之传。纪时书王,见天下一家之义。法《春秋》之正始,体大《易》之乾元。"明确表示忽必烈是中原封建王朝的继承人,赋予他做中原皇帝的合法性。接着,忽必烈任命亲信为十路宣抚使和副使,其中大多是他的汉人幕僚。七月,改燕京路宣抚司为行中书省,以祃祃为丞相,赵璧为平章政事,张易为参知政事。八月,又建立秦蜀行中书省,以廉希宪为中书右丞,行省事。这样,忽必烈在中原的统治机构基本建立。其后便将马匹、粮草等运到开平,准备与阿里不哥一决雌雄。

按照蒙古传统,选举大汗的贵族大会(忽里勒台)应当在鄂伦河、克鲁伦河边举行,而且必须有各系宗王参加。而忽必烈在汉地自行集会选大汗显然不合传统。因此忽必烈自立为汗后,阿里不哥也在和林(今蒙古人民共和国哈尔和林)举行大会,自立为汗。这样,忽必烈与阿里不哥之间的战争不可避免。从1260年九月至1264年春双方进行数次战争,均以阿里不哥失败告终。在众叛亲离的情况下,阿里不哥不得不向忽必烈负荆请罪投附。忽必烈遣使去西北征询三汗国——钦察汗国、察合台汗国、伊利汗国的宗王后，才赦免阿里不哥之罪。不久阿里不哥病死。此时三汗国实际上已经分立，但忽必烈和他以后的元朝皇帝，在名义上仍是蒙古大汗的继承者、各汗国宗王所拥戴的君主，有权处理本国的大事，但必须向元朝皇帝奏报。各汗国的汗位继承，也要得到元朝皇帝的认可。

忽必烈打败了阿里不哥，在蒙古贵族中确立了他的统治地位。但是大汗与西北诸汗国的关系已不同于成吉思汗、窝阔台时代的关系，他们各自分立，而且和林也不是政治中心了。忽必烈是以汉地为根据地，依靠汉人地主的支持而取得汗位的。因此，他不能不以汉地为中心、以汉文化为主体而建立起元朝的统治。自 1206 年成吉思汗立国以来，一直以族名为国名，称大蒙古国，而没有像少数民族建立的北魏和辽、金、夏那样建立国号。虽然忽必烈称汗后建元“中统”，但仍没有国号。因此建国十一年之后的 1271 年十一月，才正式建国号为“大元”。这是采纳诸耆宿（僧子聪等）奏请的，“大元”一词取自《易经》“大哉乾元，万物资治，乃统天”。忽必烈依据汉族古典《易经》改建国号为“大元”，显然表明他统治的国家，并非只是属于蒙古一个民族，而是中原封建王朝的多民族国家的继续。

从前窝阔台建和林，作为蒙古国家的统治中心。忽必烈建开平，成为称汗建国的根据地。但现在不用说和林，连开平也不适宜作为国都了。1263 年五月，忽必烈升开平为上都。1264 年八月，把燕京（金朝的中都，金亡后称燕京）仍改名为中都，为建都作准备。1266 年忽必烈下诏让僧子聪复姓刘氏，赐名秉志，命他在中都营造都城宫室。同年又命张柔和行工部尚书段天佑等同行工部事，提督宫城的修筑工程。刘秉忠、段天佑等选择金中都城东，太液池琼华岛的周围，作为新都的城址，筹划修筑周围 30 千米的新城。忽必烈于“大元”国号建立后的 1272 年二月，采纳刘秉志的建议，改中都为大都，宣布在此建都。1273 年大都宫殿建成。1274 年正月初一，忽必烈在正殿接受朝贺。从此以后，元朝定都大都(今北京)。大都代替和林,成为元朝多民族国家的政治中心。从此以后,明清两代乃至当今一直以北京为国家的首都,可见忽必烈定都大都,意义深远。

(3)南宋灭亡

1259年蒙古大汗蒙哥伐宋途中病死于四川合州军营后,忽必烈为与阿里不哥争夺汗位,在鄂州城下与南宋议和,匆匆撤军北还,南宋危机得于解除。以贾似道为首的南宋统治集团仍然穷奢极欲,不思振作,最后不免落得被元朝消灭的命运。

1261年南宋潼川(今四川三台县)安抚使、知泸州军州事刘整,以泸州15郡叛宋降元。忽必烈便任命刘整为都元帅。1262年又任命阿术为征南都元帅,统领南征蒙汉诸军。而此时忽必烈正忙于与阿里不哥争位,阿术只是在1264年侵掠两淮地区,没有大举作战。1267年刘整上疏说,自古帝王,非四海一家不算正统。圣朝有天下十之七八,为何置一隅不问,自弃正统?并建议攻宋先攻襄阳,撤除南宋屏障。忽必烈以此为契机,任命阿术和刘整领兵进攻襄阳。1269年元军先攻汉水北岸的樊城。刘整献策,元军水战不如宋军,必先造战舰练水军方能成事。于是阿术下令造战舰5000艘、练水军7万。1271年五月,忽必烈增调东路兵围困襄阳。六月,宋范文虎率军10万来援襄樊,被元军击败。1273年初,阿术、刘整军用回回炮攻破樊城。二月宋襄阳守将吕文焕投降。四月吕文焕入大都,谒见忽必烈。忽必烈大大嘉奖,封他为襄汉大都督。元军获得襄阳,突破了南宋的防御体系。阿术、刘整班师回朝,向忽必烈献策:乘胜灭宋。忽必烈群臣商议,都说:“乘破竹之势,席卷三吴,正是时机。”于是忽必烈任命同知枢密院事伯颜为统帅,大举出兵。

1274年,忽必烈国事大定之后,布置伐宋事宜:伯颜、史天泽同领兵20万伐宋。任命伯颜、史天泽并为左丞,阿术为平章政事,阿里海牙为右丞。降将吕文焕为参知政事,同行中书省事于荆湖,由江汉攻宋。以合荅、刘整、董文炳等同行中书省事于淮西,后改为行枢密院,驻扎正阳(东属今安徽寿县,西属今颍上),南逼长江,以断其东西冲。以大将察罕统一调度淮东地区,配合攻宋。这样就构成三路进军的形势,而以伯颜一军为主攻。同年七月,伯颜等辞别南下,忽必烈叮嘱他,要“不杀”而取江南。

九月,伯颜大军自襄阳至郢州(今湖北钟祥市),宋军十余万隔汉水列战舰千艘,又横铁绳锁大舰数十艘阻挡元水军,元军不能渡汉水。于是伯颜大军绕过郢州南下,攻下黄家湾堡,由小溪行舟出唐港,入汉江,顺流而下,连破沙洋(今湖北荆门市沙洋镇)、新城(湖北潜江县西北)。十二月大军抵达汉口。阿里海牙和前锋张弘范攻打阳逻堡,阿术等领兵抢渡大江。大败宋军,追击至鄂州(今武汉市武昌)城门。鄂州守军投降。

1275 年初,伯颜大军顺大江东下,至黄州(今湖北黄冈)、蕲州(今湖北蕲春县),宋守将投降。阿术军至江州(今江西九江),宋兵部尚书吕师夔投降。元军至安庆,宋知安乐府范文虎投降。伯颜任命范文虎为两浙大都督。二月,宋丞相贾似道抵达芜湖,遣使求和。伯颜拒绝。其后贾似道督率诸路军马 13 万,战舰两千余艘来战,伯颜命元军左右夹江而进,发炮猛轰,宋水军全部溃败,贾似道逃往扬州。伯颜大军进至建康,宋军投降,伯颜以行中书省驻建康。阿塔梅、董文炳以行枢密院驻镇江。阿术攻取扬州。五月,伯颜回上都商议军事。忽必烈晋升伯颜为右丞相,阿术为左丞相。八月,伯颜带着谕宋投降的诏书取道益都(今山东益都)返回军营,调淮东军沿淮河进军。十月,伯颜大军攻陷扬州,进驻镇江。大军在镇江分三路进军临安。阿剌罕的右军从建康出四安镇,攻独松关;相威与董文炳的左军以水师从江阴顺江而下,由海道经华亭(今上海松江)至澉浦(今浙江海盐县澉浦镇);伯颜亲领中路,节制诸军,水陆并进。接着常州、平江(今苏州)先后攻陷,至元十三年(1276)正月,元军于临安城北会师。二月,宋朝谢太后和恭宗赵显奉呈国玺及降表降元,宣告南宋灭亡。伯颜不准元军入城,遣吕文焕持黄榜安抚临安内外军民。三月,伯颜进入临安,打开宋府库,将礼乐祭器、册宝、仪仗、图书等全部北运,还将宋皇室押解到上都。

南宋灭亡后,南宋老臣陈宜中、张世杰、陆秀夫等拥 9 岁的益王赵昰和 6 岁的卫王赵昺,逃亡海上。五月,他们在福州拥立益王昰做小皇帝(即端宗),树旗图谋复国。十一月元军从浙江南下福建,陈、张、陆三人护端宗逃亡海上。后辗转逃到广东的惠州、硇州(今雷州湾)。1278 年三月,端宗在硇州病死,即拥立赵昺为帝。六月,小朝廷为元军所逼,迁到广东新会县海中的厓山,作为最后的据点。

此时由都元帅张弘范率领的元军,陆海齐下,进攻闽粤,文天祥在海丰五坡岭被捕,押到船上。当船经过澳门东南零丁洋时,他写作著名的《过零丁洋》诗:"山河破碎风飘絮,身世浮沉雨打萍。惶恐滩头说惶恐,零丁洋里叹零丁。人生自古谁无死,留取丹心照汗青。"张弘范要文天祥写信给张世杰劝降,文天祥以此诗作答。

祥兴二年(1279)正月,张弘范率水军攻打厓山,南宋军以民兵 20 万在海上与元军对阵。三月南宋兵败,陆秀夫用剑驱妻子入海,自己背负帝昺投海自杀。张世杰拥杨太后坐小船突围而出,退到螺岛召集残部,图谋再举。4 天后海上风雨大作,海船覆没,张世杰溺死于平章山。数万士兵部分淹死,部分漂到澳门路环、氹仔两岛栖身,成为澳门最早的居民。后人为纪念张世杰,在澳门西南的黄杨山(今香山县属)建立一墓。诗人郭植作诗讴歌道:"铁骨惨得遗民埋,铁胆难令焚作灰。黄杨山暗白杨雨,满腔孤愤激风雷。"

第十章

元太祖的征服梦

成吉思汗

战斗中的蒙古士兵

1.蒙古的崛起

蒙古部落的名称最早出现于唐代。那时,在狃越河(今洮儿河)以北,西至俱轮泊(今呼伦湖)周围 ,东至那河(今嫩江),北至黑龙江的地域内,分布着许多许多被统称为“室韦”的大小部落,其中有一个蒙兀室韦部。蒙兀就是蒙古(Mongqol)的唐代音译。

大约在唐代后期(9 世纪下半叶),蒙古部落从兴安岭山地向西面的草原地带迁移。随部落的分衍,所占地盘逐渐扩大,有一部分迁移到了鄂嫩河、克鲁伦河、土拉河“三河之源”的不儿罕山(今肯特山)地区。成吉思汗的先世就属于这部分蒙古部落。

十一二世纪的蒙古高原上,除蒙古部落外,还分布着其他几个强大部落:

塔塔儿部(Tatar)分布在呼伦湖、贝尔湖附近地区。

克烈部(Kereit)分布在土拉河、鄂尔浑河和杭爱山一带,是辽、金时期蒙古高原上最强大的一部。

乃蛮部(Naiman)分布在阿勒台山东西,西至额尔齐斯河,东至杭爱山。

蔑儿乞部(Merkit)分布在色楞格河和鄂尔浑河下游一带,有三个分支部落,故称“三姓蔑儿乞”。 蔑儿乞人与蒙古部同属蒙古语族,也是达怛——室韦人的一支。

斡亦剌部(Oirat)分布在叶尼塞河上游乌鲁克姆河和库苏古尔泊一带。

汪古部(Onggut)分布在漠南阴山(大青山)之北,《辽史》及宋人著作中称之为“白达达”(白鞑靼)。

与塔塔儿、克烈、乃蛮等部比起来,蒙古部兴起较晚,势力也较小。辽时,他们还是一个分散的部落,“不与契丹争战,唯以牛、羊、驼、马、毛、毳之物与契丹为交易”,所以没有引起辽朝的重视,至称之为“远萌古国”。直到辽道宗时(11 世纪后期),其首领察剌哈还只得到小部族官“令稳”的官职;到他儿子想昆必勒格袭任,才升为“详稳”。不过从这时起,蒙古贵族得以借助辽王朝的声威号令部众,把各个分支部落纳入管辖之下,势力日益强大起来。

葛不律罕继任首领,“管辖了全蒙古百姓”。其时正值辽亡金兴,金朝把主要兵力用于经略中原,攻打宋朝,这对蒙古部势力的发展非常有利。

葛不律罕死后,由想昆必勒格之子咸补海罕继承汗位。咸补海罕被塔塔儿人捉去,送到金朝处死,临刑前传命其子哈丹太子等和葛不律罕之子忽图剌等统领部众,为他复仇。结果,忽图剌罕被推举为全蒙古大首领,他骁勇无比,统率全蒙古部众,连年与金朝和塔塔儿部作战。自绍兴五年(金天会十三年)至十六年(金皇统六年),即 1135 年至 1146 年间,蒙古部与金朝有多次战争,最后金朝不得不遣使议和,将西平河以北二十七团寨割与蒙古,册封其酋长为国王。忽图剌罕兄八里丹(把儿坛)之子也速该在与塔塔儿人作战中,俘获塔塔儿首领铁木真兀格等,适其妻月伦兀真(兀真即汉语“夫人”)生下长子,遂取名铁木真(1162)。他就是后来的成吉思汗。

咸补海罕死后,泰赤乌氏贵族为推举首领发生内讧,争议不决,最后由咸补海罕的侄子塔儿忽台当了首领。他们仍与乞颜氏结成联盟,拥戴忽图剌罕为全蒙古大首领,共同对付金朝和塔塔儿部。但在忽图剌罕死后,联盟即趋于瓦解,未能产生出一个共同的大首领。不久,乞颜氏首领也速该被塔塔儿人毒死(1170 或 1174),各家贵族分崩离析,也速该部众多投奔泰赤乌氏,乞颜氏因而势力中衰。铁木真母子兄弟陷入了困境,而泰赤乌氏贵族又乘机来袭,抓走铁木真。贵族间为了夺权夺利,亲族相残,这种事在克烈、乃蛮、塔塔儿等部早已发生,现在在蒙古部内也出现了。

铁木真得到泰赤乌氏一家属民的救助,脱了罗网。他知道要抵抗泰赤乌氏的压迫,必须寻求更强大势力的庇护,于是立即投靠父亲也速该的“安答”(anda,意为契交,义兄弟)、克烈部首领脱里,尊之为父,表示臣属。从此他开始积聚力量,收集旧部众。三姓蔑儿乞人来袭,抢去他的妻子、家人,他请求脱里和蒙古札只剌部贵族札木合帮助,共同起兵攻打蔑儿乞,大获全胜,不仅夺回妻子、家人,还掳掠了大批财物和奴隶。这次战争大约发生在1180年至1184年之间。由于战争的胜利,铁木真的力量逐渐壮大起来,迁到克鲁伦河上游的桑沽儿河旁独立建营。原来的部属和一些尼鲁温部落纷纷归来,重新结合成乞颜氏贵族联盟,共同推举铁木真为首领。铁木真经贵族会议推举为汗后,立即建立了自己的护卫组织,命亲信那可儿博尔术、弟合撒儿、别里古台等为长,分设了带弓箭的、带刀的、掌驭马的、掌饮膳的、管放牧羊群、马群的、掌修造车辆的、守卫宫帐的等10种职务,都命其亲信那可儿担任,组成了一支隶属于自己的精悍队伍。其后,铁木真先后征服塔塔儿部、克烈部、乃蛮部、蔑儿乞部等,统一了蒙古高原。

2.大蒙古国建立

铁木真统一蒙古高原各部落后,1206年春,于斡难河源头举行大聚会(忽里台,quriltai),建九斿白旗,即帝位。出身晃豁坛氏族的巫师阔阔出(号“帖卜腾吉里 ”,意为上天代言人)上言:“如今地上称为古儿罕的各国君主都被你征服,其领土都归你治下,因此你也应该有普天下之汗的尊号。上天旨意,你的称号应为成吉思汗。”“成吉思”的意思,南宋人赵珙说是“乃译语天赐二字也”(《蒙鞑备录》),拉施都丁《史集》说是蒙古语“坚强有力”。近人多采伯希和之说:此字源于突厥语 tengiz,意为“海”,成吉思汗意即像海一样广大的皇帝。最近的研究证明,此字当来源于古突厥语 Chingis,意为“可怕的”“强健的”。成吉思汗以本部落名称为国号,称“大蒙古国”。从此统一在大蒙古国治下的漠北各部百姓,尽管各有自己原来的部落氏族名称,都以“蒙古”为总名,逐渐融合为统一的蒙古民族共同体。

3.大蒙古国的统治制度

一是千户制。全国百姓(游牧民)统一按十进制编组,分千户、百户、十户三级,共划分为95个千户,并划定各千户的牧地范围,分别授予建国有功的贵族和那可儿们袭管领,封他们为千户那颜。千户的编组原则,一种是那些始终忠诚地联合或附庸于成吉思汗的部落首领或主动归附才获准仍“统其国族”(即本部人民),但需按统一编制组成若干千户;少数功勋上卓著的那可儿(如木华黎)也被允许收集业已分散的本部落人民组成千户。另一种是由不同部落的人民混合组成的,如泰赤乌、蔑儿乞、塔塔儿、克烈、乃蛮等人数众多的大部。

二是怯薛机构。1204年与乃蛮作战之前,成吉思汗着手“整顿军马”,在原有怯薛组织的基础上建立了一支护卫军。护卫军的职责是守卫大汗金帐和分管汗廷的各种事务。规定宿卫值夜班,箭筒士和散班值日班,各分四队,轮番入值,每番三昼夜,故总称为“四怯薛”。护卫军还是由大汗直接掌握的最精锐的部队,成吉思汗任命最亲信的那可儿博尔忽、博尔术、木华黎、赤老温(四骏、四杰)四家子弟世袭担任四怯薛之长。怯薛不仅是大汗的亲卫军和宫廷的事务机构,而且具有政府的职能,在大蒙古国的军政事务中发挥很大作用。

三是设置大断事官。大断事官就是大蒙古国中央的司法行政长官,所以被称为“国相”。大断事官一直保持着中央最高行政官(丞相)的地位。在他之下有许多僚属,组成断事官机构。诸王也各置断事官管理本部百姓。

四是制定札撒(jasaq)。札撒就是“命令”“法令”的意思。它包含了长期历史过程中形成的种种社会习惯和行为规范。

五是分封子弟。成吉思汗统一蒙古高原后,原来分别隶属各部贵族的所有“有毡帐的百姓”,都成了他的“黄金家族”的臣民和产业,在编组为95千户之后,他按照蒙古社会家产分配的体例,在诸子、诸弟和母亲月伦太后各分配一"份子"(忽必)百姓。

子弟分封与千户那颜的封授性质不同,后者只是国家的地方军政长官,成吉思汗"黄金家族"才是真正的主子。各支宗王所得的分民(忽必亦儿竖)即为各自的家产,管领这些百姓的千户那颜也成为他们的家臣。拥有分民和封地的各支宗王,即建立了各自的"兀鲁思"——大蒙古国之内的"宗藩之国"。诸藩王(汗)奉大汗为宗主,其后王继位需得到大汗的认可,同时他们也拥有共同推举大汗、参与大兀鲁思重大事务的议决及享受共有财产一分子的权利。

六是创制文学。蒙古人起初没有文字,成吉思汗建国前后,逐渐采用了畏兀儿字母来写蒙古语,创制了畏兀儿字、蒙古文。有了文字,才可能记录表册,编定了《大札撒》,发布命令,制作印玺,编纂史书(《元朝秘史》)。蒙古族的文化从此有了划时代的发展。

4.成吉思汗的军队

以成吉思汗家族为首的蒙古统治阶级,把掠夺和征服视为最光荣的事业。蒙古高原各部统一后,富饶的邻国就成为他们继续进行掠夺战争的目标,成吉思汗曾对为争夺继承权而争吵的儿子们说:"天下地土宽广,河水众多,你们尽可以各自去扩大营盘,征服邦国。"又曾训示诸将:"男子最大之乐事,在于压服乱众,战胜敌人,夺取其所有的一切,骑其骏马,纳其美貌之妻妾。"强烈的掠夺欲望是蒙古统治者不断进行对外战争的根本原因。

成吉思汗拥有的军队数量,据《元朝秘史》记载,有95个千户,加上1万名最精锐的护卫军。如按每千户提供1000名兵员计算,兵力共有10多万人。在攻略诸国过程中,又吸收了归降的军队,并驱使被征服地区人民为兵,使军了人数量大大扩充。蒙古军的武器装备,在攻略诸国过程中也得到改善,除原有的弓箭刀枪外,又从中原和西域俘获许多制作利器、甲盾、攻城之具、炮火等各种武器的工匠,这使蒙古精锐的骑兵如虎添翼。

史称成吉思汗“深沉有大略，用兵如神”，蒙古军在他指挥下创造了许多独到的战术。每进兵必先发精骑四向哨探，远哨一二百里，探明左右前后虚实，如某道可进，某城可攻，某地可战，某处可营，某方有敌兵，某所有粮草，刺探得实，急报大营。其驻营整然有法，前置逻骑，分番警戒；大帐前后左右，诸部军马分屯，布置疏旷，以便刍秣，且可互相接应。野战中则利用骑兵的灵活迅速，着重分散作战；一般以十分之三兵力为前锋，摧坚陷阵，三五骑一组，决不簇聚，以免为敌所包，敌分立分，敌合立合，聚散出没，极为灵活，“来如天坠，去如电逝”，称为“鸦兵撒星阵”，往往能以较少骑兵击溃众多敌军；攻打敌阵，每以骑队先行冲突，前队冲不动，后队继之，同时布兵于敌阵左右后方，待合围后一齐冲击；若敌阵坚固，则使牛马搅阵，或迫降俘为牺牲品施行硬攻，使敌纷乱、疲惫；敌阵一动，即乘乱长驱直入，鲜有不克。或兵力少，则布疑兵以恐敌；或用设伏之法，佯败而走，弃辎重金银，诱敌逐北中伏，常能全歼追兵。其攻坚城，常先扫清外围村镇，然后集中兵力，团团围困，立栅建堡，绝其外援，以弓箭、炮石器械昼夜连续轮番攻打，使敌疲惫；或决堤水淹，或挖地道入城。采用的种种战术，“有古法之所未言者”。

5.对外扩张

(1)进攻西夏和金

建国前一年(1205)，成吉思汗就对西夏边境发动了第一次掠夺性进攻，破力吉里寨、经落思城，掳掠了大量人口、牲畜。1207年，第二次侵入西夏，夏国集右厢诸路军抵抗，蒙古军不敢深入，退回。1209年，第三次大举攻夏。夏襄宗安全以太子承祯为主帅、大都督府令公高逸为副，率5万军队抵敌，被蒙古军打败，高逸被俘，不屈而死。兀喇海城守将出降，蒙古军长驱直入，攻打夏都中兴府(今宁夏临川)外卫要冲克夷门，与嵬名令公所率西夏守军相持两月，乘守军戒备松懈，设伏擒嵬名令公，攻下克夷门，进围中兴。成吉思汗下令引河水灌城，因外堤决，倒灌蒙古军营，遂撤围，遣使入城谈判。安全被迫献女求和，年年纳贡。

迫使西夏臣服后，成吉思汗的下一个目标就是进攻金朝。蒙古军主力由金西北路边墙突入，破乌沙堡、乌月营。金西北路统军主帅完颜承裕畏敌，从抚州（今河北张北）退到宣平（今张家口西南），于是昌州（今内蒙古太仆寺旗九连城）、桓州（今内蒙古正蓝旗北）、抚州尽失。金军30万守野狐岭（今河北万全膳房堡北），成吉思汗挥师猛攻，金军大败，溃退浍河堡（今河北怀安东），被蒙古军追击，“死者蔽野塞川”，史称“金人精锐尽没于此”。这就是著名的“野狐岭之战”。成吉思汗子术赤、察合台、窝阔台率领另一军队由西南路边墙进入金境，汪古部首领阿剌兀思剔吉忽里献关，引导蒙古军攻掠净州、丰州（今内蒙古古呼和浩特东白塔镇）、云内（今内蒙古托克托东北）、东胜（今托克托）、武州（今山西五寨北）、朔州等城。1212年，蒙古乘胜攻取宣德（今河北宣化）、德兴（今河北涿鹿），并继续攻取山后诸州，金威宁（今内蒙古兴和北）防城千户刘伯林降。成吉思汗攻西京（今山西大同），为流矢所中，撤兵。先锋哲别攻东京（今辽宁辽阳），突入城中，大掠而还。

1213年，成吉思汗会集大军再入野狐岭，进至怀来，与完颜纲、术虎高琪率领的金军激战，获胜，追击至居庸关，歼敌无数。这是蒙古攻金以来的第二次大胜利。因居庸关防守坚固，成吉思汗采用迂回包抄战术，留下少数军队攻关，自率主力驰向西南，由紫荆口（河北易县西）突入，陷涿、易等州；遣哲别率精骑奔袭南口，内外夹攻，取居庸关。遂分兵包围中都（今北京）。命术赤、察合台、窝阔台率右路军循太行南下，掠河北西路、河东南、北路，抵黄河；弟哈撒儿、斡赤斤率左路军，掠蓟、平（今河北卢龙）、滦诸州；自与幼子拖雷率中路军，掠河北东路，山东东、西路，亦抵黄河。这三路军队像梳子一样将黄河以北八路之地来回梳了一遍，“凡破九十余郡，所过无不残灭”。1214年春，三路军会合，包围中都，遣使入城索贡。金宣宗（1213年金元帅胡沙虎弑永济，立宣宗）

献永济女岐国公主及大量金帛、童男女求和，成吉思汗引兵退出居庸关。1215 年 5 月，占领中都，成吉思汗遣失吉忽秃忽等入城检视帑藏，金银珠玉锦缎尽数运往大营。

(2)收服西北诸部

成吉思汗建国不久，就招服了贝加尔湖东西的八剌忽、豁里、秃麻等部；又遣使至吉利吉思部招谕，其王进贡方物，表示臣服。后因豁儿赤那颜至秃麻部选美女，激起反抗；1217 年，成吉思汗遣大将博尔忽统兵讨伐，又被秃麻人利用深山密林设计捕杀，遂再遣将征讨，始平定。在讨伐秃麻部时，成吉思汗征兵于吉利吉思部，遭到拒绝，乃于 1218 年遣长子术赤统兵征讨吉利吉思。术赤先收复了“八河”(今乌鲁克穆河上源)之地的斡亦剌部，遂渡谦河(今叶尼塞河上游)，征服乌斯、撼合纳、康合思、秃巴思、不里牙惕等部，进取吉利吉思，追至亦马儿河(今鄂毕河)，尽降之。其西的客失的迷、帖良古、失必儿等部皆降。

别失八里(今新疆济木萨尔)和高昌(今吐鲁番地区)的畏兀儿以及海押立和阿力麻里(今新疆霍城西)地区的哈剌鲁，都是西辽属国，深受西辽的欺凌压迫。当 1208 年蒙古大将忽必来率军扫荡盘踞也儿的石河的乃蛮、蔑里乞残部时，畏兀儿亦都护巴尔术阿儿忒的斤见蒙古势盛，遂于 1209 年杀死西辽派驻其国的少监，归降蒙古。忽必来遣使招降哈剌鲁部，哈剌鲁首领阿儿思兰汗也杀西辽少监，于 1211 年入朝成吉思汗。

乃蛮屈出律汗逃亡到西辽都城虎思斡耳朵（今吉尔吉斯斯坦托克马克西南），骗取了西辽皇帝直鲁古的信任被招为驸马。1210 年，他利用西辽内乱的机会，勾结叛军，擒拿并废黜了直鲁古，篡夺西辽帝位。屈出律篡位后，倒行逆施，多次焚掠可失哈耳(今新疆喀什)，迫害穆斯林，杀害阿力麻里的哈剌鲁首领斡匝儿，激起人民极大的愤恨。1218 年，成吉思汗遣哲别率军征讨屈出律，屈出律从可失哈耳出逃，所部将卒多被当地人民杀死，狼狈逃到巴达哈伤的撒里桓(Sari-qol)之地，哲别尾追而至，当地居民将屈出律捕获，交给蒙古军。哲别杀屈出律，班师回蒙古,西辽境土遂尽归蒙古。这样,大蒙古国的境土就与中亚花剌子模国接界了。

6.成吉思汗西征

(1)西域的地理和物产

根据耶律楚才(1190—1244)的《西游录》:

公(指耶律楚才,他随成吉思汗西征)戊寅(1218)春三月,出云中(今山西大同),抵天山(今河套外之天山非新疆天山)。涉大碛,逾沙漠,达行在所。明年,大举西伐,道过金山时方盛夏,雪凝冰积,斫冰为道。松桧参天,花草弥谷。金山而西,水皆西流入海(喀喇额尔齐河)。其南有回鹘城,名别石把(今乌鲁木齐唐时的北庭都护府)。有唐碑,所谓瀚海军。海中有屿,其上皆禽鸟所落羽毛。城西二百里,有轮台县(今新疆轮台县),唐碑在焉。城之南五百里,有和州(今吐鲁番),即唐之高昌,亦名伊州。高昌西三四千里,有五端城(今新疆和田,也作普剌),即唐之于阗国,河出乌白玉。过瀚海千余里有不剌城,不剌南有阴山,东西千里,南北二百里。山顶有池,周围七八十里。池南地皆林檎(苹果),树阴蓊郁,不露日色。出阴山,有阿里马城(在伊犁河畔)。西人目林檎曰阿里马。附郭皆林檎园,故以名。附庸城邑八九,多葡萄、梨果。播种五谷,一如中原。又西有大河曰亦列(即伊犁河)。其西有城,曰虎司窝鲁朵(即官殿),即西辽之都,附庸城数十。又西数百里,有塔剌思城(即俄罗斯)。又西南四百余里有苦盏城(中译为杏仁城)、八普城、可伞城。苦盏多石榴(即苦盏石榴),其大如栱,甘而差酸,凡三五枚,绞汁盈盂,渴中之尤物也。芭榄城边皆芭榄园,故以名。其花如杏而微淡,叶如桃而差小,冬季而花,夏盛而实(即胡桃)。八普城西瓜,大者五十斤,长耳仅负二枚。苦盏西北五百里有讹打剌城(在阿里斯河入锡尔河口处),附庸城十数。此城渠酋,常杀命吏数人,商贾百数，尽掠其财货。西伐之举由此也。讹打剌西千余里，有大城曰寻斯干（即撒马尔罕）。寻斯干者，西人云肥也，以地土肥饶故名。甚富庶，用金铜钱。无孔郭。环城数十里皆园林，飞渠走泉，方池圆沼，花木连延，诚为胜概。瓜大者如马首。谷无黍、糯、大豆，盛夏无雨。以葡萄酿酒，有桑不能蚕。皆服屈眴（中译为棉）。以白衣为吉，以青衣为丧服。故皆衣白。寻思干西六七百里，有蒲华城（即不花剌城今译为布哈拉），土产更饶，城邑稍多。寻思干乃谋速鲁蛮（中译为回教徒）种落梭里檀所都。蒲华、苦盏、讹打剌城皆隶焉。蒲华之西有大河，入于海。其西有玉里犍城（即玉龙杰赤，今土库曼斯坦的尼亚乌儿根奇），梭里檀母后所居，富庶又盛于蒲华。又西濒大河，有班城（也译作巴尔赫）。又西有砖城（也译为团八剌，即克儿团寨(kerduan)）。自此而西，直抵黑色印度城（即北印度的克什米尔国）。亦有文字，与佛国字体声音不同，佛像甚多。不屠牛羊，但饮其乳。土人不识雪。岁二熟麦。盛夏置锡器于沙中，寻即熔烁。马粪堕地沸溢。月光射人如夏日。其南有大河，冷如冰雪，湍流猛峻，注于南海。土多甘蔗，取其液酿酒、熬糖。印度西北行，有可弗叉国（即钦察国，今为欧洲俄罗斯的南部）。数千里皆平川，无复丘垤，不立城邑。民多羊马，以蜜为酿。此国昼长夜促，羊膊熟日已复出，正符《唐史》所载骨利斡国事，但国名不同，岂非岁时久远，语音讹舛？寻思干去中原几二万里，印度去寻思干又等，可弗叉去印度又等。虽萦迂曲折，不为不远，不知几万里也。

关于西域的风情，耶律楚才著有许多诗句，今抄录二首：

其一："二月河中草木青，芳菲次第有期程。花藏径畔春泉碧，云散林梢晚照明。含笑山桃还似识，相亲水鸟自忘情。遐方且喜丰年兆，万顷青青麦浪平。"（河中即撒马尔罕）

其二："异域春郊草又青，故园东望远千程。临池嫩柳千丝碧，倚槛夭桃几点明。丹杏笑风真有意，白云送雨太无情。归来不识河中道，春水潺潺满路平。”

(2)战争起因

花剌子模是阿姆河下游的古国,都玉龙杰赤(今土库曼斯坦库尼亚乌尔根奇),11世纪中叶降服塞尔柱帝国,塞尔柱算端(帝)任命突厥族侍臣阿奴思的斤为监督。11世纪末,花剌子模沙(Shah,波斯语“国王”之意)被杀,阿奴思子护都不丁被任命为花剌子模长官,袭用花剌子模沙的称号,子孙世袭。1141年,西辽击败塞尔柱算端,花剌子模沙又向西辽称臣纳贡。其后利用塞尔柱帝国衰落之机据有呼罗珊西部;12世纪末,灭塞尔柱算端,势力扩展至波斯西部。1200年,花剌子模沙摩诃末继位,又征服了呼罗珊东部的古儿朝。1209年,杀西辽索贡使臣,并吞了撒马尔罕地区的西辽属国西哈剌汗朝;次年,在塔剌思河畔打败西辽军。至此,摩诃末成为伊斯兰世界最强大的统治者。他自称算端用武力迫哈里发正式加封,未成;发兵攻西辽,取其西境锡尔河上游沿岸诸城,并策划进一步向东扩张。1215年,他派遣使团到东方探听蒙古与金朝的战争情况。成吉思汗接见了使者,表示愿与花剌子模友好通商,并遣使回访, 同时组织了一支四百多人的商队前往花剌子模贸易。1218年,商队抵达花剌子模边城讹答剌(今哈萨克斯坦锡尔河中游东之齐穆耳),该城长官哈只儿只兰秃贪图商队财物,竟诬其为间谍,将他们尽加杀害,夺其货物。一名幸免于难的骆驼夫逃回蒙古报告,成吉思汗愤怒至极,遣三使者问罪,又被摩诃末杀一人,二人剃须后驱逐出境。于是两国之间的战争不可避免了。

(3)战争始末

1219年夏,成吉思汗统领20万大军越过阿勒台山,在也儿的石河驻夏后,即入花剌子模国境,分兵4路:命察合台、窝阔台围攻讹答剌,术赤率一军沿锡尔河而下攻取毡的、养吉干等城,阿剌黑那颜率一军攻取锡尔河上游忽毡等城及费尔干纳地区,自与拖雷领中军径趋河中,摩诃末闻蒙古军已过锡尔河, 慌忙从新都撒马尔罕退到阿姆河南岸。

1220年二月，成吉思汗攻陷不花剌。三月，进围撒马尔罕，攻5日，拔之。遣速不台、哲别等统兵3万追击摩诃末。摩诃末在蒙古军紧紧追逼下辗转西逃，最后遁入宽田吉思海（里海）南岸附近一个岛上，大约在1220年年底病死，传位于其子札兰丁。1220年秋后，成吉思汗命拖雷率领一支精锐部队渡过阿姆河，攻取呼罗珊地区诸城，到1221年夏，马鲁、你沙不儿、也里等城被相继攻陷。术赤、察合台、窝阔台三兄弟被派去攻打玉龙杰赤，经过几个月的激烈战斗，始攻克玉龙杰赤。成吉思汗自统中军攻取忒耳迷等阿姆河沿岸诸城后，于1221年年初渡过阿姆河，取巴尔赫，进围塔里寒寨，连攻7个月，拖雷率军来会，才攻克。此时，花剌子模沙札兰丁在哥疾宁重新集结了约十万军队，进屯八鲁湾川，打败了失吉忽秃忽率领的3万蒙古军，声势复振，已被蒙古占领的一些呼罗珊城市纷纷起义响应，杀死蒙古守将。成吉思汗会合诸路军队，越过大雪山（兴都库什山），进攻札兰丁，而札兰丁却因部下诸将争权夺利纷纷离散，势力转衰，不敢抗击蒙古军，退却到申河（印度河）。十一月，成吉思汗在申河北岸一举击溃札兰丁军，札兰丁逃入印度。1222年春、夏，蒙古军继续攻略申河一带地区，镇压呼罗珊诸城叛乱。秋末，成吉思汗回师撒马尔罕，在西域诸城设置了达鲁花赤镇守官；冬，启程东还，1225年春回到蒙古。速不台、哲别率领蒙古军完成了追击摩诃末的任务后，继续抄略波斯中西部诸城。1222年春，攻入谷儿只（格鲁吉亚）失儿湾等地，由打耳班（今格鲁吉亚巴库西北捷尔本特）越过太和岭（高加索山），进入阿速（又称阿兰，高加索北麓的伊朗语族部落）、钦察（突厥语部落，分布在里海至黑海之北，东罗马人称之为库蛮，俄罗斯人称之为波罗维赤）之境，先后将阿速、钦察诸部各个击破，遂驻冬于钦察之地。钦察首领玉里吉向斡罗思（俄罗斯）伽里赤王密赤思老求援，伽里赤王约集斡罗思诸王公到乞瓦（基辅）会商，决定与钦察人联合起来抗击蒙古，遂杀死速不台、哲别派来的议和使者。1223年五月，蒙古军与斡罗思、钦察联军会战于阿里吉河（今乌克兰日丹诺夫市北）之东，斡罗思诸王公互不团结,不能协同作战,终被蒙古军一一击溃。速不台、哲别统兵抄掠斡罗思南部诸地后,东还经亦的勒河(伏尔加河),又攻掠不里阿耳国,然后由里海、咸海之北返回蒙古。

7.成吉思汗之死

成吉思汗西征时,西夏曾拒绝派兵从征。后见成吉思汗远征长期未回,以为有机乘,即与金朝约和,共谋抵抗蒙古。1226年,成吉思汗统兵再度侵入西夏,攻下黑水城、肃州、沙州、甘州、西凉府等城。夏献宗德旺忧惧而死,其侄继位。十二月,蒙古军进攻灵州,击溃嵬名令公统率的10万援军,西夏兵力损失殆尽。1227年春,成吉思汗派一部分军队围攻中兴府,自己率军南下进金境,攻陷临洮府等城,驻夏于六盘山。七月,病死。蒙古军围攻中兴半年余,城中食尽,夏主晛出降,蒙古诸将遵照成吉思汗遗命杀晛,西夏亡。

成吉思汗后妃据说有五百左右,大部分是从各部落、各国掳来的。大皇后四人,分主其四大斡耳朵;正宫皇后孛儿帖,弘吉剌氏,生术赤、察合台、窝阔台、拖雷四子;二皇后忽兰,蔑儿乞氏,生阔列坚,甚得成吉思汗喜爱,与四嫡子同授蒙古分民,1236年得河间府分民45930户为分邑,其子忽察封河间王;三皇后也遂、四皇后也速干,塔塔儿氏,姊妹,也速干生一子,早夭。他妃所生主儿赤台、兀鲁赤,无嗣。《史集》把金卫绍王女也列为大皇后之一,无子。

成吉思汗死后,他的儿子在西域建立了四个国家,即次子察合台的察合台汗国、长子术赤的钦察汗国、三子窝阔台的窝阔台汗国、四子拖雷之子旭烈的伊儿汗国,也就是所谓的“西北宗藩”。成吉思汗之孙忽必烈在中原建立了元朝。这样大蒙古国变成地跨欧亚的大帝国,为我国少数民族建立的最强盛的国家。

明成祖与郑和的航海梦

朱元璋

朱　棣

郑　和

明朝后期(16世纪中叶)至清朝前期(18世纪),在中国史分期上属于从中古到近代的过渡时期——前近代,其特点是资本主义开始萌芽,从古代社会逐渐向近代社会转变。在世界史的分期上属于以中世纪到近代资本主义社会的过渡时期——文艺复兴(14至16世纪),其特点是强调个人主义,认为"人的发展"使"世界的发现和人的发现"成为可能。同时这个时期又是大航海时代、殖民主义盛行的时代。15世纪末叶,欧洲人发现通往印度洋和美洲的航路,从此商业和贸易中心逐渐由地中海转向大西洋,出现了葡萄牙、西班牙和后来的荷兰、法国、英国等殖民国家。它们的殖民地和扩张活动遍及世界各地,同时也传播了欧洲的制度和科学文化。

世界大转变给中国的封建统治者带来了机遇和挑战。如果是中国封建统治者有先见之明,顺应潮流而接受西方的制度和科学文化,那么中国便能较早地从封建社会进入近代社会,这是一种机遇,但是却错失掉了。中国封建统治者为了自身利益,严行海禁,把机遇看成挑战,展开一幕又一幕的斗争。

1.明帝国成立

明洪武元年(1368)正月初四日,朱元璋在应天府(今南京)奉天殿称帝,建立明朝,年号洪武,终于实现了建立新皇朝的夙愿。朱元璋与汉高祖刘邦一样,都是农民起义成功而做皇帝的,他们两人同样叛变了农民阶级,成为地主阶级的领袖,但朱元璋的叛节比刘邦更毒辣恶劣。朱元璋是高举红巾军的旗帜而起义的,在时机没有成熟之前,他始终以韩林儿为领袖。1357年朱元璋攻下婺州后,当时名儒朱升劝他"高筑墙,广积粮,缓称王"。朱元璋大喜,正合自己的心意。此时他已独立成军,但仍旧尊奉韩宋,不过早建号称王。他在婺州设置浙东行省,在张挂两大黄旗上,写着"山河奄有中华地,日月重开大宋天",以表明与韩宋的目标一致。1359年又接受宋帝授予的"江西行省左丞相"的称号。1361年小明王韩林儿加封朱元璋吴国公。1363年,朱元璋领兵去救援被围的安丰,迎回小明王韩林儿,将他和刘福通安置于滁州。从此以后,大宋皇帝便成为朱元璋手中的一面旗帜。朱元璋以应天为根据地指挥作战,小明王远在滁州深宫,并不过问军政。1364年朱元璋灭陈友谅后,大势渐成,称吴王,在应天建立小朝廷。但名义上还是尊奉韩宋,发布号令仍称"皇帝(小明王)圣旨,吴王令旨"。年号用龙凤。农民军穿红色军装,树立红旗,以表示继承红巾军的传统。朱元璋这样做在军政上处于优势的地位。对元军来说,避免自树目标,对农民军来说,表示奉红巾军为正统。这种不务虚名只求实力的策略,是朱元璋高明之处。

然而当1366年五月朱元璋向东吴张士诚发动进攻而发布的文告中,竟把红巾军借白莲教起义污蔑为"愚民误中妖术"。指责起义军"妖言既行,见谋遂逞,焚荡城郭,杀戮士夫,荼毒生灵,万端万状",把起义军说得一片漆黑,毫无是处。相反把地主武装说成"有识之士"。而且在文告中还宣布保护地主土地所有制的政治纲领:"旧有田产房屋,仍前为生,依额纳粮以供军储,余无科取。"这表明朱元璋已不再是红巾军的将帅,而将是新皇朝的皇帝;不再是起义农民的领袖,而转变为地主阶级的领袖了。由于朱元璋的叛节,作为白莲教红巾军的领袖小明王韩林儿,此时显然已不再是朱元璋手中一面有用的旗帜,反而成为他建国称帝的严重障碍,决心将其清除。但碍于舆论,不好公开加害。直到1366年十二月,徐达、常遇春包围平江府,东吴张士诚旦夕可灭之际,朱元璋始下毒手。朱元璋派遣大将廖永忠到滁州迎接韩林儿和刘福通来应天,途经扬州瓜洲渡江,暗中把船凿沉,韩、刘沉江溺水。廖永忠回军复命,朱元璋心照不宣,从此他再也不用龙凤年号了。

朱元璋很快消灭了张士诚的东吴之后,立即任命徐达、常遇春为正副征虏大将军,统率25万大军北伐元朝大都。大军出发前,发布了告天下的檄文(由宋濂起草)。其中说:"天运循环,中原气盛,亿兆之中,当降圣人,驱逐胡虏,恢复中华,立纲陈纪,救济斯民。”(《明太祖实录》卷二十一)这里所说的“驱逐胡虏”就是推翻元朝的统治,“恢复中华”就是建立汉族政权,“立纲陈纪”就是重建封建纲纪,恢复封建统治秩序。这里清楚地表明朱元璋彻底背叛了起义的农民,大明帝国是封建地主阶级的政权。

2.专制主义的加强

明太祖是农民出身,深知地方的地主豪强横行乡里,勾结地方官吏为非作歹。所以他采用强迫豪强迁出本地的办法,来控制地方势力。建国不久,即下令迁江南民 14 万户到中都凤阳。1391 年又迁天下富户 5300 百户到南京。1397 年又强迫各地富户一万四千三百余户到南京。南京与中都凤阳都是朝廷直接统治的地位,以便就近控制。朱元璋强迫富豪迁徙天下富户于关中。此举对江南经济的发展有利。

朱元璋称帝后,时刻怀有防范臣下背叛之戒心,先后发布《铁榜文》《资世通训》,告诫群臣忠于皇上,勿欺勿蒙。1380 年编《臣戒录》,1386 年编《志戒录》,分发给群臣阅读和教官讲授。朱元璋对臣下心存疑虑,并非空穴来风,他们确实在争权夺利互相倾轧。先是左丞杨宪唆御史刘炳弹劾右丞汪广洋“奉母无状”,汪被罢取还乡。后来中书左丞相李善长、御史中丞刘基等揭发杨宪奸谋,朱元璋处死杨宪、刘炳,召回汪广洋。于是制造案件,开始了对功臣的大诛杀。

胡惟庸案:濠州定远人胡惟庸在和州随朱元璋起义,明朝建立后任中书省参知政事,后晋升为左丞相。汪广洋平反回朝后任右丞相,他消极饮酒自遣,以求自保,造成左丞相胡惟庸一人独专相权。胡惟庸接受四方贿赂,朝中要想升迁的官吏都来阿谀奉承他。对此,朱元璋认为胡惟庸是结党擅权,威胁皇权,决定除掉他。1379 年御史中丞涂节,迎合上意,多方罗织罪状,控告胡惟庸与御史大夫陈宁谋反。于是朱元璋先把右相汪广洋贬谪海南,在途中下诏将汪斩首。罪名是“奸恶万状,匿而不言”。接着朱元璋便亲审胡惟庸案，斩胡惟庸、陈宁，诛其三族。因为涂节告发，必参与其事，又将涂节斩首。随即又追查依附胡惟庸的官吏和六部官属，大小官吏被处死的达一万五千余人，其残酷程度空前绝后。

李善长案：濠州定远人李善长，随朱元璋同时起义，在滁州作为谋士被礼聘为军中掌书记，凡军政大事都由李善长与儒臣谋议。明朝建立后大封功臣，按功勋大小封公、侯、伯等爵位。封国公者6人，李善长位列第一，封韩国公，特授太师、中书左丞相等，是朝中最尊贵的重臣。李善长之弟李存义，娶胡惟庸侄女为子媳。胡惟庸被杀后的1385年，有人告发李存义也是胡惟庸一党。朱元璋下诏免死，流放崇明安置。1390年朱元璋又逮捕李存义父子，审讯胡惟庸与李善长的交谊。结果李善长以“知逆谋不举发，狐疑观望，怀两端，大逆不道”的罪名赐死。李善长已77岁，奉诏自缢而死。全家七十余人被杀。此案还牵涉列侯陆仲亨等功臣7人，都以胡惟庸党的罪名处死。已死的侯爵多人，追论其罪。不仅如此，朱元璋还命刑部将涉及此案治罪的都督以上至公侯20人的姓名，汇为“奸党录”昭示天下。工部郎中王国用上疏，为李善长申辩，“愿陛下作戒于将来”。朱元璋无辞以解，大发慈悲，对王国用不加罪，但没有“作戒将来”。

蓝玉案：蓝玉也是濠州定远人，是开国名将常遇春的内弟，屡立战功，朱元璋把他比作西汉名将卫青。1392年蓝玉又平定元降将月鲁贴木儿的反叛，进封太子太傅。此时老将或死或告老，蓝玉不免踌躇满志，擅权行事，家奴成群，侵占民田。朱元璋于1382年设置锦衣亲军都指挥司(通称锦衣卫)，护卫皇室并侦察官吏言行。1393年年初锦衣卫指挥蒋瓛告发蓝玉在私第蓄养家奴被甲，将有变。朱元璋又令审讯元将纳哈出之子察罕，追讯蒙古降将与蓝玉来往的事，以谋反罪将蓝玉处以磔刑，诛灭三族。受此案牵连的文武大臣和将官士兵近两万人被处死。朱元璋如此大规模诛杀臣下，无论是否冤假错案，都是不应该的。

1380年胡惟庸案发生后，朱元璋废除中书省丞相制，不再设代天子处理万机的丞相，一切政务、赏罚予夺由皇帝自专，进一步加强了皇权。丞相制自秦汉以来沿用一千六百多年，至此方始废除，在中国政治制度史上是件大事。丞相制度废除后，朝廷政务由六部（吏、户、礼、兵、刑、工）各司其事。这样，六部尚书与都察院（管督察）的都御史合称"七卿"。七卿与通政司的通政使、大理寺（管刑狱）的大理卿又称"九卿"。九卿则分别办事，互相制约，各自对皇帝负责，所有权力全部集中于皇帝。管理军务的大都督府，划分为中、左、右、前、后五军都督府。五军都督分别由皇帝指挥，不相统属，由皇专属。这样，皇帝掌握了全部军政大权。中央官制经过改革后，其机构如下：六部、都察院、通政使司、大理寺、翰林院、五军都督府。

地方官制方面，1376年撤销行中书省，保留"行省"这个名称。行省是地方区划，而不是地方政府。省的行政权属于承宣布政使司、提刑按察使司、都指挥使司，合称三司。布政使司掌全省行政、民政、财政。按察使司掌全省司法监督。都指挥使司掌全军区的军事行政和治安。于是政、法、军三权并立，彻底改变过去行中书省总理地方大权的旧制。布、按、都三司，分别直接受命于朝廷，朝廷大大加强了对地方的领导。

省以下的地方机构，基本上是府、县两级。府设知府一人，县设知县一人。州有两种：府所属的州，与县平级；省所属的州，与府平级。州设知州一人。全国共有159府、234州。

3.燕王夺位与郑和下西洋

(1)燕王夺位

明太祖朱元璋大肆诛杀功臣，并没有达到巩固皇位之目的，反而造成燕王夺位，皇位从孙子惠帝朱允炆转入儿子燕王朱棣（明成祖）之手。此举虽然是同姓皇位的转易，不算亡国，但终究违反了朱元璋的意愿。洪武三十一年（1398）闰五月，朱元璋病逝于南京。临终前颁布遗诏:“今年七十一,精力衰微,朝夕危惧,惟恐不终。今得万物自然之理,其奚哀念之有。皇太孙允炆。仁明孝友,天下归心,宜登大位,以勤民政。”明太祖称帝时,立长子标为皇太子。1392年四月,标病死。九月立朱标次子允炆为皇太孙。明太祖死后,朱允炆奉遗诏即帝位,年22岁。

惠帝即位后,第一件大事是削夺藩王。藩王全是太祖分封的儿子,拥有重兵,为护卫皇室之屏障。他们与惠帝的关系,在朝廷是君臣,在宗室则是叔侄。1399年春以前,惠帝已先后贬废诸王,诸王均不自安。其中燕王在诸王中年最长,势力最大,对太祖传孙不传子的做法早已心怀不满,现在又要削藩更加不平,密谋起兵反叛。1399年七月,燕王以“清君侧”(除奸臣齐泰、黄子澄,因为他们主张削藩)为名,起兵誓师。并且宣告废除建文年号,否认惠帝的皇位。建文四年(1402)正月,燕军南下进入山东。绕过铁铉驻守的济南,攻破东阿、汶上、邹县,直到沛县、徐州。四月,燕军抵达宿州。灵璧一战,燕军获胜,士气大振。燕王率军直趋扬州,攻克高邮、通州等地。六月初三日,燕军从瓜洲渡江,击溃盛庸在沿江设置防线,盛庸单骑逃走。六月十三日,燕军抵达南京金川门。守门的李景隆、谷王穗开门迎降。徐辉祖领兵抵御,战败。惠帝闻报,与诸妃在宫中纵火自杀(一说出逃为僧,但无确据)。

1402年七月初一,燕王祭告天地,在奉天殿登帝位。接受朝贺,诏告天下,改明年年号为永乐。是为明成祖。永乐十九年(1421)正月初一,国都从南京迁到北京,称北京为京师。

(2)郑和(1371—1433)下西洋

明朝前期即15世纪初,中国国力堪称强盛,西方任何一国都不能与之匹敌,即使是后来横行海上的南欧两个小国——葡萄牙与西班牙,也要晚150年。其时中国仍处于世界文明的领先地位,郑和七次下西洋便是明证。

(3)郑和下西洋的时代背景

所谓西洋就是古代海上丝路的西段。元明时代,凡南海以西(约东经 110 度以西)即马来半岛以西的海洋及沿海各地(远至印度及非洲东部),一概称为西洋。简而言之,印度洋以西为西洋,印度洋以东为东洋。明永乐至宣德时郑和七次率领船队远航南海,通常称为下西洋。

元朝是横跨欧亚的大帝国,欧亚之间陆海畅通,其时东西方交通既可通过陆上丝路,又可经由海上丝路。但是随着元朝灭亡,亚洲局势发生急剧变化。明朝初期,在亚洲北部,也是在明代中国的西北地区,出现了由蒙古人建立的瓦剌(清朝称"卫特拉")政权和察合台汗国。瓦剌统治着漠北(今蒙古国)、漠南(今内蒙古)地区。察合台汗国统治着现今新疆地区,由蒙古控制当地由维吾尔居民建立的各种小政权。当时不论是瓦剌还是察合台汗国, 都与汉族建立的明朝处于敌对状态。再者,元朝末年帖木儿帝国兴起于中亚、西亚。帖木儿自称是成吉思汗的后裔,妄图恢复昔日的蒙古大帝国。帖木儿帝国以中亚撒马尔罕为中心向外扩张,先是出兵印度北部,后是侵占西亚的伊利汗国,接着又与奥斯曼土耳其人激战,最后是向中国明朝进军。在进军途中,帖木儿病死,帝国不久衰落。总之,由于瓦剌、察合台汗国和帖木儿帝国阻碍东西交通,陆上丝绸之路中断。因此东西方交通不得不从陆上转到海上,明朝初期,也就在郑和下西洋的前夕,陆上丝路向海上丝路转移。而郑和下西洋正是迎合了这种趋势。

以国内形势来说,朱元璋建立明朝之初,为巩固其政权而实行海禁,片板不许下海,洪武年间(1368—1399)几乎断绝了外交关系,即使朝贡贸易也很难维持,对国家不利。所以当明成祖登帝位之后,便派遣郑和出使西洋,一面向海外宣扬国威,一面到海外去寻找被自己推翻的惠帝的下落,同时想以此为契机恢复朝贡贸易,明代是前近代社会,从自给自足的小农经济开始向商品经济转换,需要海外市场。郑和下西洋的主要目的,可以说不是强迫纳贡,而是寻找海外市场,参与国际贸易,发展国内商品经济。

从国际形势来说,西方社会正开始从中世纪封建社会向近代资本主义社会转换。在此前夕,迎来了大航海时代。梁启超在其《郑和传》中一语道破:“成祖之在位,当西历1403年至1424年,正葡萄牙王子亨利奖励航海时代。”西方新航路的奠基人,葡萄牙王子亨利(Henrique Q Navegador,1394—1460)所处的时代和航海目的,与明成祖所处的时代和郑下西洋之目的完全吻合。这说明世界史与中国史的社会发展是同步的、一致的,世界历史的发展离不开中国,中国历史的发展也离不开世界,二者不可分割。

(4)可怜的身世

郑和原姓马,云南昆阳(今晋宁)人。出身于回教徒的家庭。三宝是他的小名,当太监时称三保,后来人们就称他为三保太监。他的祖父和父亲都叫“马哈只”。回教中凡到达麦加朝圣的人,叫作“哈只”,是一种不传代的爵位。1368年朱元璋灭亡元朝建立明朝,但到洪武十四年(1381)明军才平定云南。10岁幼童郑和被俘,入颍川侯傅友德部队,离别家乡随部队远征。据说明初诸将用兵近境,有阉割幼童俘虏的习惯,郑和大概就在10岁时被阉。后来傅友德荣归京师,郑和跟着进京。1404年燕王朱棣发动“靖难之变”,带兵从北京打到南京,攻破京师,惠帝失踪,燕王称帝,改元永乐,是为明成祖。那时郑和在军中,因为有功,永乐二年(1404)正月初一,成祖赐姓“郑”,改名郑和。同时成祖将他从司礼监太监的职位升为内官监太监,统领宫中太监,成为皇帝的亲信。及至燕王称永乐帝,前代惠帝失踪,成祖派遣郑和下西洋。郑和的一生,近三十年时间是在海上渡过的,出入生死,终于成为世界闻名的伟大航海家。

(5)七次下西洋

第一次:永乐三年(1405)六月,郑和与太监王景弘开始奉命出使南洋群岛和印度一带。他率领一支由62艘船组成的船队,载有将士27800余人和大量金、帛、货物。郑和的宝船,船身最大的,长有44丈4尺,宽18丈。船从苏州刘家河(一说南京)出海,先到福建,再从五虎门扬帆出海。首达占城(Champa),再经爪哇(Java)、苏门答腊(Samudra)、南巫里(Lambri)至印度古里(Calicut)返航,于永乐五年(1407)秋回国。此次出航,所经历之地远达印度西海岸,南洋诸国使者跟随郑和来中国朝见的很多。

第二次:永乐五年(1407)九月,郑和又奉命出使西洋。他的船队十分庞大,达249艘,沿着第一次开辟的航线,先后到达爪哇、古里、柯枝(Cochin)、暹罗(Siam,今泰国)、锡兰(Ceylan,今斯里兰卡)等国。郑和所到之地,颁布明朝皇帝诏书,并立碑文。臣服者,赐金帛;不服者,以武力慑服。船队满载各国贡献的珍奇异宝,从锡兰返航。永乐七年(1409)九月上旬返回南京。

第三次:永乐七年(1409)九月下旬,郑和奉命出使。此次船队较小,有48艘,将士27000人。此次出航,主要是巩固已建交的南洋诸国的友好关系。所到之地有古里、满剌加(Malaka,今马六甲)、苏门答腊、阿鲁(Aru)、加异勒(Kayal)、爪哇、暹罗、占城(在越南中南部)、柯枝、阿拔巴丹、小柯兰(Quilon)、南巫里、甘巴里(在印度半岛最南端)等。永乐九年(1411)船队回国,随同前来朝贡的国家达19国,当时所谓"万使云集"。

第四次:永乐十一年(1413)冬,郑和又奉命出使远航。目标是印度洋以东更远一些的国家,特命郑和携带诏书前往通好。所以此次出航,不仅远至忽鲁谟斯(Qrmuz,今伊朗波斯湾湾口),还到了非洲东岸的麻林(Melinde,在肯尼亚)、木骨都束(Mogedoxu,在索马里的摩加迪沙)、不喇哇(Brawa,在索马里)等国。永乐十三年(1415)回国。永乐十四年(1416)十一月,古里、爪哇、满剌加、占城、苏门答腊、南巫里、彭亨(Pahan)、忽鲁漠斯等国遣使前来朝贡,献方物。此次远航,郑和为海上丝路开辟新纪元。

第五次:永乐十五年(1417)十二月,郑和奉命护送前来朝贡的使者回国,并携带送给各国的礼品。此时明朝威震海外,对外贸易发展,商人使者往来络绎不绝。明朝赠予和交换的礼品大多为丝绸、瓷器、珠宝等，换回来的是琥珀、珍珠、珊瑚、玛瑙、药材等。永乐十七年(1419)七月回国。

第六次：永乐十九年(1421)春，郑和奉命出使西洋，远至非洲东岸，永乐二十年(1422)回到南京。随郑和来中国的贡使多达一千二百余人。

第七次：宣德六年(1431)郑和最后一次奉命出使西洋。当时明成祖已死，仁宗继位不到一年便也死去，宣宗即位。宣宗即位后，海外来贺及朝贡者日渐稀少。宣宗为重振国威，与西洋诸国通好，决定再次派遣郑和下西洋。宣德六年闰十二月，郑和开始启航。此次远航，与第六次返航相距9年之久。当时郑和已是个六十多岁的老人了。当他行至印度古里时已是宣德八年(1433)三月了。是年郑和病死于古里，船队的支队则到达了天方(今麦加)，得到珍奇异物和天堂图真本，于宣德九年(1434)回国。

(6)郑和的功绩

郑和下西洋绝不仅仅是耗资巨万的昙花一现，而对明代社会的作用和影响深远。第一，刺激了国内外市场的需求，引发了私人海外贸易的勃兴。船队所至，大都是各国的贸易港口。每到一地，首先"开读赏赐"，向当地国王或酋长宣读明朝皇帝的诏书，赏赐绸缎金币，并接受贡品，然后以宝船所载各种货物进行交易。第二，促使海外各国到明朝来朝贡，扩大和发展了中国与海外各国的友好通商关系。所至国家和地区几乎都有使节入华朝贡，永乐二十年(1422)竟出现了16国1200名使节入华朝贡的盛况。明朝规定，各国进献的宝物入库后可以得到丰厚的赏赐，还可将搭载来的货物进行贸易，使海外贸易得到发展，而郑和下西洋正是朝贡贸易发展到鼎盛期的标志。第三，中国沿海居民移居海外始于宋元，但大量移居则在明代。郑和下西洋后，促使华南地区沿海居民外迁增多，可以说形成了明代向海外移民的高潮。第四，"所至颁中华正朔，宣敷文教，俾天子生灵，傍达于化外"，即向海外传播了中华先进文化,把中国的国家制度,礼乐习俗乃至科技知识输出海外各地,其内容非常广泛,如历书、冠带服饰、修路、开渠凿井、栽种捕捉、针刺医药等。例如在满剌加,至今还保存着“三保城”“三保井”等遗址。郑和还亲自在海外建造许多佛寺、宝塔和碑亭等,如永乐五年(1407)在古里(在印度西海岸)建造碑亭,永乐七年(1409)在锡兰建造佛寺,永乐年间在暹罗建立三宝寺塔、礼拜寺塔。第五,扩大了中国的海外知识。随从郑和下西洋的马欢撰有《瀛涯胜览》,费信撰有《星槎胜览》,巩珍撰有《西洋番国志》。这些著作介绍了当时亚非各地的政治、经济、文化和习俗,增进中国与亚非各国间的相互了解。

第十二章

清圣祖的明君梦

康熙帝

天文历算家汤若望

天文历算家南怀仁

1.中央集权的加强——乾纲独断

康熙六年(1667)七月,14岁的康熙帝亲政,清朝政局开始了新的局面。执政伊始,他做了四件大事:首先,平定了以吴三桂为首的长达8年的"三藩"反清割据战争。这不仅使天下太平,还使年轻的康熙帝在满汉臣僚中威望大增,进一步巩固了其统治。其次,命令福建水师提督施琅攻取台湾,郑成功之子郑经战败病死,郑经之子郑克塽投降。于是台湾统一,清在台湾设府,直属于福建省。台湾府下设台湾、诸罗、凤山三县,派兵驻守。再次,以"问俗观风"为名进行南巡,实际上就是安抚南方的汉民族。他在山东泰安祭孔子登泰山,在南京拜奠明太祖陵。前者是表示对汉文化的尊重,旨在争取汉民众的拥戴。后者是表示崇敬前朝,旨在消除明遗民的敌对情绪。最后,倚用汉族文士。熊赐履以翰林院掌院学士晋升为经筵讲官,为康熙帝讲儒学。顺治时的老儒魏象枢官至礼部尚书。博学鸿儒考试第一名的河南睢州人汤斌官至内阁学士,出任江宁巡抚。其他如徐乾学、徐元文、王鸿绪等江南名士都入内阁或翰林院。从此汉族文人进入清朝统治集团核心。显然康熙帝是利用传统的儒术去征服汉族臣民,但结果却是汉文化征服了满族皇帝。

康熙帝治世61年,建立起一整套中央集权政治体制。其中枢机构是内阁。内阁始于明朝。明初为加强专制统治,废丞相,另设华盖殿、谨身殿、武英殿、文华殿、文渊阁、东阁等大学士,为皇帝的顾问。明成祖时官品较低的官员(如翰林院编修等)入午门的文渊阁当值,参与政务,称为内阁。后来内阁权位渐高,入阁者多为尚书、侍郎,实际掌握宰相权力。清朝设置内阁始于顺治十五年(1658),曾一度废除。玄烨亲政后的康熙九年(1670)恢复内阁制度,一直延续到清末。内阁有大学士、协办大学士、学士、侍读学士、中书等官职。大学士加三殿(保和殿、文华殿、武英殿)三阁(体仁阁、文渊阁、东阁)名称。如文华殿大学士、文渊阁大学士等。大学士和协办大学士,满汉皆用,无定员。内阁是清朝辅佐皇帝处理政务的中枢机关之一,居六部之上,地位崇高。但是康熙十六年(1677),玄烨在皇宫内乾清门右阶下设置南书房,在翰林等官员中选择才品兼优者入值,除陪伴皇帝赋诗作画外,还秉承皇帝意旨起草诏令。后来南书房完全成皇帝严密控制的一个机要机构,随时承旨发布诏令。但国家大政仍属内阁,皇帝以南书房来牵制内阁,使皇权得到充分发挥。

雍正帝时(1729),在皇帝住处隆宗门附近设立军机房,后改称军机处。军机处初设时本意是处理军机事务,并无正式衙门,也无专职官员。当时军机处入值的军机大臣、军机章京,都是兼职的。这个本来属于临时性的军事机构,因为有利于专制皇权的发挥,非但没有撤销,反而权力不断扩大,成为凌驾于内阁和议政王大臣会议之上的最高权力中枢。这样,对内六部寺卿、九门提督、内务府太监的敬事房,对外 18 省,无不综汇,罔不总揽。尽管军机处权力很大,但时刻都处于皇帝的严密监视之下。特别雍正帝时,采取一系列限制和监督的办法,以掣其权,保证了皇帝的乾纲独断。皇帝不交办的事,军机处无权过问。即使交办的事,军机处不能稍有赞画。

除军机处以外,中央政府还有理藩院、翰林院。理藩院管理满汉以外的各族事务,设尚书一人,左右侍郎各一人,由满人和蒙古人充任。理藩院与六部平行,独立执政。翰林院设掌院学士满汉各一人,兼礼部侍郎衔。下设侍读学士、侍讲学士,满汉各三人。编修、检讨等官无限额。翰林院掌管文史事务,兼备皇帝顾问,为皇帝草拟礼仪性的文告。翰林院学士品位,与同阁相同。

地方政府方面,省之下设道、府、县,由道员、知府、知县执掌政事。知府以下官员多用汉人。地方基层政权实行保甲制度。每十户为一牌,设牌长。十牌为一甲,设甲长。十甲为一保,设保长。牌头和保甲长由地主绅士及望族的族长担任。每户的户主姓名、职业及家庭情况都写在"纸牌"上。外出和返回都要记清楚。保甲制度是巩固清朝统治的一大措施。

2.统一多民族国家的形成

中国作为一个统一的多民族国家是历代传承下来的,并非在某朝代一蹴而就。不过作为中华帝制的最后一个皇朝——清,特别前期康熙、乾隆、雍正三代,对统一多民族国家的形成做出巨大的贡献。

对东北的统治。1547年,莫斯科的伊凡四世在蒙古钦察汗国的土地上建立俄罗斯国家自称沙皇。1613年罗曼诺夫家族的米海依尔被选任沙皇后,开始向东方侵掠。1643年,俄国驻雅库次克的督军派出哥萨克骑兵百余人,越过外兴安岭侵入黑龙江流域。1650年冬哥萨骑兵攻占了黑龙江北达斡尔人的城堡雅克萨(后撤出),以此为据点扩大侵略,并向清朝提出侵占黑龙江土地的无理要求。1665年俄国再次侵占雅克萨,继续窜犯黑龙江流域。面对俄国的侵略,康熙帝一面加紧整顿边防,一面命理藩院晓谕俄国:“倘执迷不悟,留我边疆,彼时必致天讨,难免诛罚。”1685年春,康熙帝决定出兵反击俄国侵略者,收复雅克萨城。任命彭春为统帅,领兵对俄作战。同年五月二十二日,清军分水陆两路进攻雅克萨城。城中俄军不敌,出城乞降,誓不再来。清军焚毁雅克萨城堡,退回瑷珲休整。不料在尼布楚的首领伊万,又派托尔布津领兵返回雅克萨,筑城设防。1686年二月,清兵2000人,在萨布素等率领下再次进攻雅克萨。九月攻城,首领托尔布津被炮火击毙,800余名俄军战死,最后仅剩66人。俄国被迫进行谈判,妄图通过谈判侵占清领土,1688年五月,康熙帝命侍卫内大臣索额图等组成谈判团,并下达指示:“尼布楚、雅克萨、黑龙江上下,及通此江的一河一溪,皆我所属之地,不可少弃之于俄罗斯。照此划定疆界,准其通使贸易。”康熙二十八年(1689)七月二十四日,中俄《尼布楚条约》正式签订,树立界碑。《尼布楚条约》是清朝与外国签订的第一个正式条约,清朝收回了被俄国侵占的一部分领土,阻止俄国对黑龙江流域的侵略。清朝准许与俄国交易,俄国商队每隔3年来北京一次,每次不超过200人,免税贸易80天。《尼布楚条约》签订以后,清朝加强了对东北边境地区的军政统治和经济开发。人口增长和耕地扩大,促使城市商业发展,出现了许多城市。这些城市既是军兵驻防所,又是商业贸易中心,满汉人民在这里进行商品交换,使边地商品经济得到发展。

对蒙古的统治。以噶尔丹为首的蒙古准噶尔部,原来游牧于伊犁河流域,对清朝有时通使臣服,有时掠夺为寇。其中噶尔丹强大而取得准噶尔部的统治权后,吞并了蒙古各部的大片领地,势力猛增。到康熙十七年(1628),噶尔丹已控制了天山南北,远及青海、西藏、自称"博硕克图汗"。更严重的是噶尔丹投靠俄国,企图借俄国势力来实现其扩张的野心。康熙二十六年(1687)九月,噶尔丹率领铁骑3万,全面进攻喀尔喀。实际上这是向喀尔喀的保护者清朝宣战。仅一年余,喀尔喀被击败,其王公贵族及数十万牧民无法生存,尽弃牲畜帐幕南下,逃入漠南蒙古(今内蒙古)。面临噶尔丹的侵扰,康熙帝一面安抚溃逃的喀尔喀部民众,一面下达通牒,令其西撤。还警告俄国,不要支持噶尔丹以开兵端。噶尔丹非但不听,还以追剿喀尔喀为名,深入漠南。康熙二十九年(1690),噶尔丹竟率领2万骑深入距京师350千米的乌兰布通(内蒙古赤峰市附近)。康熙帝忍无可忍,下诏亲征。第一次亲征于康熙二十九年(1690年)八月初一日清军在乌兰布通大破噶尔丹军数万人,狼狈北逃。第二次亲征于康熙三十五年(1696)春,噶尔丹在克鲁伦河边见御驾亲征,阵营严盛,急令拔营北逃,清军追赶3天,始终没有追上。噶尔丹逃奔五昼夜,至土喇河边的昭莫多,与清西路军遭遇。大将军费扬古埋伏兵于树林,诱其进入伏击圈。结果消灭叛军万余人,噶尔丹仅引数骑逃遁。第三次亲征于康熙三十六年(1697年)。那时噶尔丹残部不过五六百人,康熙帝仍希望其主动投顺,但他抗拒到底。最后在众叛亲离下服毒自杀。历时8年的噶尔丹叛乱,终于被平定。蒙古各部大都归于清朝直接统治之下。清朝在漠南、漠北和漠西相继建立起对蒙古诸部的统治制度。康熙帝的三次亲征,捍卫了西北和北部边疆的领土完整,进一步统一和巩固了中国多民族国家。

对西藏的统治。明朝蒙古与藏族地区关系密切。蒙古俺答汗曾请求明朝派遣藏族喇嘛去蒙古传布佛教,并于明万历六年(1578)延请宗喀巴弟子根敦主巴的第三世呼必勒汗锁南嘉错(1543—1588)到青海。俺答汗赠给锁南嘉错大批礼物,并封赠"达赖喇嘛"称号。"达赖"的蒙古语意为海洋,系崇高的象征。按照转世的制度,锁南嘉错被称为三世达赖(1543—1588)。他追称前世的根敦主巴为一世达赖(1391—1475),根敦嘉错为二世达赖(1475—1542)。三世达赖通过蒙古俺答汗向明朝纳贡(并请求敕封)。三世达赖从青海到鄂尔多斯蒙古地区传教。万历十六年(1588年)明朝加封三世达赖为大国师。次年三世达赖病死,转世的四世达赖(云丹嘉错,1589—1616)是青城(呼和浩特)的蒙古俺答汗的长孙,所以蒙古与藏族的关系更加密切起来。达赖是西藏喇嘛教格鲁派(黄教)的两大活佛之一(另一活佛是班禅)居住在拉萨哲蚌寺。万历四十四年(1616),四世达赖云丹嘉错病死。转世的五世达赖罗桑嘉错(1617—1682),于明崇祯十五年(1642)凭借青海蒙古固始汗的兵力,一举消灭噶举派(红教)的藏巴汗,建立格鲁派"政教合一"的政权。

清顺治三年(1646),五世达赖遣使祝贺顺治帝即位。顺治九年(1652)十一月,五世达赖到达北京,朝见顺治帝。次年二月离京返藏。顺治帝赐给金印,加封为"西天大善自在佛所领天下释教普通瓦赤喇怛达赖喇嘛"。五世达赖喇嘛得到清朝的敕封,统治全藏和各地喇嘛教,实行政教合一的统治。他还在拉萨建造布达拉宫,业绩甚多,被称为"伟大的五世"。

康熙二十一年(1682),五世达赖死后,第巴(执政)桑结嘉错匿丧不报,并以达赖名义支持叛军噶尔丹。康熙帝在与噶尔丹作战中,从俘虏中知道五世达赖已死,第巴桑结专政,不禁大怒。于康熙三十五年

(1696)八月,敕令第巴桑结奏明达赖喇嘛已故始末。五世达赖死后,第巴桑结曾私自认定1683年出生的仁青仓央嘉错为达赖转世,立为六世达赖(1683—1706)。但清朝不承认,称为假达赖。

蒙古和硕特部顾实汗之孙达赖汗,在噶尔丹败后曾上疏清朝庆贺,不久病死,次子拉藏汗即位。第巴桑结图谋毒害拉藏汗未逞,拉藏汗被逐出西藏。康熙四十五年(1706)拉藏汗领兵数百返回拉萨,杀第巴桑结,将假达赖之事陈奏清廷。清廷遣使封拉藏汗为"诩法恭顺汗",并命将假达赖押解来京。假达赖(六世达赖)行至西宁口外病死。次年,拉藏汗另立阿旺伊善嘉错为转世的达赖喇嘛,但青海蒙古诸台吉不予承认,彼此争论不休。因此康熙命内阁学士拉都浑赴西藏调查。拉都浑回奏,青海蒙古诸台吉与拉藏汗不和,西藏事务不应当由拉藏汗独理,应派一官员赴西藏与拉藏汗协办。康熙四十八年(1709)二月,康熙帝遣侍郎赫寿前往西藏办理事务,加强了清朝对西藏的统治。因拉藏汗原来挟立的阿旺喜嘉错不被承认,康熙五十二年(1713)康熙帝命理藩院按照封达赖喇嘛之例,封班禅为"班禅额尔德尼"(满语珍宝的意思),以稳定西藏局势。而西藏护法喇嘛则认定康熙四十七年(1708)生于里塘的格桑嘉错为转世喇嘛,1717年青海诸台吉将他迎至青海西宁宗喀巴庙。

准噶尔部的策旺阿拉布坦,在噶尔丹战败后仍在伊犁河流域活动,并不断向清朝统治的哈密地区窜扰,清朝派军清剿。康熙五十六年(1717)三月,正当准噶尔部在吐鲁番迎战清军时,策旺阿拉布坦另派一支军队(由其弟策零敦多布率领)进攻西藏。十月末攻下拉萨布达拉宫,拉藏汗被杀。策零敦多布占领拉萨,震动京师。此时清朝获悉蒙藏众僧均奉格桑嘉错为转世达赖,于是正式封授格桑嘉错为达赖喇嘛,决定派兵护送进藏。康熙五十九年(1720)清廷以青海为主力,发大军入藏,攻取拉萨,策零敦多布战败逃往伊犁。同年九月平逆将军延信(康熙帝侄)护送达赖从青海西宁进入拉萨。九月十五日,弘光觉众第七世达赖喇嘛(1708—1757)在布达拉宫坐床登座。

1721 年九月，策旺诺尔布为定西将军驻藏，以额附阿宝、都统武格参军事。清廷废除第巴（执政）的旧制，参用拉藏汗时设噶伦（政务官）的制度。封赏西藏 4 名有功贵族以爵位，都为噶伦执政。即：阿里第巴康济鼐封贝子，管理卫藏和阿里地方政务；空布第巴阿尔布巴也封贝子，协助康济鼐总领西藏事务；第巴隆布奈封辅国公，管理前藏政务；颇罗鼐授扎萨克一等台吉，管理后藏政务。四噶伦中，康济鼐为第一噶伦。康熙帝建立起对西藏的统治后，亲制平定西藏碑文，在拉萨立石树碑。

对西南诸民族的统治。云南、贵州、湖南、广西等地居住着彝、傣、苗、瑶、壮等少数民族。他们的社会与汉族不同，还处于农奴制、奴隶制甚至氏族部落残余的阶段。明朝时，各民族的统治者和各级首领，接受明朝授予的宣抚使司、宣慰使司、招讨使司等司官及知府、知州、知县等地方官职称号。但各民族仍旧按照自己的传统制度进行首领的继承和更换，报请明朝认可。因而被称为“土司”“土官”。雍正帝时，改变西南各省的土司制度，由朝廷直接任命满汉官员进行统治。任免迁调权归朝廷，称为“流官”。这种将土司改为流官的统治制度，叫作“改土归流”。

在云南。西起永昌（云南保山市）东至元江（云南元江彝族傣族自治市）一线以南，全由各民族土司统治。其北为府州县统治，但每府中都有土职。云贵总督鄂尔泰，先后把镇沅知府刁瀚、沾益知州安于藩及赭乐长官司、威远府、广南府等土司革职，委派同知刘洪度权知镇沅府。刘洪度派人清丈土地，刁氏族舍土司不肯交还民田，而且联络彝族人反清，雍正五年(1727)杀刘洪度。次年鄂尔泰出兵镇压，深入各民族境内。于是澜沧江以内土司全部改为流官，设置普洱府，派绿旗兵驻守。但江外车里等处仍保留土司制度。

在贵州。明朝时已在贵州境内设置布政使司，管辖 8 府、4 川和 75 个长官司。清初吴三桂又增设黔西、平远、大定、威宁四府州。雍正帝时,贵州还有以古州为中心的1500千米苗疆,计有1300多苗寨,长期与外界隔绝。雍正四年(1726),鄂尔泰先派兵攻取广顺州之长寨,在长寨设立参将营,然后继续向前推进。广顺、定番、镇宁、永宁、永丰、安顺等的一千多苗寨先后降清。清军进而向黔东苗岭山脉和清水江(今贵州剑河县)、都江(今贵州榕江县)流域推进。雍正九年(1731),贵州按察使张广泗领兵抵达清水江,潜居九股苗族中的汉人曾文登煽动苗族抵抗。但战败,曾文登被俘。这样,清水江、丹江(贵州雷山县)一带全归清军控制。但是古州及其所属地方的苗人仍然居险抗拒归顺。张广泗发动突然袭击,一举攻下古州及其所属地方。清朝便在苗岭山脉及清水江、都江流域建立古州(榕江)、台拱(台江)、清江(剑河)、都江(榕江)、丹江(雷山)、八寨(丹寨)六城,设营驻兵镇守。

在广西,居民大部分为瑶族和壮族(僮族),除桂林、平乐、浔州、梧州没有土官外,全省各地都设土官。雍正初年,泗城(广西凌云县)土知府岑映宸势力最大,在红水江北建寨立营。雍正五年(1727)夏,鄂尔泰派兵进攻泗城,岑映宸被迫交出敕印。鄂尔泰将他迁到浙江,由流官管理泗城府,并把红水江北地方划归贵州,设立永丰州。思明府(广西宁明县)知府土官黄观珠,因各寨头人(首领)不服管束,主动请求将洞郎五十村寨改为由流官管理。其他如柳州、思恩、庆远等地的土官因鱼肉壮民,壮民获悉"改土归流",纷纷请求清军进驻。雍正六年(1728)清军顺利攻克以上各州,废除当地的土司制。降清的土官大多被任命为流官。

在湖南,土司因紧邻内地,雇人垦田纳粮,剥削汉苗农民。雍正时,桑植(湖南桑植县)、保靖(湖南保靖县)两地近十万土民,声称土司欺凌难堪,愿入籍为民。清廷乘势迫令永顺、桑植、保靖、容美四大土司"缴印纳土",设立永顺府及永顺、龙山、桑植、保靖等县和鹤峰州。其他地方的土司也因无法镇压土民的反抗而先后请求归流,缴印纳土。于是清廷授予降服的土司以各种职称,以流官补用。

"改土归流"有利于多民族国家的统一,有利于多民族国家内部的经济文化交流,有利于兄弟民族之间的渗透和交融,对中华民族大家庭的巩固和发展起到了积极的作用。

3.与民休息、发展生产

奖励开荒。清朝初年,曾制定招徕流民开垦荒地的条例:州县卫所荒地分给流民及官兵屯种,有主荒地原主开荒,官给牛种,三年起科(收税);各地方招徕流民,不论原籍本籍,编入保甲,开垦荒地,发给印信执照,永准为业。康熙帝继续采取措施,奖励开荒。不仅鼓励无地少地农民开荒,还鼓励地主经营和占有荒地。1671 年下令“准贡监生员民人垦地二十顷以上,试其文义通顺者以县丞用”;“一百顷以上,文义通顺者以知县用”。1676 年又规定延长开荒收税的年限:水田 6 年,旱田 10 年起科。1690 年朝廷议准:流寓四川民户,情愿居住垦荒者将地亩永给为业。四川在康熙年间是人口和田亩增长最多的省。其他荒地较多的省份(直隶、山东、山西、河南等),开荒也日渐扩展。康熙一朝开荒的面积在清代为最多,表明开垦效果显著。雍正年间继续推行开荒政策:“凡有可垦之处,听民自垦自报,官吏不得勒索阻挠”;“劝谕开垦无力者,官仍给牛种,起科之后给印照永为世业”。对边远地区采取特殊政策:朝廷给予路费、每户按百亩永为世业。顺治、康熙、雍正三朝,较易开垦的荒地业已开垦耕种,乾隆朝则进一步鼓励农民开垦边省和内地的山头地角及河滨溪畔,放宽政策。因此广西、云南、贵州等山多田少地区得到开发,增加大量耕地面积,对发展农业生产起了重要作用。康熙八年(1769)还下令禁止圈地,将所圈占土地退回原主。

兴修水利。清初黄河、淮河经年失修,运河堵塞不畅,造成洪涝灾害,严重影响农业生产。特别由于黄河下游淤塞不通,黄河水漫流南下夺淮河河道入海,黄淮合流,水势凶猛,造成皖北、苏北连年遭受洪涝灾害。于是康熙十六年(1677)任命安徽巡抚靳辅为河道总督,治理黄河、淮河和运河。靳辅在督修河工程中得到幕客钱塘人陈潢的协助,采用了他提出的“开引堵决法”(于决口上流开引河冲刷故道,便于堵塞决口)和“放淤固堤法”(堤外修月堤,月堤建涵洞,清水从涵洞出堤外,泥沙淤月堤内,以固河堤),并创建减水坝,开渠调节流量,以免河水冲决堤岸。至康熙二十一年(1682)各项工程相继告竣,海口宽阔,下流疏通,心腹之害已除。次年康熙南巡察看治河工程,在山东郯城召开靳辅,奖谕有加。1683年起,治河工程主要是改善运河航道使漕运畅通。1688年春,运河工程告竣,漕运无阻。民船北上,可以直达通州,打通了南北通道。1698年还命河道总督于成龙修治京畿的浑河(源出山西、上游称桑干河,至京畿顺天、宛平地界称卢沟河)。因此河下游经常泛滥改道,被称为无定河。经治理后,由天津西沽入海,赐名永定河。

雍正、乾隆时期主要是修筑江浙的海塘,是继黄河之后又一大规模水利工程。雍正二年(1724)发生风灾,冲决江浙沿海的塘堤,海水淹没农田,冲走房屋。于是清廷在浙江的海宁、海盐、余姚、会稽、上虞等地沿海修筑石塘。至雍正八年(1730)浙江沿海的海塘大致修筑完毕。乾隆年间又建仁和、海宁鱼鳞石塘(用大石条砌成鱼鳞状,现存)。并将海宁老盐仓(盐官)的柴塘改为石塘。至乾隆末年,杭州湾南岸,萧山、会稽、上虞、余姚等县的石塘相互连接。杭州湾北岸,西起钱塘县的狮子口,向东经仁和、海宁、海盐,而与江苏的松江相连,长数百里全是石塘。石塘的修筑使江浙沿海免遭海潮和台风的威胁,确保清朝东南财源,为发展东南地区经济创造条件。

改革赋役制度和蠲免赋税。清初，赋役制度分田赋与丁徭两项征收。田赋就是土地所有者每年按土地数量向国家交纳一定税额。丁徭就是丁(成年男子)每年为国家负担一定的无偿徭役。田赋与丁徭的征收情况非常复杂,而且丁徭不公平。贫苦农民寸地全无,却与富户同样负担丁银。而富户田连阡陌,所交丁银无几。因此,雍正元年(1723),直隶总督李维钧首先请求将丁银摊入田粮中征收，得到朝廷批准。次年山西布政使效法,奏请将丁粮并入田粮。接着山东、云南、河南、安徽、江苏等省无不先后奏请实行“摊丁入亩”政策。这样,从雍正元年逐步推广到乾隆四十二年(1777),历经54年,除盛京因户籍无定外,全国普遍实行“摊丁入田”制度。这种赋役制度的实行,无地劳动人民不再负担丁税,不仅公平合理,还调动了劳动人民的生产积极性,对发展生产有利。

蠲免赋税,就是免征按规定应交纳的赋税。本来蠲免限于遭受水旱灾地区,后来经济发展,免征赋税成为常例。康熙五十年(1711)开始,“普免天下钱粮,三年而遍”。即在3年内全国各省轮流全免赋税钱粮1年。这当然对大地主有利,对佃户无益。康熙四十九年(1710)兵科给事中高遐昌提议对佃户的蠲免问题。于是康熙帝下令:“嗣后凡遇蠲免钱粮合计分数,业主免七分,佃户免三分。

雍正朝虽然没有实行普遍免征,但对长期重赋的苏州、松江、嘉兴、湖州地区实行十分之一的减征。乾隆朝多次下令大规模免征,以及免除各省的积欠。特别乾隆十年(1745)、三十年(1765)、四十五年(1780)、五十五年(1790)四次下令,分3年轮免各省的赋税钱粮。

发展生产。康熙二十二年(1683)全国基本统一,耕地面积迅速扩大。纳税田亩数量,康熙五十一年(1712)比康熙二十二年(1683)增加23%。至雍正四年(1726),比康熙二十二年增加60%。此时耕地面积已起过明末耕地面积20.6%。耕地面积扩大,表明生产力发展无疑。生产力发展还表现在粮食单位产量的普遍提高及高产物作的普遍种植。南方水稻产地,一般亩产二三石,多者亩产五六石,甚至七八石。种植双季稻地区,亩产提高一倍。高产作物(甘薯、玉米)的普遍种植是清朝前期农业生产特征。甘薯明代以安南、吕宋传入南方,亩量数千斤。明朝玉米种植还不广泛,康熙年间各省推广。玉米既可做主粮,又可酿酒制粉,特别适宜种植于山多田少、土地较贫瘠的地区。至乾隆年间,甘薯、玉米不论南方北方普遍种植,而且产量大为提高。经济作物(棉花)、烟草、茶树、甘蔗等)的广泛种植也是清朝前期农业生产的特征。当时棉产集中在东南沿海一带,特别苏州、松江两府的棉花种植超过粮食。农民种粮者不过十之二三,而种棉花者已达十之七八。烟草最早种植于福建,后来广西、湖南、湖北都有种植。安徽山区农民大多以茶为生,特别霍山县产茶最盛。植桑养蚕是江浙农民的传统农业,苏、松、杭、嘉、湖五府,蚕桑最为盛行。甘蔗的种植主要集中于广东,番禺、东莞、增城、阳春等县,蔗田与禾田几乎相等,可见甘蔗产量之大。

生产发展,国库必然充盈。康熙四十五年(1706)库存国帑五千余万两(银)。雍正年间增至六千余万两。乾隆三十年(1765年)至六十年(1795),国帑长期保持在六千万两以上,最多时达八千余万两。(白寿彝主编:《中国通史》第17册,上海人民出版社,1989年,第218—221页。)国库充盈导致社会繁荣,文化发达,国势强盛,疆域辽阔,迎来了“康乾盛世”。当时疆域西到今巴尔喀什湖、楚河、塔拉斯河流域、帕米尔高原;北到戈尔诺阿尔泰、萨彦岭;东北到外兴安岭、鄂霍次克海;东到大海,包括台湾及附属岛屿;南到南海诸岛;西南到广西、云南、西藏。

4.行科举办学校

清朝各级官员的选任,满官主要来自八旗贵族,由皇帝任命或推举。汉官主要来源于科举。科举是汉官出身的正途,满官科举出身者很少。正规的科举考试沿袭明制。清代科举大致分为4级,即童试、乡试、会试、殿试。尚未取得生员资格的都叫童生。每3年举行一次,先在各省城考试,称为乡试。参加乡试者必须府是州县的生员,通称秀才。而各府州县学,每年考取童生一次,考试合格者入学为生员。生员(秀才)参加乡试得中者,称为举人。举人第一名为解元。举人可于第二年到京师礼部应考,称为会试。会试及格的人称为贡士,贡士第一名为会元。贡生再赴宫中太和殿应试,称为殿试或廷试,由皇帝出题策问。殿试发榜分三甲,一甲为状元、榜眼、探花三人;二甲、三甲取人数不定,二甲赐进士出身,三甲赐同进士出身。二甲第一名称传胪。殿试后，状元授职翰林院修撰，榜眼、探花授职翰林院编修。进士则还要在保和殿进行朝考，名列前茅者选为翰林院庶吉士，称为馆选。庶吉士在庶常馆读书3年，考试散馆。考试成绩优秀者留作翰林院编修、检讨，其余分别授官，可升调至高位。进士以给予馆选为荣。不给予馆选的进士，分别任命为各部主事等朝官或州县官。除正常的4级考试外，有时奉特旨进行特殊考试，称为“特科”。如“博学鸿儒科”“经济特科”“孝廉方正科”“恩科”等。清代科举制度，一直延续到光绪三十一年(1905)才废止。

科举分文武两科。武科考选将官，大多在文科考试之后举行。武科也分乡试、会试、殿试。考试内容分外场和内场。外场试马箭、步箭、开硬弓、舞刀、掇石等技勇；内场试策问或默写武经。考中者的称谓，与文科相同，但要标明“武”字，以示区别。如武举人、武进士、武状元等。武科应试者为各省的武生员、绿营兵丁也可应试。殿试中选者，一甲进士可授任副将、参将、游击、都司，二甲三甲进士可授任守备、署守备。

科举内容与明朝相同，以儒家经书为主。文章程式只限于明朝以来的八股文，不许超越。所谓八股文，就是每篇文章由破题、承题、起讲、入手、起股、中股、后股、束股八部分。“破题”用两句说破题目要义。“承题”是承接破题的意义而阐明之。“起讲”为议论的开始。“入手”为起讲后入手之处。下自起股至束股，才是正式议论。以中股为全篇重心。在这四股中，都有两股排比对偶的文字，合计八股，故叫“八股文”。题目主要摘自“四书”，所论内容也是根据宋朱熹的《四书集注》等书，不许自由发挥。这种死板的文体，束缚了人们的思想，不能显示应试者的才能。因此，科举制度对朝廷只能起到网罗汉族文士的作用，对汉族文士却是求官得禄的必由途径。这样的取士制度，必然导致政治腐败。

清朝和明朝一样，也没有教育儿童的初级学校。城乡只有塾师开设的私塾，教儿童读书写字，以作应考入学的准备。地主官僚家庭，则聘请教师在家教授子弟，或设立私塾，让亲友子弟入学。童生考入府州县学，考试四书文义和律诗。府学每年录取生员（秀才）定额40名，州学30名，县学20名。取得生员资格者，即可应乡试。学校只是科举的准备，生员读书也只是为了中举得官。

朝廷设立的国子监（太学）为最高学府，学员是贡生或监生。贡生有六类：一恩贡（庆典恩升的恩贡），二岁贡（生员以年资由贡），三拔贡（从各省生员选拔），四优贡（优等生员入监），五副贡（乡试举人五名取副榜一名入监），六例监（依例捐纳入监）。监生有三类：一荫监（文官三品、武官二品以上的子弟入监），二优监，三例监。贡生和监生在国子监学习三年，毕业后可任通判、知县等官，或参加科举考试。由于学校与科举挂钩，生员被看作未来官员，在地方上享有种种特权，官府以礼相待。秀才可免除丁粮，犯法要先革籍（学籍）才能审处。进学生员不限年龄，从十多岁到六七十岁均可为生员。据说全国生员不低于五十万人，其中十分之七是科举不中或不想参加科举考试的。这些人只求拥有特权，以保身家。各省每年送礼部的贡生、监生往往并非学习优异的，甚至有目不识丁的。这只有封建社会才有。

5.控制思想，大兴文字狱

清朝统治中原后，一方面以科举笼络汉族知识分子，另一方面大兴文字狱镇压具有反清思想的汉族知识分子。所谓文字狱，就是因文字招来的祸害。文字狱历朝皆有，清朝特别残酷恶劣。清朝统治者企图以暴力来扑灭汉族人民的反抗意识，钳制言论、禁锢思想，并罗织罪名，处以重刑。清初三朝即康熙、雍正、乾隆，前后约一百二十年，据不完全统计，大小案件九十多起，大部分集中在雍正、乾隆年间。康熙时有两起，即庄廷鑨的《明史》案和戴名世的《南山集》案。

康熙二年（1663），浙江湖州富商庄廷鑨从明末大学士朱国桢的子孙处购得朱国桢撰写的明朝历史稿本。庄廷鑨为沽名钓誉,请人续写朱国桢书中缺少的崇祯朝及南明的历史。书成后改名《明史》,作者署名庄廷鑨。书中如实记载了满族祖先与明王朝的隶属关系,如清入关前不用清朝年号,而用明朝年号,以及指责孔有德、耿仲明等人叛明降清。这样就犯了禁例,造成参与编纂或卷首列名者,以及为该书作序、刻字、校对、印刷、贩卖甚至买书者及庄氏全族,遭株连者达200人,其中二十多人遭到杀害。庄廷鑨本人早已死亡,也被剖棺戮尸。康熙五十年(1711),翰林院编修戴名世在未中进士和担任编修以前,曾著《南山集》一书。因书中论及南明历史和使用南明的弘光、隆武、永历等年号却不用清朝年号,而且认为清朝应从康熙元年算起,因为南明还存在,顺治朝不算正统。此事被左都御史赵申乔告发,戴名世被以“罔视君亲大义”罪处斩。戴名世同族16岁以上均被斩首,还株连作序、刻印、售书者数百人。

雍正朝因为康熙末年诸皇子争夺皇位的影响,胤禛即位后极力镇压异己势力,所以文网更为严密,动辄罗织罪名,望文生义,无中生有,以此作为镇压反清意识或排斥异己的手段。雍正四年(1726),江西主考官查嗣庭用《诗经》中的一句“维民所止”作为试题。这本是无可非议,却被人告发:“维止”两字是把“雍正”两字“去首”,就是砍了雍正的头。于是查嗣庭被以“大不敬”之罪下大狱,死于狱中,尸体被戮。不过此案只是雍正朝文字狱的伊始,雍正六年(1728)发生的吕留良案才是清朝最大的文字狱。

吕留良(1629—1683)是浙江桐乡人,明末清初著名理学家,与黄宗羲、张履祥、高斗魁等结织。顺治二年(1645)清兵渡江占领江浙时他才17岁。他的侄子吕宣忠及挚友孙子度加入太湖抗清起义军。吕留良则以巨额家产支援起义军,奔走于浙西山区。亲自参加过战斗,曾受箭伤。不幸太湖义军失败,吕宣忠被捕杀害于杭州。吕留良返回故里,遁迹田园。1653年25岁时曾改名参加科举考试,成为清朝秀才。对此失节他很后悔，先后两次拒绝应试，结果弃掉秀才，与清朝彻底决裂，削发为僧，锐意著述，曾作诗“清风虽细难吹我，明月何尝不照人”，以表达他拒清复明之志。其著作中有强烈的反清意识，力倡华夷之别。他眼看自己的抱负成为泡影，便于临死那一年写了《祈死诗》6首。其中最末一首：“悔来早不葬青山，浪窃浮名饱豆箪。作贼作僧何者是，卖文卖药汝乎安。便令百岁徒增憾，行及重泉稍自宽。一事无成空手去，先人垂问对应难。”

雍正五年(1727)，湖南永兴人曾静访得吕留良遗稿，读后深受其“华夷之别”理论的影响，令其弟子张熙写信给川陕总督岳钟琪策反，以“岳钟琪是岳飞后裔，而清是金人后裔，岳家与金世代有仇”相劝。而且信中还列举雍正帝十大罪状：“谋父、逼母、弑兄、屠弟、贪财、好杀、耽酒、淫色、怀疑、诛忠”，要求岳钟琪起兵反清。岳钟琪向清廷告发，雍正六年(1728)曾静、张熙被捕入狱。经审讯曾静招供，其反清思想出于吕留良的华夷有别论。于是雍正帝下令搜查吕留良的著作、日记，亲自撰写批驳吕留良的华夷有别论。最后将御撰文章、历次谕旨、曾静口供一并公布，名为《大义觉迷录》。雍正十年(1732)十二月十二日结案：“吕留良、吕葆中(留良长子)俱著戮尸枭示，吕毅中(留良幼子)著改斩立决，其孙辈著从宽免死，发遣宁古塔(今黑龙江省宁安市)，给与披甲人(八旗兵)为奴。”同月十七日又下谕旨：“严鸿逵(留良弟子)著戮尸枭示，其孙发宁古塔，给与披甲人为奴。沈在宽(鸿逵弟子)著改斩立决。”留良孙辈发往宁古塔的共12户、110人。首犯曾静、张熙免罪释放。但是1736年乾隆帝即位仅43天，下令斩曾静和张熙，并将《大义觉迷录》作为禁书收回。为何御撰的书成了禁书？儿子乾隆比老子雍正高明，雍正原以为刊行《大义觉迷录》可以控制舆论，美化自己。其实是弄巧成拙，自我暴露，效果适得其反。乾隆帝意识到这一点，所以立斩曾、张两人，销毁《大义觉迷录》(此书到清末才有传本出现)。

乾隆期间文网更为严密，罗织越发苛细，一字一语即可入狱。有案可查的有七八十起，大多是触犯忌讳、用字不慎、僭越犯上之类。清朝除大兴文字狱以钳制言论和控制思想外，还收缴、焚烧不利于其统治的书籍。这也是一种文化高压政策。乾隆帝借编纂《四库全书》之机，下令彻底清查全国图书，把大量有价值的图书付之一炬，留下来的大多是钦定的官书。这无疑是对我国古代文化遗产一大摧残。

6.清初开放海禁与广州一口贸易

从清兵入关的顺治元年(1644)至提督施琅收复台湾的康熙二十二年(1683)这40年间，清政府实行海禁，沿海人民内迁，生产凋敝，海疆空寂。两年之后，因台湾已经平定，为恢复沿海经济，撤销海禁，设立江、浙、闽、粤四海关，即江苏连云港、浙江宁波、福建厦门和广东黄埔，实行对外开放。然而乾隆二十二年(1757)，清政府重新封闭江、浙、闽三关，仅存广州一关作为对外贸易和对外联络的窗口。即使是唯一的广州口岸，清政府出于"夷夏之防"和以"天朝"自居，对外商设置种种限制。如外商只准住在澳门，进省城要领红牌(通行证)，而且只准住在商馆，不准携带家眷；外商不得与中国行商以外的人自由贸易，不得直接与官府进行联络，有事必须写禀帖由行商转呈，而且禀帖上不得用平等文字；外洋兵船不得驶入虎门，商船只能停泊在黄埔，由中国兵丁监护；禁止外商雇人传递信息；外人不得坐轿和沿街行走；外人每月只有初八、十八、二十八这3日可以结伴由翻译陪同外出散步，不得进入广州城。

广州一口贸易始于乾隆二十二年(1757)冬，清廷下令"外洋夷船将来只许在广东收泊贸易"。次年春，广督李侍尧召集广州外商传达皇上命令。乾隆二十四年(1759)李侍尧订立《约束外商五事》条例，经皇上批准后执行。乾隆二十五年(1760)潘振成等9家洋商呈设立商行(洋行)，专办对外贸易，这是"广州十三行"之滥觞。从此外贸授权洋行成为一种制度。西方人将广州一口贸易称为"广州制度"，其内容包括商业管理、防夷、抑商三大方面。也就是第一,外国商船一律在广州贸易,不得北上。第二,官府不能直接与外商接触,外商如有申诉只能通过洋商(行)转呈。第三,管制进出口商品。禁止米、豆、黄金、白银制钱、军器、硫黄、铁、白船、书籍等出口和鸦片进口,生丝、大黄出口量也加以限制。第四,管理外商在广州贸易和居留。如外国兵船不得入内洋;外商不得在广州过冬;贸易期间到广州的外商必须住在洋商为之所建的夷馆,不得随意外出;外国妇女不许留在广州的夷馆,只许留在船上或澳门居住。第五,建立行商制度。一切贸易事务由行商(洋行)执行,包括代缴关税、责任担保(外商担保和行商互保)、充当外商与官府的中介等。第六,对中国商人的限制,如禁止中国商人与外商接触,不许华商向外商借贷等。

清廷实行广州制度的目的在于:一是确保东南沿海安全,二是贸易利润由官府独占,三是加强封建体制,维持中外交往传统的朝贡制度。总之,广州制度是一种极坏的贸易制度,把中国私商排除在外贸之外,阻碍了国内资本主义萌芽的成长。尽管外商对此不满,但当初西方还没有完成工业化,工业品在中国市场尚无竞争力,其武力也不足以强迫中国打开国门,只好忍气吞声屈从于中国的贸易管理体制。于是广州出现空前繁荣,珠江边商馆鳞次栉比。商馆即洋行,也就是每个国家来中国做生意的住所和商店(即所谓"十三行"。"十三行"不一定是十三爿洋行,有增减,大致在十行左右),在广州珠江边,离珠江约三百步,距虎门炮台约六十四千米,距黄埔港口约十六千米。商馆房屋一律三层,一楼为账房、仓库和工作人员房间,二楼为客厅、餐厅,三楼为高级职员卧室。商馆从西边起,第一家是黄旗行,第二家是大吕宋行,接着是高公行、广源行、宝顺行、孖鹰行、瑞行、隆盛行、丰太行;其东是一条小巷,叫作猪巷,再东是保和行、集义行。这些商馆是中国行商的私产,是租给洋商人的。商馆前有条石板砌成的街道,街道与珠江岸之间有一个约五百米宽的广场。广场东边是东印度公司的卸货处。在面对保和行和集义行的河边上有海关监督的办事处。

7.禁教与重启海禁

孔子为中国封建社会的精神支柱，其人品被奉为“大成至圣先师”,其学说被奉为“万世之至论”。两千多年来,儒学和皇权结合而政治化,皇权因与儒学结合而伦理化。尽管如此,历代贬抑皇权者有之,正面非孔者绝少;儒学不仅支配着整个中华民族的思想意识,还渗透在民众的信仰、感情和风俗习惯之中。当利玛窦开教之初就意识到这一点,采取了东西方文化融合论,以合儒、补儒、超儒和附儒的手法调和两者之间的矛盾,并取得了可喜的成功。但是利玛窦根本没有想到,他死后教会内部会出现“礼仪之争”，而且波及教廷与清廷的直接冲突,导致雍正以后一百二十多年间,天主教上为朝廷与地方官所禁止,下为民间所排斥。

事实上天主教与中国传统思想和宗教发生冲突是不可避免的,其主要原因在于天主教是一神教，其教义主张在上帝面前人人平等,人人皆为兄弟姊妹,奉教者无阶级、尊卑、贵贱和性别之分。这点与中国的宗法社会特别是南宋朱熹以来所崇尚的纲常伦理——三纲（君臣、父子、夫妻)五常(仁、义、礼、智、信)相悖逆。再者,天主教只信奉三位一体(圣父、圣子、圣灵)的唯一真神,对其他信仰一概排斥,这不仅违背儒学真谛,而且触犯了道教和佛教,造成儒、佛、道三教联合围攻天主教的局面。一些崇信儒学的官僚、士大夫及佛僧纷纷著书立说,攻击天主教。

在儒、佛、道统一战线围攻的情况下,再加上礼仪之争所造成的教廷与清廷冲突,至雍正一代终于发布禁教令,不过其中有一定的导火线。原来康熙有 35 个儿子,早年立二子胤礽为太子,后因胤礽经常违反宫廷制度被废黜,其后始终未能再立太子。及至康熙晚年仍无皇储,其有才能的皇子们不免各怀继位的图谋,导致爆发一场争夺皇位的宫廷斗争，其中雍正与皇九子胤禟的斗争最为激烈。在胤禟的支持者中有一名耶稣会士，名叫穆敬远，深得康熙信任。他与胤禟往来甚密，曾教胤禟学西洋字，热衷参与胤禟继位的图谋，遭到雍正的痛恨。此外支持胤禟的还有雍正的堂兄弟、辅国公都统苏奴。他有儿子11人，其中9人信天主教。雍正是位多疑而残酷的皇帝，由忌恨胤禟和苏奴而迁怒天主教传教士，最后于1724年7月11日发布禁教令，通谕各省："着国人信教者应弃教，否则处极刑；各省西教士限半年内离境，前往澳门。"这一禁教令一直延续到鸦片战争。

乾隆朝继雍正朝之后继续禁教，把天主教视为与白莲教同列的邪教，传教士潜入内地传教或中国人到澳门信教都视为非法。香山县令兼澳门同知张汝霖向广东督抚密呈《请封唐人庙奏记》，其中详述澳门中国人信教的情况，主张查封澳门唐人庙(教堂)。

两广总督、广东巡抚和布政使三人一致同意封闭中国人进教寺，制定具体政策：凡未经娶有洋女，又无资本与夷人合伙，但已在澳进教，而自行生理的人，不论所穿唐衣鬼衣，均勒令出教，回籍安插。凡与夷人合资而未娶鬼女的人，勒限一年清算，出教还籍。凡与夷人合资而已娶鬼女的人及工匠、兵役人等，穿唐衣者勒令出教，穿番衣者勒令易服出教，均俟鬼女身死之日，携带子女回籍；其未回籍之日，不许出洋贸易。政策既定，督抚两院行文香山县令兼署澳门同知张汝霖，并下达告示《严禁愚民私习天主教以安民夷以肃法纪》。

张汝霖接到省里文件，于1747年2月带领一百多名士兵从前山寨开赴澳门，把建立在三巴寺下的进教寺(唐人庙)围困起来，查封寺内所有东西，然后用封条把大门封闭，还在澳门各处遍贴两院的告示说："照我圣朝怀柔远人，垂念番船来广交易，委身风浪，无地栖止，准照旧例，将香山县属之澳门许令输租暂住，历年以来民夷颇觉相安。至于天主教礼拜诵经，乃该国夷风，我朝原不禁止，但不得引诱内地民人习教，及将封禁之进教寺擅行私开，致干天朝法度，以失该国恭顺之诚，有于未便。”(印光任、张汝霖:《澳门纪略》,第31—32页。)

此次禁教,张汝霖立了大功,但其弊病尚未消除,以往入进教寺的,现在改入三巴寺,张汝霖也无可奈何。事实上,教会禁止教徒祭祖祭孔之后,中国官僚、士大夫很少信教,传教对象从上层社会转入下层社会,信教者都是穷苦人民。他们藏身山林海岛,宵聚昼散,此起彼伏,秘密信教,根本无法禁止。中国的禁教虽然没能有像日本那样严厉和残酷,但也带来了长达百余年的“教难时期”。而禁教最严重的后果是致使西方18世纪和19世纪上半期因工业革命而迅速发展起来的科学技术未能传入中国,拉大了中国与西方先进国家社会发展之间的差距。

8.醉心西学

1644年李自成攻陷北京,清兵入关以后,耶稣会士不失时机,以治历和铸炮之长活跃于几个地方政权中。在四川传教的利类思(Lodovico Buglio)和安文思(Gabriel de Magalheans)在成都张献忠建立的大西政权中制作天文仪器,翻译历书,还获得“天学国师”的称号,修建一座大教堂。在福建传教的瞿安德(Andreas Xavier Kasser),向南明政权进献新历,取代明朝的大统历,还在庞天寿的协助下入宫传教。如前所述,永历年间南明朝廷宫中太后以下均受洗入教。瞿安德还作为使臣和庞天寿一同赴澳门借兵,企图复明。在北京的李自成政权中,钦天监工作的汤若望、龙华民等,受到李自成的优待,令他们仍在钦天监工作,为国效劳。1644年5月清兵入关,李自成的大顺军弃守北京,汤若望等旋即投诚清朝,得到顺治帝的宠用,为钦天监监正。顺治十年(1653)汤若望被赐号为“通微教师”。

从此以后,汤若望的名声越来越高,不论在旅途上还是在城市中,或者与官吏的交往中,只要提到他的名字都能获得青睐。而他则除了给其他传教士各方面照顾以外,和京公卿名流交往,积极传教。据说他还以测景为名,派传教士四出传教。

康熙三年(1664),汤若望因“历狱”(后述)被定为死罪,后赦免释放，次年病死。汤若望死后，比利时人南怀仁（Ferdinand Verbiest,1623—1687)为其平反成功,并取得康熙帝的信任。于是清廷重新采用西洋历法,以南怀仁为钦天监监副。康熙十三年(1674),南怀仁被升为监正,并奉命制造天文仪器,在北京东城上建立著名的观象台。他还奉命监制西洋大炮,十九年(1680)制成“神武炮”大小320尊,在卢沟桥试放成功,受到嘉奖。三十一年(1682)四月,南怀仁晋升为右侍郎。同年八月南怀仁携带天文仪器随康熙帝赴盛京,测得该地的高度。制作了《盛京推算表》。因南怀仁供职清廷,而且以修历铸炮为挡箭牌,对天主教起到了保护作用。

康熙二十七年(1688),南怀仁在北京逝世以后,法国人耶稣会士白晋(Joachim Bouvet)和张诚(Jean Francois Gerbillon)入京接南怀仁的职务。据朱谦之所说:“康熙早年与西士研究西学,曾从汤若望、南怀仁研究算学,从徐日升(Thomas Pereira)学代数及音乐,于是再从此两教士(指白晋、张诚)继续研究。为便利起见,先使两教士学习满洲语,以便进讲,而两教士相拟乘机传教,故亦尽力侍讲,乘间谈及福音。他们先将欧几里得和阿基米德的《初等几何学》与《应用几何学》译成满文,每日进讲时间,自朝至暮,孜孜不已。康熙因醉心西学,故从两教士处得到许多学问,如测量学、静力学、天文学、数学、医学、解剖学,并在宫中设立实验室以研究化学、药学。康熙三十一年(1693),康熙有一次正在研究解剖学的时候,忽患疟疾,张诚、白晋以所带金鸡纳霜(即奎宁)进呈,使其健康恢复,康熙赞叹不已,因之对于传教士更怀好感,同时对基督教也渐取妥协的态度,以为基督教和儒教大致相同,不过他所研究的只是西洋的科学文化罢了。”(朱谦之:《中国哲学对于欧洲的影响》,福建人民出版社,1983年,第87页。)按照现在的话来说,康熙帝是以“中体西用”的态度来学习西方科学文化的。康熙三十六年(1697),白晋奉命赴欧招聘博学教士，两年后携带10名耶稣会士来华，其中对传播科学文化有特殊成绩的有马若瑟（Joseph de Prémare，1666—1736）、雷孝思（Jean Baptiste Régis，1663—1738）和巴多明（Dominiqus Parrenin，1665—1741）3 人，他们都是法国人。

第十三章

清宣宗与林则徐的禁烟梦

林则徐

虎门销烟

鸦片泛滥中国,“食者愈众,几遍天下”,“以土易银,直可谓之谋财害命”。每年外流白银数百万两,造成银荒。据统计,鸦片战争前的22年中,中国出超白银共计达5500多万两,真是“以中国有用之财,填海外无穷之壑”,为中国数千年来未有之大祸。有人作诗形象地诉说鸦片的毒害:“莺(罂)粟花包米囊子,割浆熬烟诧奇美。其黑如漆腻如脂,其毒中人浃肌髓。双枕对眠一灯紫,似生非生死非死。瘦肩耸山鼻流水,见者咸呼鸦片鬼。伦常败坏家室毁,一念之差遂如此。呼吸苟延日余几,呜呼生已无人理。”英国人蒙哥马利说:“不必说,贩卖奴隶同贩卖鸦片比较起来,还是善良的事情。我们并没有杀死非洲黑人,因为我们的直接利益,要求我们保存他们的生命。我们没有改变他们的人的本性,没有损坏他们的智慧,没有消灭他们的生命。可是鸦片贩卖者却腐化、降低和毁坏了不幸福的人的精神生活,而且还毒杀了他们的身体;鸦片贩卖者时时刻刻向食欲无厌的吃人神贡献新的牺牲品,而且充当凶手的英人和服毒自杀的华人,就彼此竞争,向吃人神的祭台上贡献牺牲品。”一位有良心的美国商人也说:“无论我们从道德和慈善的眼光看,或者从商业的眼光看,我们都愿意完全停止向中国人输入鸦片。”

当时有人写下了满纸的忏悔:“烟如旧,人苦透,家亡财散罪受够;其乐少,愁苦多,一朝上瘾,终身枷锁。莫!莫!莫!”

鸦片泛滥中国,耗财害人,也危及清王朝的统治。鸦片走私的得逞,势必腐蚀一大批官吏的灵魂。1837年两广总督邓廷桢的水师副将韩肇庆,专以护私渔利,与外国船约定,每万箱鸦片赠送数百箱,以水师船只代运进口。清政府对他非但不惩办,反而以获烟功保擢总兵,赏戴孔雀翎,可见清政府官场腐败透顶了。更甚的是烟毒无孔不入,连士兵也沾染吸毒恶习,有识之士不得不惊呼“国日贫,民日弱,十余年后,岂唯无可筹之饷,抑且无可用之兵”,国家民族已经到了生死存亡的关头。

1.禁烟政策的确立

清政府面对鸦片这一大祸害,究竟采取什么对策呢?朝野一致认为必须除掉这个大害,但除害的方法因人而异。总体说来,基本上有两派,一派主张消极弛禁,一派主张积极严禁。从英国的侵略角度来说,前者是投降派,后者是抗战派。弛禁派的政治势力在鸦片贩卖中心广州。他们打着拯救银荒的旗帜,鼓吹放松关禁,对鸦片征以重税,责成商人必须以货物换鸦片,加重以银买烟的罪名;另一方面准许民间种植罂粟,与外商竞争,堵塞白银外流,增加国家收入。严禁派的政治势力在京城,以南方出身的中小官僚和封建士大夫为主体,他们经常集会评论朝政。1836年6月10日,弛禁派太常寺少卿许乃济,以《鸦片例禁愈严流弊愈大,亟请变通办理折》上奏,拉开了弛禁、严禁两派论战的帷幕。

道光帝是比较有作为的,对乾隆南巡北幸、追逐豪华、耗尽国库的做法颇为不满。所以他一即位就下谕禁烟,并节约宫廷开支。虽然他三令五申让臣下严禁鸦片,但始终不见成效,使他禁烟的信心发生动摇。6月10日那天,道光帝打开许乃济的奏折一看,其中说:"究之食鸦片者,率皆游惰无志不足重轻之辈……而岁竭中国之脂膏,则不可不大为之防,早为之计。今闭关不可,徒法不行,计惟仍用旧例,准令夷商将鸦片照药纳税……只准以货易货,不得用银购买……"这个奏折很长,归纳起来不外乎三点:一是准许输入鸦片,按药材征税;二是准许内地人民栽种罂粟;三是准许一般没有公职的人吸烟。道光帝看了奏折,觉得这样既不妨碍国政又增加了国库收入,真是两全其美,近年来内患不断,正需要大量经费。道光帝便召首席军机大臣穆彰阿下问此事。穆彰阿奏道:"近年来内患不断,征伐不已,国库空虚。奴才以为目前宜广开财源,充实国库,尤宜避免兵祸。陛下爱民心切,欲根绝鸦片大害,为社稷造福。奈何时机未到,若严禁鸦片,一则会断绝海关税收,二则会引起兵祸，故奴才以为宜暂缓数年，目前许乃济的办法可以试行。陛下明鉴，定能圣裁。”于是道光帝传谕军机处，着两广总督邓廷桢、广东巡抚祁士贡、粤海关监督文样会同讨论，然后具奏。

同年 7 月，许乃济的奏折发到广州，行商立即表示赞同，并向邓廷桢具呈，提出弛禁鸦片的具体方案。英商得到这个消息，喜出望外，立即写信给外交大臣巴麦尊说：“许乃济弛禁论的直接影响，将要刺激印度的鸦片种植，采纳许乃济奏请的折中方案的命令，将在一个月或六星期内到达广州。”

果然，许乃济的奏折经过邓、祁、文三人讨论，同意许乃济关于弛禁的意见，并于 1836 年 10 月 11 日会奏道：“原奏胪陈时弊，均属实在情形。所请弛禁变通办法，仍循旧制征税，系为因地制宜起见，似应请旨准照原奏。如蒙谕允弛禁通行，实于国计民生，均有裨益。”这个奏折一送出广州，鸦片贩子无不欢欣若狂，互相道贺。

许乃济的弛禁论虽然得到广东方面的支持，但京城里“举朝无继言者”。事实上这个妥协苟安的意见必然导致出卖国家民族的利益，没有人敢站出来附和，而受到了严禁派的反对和驳斥。其中以内阁学士礼部侍郎朱嶟的《申严例禁以彰国法而除民害折》、兵科给事中许球的《请禁鸦片疏》最为著名。朱嶟主张严禁不贷，他说：“鸦片流毒，妨财害小，诛民害大。民者国民之本，财者民所出，民贫尚可变富，民弱无可救药。应请旨饬下各直省督府，令地方官重申禁令，严加晓喻。如仍蹈前辙，不知悛改，定当按律惩治，决不宽贷。”许球则主张严惩不赦，他说：“自古制夷之法，详内而略外，先治己而后治人，必先严定治罪条例，将贩卖之奸民，说合之行商，包买之窑口，护关之蟹艇，贿纵之兵役，严密查拿，尽法惩治，而后内地方可肃清。”

道光帝看了朱嶟、许球两个奏折，觉得很有道理，对弛禁论动摇起来，坐行不安。正在此时，太监禀报，军机大臣王鼎求见。道光帝听了，心想王鼎为人正直老实，能说实话，听听他的意见也好，便传谕召见。

王鼎进来，行过拜叩礼，奏道："禁烟关系万世基业，欲富国强兵，非禁烟不可。目下有的大臣借烟营私，不顾国家利益，皇上千万不可听信。臣以为鸦片定要禁绝，为国为民造福，愿万岁明察。"针对道光帝认为"禁烟会开启边衅"的顾虑，王鼎从容答道："洋人距天朝万里之遥，且远隔重洋，虽船坚炮利，但力量有限。我天朝地大物博，兵多将广，以众敌寡，何愁不能取胜。"又说："只要举国一致，上下齐心，禁烟易如反掌。"道光帝被王鼎的一番话打动，从倾向弛禁派转到严禁派，于是谕令军机处，将朱、许两人的奏折发交邓、祁、文三人，要他们悉心妥议，力塞弊源，据实具奏。至此，弛禁、严禁之争宣告平息。同年12月两广总督邓廷桢上奏，声明放弃弛禁主张，请严定贩卖吸食者的罪名。

2.民族英雄林则徐的主张

林则徐1785年8月30日生于福州。1811年中进士，历任江南道监察御史，浙江杭嘉湖道，江苏按察使、布政使，陕西按察使、布政使，湖北布政使，河南布政使，江宁布政使，东河河道总督，江苏巡抚，两江总督兼两淮盐政，湖广总督等，政绩斐然，被称为"林青天"。

1836年鸦片弛禁、严禁大论战时，林则徐正在两江总督任上，忙于农田水利建设和赈灾，未能率先批驳弛禁派的谬论，但他始终站在严禁派一边，以实际行动执行朝廷严禁鸦片的政策。1837年4月。林则徐任湖广总督。此前，1833年林则徐在江苏巡抚任上时，与两江总督陶澍会奏《查议银昂钱贱除弊便民事宜折》，主张严禁鸦片，自铸银币，解决银昂钱贱问题。这个奏折，最早从事关国家财政和国计民生角度提出严禁鸦片。林则徐在《钱票无甚关碍宜重禁吃烟以杜弊源片》中，进一步认识到社会经济衰落与使用钱票无关，其真正原因就是鸦片烟。与此同时，林则徐还认识到鸦片对人身体的毒害："鸦片性毒而淫，吸烟之人无不伤中气。中气伤则气不能化精而血衰，如溺而不戒则直徇以身命。"林则徐从"谋财""害命"两方面认识鸦片的危害性之后，更加忠实执行禁烟令,认真查访,力拿严惩,结果江苏禁烟取得一定成效。

1838年6月2日鸿胪卿黄爵滋上《请严塞漏卮以培国本折》,惊呼:“从中国有用之财,填海外无穷之壑。易此害人之物,渐成病国之忧。日复一日年复一年,臣不知伊于胡底?”然后提出要肃清鸦片,必先重治吸食者。恳请皇上严降谕旨,以死罪处罚吸食者。道光帝读了黄爵滋的这个奏折,深为激动,立即谕令内阁:“黄爵滋《请严塞漏卮以培国本》一折,着盛京、吉林、黑龙江将军,直省各督抚各抒己见,妥议章程,迅速具奏。”

同年6月19日,林则徐从北京长子林汝舟的来信中知道了这个消息。4天之后正式接到刑部公文,立即对黄爵滋的奏折加以研究,不禁拍案叫绝,过去无人敢提出吸烟者死罪,唯独此奏毅然上陈。林则徐完全同意黄爵滋提出的“重治吸食”,为使各省大小官吏共矢一心,极力挽回民族危机,他拟定禁烟章程六条:一是责成地方彻底收缴烟具;二是以一年为期,劝令吸食者自新;三是重治开馆、贩卖及制造烟具者,限期自首;四是从过去从宽现在从严为原则,给予官吏失察处分;五是令地保、牌头、甲长搜查烟土、烟具、烟膏;六是用“熬审”的方法审断鸦片吸食者。这就是林则徐著名的《筹议严禁鸦片章程》。

这个奏折送出之后,林则徐深恐定议尚需时日,便在与湖南巡抚钱宝琛、湖北巡抚张岳崧商议之后,一面逮捕开馆、贩卖者,一面发布禁烟告示,配制戒烟药丸分发,并设局专门负责收缴烟枪、烟斗、余烟等。禁烟运动就这样在湖广地区实实在在地开展起来。

经过两个月的认真执行,取得了成效。仅汉阳县(今武汉蔡甸区)就破获贩烟案件数起,缴获烟土烟膏12000余两;汉阳、江夏两县收缴烟枪1264支。湖广地区不少人因服药断了烟瘾,成为新人。同年8月27日,汉阳、江夏两县将缴获的1264支烟枪解到武昌总督衙门,由林则徐及其他官员逐一验明之后,在武昌校场用火焚毁。没有销毁的余膏残沥,拌以桐油,再行烧透,将灰投入江心,好不彻底啊!这是中国历史上第一次焚毁烟枪。后来武昌、汉口两局续缴烟枪700多支，湖南省也收缴2300多支。9月20日，林则徐向朝廷奏报湖广查禁鸦片的情况，并说："民情并非不畏法，习俗大可转移，全赖功令之森严，始免众心之涣弛。"

不久，各将军、督抚对黄爵滋奏折的意见陆续反馈到朝廷，共29件，其中绝大部分同意漏银在于鸦片的看法，但对"先重治吸食"这一点，反对的21人，同意的仅林则徐等8人。现在道光帝总算下决心禁烟了：9月7日降旨把步军统领衙门拿获的吸烟官吏革职，贩卖人交刑部审讯；9日谕令邓廷桢整饬广东弁兵，惩治兵丁内的吸烟者；16日令琦善查看天津夹带鸦片的洋船铺户；10月5日奖励收缴烟具有功的汉阳县知县郭觐辰；23日令大学士、军机大臣会同刑部研究已收到的直省将军、督抚关于禁烟的奏疏；25日向皇族、宗室开刀，将吸鸦片的庄亲王奕寶革去王爵，辅国公溥喜革去公爵，28日以"冒昧渎陈，殊属纰缪"为理由，将弛禁派的主将许乃济降为六品顶戴，令其退休回家。这样，全国范围的禁烟运动迅速开展起来。

3.林则徐进京受命

林则徐鉴于朝廷中弛禁派势力仍然很大，担心道光帝举棋不定，便于1838年10月初再次上了一本密折，即《钱票无甚关碍宜重禁吃烟以杜弊源片》，请道光帝以社稷以重，衡量利害得失，下定决心严禁鸦片。在该奏折的最后，写下了国家民族存亡的警句："当鸦片未盛行之时，吸食者不过害及其身，故杖徒已足蔽辜。迨流毒于天下，则为害甚巨，法当从严。若犹泄泄视之，是使数十年后，中原几无可以御敌之兵，且无可以充饷之银，兴思及此，能无股栗？"

林则徐将上述奏折送出之后，继续在湖广厉行禁烟。1838年10月7日又在武昌校场，同湖北巡抚伍长华一起查验缴获的烟枪1754支及其他烟具，全部打碎焚毁。同时秤验搜获鸦片16768两，江夏搜获的投入江心,汉阳搜获的暂存藩库。

同年 11 月 9 日道光帝接到林则徐的密折,读后不禁冷汗一身,相信林则徐的话绝非危言耸听,而是实实在在的,便提起朱笔,在“数十年后中原几无可以御敌之兵,且无可以充饷之银”的警句下面画了一连串红圈。11 月 23 日林则徐接到吏部宣召进京的命令,便将湖广总督的职务交给湖北巡抚伍长华兼任,命汉阳知府杨炳坤将各省有关禁烟奏折逐件查看,凡可采用的都抄录下来,作为资料备用。同月 27 日林则徐从武昌动身北上,同僚送至皇华馆,叙谈而别。

12 月 22 日林则徐经由直隶省城保定来到安肃县 (今徐水县),寓于城外宾馆。华灯初上,正在展书阅读之际,忽闻仆役来报直隶总督大人到,林则徐连忙放下书本到厅堂迎接。

原来弛禁派直隶总督琦善得悉林则徐入京,亲自赶到安肃,以“勿启边衅”相挟,企图说服林则徐放弃严禁立场。当时林则徐虽不知皇上交给他的具体任务,但对严禁立场决不动摇。尽管早年在湖北受到琦善提拔,并不以私情徇大义。

1838 年 12 月 26 日林则徐抵达京城,朝野为之震动。27 日起道光帝连续 8 次召见林则徐,商议禁烟方略。

27 日,早朝毕,道光帝第一个召见了林则徐,命他坐在毡垫上,垂问政事。召见时间约三刻钟。召对时道光帝表示决心根除烟毒,命林则徐赴广州担任重任,林则徐毅然答应。这是初次召见。

28 日的召见,时间约半小时。君臣共同讨论了禁烟的具体问题。林则徐表示,要根除烟毒就不要怕同洋人打仗,要有备而无患,加强了道光帝的禁烟信心。这是第二次召见。

29 日的召见,时间约半小时。林则徐详述加强武备、整顿边防的意见,道光帝大为满意。最后道光帝问道:“卿能骑马否?”林则徐点头说:“不太熟练。”于是赐予在紫禁城骑马的恩遇。清朝制度,百官在宫内只许步行,不准骑马。这是第三次召见。

30日，早晨林则徐骑马入宫，递折谢恩。朝罢，又召见。道光帝见林则徐骑马很紧张，便说："卿不惯骑马，可坐椅子轿。"这是第四次召见。

31日，早晨林则徐坐椅子轿入内，朝罢召见，有三刻多钟。道光帝下达谕旨："颁给钦差大臣关防（临时派遣官员用的长方形官印），驰驿前往广东查办海口事件，该省水师兼归节制。钦此！"林则徐跪下接旨，谢恩后离宫。这是第五次召见。

1839年1月1日，林则徐一早坐椅子轿入内，递折。朝罢召见，时间约三刻钟。君臣进一步讨论禁烟问题，这是第六次召见。召对完毕，林则徐奉旨赴军机处领出钦差大臣关防。

1月2日，早晨林则徐坐椅子轿入内，朝罢召见，时间约半小时。此次君臣进一步讨论了边防问题，林则徐对答如流，道光帝大为满意。这是第七次召见。

1月3日，早晨林则徐坐椅子轿入内，朝罢召见，约三刻钟。林则徐跪拜向皇上请安辞别，并表示一定完成此次使命。这是第八次召见。

汉人林则徐破格受此宠遇，弛禁派岂能甘心，首席军机大臣穆彰阿（后来成为投降派首领）向道光帝上奏，建议不如暂缓数年，等到国库充实，兵力强大之后再禁烟未迟"，道光帝采纳了他的建议。

离京前夕，林则徐向挚友龚自珍告别。龚作《送钦差大臣侯官林公序》赠林则徐，强调禁绝鸦片，整饬军备，回击夷人挑衅，并对林则徐此行寄托无限希望："使中国十八行省银价平，物力实，人心定。而后归报我皇上。"

1月8日林则徐离京，出新仪门南下，当晚至良乡县，宿于东关外卓秀书院。次日午刻，林则徐将御赐关防供于堂上，焚香九拜，然后启用，发下第一道传牌："照得本部堂奉旨驰驿前往广东查办海口事件，唯马夫1名、跟丁6名、厨丁小夫3名，并无随带官员，更无前站后站之人，如有借名影射，立即拿究。沿途只用家常便饭，不必备办筵席。沿途州官、驿站按此办理。"

4.雷厉风行的禁烟运动

1839 年 1 月 21 日,钦差大臣林则徐赴粤禁烟的消息传到了广州。这个消息对内外鸦片贩子就像晴天霹雳,震得瞠目结舌;对两广总督邓廷桢则是雪中送炭,来得正好。3 年前邓廷桢放弃弛禁主张,成为严禁派之后,积极投入禁烟运动,截获纹银外流案数起。后又接到 1837 年 9 月 9 日道光帝的谕旨,便和广东巡抚怡良、水师提督关天培合力禁烟,在广州地区破获私开窑口案件 141 起, 逮捕烟犯 345 名, 缴获烟枪 10158 支。他们还派遣大鹏营和香山协两标水师在零丁洋上巡视,堵截鸦片船,追捕鸦片犯,并命令碣石、南澳临海两镇水师加强巡防,一遇海外鸦片走私船,立即驱逐。邓廷桢还赴虎门,在关天培陪同下观察地势,筹划防范。邓廷桢又指令全省绅士设局,劝缴烟土烟具,并四处派员督促省内各州县奉行禁烟,特别严办吸食者。为防止冤案错案,仿照保甲法,五家为一组互保,良民得免牵连。

且说林则徐水陆兼行,1839 年 2 月 22 日已达江西新干县,接到邓廷桢和怡良的来信,他们表示愿与林则徐同心协力铲除中国大害之根源。两天后,林则徐从泰和县下达一道捉拿汉奸的密令,责成广东布政使、按察使派便衣侦探,出其不意将汉奸一网打尽。并指名立即逮捕的主要人犯王振高等 17 名,确查后再捉的次要人犯有苏光等 40 名,先查缓捉的武弁中的人犯有蒋大彪等 5 名。

对于外国鸦片犯,林则徐早已调查清楚,要犯是英人查顿和颠地两人。查顿诨号“铁头老鼠”,在华已有 20 年之久,与汉奸串通狼狈为奸,他是鸦片到处流行的祸首。1838 年冬曾由邓廷桢等奉谕旨查明驱逐,但他以清理账目为借口,又逗留了两年。1838 年冬林则徐未离京时,即先密遣捷足飞信赴粤查访查顿。同年 12 月间广州谣传钦差大臣一到,首拿查顿究办,查顿便仓皇请牌下澳,次年 1 月 26 日搭船回国。而颠地仍在中国,徘徊于粤澳之间望观形势。3 月 5 日至 6 日,英美鸦片趸船从零丁洋转移到丫洲洋停泊，暂僻锋芒。接着大逮捕开始了，查缉的兵丁夜里逐户搜查，先后捕获吸毒败毒人犯2000多名。

正当广东轰轰烈烈开展禁烟运动的时候，林则徐越梅岭入广东，从南雄州城外下船，昼夜兼航，于10日到达广州，停泊天字码头。林则徐从容登岸，在接官亭和邓廷桢、怡良、关天培、豫堃等广东文武官员相见。美国人威廉·亨德对此时的林则徐作这样的描述："他具有庄严的风度，表情略为严肃而坚决，身材肥大，须黑而浓，并有长髯，年龄约60岁(其实是55岁)。"

林则徐听了广东当局的汇报，感到禁烟运动形势大好，"声威所被，震慑民夷"，信心倍增。当天就命外洋水师，查清退避丫洲洋一带的外国鸦片趸船的行踪，以便乘势尽行驱逐，务使清源断流。次日，林则徐在钦差行辕(越华书院)门口悬挂两张布告，一张宣布：所有随从人员不准擅离岗位，派在行辕工作的书吏，伙食由公馆供给，不准借故出入。凡文武各员因公来访立即接见。另一张布告宣布：所有民间诉讼，除实系事关海口应收阅核批外，其他一概不予办理。林则徐就这样关起门来和两广总督邓廷桢、广东巡抚怡良、粤海关监督豫堃等商议禁烟大事，制定禁烟章程10条，对鸦片犯撒下天罗地网。林则徐还上奏，请求"圣明乾断，严例早颁"。3个月之后，即同年6月，《钦定严禁鸦片烟条例》(39条)颁布，全国轰轰烈烈地开展了禁烟运动。不久各地捷报频传：天津拿获鸦片131500两；广东拿获拒捕的开设窑口、囤积鸦片的冯得圃等犯；浙闽先后拿获出洋贩卖烟土的施猴等犯；盛京缴获烟土2400余两；云南缉获烟土膏22000两；浙江铲去罂粟花苗1360多亩。

5.在商馆前打击鸦片贩子

在林则徐来粤前3个月的1838年12月22日，邓廷桢为扩大声势，抑制外国鸦片贩子的气焰，决定将一名开馆烟犯何兰金押到商馆前美国国旗下绞死，以达到威慑的作用。

那天中午，几个穿号衣戴红缨帽的士兵在广场上竖起绞刑架，另外几名士兵在搭官棚，还有几名搬来椅子和案桌。在场有两个英商，看到这种情景很觉奇怪，再仔细看一看布告，才知道这里即将执行死刑。他们先将美国国旗降下，然后向士兵提出抗议："这里是我们的娱乐场所，不是刑场，不准行刑。"那个搭官棚的士兵回答道："有话找我们老爷去说，我们管不着。"一个英商问："你们的长官是谁？快说！"另一个士兵不耐烦地把眼一瞪，大声说："走开，别在这里碍事！"站在旁边看热闹的群众发出兴高采烈的笑声。有一人高声道："对啊，别理他们。"接着有些人大声呵斥那两个英商。他们见势，不敢再说什么，便乖乖地进了宝顺行。正在此时，几十名士兵簇拥一个典史，两名刽子手着一名烟犯来到广场。典史下轿到官棚内坐下，一个仆人拿着水烟袋侍候他吸烟，等候知县到来，午时三刻行刑。突然间七八十个英国人从商馆冲出来，阻止执行。其中一名领头的对那个典史说："这里不准行刑！"典史说："我已接到命令，必须在此执行。这个广场是大清国的地方，你们无权干涉。"那领头的说："广场已经租给我们作为娱乐场所，我们不允许在这里公开行刑，破坏章程。"他们正在争论之间，一批英国水手赶到。原来他们是原东印度公司的船"奥威尔"号上的水手，今天一早从黄埔来游逛广场，看见这个事态来帮助。水手们将绞刑架拆毁，把官棚拆掉，推倒桌椅，还拿木头往狱卒及附近的中国人的头上肩上乱打。于是无数中国人潮水般涌来，引起一场大骚动。那些水手见事得逞，便一齐溜出了广场。此时狱卒带着犯人在混乱中溜走，英人见寡不敌众，退入商馆。

然而中国群众没有散去，将商馆团团围住，外面的木栅栏被扳下来了，还毁坏了窗户。美国商馆角隅处的卫兵本想驱逐群众，但人太多，无法进行。"巴林亚历山大"号的船长圣·罗克思，打算集中武器冲出去，但考虑到有近万人要消灭"洋鬼子"，不敢这样做。正当群众要用大木头撞开商馆大门时，远处传来一阵锣鼓声，南海知县王福寿率领一队人马赶到。王福寿下轿,看见此种情况大怒道:“大胆妄为,成何体统!”同时对士兵一挥手说:“还愣着干什么!”士兵们挥动鞭子并用刀枪驱散群众,还逮捕了几个人,骚乱就这样平息了。王福寿将犯人由广场带到公共刑场去执行绞刑了。当天晚上,英国总监督义律上校闻讯率领120名水手赶到,但事件已经平息了。

12月14日,外侨公所写了一份抗议书递给邓廷桢,邓回复说:“夷人虽生长于蛮夷之地,亦有人心,岂可不知恐惧而深自反省者?焉得如此疯狂作此叫嚣?”又说:“商馆本属天朝,经大皇帝开恩,准允侨商使用。至于在此行刑,于外侨有何关系?侨商岂可谓此地只准外侨活动,竟不准本地人民使用乎?世上胆大妄为,无理取闹,尚无有逾于此者?荒谬如此,殊堪痛恨!”

邓廷桢对英人的抗议当然不肯罢休,1839年2月26日,将烟犯冯安刚押解到商馆前面的广场,将他绞死。监刑官来去都很仓促,在短时间内完成了这个任务。当时有几个英商在场,连忙降下英国国旗,以示抗议。

6.强有力的禁烟措施

林则徐为摸清鸦片流毒的症结,制定确实可行的禁烟策略,便接见文武官员、友人、旧属和同乡,了解情况;重用翻译人才,组织翻译英文资料,深入“探访夷情”;对粤秀、越华、羊城三书院肄业生数百人进行不记名的“观风试”,让学生就有关禁烟四事发表自己的意见,要他们将有关烟毒的见闻写下来。这种公开检举取得很大效果。通过以上这些办法,林则徐逐渐明白了鸦片流毒的真正症结,把过去的禁烟方针——先重治吸食,修正为先断绝鸦片,而欲断绝鸦片,必须将停泊外洋趸船上的鸦片全部消除干净。但是派遣水师船追捕,在洪涛巨浪中没有把握。于是林则徐、邓廷桢、怡良三人密商,认定鸦片贩子大部分尚在广州,用晓以理而摄以威的方法,逼他们交出趸船上的鸦片。这个禁烟方针可归纳为两方面:缴烟和具结,即将已有鸦片速缴到官,未来之鸦片具结永断。

1839年3月18日一早,林则徐针对外商出了一个通告,表示自己禁烟的决心:“若鸦片一日未绝,本大臣一日不回。”还警告说:“察看内地民情,皆动公愤,倘该夷不知改悔,唯利是图,非但水陆官兵,军威壮盛,即号召民间丁壮,已足制其命而有余。”

同一天,林则徐在钦差行辕召见了行商,即所谓广州十三行的老板,也就是怡和行的伍绍荣、广利行的卢继光、同孚行的潘绍光、东兴行的谢有仁、天宝行的梁丞禧、东昌行的罗福泰、中和行的潘文涛、顺泰行的马佐良、仁和行的潘文海、同顺行的吴天垣、孚泰行的易元昌、安昌行的容有光、兴泰行的严启昌。他们助纣为虐,帮助洋商贩卖鸦片,走漏白银,刺探情报,今天钦差大臣传讯,个个胆战心惊,生怕大祸临头。

擂鼓三遍,“钦差大臣到……”两班衙役拖长森严的声音,宣布审讯开始。林则徐态度严肃,就位正坐,啪的一声,把醒木重重在案上击了一下,大声痛斥他们身为商官,不效忠皇上,非但不检举鸦片贩子,反而假保他们进口船只并无鸦片夹带,零丁洋上的鸦片趸船明知不报,还串通海关书吏帮助他们偷漏白银的违法行为。

这次审讯,林则徐让行商跪了整整6个小时,后来允许年纪大的伍绍荣坐在一只矮凳上。最后,发下历数行商罪状的谕帖一件,要他们回去逐一据实供明,作为按律核办的凭证。另外把勒令外商缴烟具结的谕帖一件发给伍绍荣,命他速往商馆传谕外商,限3日内禀复。

3月19日,外商代表在公所大厅会见了伍绍荣等行商,林则徐的谕令由通事译出,用英语宣读。其中先以理服人:“以此物(鸦片)蛊惑华民,人心共愤,天理难容。”然后责令他们将趸船上的鸦片全部缴出并具结,即填写英汉两种文字的保证书:“嗣后来船,永不敢夹带鸦片,如有带来,一经查出,货尽没官,人即正法,情甘服罪。”当时外商代表并未做出具体答复,他们问:“中国政府对于如要呈缴的鸦片给什么代价?”行商回答:“中国政府也许愿意偿还现今最低价的一部分。”

21日是限期禀复的最后一天,上午外商在公所开会讨论,结果他们给中国行商这样答复:“我们必须详加考虑尽早答复,但不能马上回答。同时我们感觉到,必须不再和鸦片贸易发生关系。”这个答复转给了林则徐,林宣称除非现存的鸦片呈缴,否则决不罢休。若再拖延,就要审讯行商,先将两个正法。因此外商代表当晚10时召开特别会议,还让中国行商参加。经过反复讨论,决定交出1037箱。

22日上午,行商进城转告呈缴鸦片数字。这次由邓廷桢接见,他说:“这个数目绝对不行,传说4000箱,必须交齐这个数字”,并问:“颠地先生为什么没有来?”行商说:“他怕作为人质,除非钦差大臣给他一个亲笔护照,盖上钦差的印子,否则他不来。”

23日上午行商代表伍绍荣、卢继光两人项戴铁链,带着其他行商来到颠地的住宅。他们都没有顶戴(原来他们是官商,戴顶戴)。他们对颠地说:“如是你不去见钦差,今天这两位老行商要在日落前被斩。”但颠地坚决拒绝。后来只好决定让罗伯聃同行商进城回禀钦差结果当局这样说:“如果颠地再拒绝,便用武力将他从屋内强拖出来。这样,钦差大臣一定把他处死。”

晚上10点,罗伯聃等和行商又赶到商馆,劝颠地进城。颠地以明天是星期日为由,拒绝讨论这个问题。于是林则徐下令缉拿颠地:“广州府暨南海、番禺两县知悉:该夷颠地诚为首恶,断难姑容,合亟札饬拿究。札到该府等,即赴十三行传谕洋商暨夷人等,以本大臣奉命来此查办鸦片,法在必行,速将颠地一犯交出,听候审办。”

7.收缴鸦片

1839年3月24日,英国商务总监督义律闻讯,乘“路易沙”号从澳门赶到广州,准备帮助颠地逃跑。在虎门炮台下,义律换乘“拉尼”号小艇,中国水师船前来追捕,但没有追上。义律上岸进了英国领事馆,马上下令升起了“在战斗微风中飘扬一千年的国旗”,召集外商开会,进行一番演说。最后他宣称:“我要和你们在一起,直到最后的一息。感谢上帝,我们有一只英国军舰在外边,并且由一名英国军官指挥。”林则徐终于遇到了他的真正对手,一个非商非官,但有英国舰队听其使唤的不循正轨的人物——义律。

林则徐闻义律已到广州,当天便下令堵塞每一个通到商馆的路口,实行戒严,所有商馆的前门都派人把守,后门用砖砌死。几分钟后,广场上没有本地人了,各条街门都关闭了,许多民兵聚集在那里,手中拿着长矛和灯笼。商馆广场前边的河中有三排木船,船上站满了武装人员,官兵站在邻近的屋脊上面。钦差大臣还命令所有的买办和仆役都撤出商馆。至晚上9点,所有的中国人都离了商馆,只有三百多名外商住在里面。在商馆附近事实上已经戒严了。逻卒、哨兵和军官东跑西跑,鼓角之声不绝于耳,使得黑沉的深夜增添了一层肃杀之气。这天夜里,中国士兵占据了“乔治四号”的一只小船,把它从河中拖上来,放在义和行的前面。次日又把英商的游船拖到商馆广场,翻过来放着。

3月25日,已经完成了看守外商的布置,并进一步加强海防,建造了许多木筏,停泊在定功炮台和绥定炮台前面的河中以防备从黄埔方面来的兵船。所有跟澳门的交通都被切断,连邮件也不通了。为了施压,一点食物和一桶水都不准运进商馆。挤牛奶、洗衣服、做饭等一切家庭工作都要由外商自己来料理。过去由中国仆役服侍惯的商人,感到极大的麻烦。这一天,义律连送两个禀帖,前一个要求3天内发给英人离粤红牌,否则就要做出相应的行动;后一天则改换手法,声明收回前察,要求派员来商馆听取详细陈明,并请撤销封锁,让中国工役进入商馆供应食物。

26日,邓廷桢派遣广州知府余保纯到商馆的公所,传令义律和外商前来谈话,但一个人也没有来。林则徐得悉此事十分吃惊,知道义律在阻挠,便起草一个通告,以天理人情来敦促速缴鸦片。这个通告贴在义律住所和同孚行的墙上,并送给义律一份。

27 日,商馆绝食断水已经第三天了,义律觉得如此下去,这里的三百多人非渴死饿死不可,而且中国方面实行封舱停止贸易,损失太大,不能硬顶。应当采取另一种方式,来日方长,何必持一时之气呢?

那天一早, 义律下通知宣布:"以不列颠女王陛下政府的名义并代表政府,责令在广州的所有女王陛下的臣民,为了效忠女王政府,将他们各自掌管的鸦片即行缴出,以便转交中国政府,并将从事鸦片贸易的英国船只置于本人指挥之下,再速将各自手中英国人所有的鸦片开具清单, 签章呈阅。英商财产的证明以及照本通知乐于缴出的一切英国人的鸦片价值,将由女王陛下政府随后规定原则及办法,予以决定。

义律的通知一下达,聪明的英国烟贩立即领悟,这样一来,"中国人已经陷入使他们自己直接对英王负责的圈套中"了,便纷纷呈报存烟数目。接着他们集资 2 万元,以所缴烟箱每箱 1 元摊派,寄回英国作为查顿争取政府答应赔偿烟价的活动经费。

28 日,义律禀报林则徐,负责呈缴鸦片 20283 箱。林则徐接到禀帖,便派人将 200 只牛羊和食物送到商馆。

4 月 2 日,林则徐批准副商务监督参逊离开广州到澳门,并派佛山同知刘开域同行,赴九州洋、沙沥角一带招徕趸船,规定虎门外的龙穴岛(今东莞市虎门镇)为缴烟地点。当天林则徐宣布完全恢复商馆食物和水的正常供应。同一天义律也在商馆宣布缴烟办法:鸦片缴出 1/4 时允许雇用买办、工役,缴至半数时酌量许可舢板请牌往来,缴至 3/4 时准予开舱贸易,缴完则一切照常。义律强调说:"钦差大臣认为信义是可能的,如不认真执行,三天之后断水,再过三天断食,再过三天要将我本人加以严厉处分,这是对女王陛下代表的明显恐吓。"

4 月 3 日, 副商务监督参逊和翻译罗伯聃在佛山同知刘开域伴同下,乘小船到澳门,监督外港来的船只呈缴鸦片。5 月 21 日,22 艘趸船上的鸦片缴纳完毕,实缴 21306 箱。在收缴过程中有个别趸船溜走,为凑足数目,颠地、孖地信等只得掏钱补充。次日,义律告英国臣民,准备离开广州的手续,并嘱咐他们将所受损失开列清单加盖印章呈交。

8.虎门销烟

林则徐将趸船上收缴的鸦片存放在虎门要塞下水师提督署附近的民房庙宇,还添盖高棚贮存。为防范偷盗和意外变故,委派12名文官分别看守。另派武官10名,带领弁兵100名昼夜巡逻。同时立即上奏,请求将鸦片解至京城,验明后烧毁。5月2日谕旨下达准予,但因浙江道监察御史邓瀛上奏,广州距京遥远,水陆运输不便而且容易偷换作弊,建议就地销毁。道光帝闻奏改变主意,命林则徐、邓廷桢两人督率文武官员共同查核,目击销毁,使沿海居民及在粤外人共见共闻,都受到震惊。30日,林则徐接到不必解送来京的谕旨,立即准备就地销毁。

为了彻底销毁鸦片,林则徐经各方面采访查考,最后从印度开池制造鸦片的工艺流程中得到启发,采用"开池化烟"的方法,用盐及石灰浸化鸦片,可以不留一滴残余。

林则徐亲自监督,在虎门海滩高处,建造两个长方形大池,长45米,宽23米,深2米,池底用石板铺平,四周围以栅栏,池前设有涵洞,浸化后的鸦片渣可通过涵洞排泄入海;池后设有水沟,可引水冲刷池子。6月1日林则徐祭海神:"日内将有毒物放入大洋,请令水族先行迁移,以避其毒,勿损滋生。"

6月3日销烟正式开始。那天虎门港湾内数十艘战船一字儿摆开,船上各式旗帜迎风飘扬;海滩上布满岗哨,山前山后实行戒严;化烟池周围更是高度警戒,武装兵勇三步一岗。虎门塞下搭起几座观看棚和一座高大的礼台,台上铺着红毡毯,挂着一面黄绫长幡,上面绣着"钦差大臣奉旨查办广东海口事务大臣节制水陆各营总督部堂林"27个大字,增加了肃穆庄严的气氛。人民群众四面八方赶来观看,胜过赛会,热闹极了。下午2时,钦差大臣林则徐在广东巡抚怡良、粤海关监督豫堃、广东布政使熊常锌的陪同下登上礼台。他燃起三支香，向南遥拜三次，下令鸣炮擂鼓，震惊世界的虎门销烟开始了。一队队脚夫把一只只鸦片箱（长约1米，宽约半米）背到池边，开箱过秤查验，把鸦片切碎，倒入池内。待鸦片被池中盐卤浸透后，再抛入石灰，加入一定比例的水，顷刻之间池里立即沸腾起来，黑色鸦片上下翻滚，化成股股白色浓烟，徐徐上升，在蓝天中消失。役人冒着火热的浓烟，或站在池上架起的木板上，或在池边，用长柄锄、木耙和铁钩等反复翻捣，使其销化，不留残余。一池销完，另一池开始再销，两池轮流进行，至傍晚170箱鸦片化为渣沫，打开涵洞将它排入海中，然后放水冲刷干净。端午节前后来观看的群众愈来愈多，虎门这个小岛，空前绝后的热闹。

6月13日起，林则徐发布通告，准许外国人前来参观，以达到“共见共闻”的谕旨。美国奥立芬洋行股东金及其家眷、美国传教士裨治文、美国商馆“马礼逊”号船长弁逊等从澳门赶来参观，于17日上午到达虎门现场。林则徐让他们进入参观棚，还领他们到销烟池边，观察销烟的整个过程。后来裨治文在参观记里写道：“我们曾反复考察过销烟的每一个过程，他们在整个工作进行时细心和忠实的程度，出乎我们意料之外，我不能想象，再没有任何事会比这项工作更忠实的了。”前《澳门月报》编辑卫三畏说：“在世界史中，一个非基督教的君主宁愿销毁损害他的臣民的东西，而不愿出售它来装满自己的腰包，这是唯一实例。”

美国商人金接受了林则徐的召见。林则徐问他：“外国商人谁是最正直的？”金只是笑，没有答复。林则徐又问：“那么合法贸易的前景又如何呢？”金警告说：“英国人正在计划把他们新造的轮船改为炮舰。”林则徐皱起眉头，然而不久却表示：“我们不怕战争。”

从6月17日起，两广总督邓廷桢来虎门和林则徐一起监视销烟，直至结束。销烟历经21天（6月16日起增添第三个销烟池），至6月23日结束。24日林、邓、关同饮胜利之酒，次日登船离开虎门，回到广州。此次销毁鸦片19179箱及1119袋,净重2376254斤,价值250万英镑。道光帝闻报,下谕旨嘉奖。

9.轰开国门

1839年春,由林则徐领导的禁烟运动特别是虎门销烟,给英国提供了大规模武装侵略的借口。尤其是英国鸦片贩子和制造商,纷纷要求和敦促政府采取对策,如1839年9月30日《曼彻斯特商人致巴麦尊函》中说:"我们恭敬地请求女王陛下的政府,对于中国方面这种侵略行为,应予以迅速的、强有力的、明确的对策……我们希望我们于最近期内,能得回我们所遭受的损失,并希望政府能利用这个机会,将对华贸易置于安全的、稳固的、永久的基础上。"他们的意见被英国政府采纳,1840年6月28日以懿律(George Elliot)为总司令的英国东方远征军开抵澳门湾外洋面。因林则徐防卫森严,便放弃攻打广州的计划,北上进犯闽浙。7月6日攻陷定海,又北上至天津,将最后通牒《巴麦尊致大清国皇帝钦命宰相书》交给直隶总督琦善转道光帝。道光帝便以重治林则徐换取英军退兵,并命琦善南下广东与英国谈判。但是谈判破裂,英军攻打广州,遭到广州人民的反击。1841年8月以璞鼎查(Henry Pottinger)为司令的英国东方远征军开到,先后攻陷厦门、定海、宁波、乍浦、上海和镇江,兵临南京城下,真如一位传教士所说:"大炮在天朝呼啸,城市在一座座陷落。"

1842年8月29日,中国近代史上第一个不平等条约——《南京条约》签订,它使中国发生千古未有的巨变,从此以后中国便沦为半封建半殖民地社会。

《南京条约》主要内容是:①赔偿鸦片费及军费2100万元,先交600万元,余款以每年税金偿还,4年内还清;②中国以香港全地割予英国;③开广州、福州、厦门、宁波、上海5港为商埠;④英、清两国宜行平等礼,自今以往,断不可目英人为蛮夷。

10.林、邓流放与王鼎尸谏

在《南京条约》签订的两个月之前的1842年6月，首席军机大臣穆彰阿趁《广州和约》签订之机向道光帝上奏道："洋人痛恨的是林则徐，此次英夷出兵是为了申讨林则徐，昭雪冤屈。今即与洋人议和，若仍让林则徐在浙江协办军务，必然引起洋人的疑心，恐怕会再次引起战祸。请皇上惩办林则徐，一则为贪功启衅者戒，二则借此表示朝廷的和平诚意，永息战争，共享太平。"

道光帝本来对林则徐"启衅误国"还没有做出严肃处理，听了穆彰阿的话，于6月28日以"莫须有"的罪名将林则徐、邓廷桢两人流放伊犁："前任两广总督林则徐，经朕特给钦差大臣关防，办理广东海口事件，继复令其实授总督，全省军务，皆其统辖。既知兵丁染习甚深，便应多方训导，勤加练习，其于夷务，亦当德威并用，控取得宜，乃办理殊未妥协，深负重任。邓廷桢业经革职，林则徐着革去四品卿衔，均从重发往伊犁，效力赎罪。"

这道圣旨由兵部于7月13日转发到镇海，消息一经传出，顿时群情激愤，怨声载道，甚至暗骂昏君。林则徐的同僚挚友裕谦这天早晨刚从江苏赶到镇海，本来打算把林则徐作为助手，大办海防。当听到林则徐充军的消息，对他来说无疑是个晴天霹雳。然而裕谦有什么办法留住林则徐呢？只有心怀惆怅罢了。而林则徐本身则献身无路，报国无门，除了悲愤之外，还有什么办法呢？当晚他在灯下刻了一枚图章"宠辱皆忘"四字，有些灰心了。

林则徐到镇海协办军务不满三月，1841年7月14日下午，裕谦同镇海文武官员一起送林则徐到城外码头下船，逆甬江到宁波，再乘船西北上杭州，沿大运河到镇江。在这里，林则徐与挚友魏源相见，将自己收集到的有关西方的资料交给魏源，希望他能把一个真实的世界向国人和盘托出。当林则徐到扬州的时候，挚友军机大臣王鼎正在河南救灾治水。王鼎就以工程繁忙,奏请林则徐协办。不久道光帝准奏,协助王鼎效力赎罪,直至 1842 年 3 月 19 日黄河决口合龙。当大家在庆祝河南祥符堵口工程竣工宴会上开怀畅饮时,接到皇上的谕旨:“林则徐于工程合龙后,着仍往伊犁。”王鼎一听大惊,林则徐却泰然自若。

王鼎河南治水工程完成后回京,向道光帝力保林则徐,请求赦免流放,重新起用。此时英舰北上侵犯闽浙,厦门、定海失守,穆彰阿奏道:“目前英夷派大军攻取长江一带富饶地区,扼我命脉,不肯议和,此乃疑我用缓兵之计,和后再战。皇上既欲与英军议和,若林则徐复出,岂非使英夷更疑我无议和诚意,不肯受抚。”

朝中正直的大臣见穆彰阿如此诬陷忠良,都愤愤不平,但朝中穆彰阿一手遮天,皇上又偏听偏信,谁也不敢站出来讲句公道话。正当王鼎无计可施的时候,下属高纯正(原是奕山的幕僚,因反对奕山,辞职投奔王鼎)来到,见王鼎闷闷不乐,知道他受了穆彰阿的气,便愤愤不平地说:“穆相不死,国无宁日。”王鼎听见高纯正一说,犹如火上浇油,马上坐轿到大学士府去评理。

王鼎来到穆府,也不让人通报,径自闯进书房,大骂穆彰阿,并且要与他一同找皇上同找皇上评理,被穆彰阿撵出府第。

王鼎回家闭居书房,终日不出。前日上朝时王鼎在皇上面前斥责穆彰阿为秦桧、严嵩,皇上非但不听,反而说“卿醉矣”,命太监扶出。昨日又与穆彰阿在皇上面前争论,皇上怒,拂衣而起,王鼎牵裾,终不获申辩。王鼎想到皇上如此受奸臣欺蒙,心急如焚。最后决定效法“史鱼尸谏”的故事,把房门紧紧关上,写好遗折,向皇宫恭恭敬敬地跪拜三次,悬梁自尽。此时为 1842 年 6 月 9 日。道光帝与林则徐的禁烟梦彻底宣告破灭。

第十四章

太平天国的金田起义梦

金田起义

洪秀全

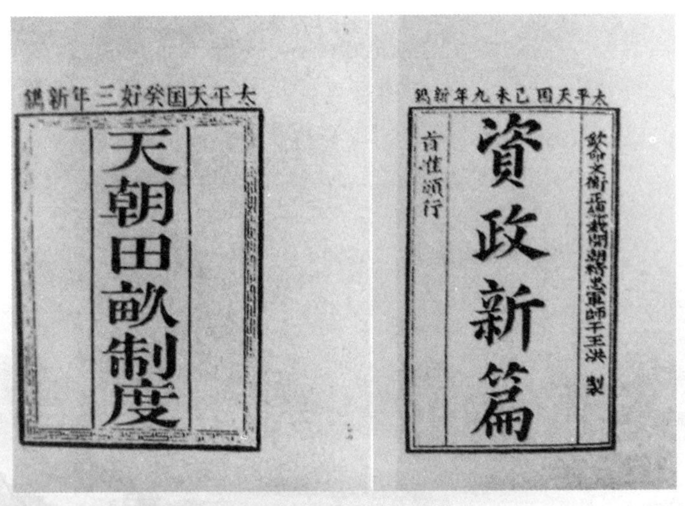

《天朝田亩制度》封面　　《资政新篇》封面

曾国藩

左宗棠

1.金田起义

鸦片战争后,由于清政府对外与帝国主义妥协,对内加重剥削和压迫,社会矛盾激化。战后不满10年,中华大地掀起了一场由洪秀全(1814—1864)领导的太平天国运动。此次运动与历来的农民起义不同,它是采用西方基督教的教义和形式来发动的。洪秀全原名仁坤,广东花县(今广州花都区)人,是农民家庭出身的知识分子。道光二十三年(1843)洪秀全被鸦片战争所惊醒,以及受了考试再三落第的刺激,决心走革命的道路。1843年6月,创立拜上帝会,组织革命队伍。而洪秀全创立的拜上帝会是借用10年前得到基督教小册子《劝世良言》中所说的那位创造天地万物独一真神上帝,并附会6年前那一场死而复生的大病来制造受天命的。拜上帝会披着宗教外衣进行革命活动,宣言人类平等:"天父上帝人人共,天下一家自古传";"普天之下皆兄弟,上帝视之皆赤子"。

1844年4月,洪秀全和冯云山到广西宣传反清运动,组织群众。同年冬返回花县,其后写了《原道救世歌》《原道醒世训》《原道觉世训》等文献,奠定了理论基础。号召人民信仰皇上帝,击灭"阎罗妖"(指清政府),为实现"天下一家,共享太平"的理想而奋斗。拜上帝会先后吸收了杨秀清、萧朝贵、韦昌辉、石达开、胡以晃、秦日纲组成领导集团,准备起义力量。1851年1月11日,在广西桂平县(今桂平市)北部金田村起义,建国号为"太平天国",洪秀全称天王,并在三界庙成立太平军指挥部,开始北上进军。9月攻克永安(今蒙山),初建革命体制,分封东、西、南、北、翼诸王,各王均受东王杨秀清节制。

2.北伐与西征

1852年永安被清军包围,太平军突围,攻桂林不克,北进攻破全州,乘胜入湖南,败于蓑衣渡。其后太平军经道州、郴州、进军长沙。长沙围攻不下,转进取岳州(今岳阳)和汉阳、汉口。1853年1月攻克武昌,2月沿江东下,3月攻克南京,定为都城,命名为天京。颁布《天朝田亩制度》,建立乡官制度。对外采取独立自主,反对外来侵略的政策。

咸丰三年(1853)太平天国建都天京后,派遣林凤祥、李开芳、吉文元率领2万人北伐。5月从扬州出发,沿淮河西进到河南商丘、开封,在巩县(今巩义市)由洛河渡过黄河。在怀庆(今沁阳)摆脱清军,西上太行,又东下临洺(今永年县),大破清总督讷尔经额军,迅速北进至保定城南的张登。清廷大震,咸丰帝准备逃往热河。北伐军又避开防堵的清军,从深州(今深州市)东下攻克沧州、静海,迫近天津。但因孤军深入,兵力单薄,决定固守待援。1854年2月北伐军从静海突围南下,3月吉文元在阜城作战牺牲。太平军派曾立昌北上增援,经安徽进至山东临清。5月北伐军林凤祥从阜城突围至东光连镇,李开芳率骑兵至高唐接应援军,但因曾立昌已从临清败退,李开芳便在茌平冯官屯被围。林凤祥在连城和李开芳在高唐分别抗击清军将近一年。1855年3月连镇失陷,林凤祥负伤被俘。5月冯官屯失陷,李开芳被俘。林、李两人均在北京被清廷所杀。

与1853年太平军北伐同时,派胡以晃、赖汉英等率军西征,夺取长江中上游,以巩固天京。同年6月攻克安庆、湖口,包围南昌。同时一连攻克瑞州(今高安)、饶州(今波阳)、乐平、景德镇等城市。9月撤去南昌包围,石祥祯率军连克九江、武穴、汉口和汉阳,后因援救扬州退出湖北。胡以晃率军北上,攻克桐城、舒城,并在庐州(今合肥)歼灭清巡抚江忠源军。1854年初,石祥祯等大举进攻湖北、湖南,2月在黄州(今黄冈)堵城破清总督吴文镕军,连克岳州、靖港和湘潭。后在湘潭战败,退守岳州。6月攻克武昌,不久湘军反扑,退出武昌、汉阳。1855年石达开督师西征,在湖口火烧湘军战船,曾国藩战败逃往南昌。秦日纲乘胜大破清总督杨霈军,再克汉阳、武昌,西征军在武昌和九江城郊与湘军对持。11月湘军主力增援湖北,石达开转攻江西,连克瑞州、吉安等地。1856 年 3 月，在樟树镇大破湘军，攻占江西 8 府 50 余县，围困曾国藩于南昌。后因救援天京，南昌未能攻克。太平军西征，攻克长江中游沿岸许多城市和皖赣大片土地，保障了天京的安全。

3.内讧与失败

1853 年太平军定都天京之后，东王杨秀清飞扬跋扈，独揽大权，挟制天王。1856 年太平军攻破江南大营后，杨秀清居功自傲，逼天王封他为万岁，太平天国领导集团内部矛盾激化。天王洪秀全密诏北王韦昌辉和翼王石达开回京对付杨秀清。9 月韦昌辉带兵 3000 从江西回京，不料他乘机扩大事态，残杀杨秀清部下及其家属两万余人。石达开回京见此情状大为不满，韦昌辉不服，要杀石达开，石逃离天京，至安庆起兵讨伐韦昌辉。11 月洪秀全为平定事态，与合朝文武官员杀韦昌辉，石达开回京辅政。1857 年 6 月，石达开因洪秀全对他猜忌，被迫从天京出走，带领 10 万精锐部队单独行动，给太平天国造成严重损失。其后石达开在赣、浙、湘、桂、黔等地活动。1863 年 5 月在四川大渡河紫打地失败，投清被杀。

内讧削弱了革命力量，武昌、镇江相继失守，天京被围。洪秀全提拔陈玉成、李秀成、杨辅清、李世贤、黄文金等后起之秀，坚持奋战。1858 年取得浦口和三河大捷。1860 年消灭江南大营，攻克常州、苏州，革命力量再度重振。但由于外国侵略者(英、法、美、俄)支持清政府镇压太平天国运动，太平军东取上海和西攻武昌时遭到外国侵略者干涉，英国戈登(Gordon，1833—1885)的“常胜军”配合李鸿章向太平军反扑，在苏州、常州一带屠杀太平军。在中外反动势力进攻下，苏州、杭州于 1863 年 12 月和 1864 年 3 月先后失守。1864 年 7 月天京被湘军攻陷。天王洪仁玕护卫幼天王洪天贵福逃奔江西。10 月在石城被俘，11 月就义于南昌。太平天国运动持续达 14 年之久，发展到 18 个省，动摇了清朝的反动统治，沉重打击了外国侵略者。它表明农民起义没有无产阶级的领导是不可能取得胜利的。

4.两个文献永留史册

太平天国运动虽然失败了，但留下了两个文献纲领:《天朝田亩制度》和《资政新篇》。这两个文献表明了太平天国运动是为了农民解放和国家富强。

(1)《天朝田亩制度》

这是太平天国运动的纲领性文件,实现了中国农民千百来要求“耕者有其田”的企盼。它宣布:①一切土地和财富都属于皇上帝所有,根本否定封建地主阶级的土地制度;②凡天下田,天下人同耕,分田照人口,好坏各一半;③县以下设立各级乡官,其体制、称呼与军队相同;④凡居民25家为一“两”,设“两司马”负责管理生产、分配、教育、宗教、司法及地方武装等工作;⑤每家农副业收获、扣除口粮外,其余送缴“圣库”;⑥婚丧弥月等额外开支,都由“圣库”按定制发给;⑦废除封建买卖婚姻,凡天下婚姻不论财;⑧其他对于乡官的保举、升贬、奖惩等都有具体规定。

《天朝田亩制度》首先从政治上肯定了人人平等、男女平等,表现了农民的农业社会主义思想，但有绝对平均主义的空想。这个制度一定程度上打击了封建地主势力,但未实施平分土地的规定。

(2)《资政新篇》

这是洪仁玕呈天王洪秀全的奏折，也是先进的中国人最早提出一个在中国发展资本主义的方案。其内容如下:

> ①兴车马之利,以利便轻捷为妙。倘有能造如外邦火轮车,一日夜能行七八千里者,准自专其利,限满准他人仿做。
>
> ②兴舟楫之利,以坚固轻便捷巧为妙。或用火用气用力用风,任乎智者自创。

③兴银行。倘有百万家财者，先将家资契式禀报入库，然后准颁150万银纸，刻以精细花草，盖以国印图章，或银货相易，或纸银相易，皆准每两取息三厘……此举大利于商贾士民，出入便于携带。

④兴器皿技艺。有能造精奇利便者，准其自售，他人仿造，罪而罚之。

⑤兴宝藏。凡金、银、铜、铁、锡、煤、盐、琥珀、蚝壳、琉璃、美石等货，有民探出者准其禀报，爵为总领，准其招民采取。

⑥兴邮亭以通朝廷文书，书信馆以通各色家信，新闻馆以报时事常变、物价低昂。

⑦朝廷考察若探未实者，注明“有某人来说，未知是否，俟后报明”字样，则不得责之也。

⑧兴各省新闻官。其官有职无权，性品诚实不阿者。官职不受众官节制，亦不节制众官，即赏罚亦不准众官褒贬。

⑨兴省郡县钱谷库，以司文武官员俸值公费。

⑩兴市镇公司。立官严正，以司工商水陆关税。

⑪兴士民公会。富贵善义，仰体天父、天兄好生圣心者，听其甘心乐助，以拯困扶危，并教育等件。

⑫兴医院以济疾苦。系富贵好善，仰体天父、天兄圣心者，题缘而成其举。

⑬兴乡官。公义者司其任，理一乡民情曲直吉凶等事，乡兵听其铺调。

⑭兴乡兵。大村多设，小村少设，日间管理各户，洒扫街渠……夜于该管之地有失，惟守者是问。

⑮罪人不孥。若讯实同情者及之，无则善视抚慰之，以开其自新之路；若连累及之，是迫之使反也。

⑯禁溺子女。不得已难养者，准无子之人抱为己子，不得作奴视之，或交育婴堂，溺者罪之。

⑰外国有兴保人物之例，凡屋宇人命货物等有防于水火者，先与保人议定，每年纳银若干，有失则保人赔其所值，无失则赢其所奉。

⑱外国有禁卖子为奴之例……富者请人雇工，不得买奴，贻笑外邦。

⑲禁酒及一切生熟黄烟、鸦片。

⑳禁庙宇寺观。既成者还其俗，焚其书，改其室为礼拜堂，借其资为医院等院。

㉑禁演戏修斋建醮。先化其心之惑，使伊所签助者，转助医院、四民院、学馆等，乃有益于民生实事。

㉒革阴阳八煞之谬。名山利薮，多有金、银、铜、铁、锡、煤等宝，大有利于民生国用。今乃动言风煞，致珍宝埋没不能现用。请各自思之，风水益人乎，抑珍宝益人乎？数千年之疑团，牢而莫破，可不惜哉！

㉓除九流……准其归于正业，焚去一切惑民之说。

㉔屋宇之制。坚固高广任其财力自为，不得雕镂刻巧，并类王宫朝殿。

㉕立丈量官。

㉖兴跛盲聋哑院。

㉗兴鳏寡孤独院。

㉘禁私门请谒，以杜卖官鬻爵之弊。

以上28条方案若能一一实现，中国面目便会大大变样，可惜当时洪仁玕无实权，后来又因太平天国运动失败而全然成为泡影。不过洪仁玕作为中国的西方文化最早传播者之一，永留史册。

李鸿章的“自强”“求富”梦

李鸿章

江南制造总局炮厂

湖北汉阳炼铜厂

京张铁路青龙桥的“之”形路段

江苏苏纶纺纱局(1874)

江苏苏经缫丝厂(1897)

1.洋务运动的产生及其历史意义

1840 年中英第一次鸦片战争轰开了中国的国门,迫使中国向古代告别, 被纳入近代资本主义世界市场之内;1856 年至 1860 年的中英、中法第二次鸦片战争,使中国进一步陷入半封建半殖民地社会的深渊之中,民族危机空前严重。在面临外患日亟,国贫民弱,亡国就在眼前的时刻,中国只有一条道路可走,即向西方学习,使国家独立富强,挣脱列强的枷锁,自立于世界民族之林。否则便会丧失生存权利,亡国灭种。鸦片战争以来中国许多仁人志士选择了前者,其中林则徐、魏源等先驱者,提出了向西方学习的著名方案——"师夷之长技以制夷"。"师夷"是手段,"制夷"是目的,而能否"制夷"全在于是否"善师四夷","善师四夷者,能制四夷;不善外夷者,外夷制之"。魏源的所谓"师夷之长技",主要是学习西方的坚船利炮和养兵练兵之法。(魏源:《海国图志·筹海第三》。)

林则徐、魏源向西方学习的方案被洋务派李鸿章等人接过来,他说:"自古用兵未有不知己知彼能决胜者,若彼之所长己之所短尚未探讨明白,但欲逞意气于孤注之掷,岂非视国事如儿戏耶!"(李鸿章:《筹议海防折》,《李文忠公全集》奏稿第 24 卷,第 10—25 页。)也就是说,只有了解敌人的长处和自己的短处,取长补短,才能战胜敌人。这就是魏源的所谓"师夷长技以制夷"。

洋务派首领李鸿章深察当前国际形势,主张变法自强。他上奏道:"历代备边多在西北,其强弱之势,客主之形皆适相埒,且犹有中外界限。今则东南海疆万余里,各国通商传教,来往自如,麇集京师及各省腹地,阳托和好之名,阴怀吞噬之计,一国生事,诸国构煽,实为数千年来未有之变局。轮船电报之速,瞬息千里;军器机事之精,工力百倍;炮弹所到,无坚不摧,水陆关隘,不足限制,又为数千年来采有之强敌。外患之乘,变幻如此,而我犹欲以成法制之,譬如医者疗疾不问何症,概投之以古方，诚未见其效也……《易》曰：‘穷则变，变则通。’盖不变通则战守皆不足恃，而和亦不可久也。”(1874年12月10日)(李鸿章：《筹议海防折》，《李文忠公全集》奏稿第24卷，第10—25页。)李鸿章这种要求改变祖宗成法的思想，在当时实在可贵。那么祖宗成法如何变？根据《筹议海防折》有六条办法：一是练兵，二是简器(改进武器)，三是造船，四是筹饷，五是用人，六是持久。也就是实践魏源的方案——“师夷智以造船制炮”，举办以军事工业为中心的富国强兵运动(也称自强运动)。这个运动以强兵为重点，同时兼顾富国，所以凡军事工业、民用工业、水陆交通、电报电话、新式学堂、翻译西书、讲解西学、派遣留学生等都要举办。为赢得自强的时间，尽快自立，李鸿章的对外政策是“和戎”，对西方列强讲“忠信笃敬”，不先开衅，忍辱负重，坚持和议。李鸿章认为，“内须变法”与“外须和戎”是一车之两轮，不可缺一，在力保和局的前提下，通过变法来达到富国强兵，使列强不敢生觊觎之心，以达到长治久安。

李鸿章的洋务思想另一个重要内容是“中体西用”。“中体西用”的洋务思想并非李鸿章所特有，张之洞(1837—1909)、曾国藩(1811—1872)也有，它是当时的一种流行语，是一种救亡图存的“至言”。“中体西用”是“中学为体，西学为用”的略称，从西方角度来讲，民主政治和自由思想是体，科学技术是用，“体”与“用”相适应。而洋务派坚持封建主义的“体”，“遗其体而求其用”(即抛弃西方的民主政治和自由思想，只引进科学技术)，“体”与“用”两者不相适应。梁启超早已看破这一点，指出“其(李)于西国所以富强之原，茫乎未有闻焉，以为吾中国之政教文物风俗，无一不优于他国，所不及者惟枪耳炮耳船耳铁路耳机器耳，吾但学此，而洋务之能事毕矣”。“李鸿章不识国民之原理，不通世界之大势，不知政治之本原，当此19世纪竞争进化之世，而惟弥缝补苴，偷一时之安……仅摭拾泰西皮毛，汲流忘源，遂乃自足。”(梁启超：《李鸿章传》，第3、41页。)梁启超的批评是正确的，修修补补不解决问题，只有推翻封建体制,引进西方的民主政治和自由思想,使“体”“用”适应,才能救中国。不过在1860年前后洋务运动开始的时候,“中体西用”是符合潮流的;到19世纪70年代由对内(镇压太平天国运动)变为主要对外,从办军用工业变为主要办民用工业也是符合潮流的。然而洋务运动以“中体西用”为其指导思想而开端,随着运动的发展,至90年代当运动客观上动摇封建体制的经济和思想意识,需要进一步变革即要用西方资本主义的“体”来取代中国封建主义的“体”的时候,洋务派便变不下去了。这个改变中国封建体制的任务,便落在维新派乃至其后的资产阶级革命派肩上。“洋务运动以适应时代潮流的变革开始,以应该变革而不去采取变革措施因而违反时代潮流而结束”。(夏东元:《洋务运动发展论》,《社会科学战线》,1980年第3期。)

关于洋务运动的历史意义,过去争论相当激烈,现在应该相当明确了。只要我们以“实践是检验真理的唯一标准”这个准则来研究洋务运动的历史,便能得出客观正确的结论。评价历史上的某一运动,只能根据运动本身的历史作用,而不能根据运动发动者的动机。即使某一运动的发动者的动机如何为国为民,标榜着怎样动听的口号,只要它是违反历史发展的,都应否定。那么洋务运动是逆还是顺历史发展的呢?只要看一看洋务运动的内容就一清二楚了。其内容:一是兴办了军用民用近代资本主义企业;二是逐步改变了中国交通运输和通信的落后面貌;三是开发矿产,增强国富;四是引进西方先进的科学技术,培养了一批新颖建设人才;五是开办新式学校,提高了中国人民的文化素质;六是以西法练兵,购买西方先进的船舰火器,增加了中国的国防力量;七是开始改变一些传统观念,如重农轻商,轻视工匠等;八是通过中外往来及派遣留学生,打开眼界,为进一步引进西方文化打下基础等。以上列举的洋务运动内容,足以说明这个运动是积极的,在中国近代史上有其进步意义。即使当初开展这个运动的动机是为了镇压农民革命而维护垂危的封建统治,但不可否定洋务派办洋务主要是出于民族意识,为了抵抗外侮。同时随着运动按自身规律发展,发动者也身不由己了。如果洋务运动仅仅是为镇压太平天国革命而展开的,那么太平天国被镇压以后为什么又继续了二三十年呢?显然洋务运动是西方列强要瓜分中国的危急形势下的必然产物。如果说洋务运动是反动的,那是极端错误的。"试问,在 19 世纪 60 年代的中国,有什么先进的东西使洋务运动逆其道而行成为反动的呢?没有的,甚至连切实可行的先进思想都没有。如果有,那就是洋务派的思想……洋务运动的主要历史作用,就在于它首先开始'创造新社会的物质条件',并且还开始为新生产方式的建立开了一个头。"(徐泰来:《也评洋务运动》,《历史研究》,1980 年第 4 期。)与此同时,它还为中国社会迈向现代化准备了最初始的文化条件。

2.近代军用工业的创办

(1)从安庆内军械所到上海、苏州炮局

第二次鸦片战争结束后的咸丰十年十二月初一日 (1861 年 1 月 11 日),恭亲王奕䜣、大学士桂良、户部左侍郎文祥在联衔上奏的《请设总理衙门等事酌拟章程六条折》中说:"臣等就今日之势论之:发(太平军)、捻(捻军)交乘,心腹之害也。"(奕䜣等:《请设总理衙门等事酌拟章程六条折》,《筹办夷务始末》咸丰朝第 71 卷,第 17—26 页。)早在 1852 年,清廷为平定"内乱",命曾国藩办团练并编组正规军队。1854 年湘军练成,与太平军作战,屡战屡败。1856 年曾国藩乘太平天国内讧之机进行反攻,转败为胜,被任命为两江总督,钦差大臣,专门镇压太平天国革命。他于 1861 年 9 月攻占天京(南京)上游重镇安庆之后,又派部下李鸿章率淮军救援上海,并同意江浙绅商"借洋兵助剿"的请求,缩小对天京的包围圈,于 1864 年 7 月攻下天京。

曾国藩在与太平军作战中,使用了一些西方新式武器,认识到引进新式武器的重要性。于是他在攻占安庆后不久的秋冬之交,在安庆

办起了中国第一所新式军火工厂——安庆内军械所，开始了长达三十余年的洋务运动。如前所述，当初洋务派办洋务的动机固然是镇压农民起义，但不可抹杀其另一个动机，即"将来师夷智以造炮制船，尤可期永远之利"，也就是说举办兵工厂既能"平内患"，又能"勤远略"以抵御外侮。

安庆内军械所是一所综合性兵工厂，生产子弹、火药、炸炮、劈山炮和火轮船，完全是依靠中国人自己的技术力量办起来的，负责人是蔡国祥，技术人员是徐寿和华衡芳，他们均由江苏巡抚薛焕觅得而推荐给曾国藩的。徐寿(1818—1884)是江苏无锡人，自幼爱好"博物致知之学"，举凡西学无不涉猎，尤精制器，曾自制过指南针、象限仪等，还仿制过墨西哥银元。华衡芳(1833—1902)也是无锡人，与徐寿是忘年之交。他自幼爱好数学，熟读中译本的数学书、博物学书，如上海墨海书馆出版的合信的《博物新编》。1860 年华、徐两人合著的《抛物线说》出版，它比当时国外专门论述这一问题的《圆锥曲线说》中译本早 6 年。(夏东元：《洋务运动史》，华东师范大学出版社，1992 年，第 70—71 页。)他们进厂之后立即投入科研，并取得了两大成果。1862 年 8 月中国第一台蒸汽机试制成功。1864 年中国第一艘木壳轮船试制成功，由曾国藩取名"黄鹄"。1866 年轮船"黄鹄"号在南京下关江面试航成功，该船重 25 吨，长 55 华尺，高压引擎；单气缸，直径 1 尺，长 2 尺；轮船的旋转轴长 14 尺，直径 2.4 寸；锅炉长 11 尺，直径 2 尺。船的前部安置机器，船舱设在旋转轴的后面。试航时速顺流 14 千米，逆流 8 千米。这艘轮船是中国人学习西方火器、轮船和西方科技书的成果，它标志着中国进入制造机器的历史时期。

李鸿章率领的淮军，武器本来很拙劣，没有一件新式武器。1862 年四五月间，他被曾国藩派到上海，在实践中逐渐认识到西洋武器的厉害，便在部下韩正国统领的亲兵营中组建洋枪队。同年 8 月底在七宝、北新泾之战中发挥了新式武器的作用，打败了太平军。因此李鸿章在每营淮军中设立洋枪队，还建立了独立的洋炮队。但是当时购置洋枪子弹很贵,买一颗从英国炮舰上偷来的12磅炮弹要30两银子,买1万粒最坏的子弹上的铜帽要19两银子,淮军不堪负担。于是李鸿章采纳在军营中服务的洋员马格里(Hafiiday Macartney)的建议,在松江的一所庙宇里筹建洋炮局，招募外国工匠从香港采购造炮工具。同时李鸿章一方面命马格里铸模制造炮弹,另一方面命参将韩殿甲督率中国工匠悉心学习西洋造炮技术,制造开花弹和自来火等;还将精通造炮技术的丁日昌(后来升任江苏巡抚)从广东调来,和韩殿甲一起主持炮局事务。上海炮局主要生产开花炮弹和自来火,每月能生产炮弹约7000枚,拨给淮军各营使用,在攻克苏州、常州的战争中发挥了巨大的作用。

1863年12月淮军攻陷苏州,把松江的上海炮局迁至苏州,在原太平军纳王的王府内设立苏州炮局。此时正值“阿思本舰队”被清政府遣回英国,该舰队来华时,曾带来许多供应舰队的军火武器及各项机器设备，这些东西很有可能同时送回英国。因此马格里建议把那些机器设备全部买下来,充实苏州炮局。李鸿章采纳马格里的建议,以每套机器数万两银子购下，使苏州炮局从手工操作局部进入机器制作阶段。关于机器生产的情形,李鸿章说:“敝处顷购有西人汽炉,镟木、打眼、铰螺旋、铸弹诸机器,皆绾于汽炉,中盛水而下炽炭,水沸汽满,开窍由铜喉达入气筒。筒中络一铁柱,随气升降俯仰,拨动铁轮,轮绾皮带,系绕轴心,彼此连缀,轮旋则带旋,带旋则机动,仅资人力之发纵,不靠人力之运动。”(《筹办夷务始末》同治朝第25卷,第7页。)

当时苏州炮局有三个车间，即一个是由洋员马格里和委员刘佐禹负责的汽炉车间,雇用洋匠四五名,每月工资多者300元,少者100多元;中国工匠五六十名,每月工资多者30元,少者7—8元,每月生产大小炮弹约4000个。另外两个是内地泥炉车间，每套不过数百两银子,由丁日昌、韩殿甲分别负责。每个车间每日可开数炉,每炉可生产炮弹五六十枚,约需工匠300名,工头每月工资二三十元,工人每月五六元至十多元。每月生产炮弹六七千枚、大小炸炮六七尊。苏州炮局所出的产品价格比较便宜,质量虽不及洋货,但还能使用。

(2)江南制造局

苏州炮局开办以后,1864 年春北京总理衙门函询:“学制各种火器,成效何如?”李鸿章当即具复:“以短炸炮与各种炸弹,均能制造,其长炸炮及洋火药,非得外国全副机器,不能如法试造,现亦设法购求,以期一体学制。”(李鸿章:《置办外国铁厂机器折》,《李文忠公全集》奏稿第 9 卷,第 35 页。)从苏州炮局的制造实践中,李鸿章认识到,要制造得力的长炸炮,必须提高机械化程度,引进先进的西方科学技术和人才。他感慨地说:“鸿章以为中国欲自强,则莫如学习外国利器。欲学习外国利器,则莫如觅制器之器,师其法而不必尽用其人。”(李鸿章:《置办外国铁厂机器折》,《李文忠公全集》奏稿第 9 卷,第 35 页。)李鸿章的这种“觅制器之器”(寻找工作母机)思想,在当时来说确实先进。谁也没有想到,李鸿章的期望由中国第一个留学生容闳来实现。

如前所述,1855 年容闳怀着改变祖国落后面貌的满腔热情从美国回来之后,非但不能实现抱负,而且多次更换职业,生活很不安定。后来到天京去找洪仁玕,提出改革计划,没有成功。最后只好到安庆去见曾国藩,因为那时曾国藩正在招募人才兴办工业。容闳向曾国藩建议道:“中国今日欲建设机器厂,必以先立普通基础为主,不宜专以供特别之应用。所谓立普通基础者,无他,即由此厂可造出种种分厂,更由分厂以专造各种特别之机械。简言之,即此厂当有制造机器之机器,以立一切制造厂之基础也。”(容闳:《西学东渐记》,湖南人民出版社,1981 年,第 75 页。)这里容闳所说的“立一切制造厂之基础”与“有制造机器之机器”,是指建立基础工业或重工业,有了这个基础工业,才可以制造枪炮子弹和轮船,更可以制造各种机器。它与李鸿章的“觅制器之器”是同一种思想。曾国藩同意容闳的意见,拨银 68000 两,派他赴美购置“制造机器之机器”。容闳于 1864 年春到达美国,向朴得南公司订购。1865 年机器运抵上海。

就在容闳赴美订购机器之时,李鸿章鉴于苏州炮局还不能制造长炸炮,决心增添外国机器设备,改造炮局。他考虑到增添设备,“若托洋商回国代购,路远价重,既无把握;若请派弁兵,径赴外国机器厂讲求学习,其功效迟速与利弊轻重,尤非一言可决;不若于就近海口,访有洋人出售铁厂机器,确实查验,议价定买,可以立时兴造。”(李鸿章:《置办外国铁厂机器折》,《李文忠公全集》奏稿第 9 卷。)于是派刚升任上海海关道的丁日昌访购。不久丁日昌在虹口访到了一家美商旗记铁工厂,该厂是当时上海较大的一所机器厂, 设备俱全且较为先进。因此李鸿章觉得机会难得,不可失去,便命丁日昌迅速议定,最后以 40000 两银买下旗记铁工厂,另外原材料作价 20000 两,共计 60000 两。此时容闳从美国订购的机器运抵上海,再加上苏州炮局由丁日昌、韩殿甲负责的两个车间和旗记铁工厂,三者合并为一,取名为江南制造总局(也叫上海机器制造局)。该局最初在旗记铁工厂旧址虹口,因每年房租要付六七千两银子,而且“洋泾浜习俗繁华,游艺者易于失志;厂中工匠繁多,时有与洋人口角生事”, 决定择地移局。1867 年江南制造总局迁往新址——城南高昌庙黄浦江边,即今江南造船厂原址。该厂占地,初为 70 余亩,1870 年扩大到 400 余亩。

关于江南制造局的情形,王韬记述道:“制造局建于城南,基广 400 余亩,四周缭以高垣,其一为局房,置机器。左右夹室皆置小轮,而以皮条(带)联于轮轴。大轮既动,而无数小轮从之旋转,凡锯木、截铁、钻炮、磨凿之工,靡不赖此。局南为听事,颇宏敞,用备宴客、议事,层楼耸峙,正面黄浦,可远眺望。其东为文案房、总库房、图书房,西北为洋枪楼,楼后续建测望台,拾级三层,高觚焕日。楼东隙地设露房,钉锅炉、配机器,悉于此焉。此外则有熟铁厂、生铁厂、卷枪厂、木工厂、锅炉厂、大机器厂、大汽锤厂,攻治大炮,制造轮船机器,皆于此取成焉。厂门外筑直道以达黄浦,开治平坦,纵横七十余丈,浦滨植木为柱,高九丈,上置辘轳(西人名滑车)借以起重。直道之东为船坞,广十余丈,袤三十丈有奇,旁有屋,设蒸釜,中置机捩运之,以放纳坞水。又东为船厂。坞西为木栈,储积材料。东南隅洋房,为西匠所止。东北隅百余楹,鳞次栉比,则百工止息处也。日操作者以千计。总办厂务者,为冯观察竹儒、陈比部荔秋、郑太守玉轩。其下分司各事者数十人。”(王韬:《瀛壖雄志》第三卷《记制造局》,《洋务运动》第 8 册,上海人民出版社,1961 年,第 347 页。)

当初筹建江南制造局时,该厂主要是制造军火,后来便注重“制造机器之机器”,除生产军火之外还制造各种民用机器,为日后中国资本主义发展迈出了第一步。关于这一点,早已被李鸿章预料到了,不得不使我们佩服他的见识远大。他说:“机器制造一事,为今日御侮之资,自强之本……洋机器于耕织、刷印、陶埴诸器皆能制造,有裨民生日用,原不专为军火而设。妙在借水火之力,以省人物之劳费;仍不外乎机括之牵引,轮齿之相推相压,一动而全体俱动;其形象固然显然可见,其理与法亦确然可解……臣料数十年后,中国富农大贾必有仿造洋机器制作以自求利益者,官法无从为之区处。”(李鸿章:《置办外国铁厂机器折》,《李文忠公集》奏稿第 9 卷。)

江南制造局是一个综合性兵工厂,机器配套,机械化程度较高,并不断加以扩建,至 19 世纪 90 年代,该厂已成为远东屈指可数的大机器厂了。它拥有 16 个分厂,即机器局、木工厂、造船厂、锅炉厂、枪厂、炮厂、子弹厂、炮弹厂、炼钢厂、熟铁厂、栗色火药厂、铜引厂、无烟火药厂、铸铜铁厂及两个黑色火药厂。此外还有两所学堂,即工艺学堂和广方言馆(兼翻译馆);一个火药库;一个炮队营。产品有:①各种机器:1867—1904 年生产车床 138 台,刨床、钻床、翻砂机、大锤机、砂轮机、绞螺丝机等工作母机 117 台,起重机 84 台,汽炉机 32 台,汽炉 15 座,抽水机 77 台,轧钢机 5 台,其他机器 135 台。②轮船:惠吉(1868,木壳明轮,炮 9 门,600 吨)、操江(1869,木壳暗轮,炮 8 门,640 吨)、测海

(1869,木壳暗轮,炮 8 门,600 吨)、威靖 (1870,木壳暗轮,炮 15 门,1000 吨)、海安(1873,木壳暗轮,巨炮 20 门,2800 吨)、驭远(1875,木壳暗轮,大炮 18 门,2800 吨)、金瓯 (1876,铁甲暗轮)、保民(1885,钢板暗轮,克虏伯炮 8 门)。③枪炮弹药:仿造奥国的漫利夏枪和德国的新毛瑟枪,以及美国式铜炮、前膛来福炮、阿姆斯脱郎炮。日造各种子弹 90 000 颗, 月造地雷 200 枚, 年造无烟火药 60000 余磅。④炼钢:1890 年筹建炼钢厂,次年投产,炼出中国第一炉钢(10 吨),比汉阳铁厂早两年。至 1904 年,最多一年炼出钢 2059 吨,年产量平均在 500 吨左右。1868 年江南制造局成立翻译馆,将李鸿章 1863 年在上海成立的广方言馆迁往江南制造局,与翻译馆合并。这样,江南制造局便成了西方科技的研究和实验中心。

(3)福州船政局

左宗棠(1812—1885),湖南湘阴人,道光十二年(1832)举人。他虽然是因镇压太平天国革命而发迹,但在认识西方这一点上有卓越的见解。左宗棠认为,敌之所长在火炮轮船,能制其长,即可操胜券。这与林则徐、魏源“师夷长技以制夷”的战略不谋而合,但左宗棠的战略思想一直没有得到实现。1862 年左宗棠任浙江巡抚之后,他的“师夷长技”的夙愿才逐步实现。1864 年他在杭州时,仿造了一艘小火轮,在西湖试行成功,但行驶不速。他便询之“洋将(洋枪队首领)德克碑(Ensign Paul d’Aiquebelle,法人)和税务司日意格 (Prosper Giquel,法人),据云大致不差,唯轮机须从西洋购觅,乃臻捷便。”(左宗棠:《拟购机器雇洋匠试造轮船先陈大概情形折》,《左文襄公全集》奏稿第 18 卷,第 1—6 页。)左宗棠便采纳洋人意见,派德克碑于 1865 年 1 月赴法购买轮机和招聘洋匠。接着,左宗棠上奏清政府,提出大规模设厂建造轮船的主张:“臣愚以为,欲防海之害而收其利,非整理水师不可;欲整理水师,非设局监造轮船不可。泰西巧而中国不必安于拙也,泰西有而中国不能傲以无也。虽善作者不必其善成,而善因者究易于善创。如虑船厂择地之难，则福建海口罗星塔一带，开槽浚渠，水清土实，为粤、浙、江苏所无。臣在浙时，即闻洋人之论如此。昨回福州（当时左宗棠已升任闽浙总督——引者），参以众论，亦复相同，是船厂固其有地也。”（1866 年 6 月 25 日）（左宗棠：《拟购机器雇洋匠试造轮船先陈大概情形折》，《左文襄公全集》奏稿第 18 卷，第 1—6 页。）

左宗棠设立造船厂的奏折很快得到清廷批准，同治五年六月初三日（1866 年 7 月 14 日）同治帝下达上谕：“所陈各条，均着照议办理。”于是左宗棠立即命按察使福建候补道胡雪岩主持建厂工作。按左宗棠的计划，这个船厂要建成这样的水平：一要自制轮机建造轮船；二不仅能自造轮机，还要学通船中机械的一切原理；三通过造船学习西方科学技术，提高中国科技水平，进一步发展工农业生产。然而同年 10 月 14 日清廷任命左宗棠为陕甘总督，其便推荐熟悉洋务的沈葆桢接替自己担任船政大臣。同治六年六月十六日（1867 年 7 月 17 日）沈葆桢正式到任接办，启用“总理船政关防”。此时建厂筹备工作已由左宗棠完成。厂址选定在福州闽江马尾罗星塔地方，江面宽数百米，水深 12 丈，距海口 25 千米，形势险要，易于防守。已与法人日意格、德克碑签订 5 年期限的承包合同，日意格为正监督，德克碑为副监督。工程于 1866 年 12 月 23 日破土开工，到沈葆桢上任时基建即将完成。工程边建边投产，至 1874 年，一所以造船为中心的大型机器厂——福州船政局（也叫马尾船政局）建成。它以规模宏大、设备俱全而闻名，超过日本同时期建成的横滨、横须贺制铁（造船）所。不过其建设费用也不小，共约银 47 万两。

福州船政局主要由铁厂、船厂和学堂三部分组成。铁厂有锤铁、拉铁、铸铁、打铁诸车间。锤铁车间拥有 7000 千克大汽锤和 6000 千克双锤各一，锻铁炉 16 座，再热炉 6 座。拉铁车间拥有再热炉 6 座，轧机4 架，设有 100 马力的发动机 1 架，每年轧铁 3000 吨。铸铁车间拥有铸铁炉 3 座，15 马力的发动机 1 架，每月铸件 90 吨。打铁车间专制修造船舶所需的各种小型铁件，拥有44座熔铁炉和3个3000千克的汽锤。船厂由3个船台组成,拥有一架能起重40吨的起重机和一座铁船槽。铁船槽能容纳长100米、排水量1500吨的船只。学堂(即“求是堂艺局”)是船政局的重要部分。当初左宗棠认为法国擅长造船,故学造船的必须学法文,要求达到按图自造的程度;英国擅长驾驶,故学航行的必须学英文,要求达到船长的学识水平。因此学堂分为英文、法文两类。英文类有三个学校,即海军学校、实际航行学校和工程学校。海军学校学习航行理论,课程有算术、几何、代数、三角和天文地理。实际航行学校设立在教练舰“扬武”号上。工程学校的课程有算术、几何、绘图、机械图说、船用仪器的用法。法文类有三个学校,即造船学校、设计学校和艺徒学校。造船学校聘请三位教授,教物理、化学和数学。艺徒学校的课程则为算学、图形几何、代数、图画和机械图说。除学堂外,还有一个“时刻测定学科”。这个学科分为三组:一是测时表(即经纬仪)制造组,二是光学仪器组,三是船用罗盘制造修理组。学堂的建立意义很大,培养了一批中国人自己的造船航海人才,如刘步蟾、林泰曾、魏翰、严复等。

由于船政局是边建设边投产的,1869年6月10日，第一艘轮船“万年清”号建成下水。它是一艘以法国旧轮机为主机而装配成的木质暗轮,有大炮6门,1300余吨,逆水时速35千米,顺水约45千米。由沈葆桢亲自试航后,驶往天津交三口(牛庄、天津、登州)通商大臣崇厚验收。当“万年清”号驶抵天津时,“华夷观者如堵,诧为未有之奇”。崇厚称赞它“船身工料坚固,汽炉轮机灵捷如法”。这里值得特笔记述的是船上舵工、水手和管理人员全部是中国人,没有一名洋人。从1869年至1905年福州船政局共造船40艘,“万年清”“湄云”“福星”“伏波”前四艘的轮机均从外国购入,从第五艘“安澜”开始,轮机即由船厂自制。它虽然是仿造,从绘图到建成仍然是在洋人指导下进行的,但都是通过中国工匠自己之手操作制成的，对今后船厂的发展奠定了基础。这是从1869年至1874年初创阶段的情况。自1875年至19世纪90年代末,船厂进入发展阶段,其主要标志是由洋技术员设计到华人设计自造,由木壳为主变为钢铁壳为主。

1874年起,除日意格等少数人和专业教师以外,第一批合同期满的洋员全部辞退,船厂进入自力更生的阶段。从第17艘"艺新"开始,越出仿造的框框,由中国学生吴德章、汪乔年两人测算绘制,这表示中国造船技术的跃进。从1877年建成的第20艘"威远"开始,从木质船变为铁胁(骨)船。从1887年建成的第29艘"平远"开始,又从铁胁船变为钢甲船。为适应船厂发展的需要,1875年趁日意格回法国采购材料之便,沈葆桢从"求是堂艺局"选派魏瀚、陈兆翱、陈季同、刘步蟾、林泰曾5名学生随同赴法留学,后又陆续派了三批学生去欧洲留学。为解决燃料问题,沈葆桢奏请开采台湾的基隆煤矿获准,1878年开工投产,满足了船政局的需要。福州船政局在船政大臣沈葆桢及其后任丁日昌的努力下,取得了巨大成绩。1876年英国海军军官寿尔参观该局后赞道:"工人由中国工头监工。这些工头是完全可靠的,和欧洲人毫无差别地能够胜任愉快。""工程师英文说得相当好。船的引擎情况良好,什么东西看来都干净,事事都认真而有条理。""这里最近造的一只船,船引擎及一切部分,在建造过程中未曾有任何外国人的帮忙。""工人看来是智慧而办事有条理的样子……据人们描述,他们是坚稳而有恒心的。"(寿尔:《田凫号航行记》,《洋务运动》第8册,第369—376页。)

(4)金陵制造局和天津机器局

曾国藩的湘军攻陷天京10个月后的1865年5月23日,清政府任命曾国藩为钦差大臣,赴山东围剿捻军,以江苏巡抚李鸿章署理两江总督。曾国藩为此感到"咤叹忧愦",而李鸿章却为曾国藩被推上剿捻前线,两江军政实权落到自己手中感到高兴。李鸿章移驻南京后,立即命马格里、刘佐禹主持的苏州炮局搬到南京,再加以扩建,改称为金陵制造局,简称宁局。宁局于1865年春夏之交动工,次年8月竣工。火箭分局于1870年7月竣工。同年11月扩建铁炉房5大间、汽炉房1所、砌炉12座。1872年12月添造翻砂厂房6间。其后又陆续增设枪子机器厂、铁汽锤厂、拉铜机器厂、水雷局和乌龙山炮台机器局等。

1881年为辅助江南制造局生产洋火药，当时的两江总督刘坤一奏请增设一个洋火药局。获准后便从英国军火商黑鲁洋行订购日产1000磅火药的全套机器设备，由该洋行技师波列士哥德（G. Bracegirdle）来华设计和监造厂房。火药局于1882年动工，1884年建成投产，耗资18万两，常年经费为四五万两。该局是中国近代最大的火药制造厂，拥有40至80英尺的烟囱8个、10至25匹马力的机器4架、锅炉6个、抽水机6架。

金陵制造局的机器全是英国制的，一般生产各口径大炮、炮车、炮弹、枪子、水雷和各种军用品。常年经费约11万两。1884年中法战争时各省订货增多，经费达到15万两，但仍无法与江南制造局年经费五六十万两相比。中日甲午战争（1894—1895）以后，两江总督刘坤一增添和更新设备，生产能力提高。至1899年，该局年产后膛抬枪180支、2磅后膛炮48尊、1磅子快炮16尊、各项炮弹65800颗、抬枪自来火子弹50000粒、毛瑟枪子弹81500粒。

金陵制造局由李鸿章创办以来，一直掌握在他的手中。1866年李鸿章调离两江，代替曾国藩往山东镇压捻军，该局仍控制在他的亲信手里。1870年8月李鸿章任直隶总督，该局还是专为淮军制造军火，成为他的政治资本之一。

在曾国藩、李鸿章筹办江南制造局的时候，洋务派在中央的代表恭亲王奕䜣深恐地方势力过于膨胀对中央不利，建议在天津设局制造军火机器。奕䜣奏道："臣等因思练兵之要，制器为先。中国所有军器，固应随时随处选匠购材，精心造作。至外洋炸炮、炸弹与各项军火机器，为行军要需。神机营现练威远队，需此尤切。中国此时虽在苏省开设炸弹三局，渐次著有成效，惟一省仿造，究不能敷各省之用。现在直隶既欲练兵,自应在就近地方添设总局,外洋军火机器成式实力讲求,以期多方利用。设一旦有事,较往他省调拨,匪惟接济不穷,亦属取用甚便……臣等公同商酌,拟即在天津设立总局,专制外洋各种军火机器。或雇何项洋人作教习,或派何项员弁作局董,拣选何项人物学习,或聚一局,或分数局,教习、学习人等名数若干,材料、匠役及杂项用费若干,应由三口通商大臣崇厚悉心筹划。”(1866 年 10 月 6 日)(奕䜣:《请在天津设局制造军火机器折》,《筹办夷务始末》同治朝第 44 卷,第 16—18 页。)由此可见,设立天津机器局既有“防患固本”之意,又可扭转“外重内轻”之局面。

清政府立即采纳奕䜣的建议,派三口通商大臣崇厚筹建,指定天津海关、东海(烟台)海关的四成关税作为常年经费。该局 1867 年初建时称“天津军火机器局”,1870 年改称“天津机器局”,1895 年以后又改称“北洋机器局”。

崇厚聘请英商兼丹麦领事密妥士(J.A.T.Meadows)做顾问,进行建局工作。1867 年先在天津海光寺建立铸造厂,称为“西局”。后通过江苏巡抚丁日昌从上海购入车床、刨床等机器,还从香港购来造枪炮的机器,开始制造炸炮、炮车和炮架等。1869 年夏,向国外订购的制造火药的机器和洋匠先后抵达天津,便在城东贾家沽地方设立火药局,称为“东局”。1870 年 6 月崇厚为钦差大臣出使法国,8 月李鸿章为直隶总督,因此天津机器局交给李鸿章主持。李鸿章办厂富有经验,在他的经营下该局扩建厂房,添置机器,建造火药库等。至 1876 年军火产量大增,除生产各种军火之外,还能承修轮船、挖河机器船等。1877 年试造水雷成功。由李鸿章扩建后的天津机器局分东、西两局。设在城东贾家沽的东局主要生产火药、洋枪洋炮、子弹和水雷等,设在城南海光寺的西局主要生产军用器具和开花子弹,兼造各种炮车、电线、电机及布雷用的轮船、挖河船。东局还培养人才,附设水师、水雷、电报学堂。1887 年东局又新建一座栗色火药制造厂,生产当时最新式的炸药。

1893年建成一座炼钢厂,机器设备是从英国买来的,能生产6英寸口径的小钢炮。

1884年中法战争之后,清政府创建海军,首先建立了一支北洋舰队,它的军火弹药全由天津机器局供给。不仅如此,直隶省的练军及驻扎在大江南北的淮军、各海口炮台,都要天津机器局供给军火,无怪李鸿章得意地把天津机器局称之为“洋军火之总汇”和“北洋水陆各军取给之源”了。

天津机器局每年需经费30余万两,主要取白天津、烟台两海关40%的海关税,偶尔从户部或海军衙门取得一些补助。可惜这个历年来耗资达千余万两的天津机器局,在1900年庚子事变时被八国联军破坏殆尽。

(5)山东机器局和兰州制造局

地方洋务派干将丁宝桢(1820—1886)因协同李鸿章在山东镇压捻军有功,1867年升任山东巡抚。他用洋枪洋炮杀害了数十万农民起义军,深感近代武器的厉害,积极主张山东也要创办近代军用工业。他上奏道:“东省现筹海防,臣定以修筑炮台与安设制造药丸及修理枪炮之机器两事为先务。”(丁宝桢:《调张荫桓、文天骏片》,《丁文诚公遗集》奏稿第11卷。)“既用外洋枪炮,必须外洋子药,而内地所用皆取购于外洋,为费甚巨,且恐有事之时,药丸无处购办,枪炮转为弃物。”(丁宝桢:《设立机器局折》,《丁文诚公遗集》奏稿第12卷。)要求办厂,制造枪支弹药。总理衙门认为“东省存款闻将300万,财力大有可为”,所以准奏,着丁宝桢筹建。李鸿章推荐江南制造局的技师徐建寅(西学家徐寿之子)为总办,协助丁宝桢筹建。

光绪元年(1875),山东机器局在省城济南郊区泺口正式兴建,徐建寅赴上海购买机器设备。不久机器设备运抵山东,由徐建寅指挥安装。不到一年,火药厂、机器厂、生铁厂、熟铁厂、库房、文案厅、工匠住房等一概告成。各厂大小烟囱有10多个,最高的达四五十丈。山东机器局的厂房建造和机器安装全部由中国人自己来完成的,不雇用一名洋工匠。

山东机器局主要生产枪炮弹药等军火,产品大部分拨给本省驻军使用,小部分拨给四川和吉林驻军。该厂还附设煤矿,使用两部机器采煤。一部是8马力,另一部是6马力,用于矿井抽水。从井底运煤到井口,也使用机器。局里还有一条3尺宽的小铁轨,用于运输货物。该局开办费共计186800两,年经费约60000两,全部由山东省自给。该局管理人员和工人全部是中国人,没有一个洋人,可以说是自力更生办厂的典型,这在当时是难得的。

中日甲午战争以后,山东巡抚李秉衡将山东机器局加以扩建,规模较前增大2/3。袁世凯担任山东巡抚时(1900)又进一步扩建,成为省级机器局之冠。

另一位地方洋务派干将左宗棠,在担任闽浙总督期间创办福州船政局。正当他在积极筹建之时,被清政府任命为陕甘总督。1867年左宗棠一上任,就以西安为根据地,纠集陕军、甘军和嫡系湘军共120营,对起义军发动猛烈进攻,大规模军事行动使西北地区军需激增。本来西北地区军需大部分由上海洋行采购而来,小部分由湖北省制造后运到陕西。鉴千洋军火价格昂贵,而湖北省自造的运输不便,左宗棠决定就地制造。所以他一到西安,首先开办军火厂,西安机器局也就应运而生。左宗棠先从江南制造局和金陵制造局招募一批工匠和技师,然后以三十多万两银子购买机器,很快就成立了西安机器局,生产军火供应前线需要。西安机器局和山东机器局一样,也是自力更生的产物,负责人是广东人记名提督赖长。赖长是左宗棠旧部,"素有巧思,仿造西洋枪炮制作灵妙"。

1872年因战争重心移到甘肃,西安机器厂也随之迁到兰州,并加以扩充,改名为兰州制造局,由赖长担任总办。后来起义平定,兰州制造局也于1882年停产。

省级机器局除了上述山东机器局和兰州制造局以外，还有四川机器局、吉林机器局、云南机器局、浙江机器局和汉阳枪炮厂等。这些机器局的出现，标志着中国引进西方近代资本主义生产方式开始进入实践阶段，其意义重大。

3.近代海陆军的建立

(1)从购买船炮到筹建海军

清政府为收复南京，镇压太平天国革命，洋务派中央代表奕䜣等上奏向外国购买船炮，加强军事力量。咸丰十一年五月三十日（1861年7月27日）清廷下达上谕：“前因恭亲王奕䜣等奏，法夷枪炮现肯售卖，并肯派匠役教习制造，当谕令曾国藩、薛焕酌量办理。本日复据奕䜣等奏请购买外洋船炮一折，据称大江上下游设有水师，中间并无堵截之船，非独无以断贼接济，且恐由苏、常进剿，则北路必受其冲。据赫德称，若用小火轮船十余号，益以精利枪炮，不过数十万两。至驾驶之法，广东、上海等处，可雇内地人，随时学习；亦可雇用外国人，令其司舵司炮。其价值先领一半，俟购齐验收后，再行全给……一俟船炮运到，即奏明办理。”（曾国藩：《复陈购买外洋船炮折》，《曾文正公全集》奏稿第14卷，第9—11页。）曾国藩奉到谕旨立即上奏道：“轮船之速，洋炮之远，在英、法则夸其所独有，在中华则震于所罕见。若能陆续购买，据为己物，在中华则见惯而不惊，在英、法亦渐失其所恃。况今日和议既成，中外贸易，有无交通，购买外洋器物，尤属名正言顺。购成之后，访募覃思之士，智巧之匠，始而演习，继而试造，不过一二年，火轮船必为中外官民通行之物；可以剿发逆，可以勤远略。”（1861年8月23日）（曾国藩：《复陈购买外洋船炮折》，《曾文正公全集》奏稿第14卷，第9—11页。）这样上下意见取得一致以后，由赫德（Robert Hart）委托回英国休假的总税务司李泰国(Noratio NelsonLay)购买。

1863年9月，买来的舰队(包括7艘兵船和1艘供应船)由英国军官阿思本(Sherard Osborn)率领抵达上海。但是这支新式舰队到达上海之后,却因为“阿思本事件”弄得不欢而散,一事无成。原来英国想利用李泰国为清政府代购船舰之机控制中国的海上武装力量,所以李泰国擅自和阿思本订立合同,规定这支舰队只服从清朝中央政府调遣,而这种调遣的命令只能由李泰国传谕。如果阿思本认为难以执行命令,或李泰国认为命令不合理,都可以拒绝传谕,而且这支舰队不受地方督抚节制。这就引起积极支持购船的曾国藩、李鸿章的不满,因为他们想通过购船增加湘军、淮军的实力。更甚的是总理衙门竟然和李泰国订立了分赃协定:如果阿思本舰队攻下金陵,抢得太平天国的财宝时,三成充公归朝廷,三成半由阿思本赏给外国兵将,三成半赏给中国兵将。如果中国官兵没有参与攻打金陵,七成全由阿思本充赏。这就使一心独占战功、独吞财富的曾国藩、曾国荃两兄弟大为愤懑。曾国藩提出强硬主张——无代价遣散舰队。主攻金陵的曾国荃则扬言,当初购买外国船舰是因为长江梗塞,现在江路已通,不需要外国船舰协助,这无异宣布拒绝阿思本舰队参加战斗。而代表英国势力的阿思本觉得自己的愿望难以实现,故作姿态要解散舰队,恫吓清政府。此时美国也站出来反对李泰国和阿思本签订的合同,美公使蒲安臣认为这个舰队已超过了中国的需要。这样,清政府被迫在1863年10月解散阿思本舰队,将船舰遣回英国。

实际上阿思本事件发生前后,湘淮两军为加强实力已租赁和购置新式火轮船了。租给“常胜军”〔以华尔(F.T.Ward)率领的镇压太平军的洋枪队〕使用的火轮船有“蟋蟀”“罗士”“海生”“升得利”“飞而复来”“七厘”和“元宝”等。购置自用的有1855年从美国买来的“天平”,1856年从英国买来的“铁皮”,1862年年初购置、往返于安庆、上海之间转运兵饷的“威林密”。

除上述两江之外,19世纪60年代以后各省竞相向外国购船。广东省于1867年至1868年自筹经费,向英法两国购买了7艘火轮船。它们是"飞龙"(购自英国,1867 年 1 月到粤,雇英国船员 3 名)、"镇海"(购自法国,1867 年 3 月到粤,雇用法国船员 2 名,英美各 1 名)、"澄清"(购自法国,1867 年 6 月到粤,雇用法国船员 4 名)、"绥靖"(购自法国,1867 年 11 月到粤,雇用英国船员 4 名)、"恬波"(购自法国,1868 年 4 月到粤,雇用英法船员各 2 名)、"安澜"(购自英国,1868 年 8 月到粤,雇用英国船员 5 名、炮手 2 名)、"镇涛"(购自英国,1868 年 8 月到粤,雇用英国船员 5 名、炮手 2 名)。福建省于 1865 年至 1866 年向外国购买了 4 艘火轮船。它们是"长胜"(1865 年 3 月到闽,雇英国船员 2 名)、"福源"(1866 年 6 月到闽)、"华福宝"(1866 年 9 月到闽)、"福胜"(1866 年前到闽)。到 60 年代末 70 年代初,江南制造局和福州船政局相继自造木质兵船,供应海防需要。

1874 年日本借口所谓日本的琉球人被中国台湾高山族所杀,出兵中国台湾。清政府害怕日本海军有两艘铁甲舰,不敢抵抗,退让妥协,结果被日本轻易勒索了军费 507 万两。事后,清政府上下掀起一场筹办海防、建立海军以抵御外国侵略的议论。总理衙门将众人的意见归纳为六条,即一练兵,二简器,三造船,四筹饷,五用人,六持久;后来前江苏巡抚、淮系洋务派丁日昌又续拟《海洋水师章程六条》先后上奏。清廷将这两个奏折发给李鸿章等详细筹议,将逐条切实办法,限于一月内复奏。于是李鸿章于 1874 年 12 月 10 日上奏道:"兹总理衙门陈请六条,目前当务之急与日后久远之图,业经综括无遗洵为救时要策……丁日昌所陈间有可采,一并汇入核拟,以备刍荛之献。总之,居今日而欲整顿海防,舍变法与用人,别无下手之方。"(李鸿章:《筹议海防折》,《李文忠公全集》奏稿第 24 卷,第 10—25 页。)

1874 年 11 月 19 日丁日昌提出的《海洋水师章程六条》,建议在沿海建立北洋、东洋和南洋三支水师,北洋水师负责山东、直隶沿海防务,总部设于天津。东洋水师负责浙江、江苏海防,总部设在吴淞。南洋水师负责广东、福建海防,总部设在南澳。每支水师各备兵舰 6 艘,炮舰10艘。三洋水师每半年演习一次,以求互相配合,联为一气。(丁日昌:《海洋水师章程》,《筹办夷务始末》同治朝第98卷,第23页。)与此同时,裁撤旧有艇船,以节省军费。丁日昌的建议大体上被朝廷采纳了。1875年5月总理衙门对筹议海防的议论做出总结,决定每年从关税和厘金项目下拨出400万两作为南洋海防大臣沈葆桢、北洋海防大臣李鸿章筹办海军的经费。同时还决定,"先于北洋创设水师一军,俟力渐充,由一化三,择要分布,各督抚各就地方形势划一训练,限一年内办理就绪"。也就是说先办北洋海军,后办东洋、南洋海军,一年内办毕。

(2)北洋、南洋舰队的建立

从1875年开始,清政府正式筹建海军。光绪元年四月二十六日(1875年5月30日),清廷任命李鸿章、沈葆桢为北洋、南洋海防大臣:"著派李鸿章督办北洋海防事宜,沈葆桢督办南洋海防事宜。所有分洋之任,练军诸议,统归该大臣择要筹办。如应需帮办大臣,即由李鸿章、沈葆桢保奏,候旨简用。钦此。"(奕䜣:《光绪五年闰三月二十二日总理各国事务衙门奕䜣等奏折》,《洋务运动》第2册,第387—388页。)于是李、沈两人即着手建设海军,李鸿章主要负责山东、天津和东北沿海一带的海军建设,沈葆桢主要负责长江以南的江苏、浙江、福建沿海一带的海军建设。这里所说的南洋,就包括了丁日昌所说的东洋和南洋,所以李、沈督办的南北洋海军,实际上就是南、东、北三洋水师。

要建设海军,兵舰是必不可少的,当时江南制造局和福州船政局只能制造少量的木壳兵船,而且吨位小。因此李鸿章主张向外国购买,买船比造船便宜,而且时间快,今年定制,明年可以开到交货。不过左宗棠认为借不如雇,雇不如买,买不如自造,因为只有自己亲身动手,才能学到西方的"长技"。虽然自造的费用比购买要多,但从长远利益来看,自造是永久之计。不过至1875年福州船政局建成16艘,江南制造局5艘,总计只有21艘,远远不敷需要。于是由总税务司赫德牵线,向英国订购。光绪四年五月(1878年6月)间,向英国诃摩士庄厂

(Armstrong Co.)订购的4艘炮舰驶抵天津海口,其中2艘是26吨半炮舰,2艘是38吨炮舰,分别取名为“龙骧”“虎威”“飞霆”“策电”。7月2日李鸿章亲自从天津赶到大沽海口验收,据说“其轮机、器具等件均尚精致灵捷,演试大炮亦有准头”。(《光绪四年六月十七日直隶总督李鸿章奏折附片》,《洋务运动》第2册,第383页。)接着李鸿章便命这4艘炮舰“驶出沽口洋面,往返两时,顺水逆风,每点钟约行21里有奇;若开满轮力,速率当可略加……臣现筹派该四船分驻大沽、北塘两海口,与陆营炮台将领互相联络,考究炮法。每月各出洋会哨两次,循环轮替、调扎,并按季合操打靶,测度较准”。(《光绪四年六月十七日直隶总督李鸿章奏折附片》,《洋务运动》第2册,第383页。)

然而李鸿章深知仅此4艘炮舰无济于事,向朝廷陈述铁甲舰的重要性,主张向外国购买铁甲舰。他说:“查西洋兵船行于海面攻取者约有三种:一、铁甲船,形式大小不等,铁甲厚薄不等,船首冲锋有无不等;二、快船(巡洋舰),或配铁木,或用钢壳,专取行驶快速,能追击敌船而不为敌舰所及;三、水雷船,吃水虽浅,或带在大船上,或隐于大船后,冲击最宜。至于木壳轮船,如闽沪各厂所造者,系西洋旧式,只可作无事巡防,有事则载兵运粮之用,实不宜于洋面交仗。蚊子船(炮舰)则为守港利器,如赫德所购者,炮位较大,在浅水处亦能轰坏铁甲也。中国即不为穷兵海外之计,但期战守可恃,藩篱可固,亦必有铁甲船数只游弋大洋,始足以遮护南北各口,而建威销萌,为国家立不拔之基。五六年而迄无成者,一由经费太绌,一由议论不齐,一由将才太少。然欲求自强,仍非破除成见,订购铁甲不可。”(1880年2月8日)(《光绪五年十一月二十八日直隶总督李鸿章奏折》,《洋务运动》第2册,第421页。)这里李鸿章所说议论不齐,是指恭亲王奕䜣反对。奕䜣说:“据李鸿章函述与赫德在京面议,以铁甲船每只价银200余万两及100万两以外,中国现尚无此财力,未能订购。”(《光绪元年六月二十三日总理各国事务衙门奕䜣等奏折》,《洋务运动》第2册,第337页。)

虽然铁甲舰一时不能购买,李鸿章仍在积极筹备资金,并嘱李凤苞在外国“悉心探访”,有适当的就酌量订购。至1880年2月,李鸿章又从外国购来“镇北”“镇南”“镇东”和“镇西”4艘炮舰,由道员许钤身、提督丁汝昌会督管带各员,认真操练,并经常出洋赴山东、辽宁交界之大连湾与沿海口岸驻泊巡逻,以壮声威。以前购入的“龙骧”“虎威”“飞霆”和“策电”4炮舰,赴南洋归沈葆桢调遣。

1880年7月9日李鸿章奏请购买铁甲舰,言辞坚决:“臣查中国购办铁甲船之议已阅数年,只以经费支绌,迄未就绪。近来日本有铁甲三艘,遽敢藐视中土,至有台湾之役、琉球之废。俄国因伊犁改约一事,迭据电报,添派兵船多只来华,内有大铁甲二船,吨数甚重,被甲甚厚,无非挟彼之所有,以凌我之所无,意殊叵测。铁甲若非利器,英人何至忽允忽翻,吝勿肯售?今欲整备海防,力图自强,非有铁甲船数只,认真操练,不足以控制重洋,建威销萌,断无惜费中止之理。”(《光绪六年六月初三日直隶总督李鸿章奏》,《洋务运动》第2册,第454页。)因此李鸿章各方面设法筹集资金,由李凤苞向德国订购了两艘铁甲舰——“定远”“镇远”。后来又向德国订购了两艘铁甲舰——“经远”“来远”。其订购理由是:“中国南北两面将及万里,仅有铁甲船两只分布不敷,仍无以振国威而壮远势。况现拟订造之船应分闽省、南洋各一只,北洋为京畿门户,处处空虚,无论何国有事,敌之全力必注重在北。若无铁甲坐镇,仅恃已购之蚊(船)、快碰船数只,实不足自成一队,阻扼大洋。则门户之绸缪未周,即根本之动摇可虑。以臣愚见,北洋应再定造铁甲船两只,所需经费亟应豫筹凑拨。”(《洋务运动》第2册,第454—455页。)

当时李鸿章力主订购铁甲舰是明智的、适时的。试想后进的日本、俄国都在借债购买铁甲舰,中国怎能无动于衷呢?他说:“目今时势艰危极矣,议者攘臂言战,每怪海疆防务有名无实,又不肯筹集巨款……即如俄兵虽称强盛,铁甲船及后门(膛)枪炮皆所素备,然曾纪泽来信,今春俄犹在英国银行借1500万金镑,已合银5200余万两;又向德、奥等国分借巨款。是其不惜靡费,以与我争胜,而我犹执往日之军器、兵饷以御强俄,得失之数可揣而知。……目前俄人窥伺固无从镇扼,即日后他国凭陵亦将何以抵御耶?"(《光绪六年六月初三日直隶总督李鸿章奏》,《洋务运动》第2册,第455页。)

1884年清政府设置海军衙门。醇亲王奕为该衙门总理,庆亲王奕劻、大学士李鸿章为会办,正红旗汉军都统善庆、兵部右侍郎曾纪泽为帮办,大权掌握在李鸿章手中。1885年以后定购的四艘铁甲舰建成并陆续来华。1888年北洋舰队基本上建立。其后因西太后将建设海军的经费修建颐和园,北洋舰队停止发展。

(3)新式陆军的建立

一般说来,清朝的旧式军队是腐败、无用的,美国驻华使馆的秘书、代办何天爵(Chester Holcombe)说:"他们的武装是弓箭、枪矛、鸟枪和粗抬枪……满洲的儿童在未到入伍年龄之前都要学射艺。但是不幸,人们教他们要有威风凛凛的射姿,把射姿看得比准确地瞄射还要重要。京城的北郊有一个广阔的教场,但平时随它荒芜,万一使用这教场时,操演则只是徒具形式,敷衍了事,并没有实际效用。总之,是无操、无练、无纪律、无效率。""一大部分士兵,尤其是低级军官,都抽鸦片,实属危险。其中有许多人酗酒、赌博、各处游荡。""每一个总督和巡抚都有他自己的军队,这些军队由他征募,由他装备,并由他自己的行政机构节制。换言之,全中国有大约15支不同的军队,各自独立,对朝廷只是名义上的忠诚。"(以上引文均见何天爵:《中国的海陆军》,《洋务运动》第8册,第463—466页。)

中国旧式军队的弊病不仅外国人看到,中国有识之士也看到,如李鸿章、张之洞等积极从事新式陆军建设。1862年李鸿章被曾国藩派到上海的时候,上海是个孤岛,四周被太平军包围。因此他以募勇添兵、扩军备战为要务,积极引进西方武器,增强军队的战斗力。与此同时,聘请外国军官训练淮军,于是出现了所谓"练军"。它就是区别于八旗(满军)、绿营(汉军)以及湘淮旧式军队,使用新式的洋枪洋炮及洋式操练法的新式陆军。这种练军各省都有,武器更新迅速,与西方各国差距逐渐缩小。随着武器装备的更新,西方国家的军队训练方法也相继传入,使中国陆军逐渐向近代化转变。通过第二次鸦片战争,清政府对西方先进军事技术的认识,已从船坚炮利发展到战术战法。

由于淮军最早接受洋教习的训练,不仅提高了淮军近代化的程度,还培养了一批熟习西方军事技术的人才。同治十一年十二月 (1886 年 1 月)朝廷批准直隶练军教习由淮军官兵担任,不再聘用洋人。从此以后,直隶练军每营设正教习 1 人,帮教习 4 人,均由淮军派员充任。1876 年 4 月,李鸿章选派淮军军官 7 名赴德国留学 3 年。3 年学成回国的有查连标、袁雨春、刘芳圃三人,他们都在练军中充任教习。王得胜继续深造,1881 年回国,统带李鸿章的亲兵营。卞长胜、朱耀彩两人提前回国,杨德明在德病故。

为专门培养陆军军事人才,洋务派设立武备学堂。光绪十一年(1885),李鸿章在天津设立北洋武备学堂。光绪十三年(1887),张之洞在广州设立广州陆师学堂。光绪二十一年(1895),张之洞在南京设立江南陆军学堂。光绪二十二年(1896)张之洞又在汉口设立湖北武备学堂。这 4 所学堂均聘请德国教习执教。从上述四校毕业出来的新颖军事人才,日后都成了新式陆军的骨干。

在 1894 年至 1895 年的中日甲午战争中,北洋舰队覆灭,湘淮两军一败涂地,彻底暴露了清朝军队的腐败和军事制度的落后,朝野要求改革军队的呼声很高。甲午战争结束不久的 1895 年 7 月,张之洞呈《吁请修备储才折》(《张文襄公全集》第 37 卷,《奏议》37。)提出挽救危局的 9 条措施。它的第一条就是"亟练陆军",主张编练新式陆军。同年 12 月 2 日张之洞又呈《选募新军创练洋操折》(《张文襄公全集》第 40 卷,《奏议》40。)再次提出仿效西洋军制,编练新式陆军的主张。其中他沉痛地说：“愤兵事之不振，由痼习之太深，非认真仿照西法，急练劲旅，不足以为御侮之资。”张之洞的这个奏折得到朝廷批准，立即在南京成立“自强军”，开始仿照德国军制进行训练。全军兵额为2860名，年饷40余万两，聘用德国教习32人。士兵从江苏、安徽两省的农民中招募。这就是自强军成立的缘起。1896年初张之洞调任湖广总督，自强军便由新任两江总督刘坤一负责训练。同年6月因自强军与刘坤一的湘军亲兵营发生冲突，打死德国教习一名，便将自强军调到吴淞驻扎，恢复正式训练。至1897年2月，鉴于士兵操练已基本娴熟，自强军又在驻地开办“练将学堂”，由德人充当教师，教授枪法、步法、测绘和战学4门课程，对军官(华人副营官哨官)进行轮流培训。4个月培训期满，又开办了“练弁学堂”，选派排长入学，练习行军、侦探、测绘等技术。按照张之洞创军时的计划，自强军操练已有规模，便推广加练，增加人数，以增至万人为止。但是限于财力，刘坤一不再扩大自强军，采用变通办法，即指派洋教习在吴淞驻地就近教练盛字军，扩大影响。

从1898年5月起，新任自强军统带江南提督李占椿带军从吴淞移驻江阴，参加江防。同时李占椿将军中洋将(初建军时洋人担任正营官哨官，华人担任副营官哨官)遣散，全归华将自统，这标志着自强军已经练成。同年9月刘坤一奉上谕，37营防军练习洋操，每哨由自强军派遣排长一名充当教习，一切操法都按自强军的章程。此外还将新纂的《西法类编》一书分发给江南防军各营，指令营官熟读。这样，江南防军全都改练德国操法，取得很大成绩。当时梁启超对自强军这样赞道：“自强军全军操练仅八阅月，马军乃一月有余耳，而士躯之精壮，戎衣之整洁，枪械之新练，手足之灵捷，步伐之敏肃，纪律之严谨，能令壁上(“作壁上观”，意即坐观成败)西士西官西妇观者百数，咸拍手咋舌，点头赞叹，百吻一语曰‘不意支那人能如是，能如是。”(梁启超：《记自强军》，《饮冰室合集》文集之二。)

1901年7月18日，朝廷下谕旨将自强军调往山东，交袁世凯(时任山东巡抚)布防和训练。刘坤一无法,只得除留下一哨亲兵外,全部从江阴开赴山东,归袁世凯节制。原来甲午战争失败后,清廷吸取教训,命胡编练新军,组成一支“定武军”(定武军的编制是步队3000名、炮队1000名、马队250名、工程队500名,合计4750名)于1894年冬,在驻地天津马厂开始进行训练。定武军无论组织上还是武器、技艺、操法上一律力求西式,试图彻底改变旧式军队的腐败。1895年10月定武军从马厂移驻小站,开始著名的“小站练兵”。后来胡奉命督造津卢铁路,经内阁大学士荣禄保奏,定武军由袁世凯接办,并将它更名为新建陆军,还增募了步队2000名、马队250名,与原有的定武军4750名,共计7000名。1898年11月荣禄奉旨督练武卫军(分前、后、左、中、右5军),新建陆军便改名为武卫右军,发展到万人。1900年2月八国联军侵华前夕,袁世凯被任命为山东巡抚,他带了武卫右军开赴山东镇压义和团运动。在山东,袁世凯又将山东旧军34营改编为步马炮20营,取名为武卫右军先锋队,约有万余人。经过同年6月21日爆发的八国联军侵华战争,武卫军除左军马玉昆部队以外,前、后、中三军几乎全部崩溃,只有袁世凯的武卫右军没有损失,因它在山东,没有参战。及至1901年9月南方的自强军调归袁世凯统辖之后,袁世凯的武卫右军便成为北方最大的一支军队。因李鸿章病逝,同年11月,袁世凯被任命为直隶总督兼北洋大臣,军事力量更加强大。

以上是中国新式陆军建立的经过。这里所谓的新式陆军,就是指南方的自强军和北方的新建陆军。它们是中国第一批近代化军队,后来其军制推广到全国。新式陆军的建立意义重大,其不仅使用了西方新武器,还接受了先进的西方军事技术训练,更重要的是对晚清腐朽的封建军事制度进行变革。尽管变革不彻底,但还是延长了清王朝十余年寿命。

4.近代民用企业的创办

(1)轮船招商局的成立

第一次鸦片战争打开了中国的大门,第二次鸦片战争则打开了长江的大门。中英《天津条约》第十款规定:"长江一带各口,英商船只俱可通商。唯现在江上下游均有贼匪,除镇江一年后立口通商外,其余俟地方平靖,大英钦差大臣与大清特派之大学士尚书会议,准将汉口溯流至海各地,选择不逾三口,准为英船出进货物通商之区。"(翦伯赞等:《中国通史参考资料》上册,第116—117页。)这样,外国船舰便可从外洋直入长江,上溯汉口,游弋中国江河。最使人痛心的是外国轮船公司垄断了中国航行事业,如美商旗昌轮船公司和英国太古轮船公司的轮船,活跃于长江航线;英商怡和轮船公司的轮船,活跃于北洋航线,因此外国轮船公司大发横财。据统计,1866年旗昌公司的利润为22万余两,1871年增加到95万余两,它的资本由100万两增至250万两。(成晓军:《李鸿章传》,四川人民出版社,1995年,第160页。)与此同时,中国传统航运业受到致命打击,船主破产,输运工人失业。1826年起开办的漕粮海运,聚集在上海载粮北运的沙船多达3000艘,现在几乎都被外国轮船排挤掉了。这就不得不使中国有识之士提出创办轮船运行,以争回利权的建议了。

最早提出试办轮船航运的是商人吴南记等,但没有结果。1867年候补同知容闳请求政府劝谕商人购买轮船,开设轮船公司,春夏承运漕粮,秋冬揽载客货。容闳还提出一个开办轮船公司的章程,但也没有结果。

开设轮船公司之事得到李鸿章的关怀和支持,他向朝廷陈述了办公司的理由:"伏查各国通商以来,火轮夹板日益增多,行驶又极迅速,中国内江外海之利,几被洋人占尽,且海防非有轮船不能逐渐布置,必须劝民自置,无事时可运官粮客货,有事时装载援兵军火,借纾商民之困，而作自强之气；且各华商，因无官办章程，多将资本附人洋商轮船股内，尤非国体所宜。”（李鸿章：《轮船招商请奖折》，《中国近代史参考资料》上册，第358—359页。）李鸿章认为开设轮船公司很重要，不仅是“夺洋人水上之利”，而且还是从军用工业转向民用企业、从求强到求富的一大契机。当时（1872年）正好清政府内部发生一场关于是否继续造船的争论，李鸿章于1872年6月间呈《议复制造轮船未可裁撤折》中，曾提及开设轮船公司一事。不久总理衙门奏复：“应由该督抚随时察看情形，妥筹办理。”（李鸿章：《轮船招商请奖折》，《中国近代史参考资料》上册，第358—359页。）因此，李鸿章便于同年8月命浙江海运委员、候补知府朱其昂负责筹办轮船招商局。朱其昂是江苏宝应人，世代为沙船运输商人，本人经办海运十余年，有丰富的海运经验。朱其昂奉命立即草拟《招商章程》20条，其性质为官商合办，以闽沪两局船只作为官股，承运漕粮，纳税方面享受外国轮船同等待遇。李鸿章不同意官商合办，主张官督商办，由官统管大局，一切由商自理。1872年12月轮船招商局成立，局名使用“招商”两字，原意是指先由官办，再行招商承办。

然而因招商局资本不大，购船设栈、开辟航线和建立码头等都需要巨额资金，初创期只好靠借债度日，同时经营业务也不高明，不到半年已亏本25000两，李鸿章只得改组，通过盛宣怀介绍吸收上海大买办唐廷枢、徐润等人局。改组后的轮船招商局，以唐廷枢为总办，徐润、朱其昂、盛宣怀为会办。唐、徐两人负责轮运、招股业务，朱、盛两人负责漕运和官务。李鸿章则全力支持招商局，采取了三项有力措施：一是筹拨官款50万两予以接济，二是增拨漕粮及承运官方业务，三是延期归还官款。因此轮船招商局在19世纪70年代不仅摆脱了困境，而且至80年代业务有了很大发展。1881年轮船招商局实现了招股100万两的计划，股票价格由每股100两增至200两，股金额达到200万两。在此前提下，轮船招商局击败了美国旗昌轮船公司，1877年3月兼并了该公司。还与实力雄厚的英国怡和、太古两轮船公司签订了“齐价合同”，即协调价格、分摊利益的协定。为了开展业务,轮船招商局在国内外19个港口设立分局,它们是天津、牛庄、烟台、福州、厦门、广州、香港、汕头、宁波、镇江、九江、汉口,以及国外的长崎、横滨、神户、新加坡、槟榔屿、安南、吕宋。

1885年轮船招商局又进行一次改组,盛宣怀任总办,马建忠、谢家福任会办。盛宣怀任总办之后,制定了《用人章程》和《理财章程》各10条。制定这两个章程的主要用意,一是降低商办成分,加强官督性质;二是保持企业自主权,免受洋人的干预和控制;三是树立样板,使业务蒸蒸日上。然而由盛宣怀主持的轮船招商局因借外债而陷于困境。原来该局于1883年因资金不足,以地产和栈房作质,向天祥、怡和两洋行贷得巨款。这笔贷款于1885年到期,又不得不以房产作质向汇丰银行贷款180余万两,年息7厘,10年内还清。李鸿章对此十分着急,为了不因借外债而丧失企业自主权,为不丢中国人的面子,全力援助。经朝廷批准,他采取了以下3项补救措施:一是该局漕运回空载货,可免纳北洋三口出口税二成;二是该局船从湖北装茶运至天津,每100斤茶只纳出口正税6钱;三是该局船的漕运水脚,按沙船每石4钱3分1厘付给。这样便逐步摆脱了困境。

总体说来,轮船招商局在清政府所办的民用企业中办得较为出色。初创时只有轮船3艘,到1877年拥有33艘,水脚收入平均每年为200万两,每年净利达30万两。尤其是1885年起盛宣怀督办的18年间发展迅速,当初盛接办时只有华商资本200万两,至1902年袁世凯接办为“商本官办”企业时,资本增加10倍,达2000余万两。由李鸿章亲手创办和积极支持,并与外国轮船公司竞争中求生存和发展的轮船招商局,成绩是主要的,缺点是次要的。它为争回中国的航行利权、发展民族经济和保卫国家方面起到了积极的作用。早在1875年,李鸿章对轮船招商局所做出的成绩就看得很清楚了,他呈《轮船招商请奖折》,要求清廷嘉奖:“该员绅等苦心经营,力任艰巨,竟底于成,频年叠加开拓,渐收利权。计有自置轮船并承领闽厂(福州船政局)轮船八号(艘),现又添招股份,向英国续购二号(艘),分往南北洋各海口及外洋日本、吕宋、新加坡等处贸易,叠次装运江、浙漕粮。上年秋间,承载铭军赴台湾,转运粮饷,源源接济,均能妥速无误。从此中国轮船可期畅行,实为海防洋务一大关键,所裨于国计民生殊非浅鲜。该员绅等不无微劳足录,自应及时鼓励。"(1875 年 3 月 24 日)(李鸿章:《轮船招商请奖折》,《中国通史参考资料》上册,第 358 页。)

(2)煤矿的开采

1861 年第二次鸦片战争结束之后,中国被迫开放北方沿海和长江流域,外国兵舰和商船在这些地区横冲直撞。当时轮船的动力燃料是煤炭,随着外国轮船来华增多,煤炭的消耗量也相应增加。据统计,19 世纪 60 年代初期至中期,外国轮船所消耗的煤炭达 40 万吨,每年输入上海的煤炭,由 50 年代后期的 3 万吨,增至 70 年代初的 16 万吨,其中大部分是供应外轮所需。(夏东元:《洋务运动史》,华东师范大学出版社,1992 年,第 242—243 页。)另外,60 年代中期起中国自办的机器厂、造船厂相继建成投产,也需要大量煤炭为动力,而中国自己没有近代化煤矿,只有从外国进口,造成白银外流。李鸿章对此种情况大为感慨道:"窃唯天地自然之利,乃民生日用之资。泰西各国以矿学为本图,遂能争雄竞胜。英吉利国在海中三岛,物产非常丰盈,而岁出煤铁甚旺,富强遂甲天下。中国金、银、煤、铁各矿胜于西洋诸国,只以风气未开,菁华阑而不发,利源之涸日甚一日;复岁出巨款购用他国煤铁,实为漏卮之一大宗。"(1881 年 5 月 20 日)(李鸿章:《直境开办矿务折》,《中国近代史参考资料》上册,第 363 页。)其实李鸿章讲这番话以前,早已在直隶磁州开办煤矿了。1874 年日本侵略中国台湾之后,清廷内部掀起筹办海防大议论,李鸿章上折提出自己筹办海防的意见。其中关于开采煤矿这样说道:"各省诸山,多产五金及丹砂、水银、煤之处,中国数千年未尝大开,偶开之又不得其器与法,而常忧国月匮竭,此何异家有宝库封锢不启而坐愁饥寒。西士治地质学者,视山之土石,即知其中有何矿。窃以为宜聘此辈数人,分往遍察,记其所产,择其利厚者次第开它,一切仿西法行之。或由官筹借资本,或劝远近富商凑股合立公司,开得若干,酌提一二分归官,其收效当在十年以后。臣近于直之南境磁州山中议开煤矿,饬津、沪机器局委员购洋器、雇洋匠,以资倡导,固为铸造军器要需,亦欲渐开风气以利民用也。"(李鸿章:《筹议海防折》,《中国通史参考资料》,第340页。)这里李鸿章提出办公司开煤矿的主张是完全正确、适时的,既满足了军用工业的需要,又开创办民用企业之风。1875年5月30日清政府批准李鸿章和沈葆桢所请,先在磁州、台湾试办。

于是李鸿章委派江南制造局冯俊光和天津机器局吴毓兰筹建磁州煤铁厂,由江南制造局和天津机器局垫资10万两,另外招商集股10万两,由天津英商海德逊(James Henderson)赴英订购机器。不久发觉运输困难和矿藏不旺而中止。1882年重新再办,计划在上海招股40万两,但集资不到一半,次年只得退还股金停办。

由沈葆桢创办的基隆煤矿却办成了。他先派英国采矿技师翟萨(David Tyzach)到中国台湾去选矿址,选中了基隆附近的矿区,然后又派翟萨到英国去选购机器及聘请矿师、工匠。1876年5月动工,同年12月便进入直井的开凿工程。与此同时,铺设一条从矿区到海边的轻便铁路,专门运煤。同年成立了台湾矿务局,福州船政局总监、候补道叶文澜为督办,其经费由闽浙总督从饷银中拨给。1878年基隆煤矿正式投产,直到1895年日本侵占中国台湾为止。该煤矿计划日产300吨,但因经营混乱,只能日产100吨左右。所产之煤,以略低于市价卖给福州船政局。

李鸿章在放弃直隶磁州煤矿的同时,积极派人勘察新矿。1876年轮船招商局总办唐廷枢奉李鸿章之命,偕英国采矿技师马立师(Morris)到唐山开平镇勘察煤铁矿,发现开平矿山的煤铁成色好,与英国中上等的煤铁成色相似，蕴藏量丰富。于是李鸿章决定开采，指定唐廷枢除负责轮船招商局外还兼任开平煤矿总办。为防止地方势力阻挠，增派前天津道丁寿昌和现任天津海关道黎兆棠为会办。该矿是官督商办，集资20余万两，主要投资人是唐廷枢、徐润及与他们有关系的港粤富商。1879年2月第一号矿井的挖凿工程开始，3月第二号矿井又开始挖凿。为运输煤炭，1880年从煤矿到丰润县(今丰润区)胥各庄修建了一条单轨铁路，全程约7.5千米。矿务局为避免社会守旧势力干扰，不用机车牵引，而用畜力拖拉。1881年4月开凿了一条从胥各庄到芦台的河道，全长35千米。同时还疏浚了芦台到天津的河道，以水陆兼运的办法解决煤炭外运问题。

1881年开平煤矿开始采煤，日产300吨左右。根据李鸿章自己所说："按西法开二井：一(井)提煤，一(井)贯风抽水。其提煤井开深60丈；贯风抽水开深30丈。地下开横径三道：一在提煤井20丈，开洞门作旋风之用；一在30丈，一在56丈，两道系取煤之用。所有地下横径直道均与两井相通。其第一条横径南开4丈，得见第一层，煤质略松，煤层过薄，预备不用。北开8丈，得见第二第三层煤，两层相隔只有一尺，其质坚色亮，燃料耐久，性烈而蒸气易腾，烧尽之灰亦少。就目下20丈深之煤论之，可与东洋头号烟煤相较；将来愈深愈美，尤胜东洋。"(李鸿章：《直境其办矿务折》，《中国通史参考资料》上册，第364页。)

开平煤矿投产后，生产能力逐年提高。1882年日产500吨左右，1883年超过600吨，1884年7月以后日产量长期维持在900吨以上。(张国辉：《洋务运动与中国近代企业》，第205页。)开平煤矿开办成功，李鸿章沾沾自喜，光绪七年四月二十三日(1881年5月20日)便呈折向清廷陈述办矿始末，最后说："当夫筹办之始，臣因事端宏大，难遽就绪，未经具奏。今则成效确有可观，转瞬运煤销售，实足与轮船招商、机器织造各局相为表里。开煤既旺，则炼铁可以渐图。开平局务振兴，则他省人才亦必闻风兴起，似与大局关系匪浅。"(李鸿章：《直境其办矿务折》,《中国通史参考资料》上册,第 364 页。)确实如此,开平煤矿开办前后,全国出现一个办矿小高潮,民族资本纷纷投入矿业。新开办的中小型煤矿计有:湖北荆门煤矿(1879 年,官督商办,创办人盛宣怀)、山东峄县煤矿(1880 年,官督商办,创办人戴华藻)、广西富川县、贺县(今贺州市)煤矿(1880 年,官督商办,创办人叶正邦)、直隶临城煤矿(1882 年,官督商办,创办人纽秉臣)、江苏徐州利国驿煤铁矿(1882 年,官督商办,创办人胡思燮)、奉天金州骆马山煤矿(1882 年,官督商办,创办人盛宣怀)、安徽贵池煤矿(1883 年,官督商办,创办人徐润)、北京西山煤矿(1884 年,官督商办,创办人吴炽昌)、山东淄川煤矿(1887 年,官办,创办人张曜)、湖北大冶王三石煤矿(1891 年,官办,创办人张之洞)、湖北江夏马鞍山煤矿(1891 年,官办,创办人张之洞)。

(3)金属矿的开采与中国最早的钢铁厂

轮船招商局的发展和开平煤矿的成功鼓舞了李鸿章,他以更大的热情来创办金属矿。其创办目的,与其他民用企业一样,无非是对内求富,对外争利。19 世纪 80 年代初,由于开平煤矿开办见效,一时间上海出现一股集资组织公司、开采金属矿的热潮。从 1881 年至 1894 年,先后组成金属矿公司或厂矿达 24 家之多,其中有铜矿 8 家,金矿 6 家,银矿、铅矿各 4 家,铁矿 2 家。(张国辉:《洋务运动与中国近代企业》,第 217 页。)这些企业都是借官督商办的形式,尽量与李鸿章的北洋集团挂钩,以求立足。它们是热河平泉铜矿(1881 年开,1886 年关)、湖北鹤峰铜矿(1882—1883)、湖北施宜铜矿(1882—1884)、热河承德三山银矿(1882—1885)、直隶顺德铜矿(1882—1884)、安徽池州铜矿(1883—1891)、湖北长乐铜矿(1883—同年)、山东登州铅矿(1883—同年)、福建石竹山铅矿(1885—1888)、贵州青豁铁矿(1886—1890)、山东平度金矿(1885—1889)、山东淄川铅矿(1887—1892)、云南铜矿(1887—1890)、热河土槽子、遍山线铅矿(1887—?)、海南岛琼州大艳山铜矿(1887—1888)、广东香山天华银矿(1888—1890)、广西贵县天平寨银矿(1889—?)、黑龙江漠河金矿(1889—1900)、吉林天宝山银矿(1890—1896)、山东宁海金矿(1890—同年)、山东招远金矿(1891—1892)、热河建平金矿(1892—1898)、吉林三姓金矿(1894—1900)、湖北大冶铁矿(1890,官办)。以上24家金属矿,大部分开设时间短,成绩不大,但还有少数是成功的,如漠河金矿。

漠河金矿位于黑龙江爱辉西北千余里的高山峻岭之中,地处边陲,与俄国接壤,有“金穴”之称。19世纪80年代,有不少俄国人越境到漠河采挖金矿,黑龙江将军恭镗闻报,派兵将俄国人驱逐出境,并奏请清政府拟由中国自己开发金矿。清政府便命恭镗和李鸿章选派得力的人前往矿区勘察,李鸿章便命无锡人李金镛担任此项工作。李金镛本是李的部下,曾在珲春管理过屯垦,对黑龙江一带的情况较为熟悉。李金镛深入矿区作实地调查,并携回样品。经化验,样品含金成分很高,与美国旧金山之金相等。李鸿章便与恭镗反复磋商,决定集资开采,一面让李金镛拟订开发章程,一面上报朝廷。1881年1月朝廷批准开采漠河金矿,李鸿章任命李金镛为总办,到上海召股。但所集股金只有3万两,不得不从黑龙江省借来公款3万两,从天津商人借来10万两,作为开办资金。在交通、生活极端困难的条件下,经李金镛百般努力,1889年正式兴办,招工500名,2年后增至2000名。同年建成投产,产金18000余两。1890年10月李金镛病逝,由前山东巡抚袁大化代理局务。袁大化一面购置机器扩大生产,一面整顿内部管理,续招新股12000余两。至1891年成效显著,除李金镛任总办时建立的漠河、奇乾河两分厂外,又在观音山建立分厂。从而产量逐年增加,至1894年产金28370两。1900年俄国乘八国联军侵华之机派兵占领漠河金矿及各分厂,至1906年才交还给中国。

继李鸿章之后崛起的洋务派大将张之洞,在创办民用企业特别是钢铁工业方面所做出的成绩是巨大的。张之洞在担任两广总督期间(1884年5月至1889年12月),曾两次向清廷建议开办炼铁厂。第一次是 1885 年,他提议用西法开采广东惠州等地的铁矿,以制造枪炮。第二次是 1889 年,他提议在广州城外珠江南岸凤凰岗开设炼铁厂。关于开设炼铁厂的理由,他在《筹设炼铁厂折》(1889 年 9 月20 日)中讲得很明白:“窃以今日自强之端,首在开辟利源,杜绝外耗……查光绪十三年(1887)贸易总册,洋铁进口值银 213 万余两,十四年(1888)洋铁进口值银 280 余万两,而此两年内竟无出口之铁……臣督同海防善后局司道局员暨熟识洋务之员,详加筹度,必须自行设厂,购置机器,用洋法精炼,始足杜外铁之来。惟是广东近年饷繁费绌,安有余力更为此举?然失此不图,惟事以银易铁,日引月长,其弊何所底止!计惟有先筹官款垫支开办,俟其效成利见,商民必然歆羡,然后召集商股,归还官本,付之商人经理,则事可速举,资必易集。”(张之洞:《筹设炼铁厂折》,《中国通史参考资料》上册,第 371—372 页。)这里张之洞提出了一个先官办后民办建设炼铁厂的方案,以期堵塞白银易铁的漏洞。

1889 年 12 月,因督办芦汉铁路,张之洞调任湖广总督后,朝廷批准建设炼铁厂,便将本来打算建在广州的炼铁厂移至湖北,准备生产修筑芦汉铁路用的钢轨。炼铁厂于 1890 年 11 月正式动工兴起,厂址设在武昌对岸的汉阳,位于龟山北麓,汉水和长江交汇处,占有水运之便,无原料缺乏之虞。至 1893 年 9 月,各分厂建成,计有炼铁厂、熟铁厂、转炉钢厂、平炉钢厂、钢轨厂、钢材厂 6 个大厂。另设机器、铸铁、打铁、造铁路用鱼尾板 4 个小厂。炼钢炉两座,工人约 3000 名,1894 年 6 月正式投产,所用矿石是湖北大冶铁矿生产的。当初使用的煤是大冶县(今大冶市)王三石煤矿和武昌马鞍山煤矿生产的。汉阳铁厂总投资为 569 万两白银,但所炼的钢含磷过高,容易脆裂;同时该厂支出庞大,每月需银七八万两,入不敷出。为此两事,张之洞被弄得心力交困,无计可施。1896 年 5 月,张之洞只好委托李鸿章的幕僚盛宣怀督办汉阳铁厂。盛宣怀接办后,立即宣布召集股商,将企业性质从官办转变为官督商办,又向日本兴业银行借款 300 万两,解决了资金问题。另一方面,派遣总稽查李维格赴欧美考察,并携带大冶铁矿的铁砂、萍乡煤矿的焦炭和汉阳铁厂所炼的钢铁,请英国专家化验。结果找到了产品不合格的根本原因——所用的转炉不能排除大冶铁矿的磷。于是盛宣怀下令拆除原有的 2 座炼钢炉,重新安装了 4 座平炉,并对全厂进行扩建,使产量逐年上升。至 1900 年,年产生铁 26000 吨,1905 年增至32000 吨,1907 年达 62000 吨。其所产钢轨完全合格,用于铺设铁路。而大冶铁矿年产铁砂 100 万吨,萍乡煤矿年产焦炭也在 100 万吨。汉冶萍联合钢铁企业有工人 2 万名,实为中国近代最大的民用企业。当时有一家西方报纸对它这样评论:“汉阳铁厂之崛起于中国,大有振衣千仞一览众山之势……曩者华人梦寐,略无知觉,弃财于地,不足顾惜。今则狂睡初醒,眼光霍霍,振刷其精神,磨砺其胆略,以搜罗遗利,步武西法,宏兴工业,百废俱举,一鸣惊人。”(《东方杂志》1901 年 7 月号,转引自谢放:《张之洞传》,四川人民出版社,1995 年,第 163 页。)

(4)铁路的筹建

自 1825 年英国率先建成世界上第一条铁路以来,其他欧美国家都先后在 19 世纪 30 年代建成了铁路。拉美的巴西、亚洲的印度和非洲的埃及,至 50 年代也都有了铁路。日本于 1872 年建成了东京——横滨铁路(29 千米),而中国比日本还迟,至 1876 年 6 月才出现了第一条铁路——沪淞铁路。这是一条由英商修筑,上海至吴淞的窄轨小铁路,全长 13 千米。关于该铁路建筑始末,一名英国作家写道:“英国居留上海的商人打算在上海、吴淞间建筑一条小铁路。要得到中国政府正式的许可是不可能的,所以他们便想先正式买地,然后突然有一天把铁路建造起来,他们想这样或许将受到中国当局的容忍。当时的上海道台私下是知道这个计划的,并且说他将不加阻挠。1876 年夏,这条短小的先驱铁路线竣工,通车了。各处客旅趋之若鹜,车站拥挤不堪,每列车都坐满了人。但是这时已死的道台所预料到的来自官方的‘洪水’奔流了。一个人被火车轧死了。因此中国方面便提出‘以命偿命’的要求。不用说，这个控诉到英国初审法院就完了。之后，人们又发现中国官吏已经差不多要诉诸他们惯用的暴动方法，就是煽动农民拔铁轨。事态终于十分紧张起来，以致威妥玛(T.P.Wade)劝告火车暂时停驶。那时《芝罘条约》的谈判正在进行中，所以人们向华方全权大臣李鸿章申诉。但是李鸿章是北直隶的总督，不能支配两江总督，铁路是在后者的管辖区内。李鸿章甚至暗示，倘若他出面干涉，恐将使事态恶化。唯一的办法便是请中国政府指派官员和英国官吏谈商办法。事情就这样办了。最后商定条款，将该铁路售与两江总督，但铁道应继续行驶最少 12 个月。当时的希望是：在这期间，这条铁路将在财政上获得成功，加以本地人显然喜爱这条铁路，铁路或者可以继续存在。但是沈葆桢却命令把这条铁路拆掉。该路在 12 个月届满的时候便被拆毁了，器材被迁到台湾去，大部分堆在该岛的海岸上烂掉了。"〔干德利(R.S.Gundry)：《中国进步的标记》，《洋务运动》第 8 册，第 447—448 页。〕

沪淞铁路虽被拆毁，但修建铁路的争论却在洋务派与顽固派之间激烈地展开。洋务派代表刘铭传主张修建铁路的理由是"裕国便民之道无逾于此"。顽固派代表张家骧反对的理由是影响民间田亩、房舍、坟墓，洋人借端生事以及耗费巨资。结果清廷以"无此巨款"为由结束了这场争论。洋务派虽然在争论中败诉，但实际上是获胜了，因为前述唐山开平煤矿为运煤，1880 年修筑了一条轻便铁路——唐胥铁路，这是中国自己修筑的第一条路。为避免当地民众反对，先用马拉，1881 年 6 月以后改用机车牵引。

1884 年的中法战争给清廷吃了一副清醒剂，认识到铁路确实有利于调兵运饷。特别是英国从缅甸、法国从越南觊觎中国西南边疆，俄国从北方威胁中国东北，深感边疆危机日趋严重。为巩固国防，清廷接受李鸿章"请设海部兼筹海军"(1884 年 3 月 10 日)的建议，成立了海军衙门，以醇亲王奕　为总理，李鸿章为帮办，曾纪泽为会办，还特别规定修筑铁路一事由海军衙门办理。这就给李鸿章实现修筑铁路理想创造了前提，但因缺乏资金，不能大规模修筑。李鸿章与奕协商之后，决定在唐胥铁路的基础上延伸至芦台的阎庄。于是1886年成立了“开平运煤铁路公司”。该公司由伍廷芳任总办，唐廷枢任经理，开始招集商股。筑路工程进展顺利，1887年这条从胥各庄延伸至芦台阎庄的铁路建成，改称唐芦铁路（唐山开平—芦台阎庄）。该路延伸段全长32.5千米，仅耗银10万两，未借外债。李鸿章见顽固派没有公开反对，便与奕商议，将唐芦铁路再伸延至天津，改名为唐津铁路（又称津沽铁路）。唐津铁路修筑工程分两步走，先从阎庄筑至大沽北岸，长约40千米；然后从大沽筑至天津，长约50千米。同时计划唐津铁路建成之后，继续筹办从唐山开平到山海关的铁路。

李鸿章和奕的筑路计划，1887年得到清廷批准。于是李鸿章便将“开平铁路公司”改组为“中国铁路公司”；以津海关道周馥为督办，伍廷芳、吴炽昌为正副总办。原计划招集商股10000股，每股100两，官督商办。但商股只招得10万多两，离原计划甚远，只好举外债开工。1888年10月唐津铁路竣工，长约90千米，再加上原来的唐山开平至芦台阎庄段40千米，全长130千米。唐津铁路建成后，李鸿章再接再厉，打算接造天津至通州一段的铁路，并得到清廷的批准。这个消息一经传出，顽固派群起反对，各种奇谈怪论出笼。在洋务派中有人同意李鸿章的意见，也有少数人反对，而当时任两广总督的张之洞则建议暂停津通铁路议论，改筑一条由卢沟桥至汉口的铁路，试图限制以李鸿章为首的淮系势力。清廷为了利用张之洞抑制李鸿章，于1889年5月宣布暂停兴建津通铁路，先筑卢汉铁路。同年12月，为修筑卢汉铁路而调任张之洞为湖广总督。正在此时，俄国加紧侵略朝鲜，严重威胁清朝的老家满洲的安全。1890年李鸿章与总理衙门大臣奕劻会衔上奏，缓建卢汉铁路，集中财力先建关东铁路，与俄国抗衡。清廷接受了他们的建议，并授命李鸿章督办关东铁路。

1891年李鸿章在山海关成立了北洋官铁路局，确定关东铁路为官办，并将原卢汉铁路的常年经费200万两转作关东铁路用款。户部每年拨款120万两，16个省每年各摊派5万两，一起充作经费。此时唐津铁路已从唐山开平延伸到滦州林西镇，李鸿章打算从林西镇向东北延伸至山海关，再由山海关接修至牛庄、沈阳和吉林。至1893年林西至山海关一段的关东铁路通车，次年因甲午战争爆发，关东铁路便停止修筑。

张之洞办铁路的信心很高，甲午战争后决心把一度搁浅的卢汉铁路办成。但依靠政府拨款则根本不可能，只有利用民间资本或外资。而民间资本毕竟弱小，在上海招股的黄遵宪又到处碰壁，无人入股，于是张之洞决定引进外资。经比利时驻汉口领事牵线，向比利时借款。1897年4月比商代表马西(Masy)和海沙地(Rizzardi)来武昌议订合同。同年8月，大清铁路公司与大比银行工厂合股公司签订《卢汉铁路借款合同》，向比利时借款450万英镑(合银3750万两)。借款以路抵押，5年完工。于是卢汉铁路由南北两端分段开工。北端卢沟桥至保定段于1899年2月通车，南端汉口至河南信阳段于1902年通车。1905年11月黄河大桥竣工。1906年4月1日，从汉口至北京正阳门的卢汉铁路全线建成通车，全长1214.49千米。清政府派张之洞和袁世凯验收，并将卢汉铁路改名为京汉铁路。

(5)电信事业的创办

在近代中国向西方学习先进科学技术的时候，创办电讯事业也是其中一项重要的内容，但当初因顽固派阻碍，步履维艰。19世纪60年代初，清政府对近代先进的电讯事业采取这样的政策：不准洋人在中国设电线，自己也不打算设电线。因为那时洋务运动刚起步，而且主要只是军用工业，电讯事业尚未成为经济发展所必需。因此1865年巴夏礼(Harry Smith Parkes)请求从川沙海口至浦东架设30千米的电线，遭到上海道的拒绝。同年上海利富洋行在浦东竖电线杆200余根，地方官密饬人民全部拔除。当时洋务派中，李鸿章、刘坤一、张之洞、崇厚等都认为架设电线开通电报对中国毫无益处,顽固派畏惧西方势力,企图以消极的拒绝来阻止其不断深入中国内地。然而1870年西方列强改变手法,从海上入手来攫取中国电信主权。他们向清政府要求改陆线为海线,设置海底电线,这样便不存在损害中国主权的问题。当时清政府不知领海权,连李鸿章也认为海上是公共之地,可以不管。这就中了列强的奸计,各国都在中国沿海设置海底电线。丹麦大北电报公司是最早在中国沿海私设海底电线的一家公司。关于这家公司设置海底电线,干德利记述道:“1871年,它(大北电报公司)打算在香港与上海之间沿海岸安设一条海底电线……但是当电线安设到扬子江的时候,官吏们显露了极大的不安。因此要把电线装到江上去,并在上海登陆,便成了问题。他们便偷偷地在夜里把电线给接上岸去,在一个时期内,连外国人也没有人知道电线上岸的准确地点。”(干德利:《中国进步的标记》,《洋务运动》第8册,第445页。)

与此同时,另一家英国的大东电报公司准备从香港经广州、汕头、厦门、福州、宁波到上海设置海底电线。1870年4月英国驻华公使威妥玛向总理衙门提出,要求中国政府批准将海底电线的线端一头在通商口岸洋行屋内安放。总理衙门答复,如果线端不牵引上岸,与通商口岸陆路不相干,则可以通融准办。于是大东电报公司便将海底电线接到停泊在吴淞口外的船上收发电报。鉴于此种情况,1870年福建船政大臣沈葆桢建议自办电报,但没有被政府采纳。1874年日本侵略台湾,中国因通信方法落后,延误了军机,李鸿章深感痛心,不得不自我反省。1879年李鸿章未经政府批准,在大沽北塘海口炮台和天津之间架设一条长约65千米的军用电线,这是中国第一条自己建设的电报线。1880年9月16日,李鸿章呈《请设南北洋电报片》,建议设立津沪电报线。该电报片说道:“用兵之道,必以神速为贵,是以泰西各国于讲求枪炮之外,水路则有快轮船,陆路则有火轮车,以此用兵,飞行绝迹。而数万里海洋欲通军信,则又有电报之法。于是和则以玉帛相亲,战则兵戎相见,海国如户庭焉。近来俄罗斯、日本国均效而行之,故由各国以至上海莫不设立电报,瞬息之间,可以互相问答。……即如曾纪泽由俄国电报到上海,只须一日……同治十三年(1874),日本窥犯台湾,沈葆桢等屡言其(电报)利,奉旨饬办,而因循迄无成就。臣上年曾于大沽、北塘海口炮台试设电报以达天津,号令各营,顷刻响应。从前传递电信犹用洋字,必待翻译而知;今已改用华文,较前更便。如传秘密要事,另立暗号,即经理电线者亦不能知,断无漏泄之虑。现自北洋以至南洋,调兵馈饷,在俱关紧要,亟宜设立电报,以通气脉。如安置海线经费过多,且易蚀坏。如由天津陆路循运河以至江北,越长江由镇江达上海安置旱线,即与外国通中国之电线相接,需费不过十数万两,一半年可以告成。”(李鸿章:《请设南北洋电报片》,《中国通史参考资料》上册,第 362 页。)清廷立即批准了这个请求。

于是李鸿章立即设立天津电报总局,以盛宣怀为总办,郑观应为襄理,还在紫竹林(天津租界)、大沽口、济宁、清江、镇江、苏州、上海七处设立电报分局。同时在天津开设电报学校,聘请丹麦技师为教习,培养技术人员。电线架设工程于 1881 年 4 月开工,同年 11 月竣工。当初李鸿章设立电报局完全是从军事上着想的, 其企业性质也是官办。至 1882 年 4 月 18 日起,电报局改为官督商办,其作用也从军事逐渐转向商业了。

列强见中国办起了电信事业,1882 年 11 月向李鸿章提出,要求在上海设立万国电报公司,增设上海至香港的电线,但被拒绝。为不使外国人染指电讯事业,保护中国自主权,李鸿章奉命增设电线,扩大电报业务,架设贯穿南中国的电线。为完成这项工程,电报总局从天津迁到上海;天津电报学校增招懂外文的学生 45 名;向社会续招新股 64 万元。1883 年 2 月工程开工,从苏州经湖州、嘉兴、杭州、绍兴、宁波、台州、温州、福宁、福州、兴化、泉州、潮州、惠州到广州,全线长达 2800 千米。在这条干线外,还有支线 340 余千米。由于得到沿线地方官吏的支持,1884 年春夏之交竣工。与架设南中国电线的同时,由电报局总办盛宣怀筹办架设长江电线,经费由商人自筹,不支公款。由于商人看到了电报的经济价值,长江电线很快于 1884 年架设完毕。该电线全长 800 千米,从江宁南岸经芜湖、安庆、九江,由九江渡江,沿长江北岸到达汉口。1885 年云贵总督岑毓英奏请架设桂滇电线,得到政府批准,着电报局办理。电报局便采取从汉口延伸,经四川入云南的方案。桂滇电线于 1886 年开工,次年 3 月架设完毕,全线长 2500 余千米。1889 年陕甘总督杨昌浚奏请架设陕甘电线,政府立即允准,着李鸿章办理。于是盛宣怀采取了从保定经太原,由蒲州渡黄河到达西安,再由西安到达甘肃嘉峪关的方案。1889 年动工,1890 年冬完工,全线长 2500 千米。其他还开通了许多军用电报线,如天津—旅顺口、营口—盛京、奉天—吉林、福州—台湾、新疆南北两线等。

(6)纺织工业的建立

鸦片战争以前,纺织品进口数量不多。战后情况发生变化,英国输入中国的商品中纺织品逐渐增多。据统计,1842 年输入中国的商品总值约 2500 万两,其中鸦片占 55.2%,棉花占 20%,棉织品占 8.4%,居第三位。到 1867 年,在全国进口商品总值 6900 余万两中,鸦片占 46%,棉织品占 21%,上升为第二位。(张国辉:《洋务运动与中国近代企业》,中国社会科学出版社,第 269 页。)中国洋务派对此早已觉察,李鸿章在《筹议海防折》(1874 年 12 月 10 日)中说:"丁日昌拟设厂造耕织机器,曾国藩与臣叠奏请开煤铁各矿,试办招商轮船,皆为内地开拓生计起见,盖既不能禁洋货之不来,又不能禁华民之不用。英国呢布运至中国,每岁售银 3000 余万……于中国女红匠作之利,妨夺不少。"(李鸿章:《筹议海防折》,《中国通史参考资料》上册,第 340 页。)1878 年 11 月御史曹秉哲上一奏折,其中说:"泰西各国,凡织布匹、制军械、造战舰皆用机器,故日臻富强……中国若用机器开采、转运、鼓铸、制造,其价比来自外洋为贱,更可宏拓远谟。"(李鸿章:《筹议海防折》,《中国通史参考资料》上册,第 370 页。)主张与洋人争利。4 年之后的 1882 年 4 月 23 日,李鸿章为“扩利源而敌洋产”,正式奏请试办织布局。其中说:“查进口洋货以洋布为大宗,近年各口销数至 2200 万至 2300 万余两。洋布为日用所必需,其价又较土布为廉,民间争相购用,而中国银钱耗入外洋者,实已不少。臣拟遴派绅商,在上海购买机器,设局仿造布匹,冀稍分洋商之利。”(李鸿章:《试办织布局折》,《中国通史参考资料》上册,第 370 页。)这里李鸿章讲得很清楚,办织布局是与洋商分利,完全是为了挽回利权,并借此赢利致富,不像办招商局、开矿、筑铁路那样有其军事目的。

李鸿章奏请创办上海织布局是 1882 年, 其实早在 1879 年就开始筹建了。同年初,在上海杨树浦江边购地 300 余亩,作为上海织布局的厂址,计划兴建一座 35000 纱锭、布机 530 台的纺织厂。但初办时各方面进展不理想,李鸿章便对原有领导班子进行改组,最后决定以载恒、龚寿图、郑观应、经元善、蔡鸿仪为主要创办人和投资人,拟订“章程”招股集资。原计划招股 4000 股(每股 100 两),其中半数由主要创办人认购,其余半数向社会招募。招股很顺利,突破原定计划。1881 年郑观应向李鸿章请求,要政府给予织布局专利权及减免捐税,李鸿章都一一办到了。至 1890 年部分机器开车生产。上海织布局投产后,取得较大的效益,每月可获利 1200 两。然而很不幸, 1893 年 10 月织布局清花车间失火,延烧全局,筹建 10 年之久的上海织布局毁于一炬。李鸿章岂能甘心,乃重建机器织布局,命津海关道盛宣怀会同上海海关道聂缉椝重建,并设法扩大。于是盛宣怀重招资本 100 万两,在织布局旧址设立机器纺织总厂,取名“华盛”,官督商办,其规模沪上最大。有人参观华盛后记道:“厂基百数十亩,围墙数仞,楼房拱峙,花木扶疏,溪流回绕,时方秋热,甫入其中,顿觉清爽。中央洋楼三层,乃盛公之甥总经理陈君诛珊所居,晤谈甚洽。少顷,监厂吴君作陪,周览各厂。其轧花机 130 部,每一部 12 点钟可轧子花 500 磅。附剥花子短绒机四部、锅炉两只、引擎240匹马力……”(李濬之:《东隅琐记》,《洋务运动》第8册,第352页。)华盛机器纺织总厂还在上海、宁波、镇江等地设立分厂10个,总厂与分厂共有纱机32万锭,布机4000架。

此外,张之洞在湖北也办了织布局,它就是武昌文昌门外临江的湖北织布局。该局拥有纱锭3万枚,布机1000架,1893年1月建成投产。投产后获利颇丰,张之洞便加以扩充,计划在织布局附近添设南北两厂,向比利时订购机器,并任命知府盛春颐为北厂总办,南厂由织布局原委湖北试用道赵滨产兼管,分别筹建,1898年北厂建成投产,称为湖北纺纱官局。南厂始终未建成,所购置的机器设备4万余纱锭运抵湖北时,张之洞调任两江总督。于是机器随人移动,1896年被迁运到江苏,准备折价移交给苏州商务局招商办厂。但苏州商人抱观望态度,只好又将机器运往上海,存放在仓库里。最后由两江总督刘坤一请人估价,以50万两银卖给张謇。1899年和1902年先后由张謇运往南通,充做大生纱厂的设备。

1894年张之洞还在武昌望山门外创办了湖北缫丝局,资本10万两,官八成商二成。1895年投产,拥有缫丝机300台,工人300名。1898年张之洞又创办湖北制麻局,购置机器40台,聘请日本技师,生产各类麻布。这样张之洞在湖北创办的近代纺织工业被称为湖北纺织官局,就是指湖北织布、纺纱、缫丝、制麻四局而言。

左宗棠所办的兰州织呢局,比上海织布局还早几年。1877年原兰州制造局总办赖长仿制洋绒成功,时任陕甘总督的左宗棠大喜,便命所试制的洋绒呈验。结果竟与洋绒相似,质薄而细,甚耐穿着,比本地所产的土绒美观得多。于是左宗棠便命长驻上海的胡雪岩购置织呢织布机器。胡雪岩向德国购买了全套织呢机器设备,1879年由德国技师押运来华。机器设备到上海后,由招商局轮船运至汉口,再由汉口水陆兼用运到西安,有的机器很大,马车上装不下,只好将机器拆散,分装4000箱,从西安运到兰州,光是运输时间就长达1年之久,可见创业的艰难了。1880年11月兰州织呢局建成投产,共耗资31万两,全由公家拨给。由于兰州织呢局的产品质量比不上洋呢,价格也贵,无法与洋货竞争,经营不振,连年亏本。1883年被新任陕甘总督谭钟麟关闭,但它仍有其历史意义:"处于一百余年前的当时,左宗棠将沿海近代化事物带到陕甘,使穷乡僻壤的西北地区人民呼吸到近代新鲜事物的空气,这不能不说是一个奇迹。这个行动,从历史趋势说是正确的,体现了社会发展方向。不能因其失败而抹杀其首创之功,不能因其失败而抹杀其将西方近代科学技术输入落后的西北地区之功。"(夏东元:《洋务运动史》,第388页。)

5.洋务运动的穷途末路

所谓办"洋务",就是有学习西方先进文化知识的意思。当时参加洋务活动的人,不管其动机如何,向西方学习的这种认识是一致的。向西方先进文化知识学习的内容,应该是包括先进的科学技术和民主政治制度两个方面。所以洋务运动发展的客观规律,应该是从运用先进的科学技术以拯救清王朝开始,不断发展新的生产力,促使资本主义发生和发展。资本主义生产方式的发展,政治上便要求把封建专制制度改为民主立宪制度,以适应资本主义发展的需要。这是洋务运动自身发展的规律,不以人们意志为转移。

洋务派做梦也没有想到,为了拯救封建统治却发展了与封建制度相对立的资本主义。当初他们向西方学习先进的科学技术尤其是军事技术,主要是要把农民革命运动镇压下去,维护清朝的垂危统治,然而他们在大办军事工业、发展民用企业的时候却不自觉地发展了新的生产力。与此同时,他们开设译馆翻译图书,引进西方近代科技,又积极推动了新生产力的发展,导致资本主义生产关系的产生。但是洋务派中谁都没有想到这种变化,更不会想到去解决资本主义发展与封建政治体制束缚之间的矛盾。这就使洋务运动在顺应历史潮流的同时又蕴藏着阻碍潮流前进的因素。从19世纪60至80年代进行的洋务运动是适应潮流的,而且取得了巨大的成绩。至中法战争爆发的1884年,中国建立起一批军事、民用企业,以及新式正规的海陆军,尤其是陆军方面装备和力量得到了加强,在中法战争中发挥了重要的作用。过去有人说中法战争是洋务运动初步破产,甲午中日战争是洋务运动的失败或破产,夏东元先生对此表示异议。他认为:“中法战争的‘不败’,是洋务运动初见成效;甲午中日战争的失败,是对‘应该变专制为民主而不变’的惩罚。”洋务运动本身并没有失败或破产,两次战争失败的根本原因是封建专制的清政府的政治腐败,不改革或彻底推翻这个腐败的政治体制,中国不能富强起来。这里以中法战争为例加以说明。

1884年至1885年的中法战争,在各种水陆战斗中双方互有胜负,总体说来打个“平手”,或者可说中国略胜一筹。打“平手”的原因很多,如刘永福所率黑旗军的勇敢善战,老将冯子材的足智多谋、崇高威望及士气高涨,等等,但主要的是经过近二十年的洋务运动,中国军队武器、训练法和防御工事等大为改善,已不是鸦片战争时那样长矛、大刀、石矢等原始武器对西方的近代枪炮了。那时中国军队所使用的是后膛枪炮,和法军使用的武器不分上下,镇南关大捷固然是兵将作战英勇,但武器精良是大捷的一大原因。那么为什么中国不败或可说取胜却签订了一个不平等的《中法越南条约》呢?这主要原因是清政府政治腐败。在个别战役中,清政府腐败得简直令人难以置信。如马江海战,法国舰队以“游历”为名,深入闽江数十里,清政府置若罔闻,造成马江惨败。原来1884年7月13日,法国驻福州副领事白藻太,向总督署递交了一份照会。其中说:“我国兵舰两艘,乘执行任务之余暇,欲往马尾游历,请当局给予方便。”总督何璟接到这个照会,便和巡抚张朝栋、将军穆图善、船政大臣何如璋及钦差大臣张佩纶商量。刚上任的张佩纶说:“马尾系船政重地,亦即中外商船口岸,而中法和战未定,照约未便阻其入口。不过不能明许其入口,只有置之不问,立即电询北京总理衙门定夺。”众人听了张佩纶所说，颇觉有理，一致赞同这个办法。

副领事白藻太见当局无回音，便发电告知海军中将孤拔。孤拔心想有否回音倒无关紧要，反正已经发过照会，无可指责，便下令兵舰陆续入口。福建当局见法舰大批入口，大为吃惊。张佩纶连夜发电请示北京：“法船将至之先，经臣等电询总署，至今未得回音。近据电传，法人欲取福州为质，今乘议约未定之时，借游历为名，陆续驶入闽口，其包藏祸心，已可想见。臣以为，阻止则先启衅端，听之则坐失重险，实属左右为难。惟有仰承谕旨，再做妥善安排。”不久北京下达谕旨说：“彼若不动，我亦不发，一切严密布置，以免疏虞。”于是张佩纶便同何如璋商量，立刻派遣“扬武”“福星”两战舰及“福胜”“建胜”两炮舰，与法舰衔尾停泊，饬令各管驾严密预备，互相牵制。闽江在这一处的宽度不到千米，所以在空间上两支敌对舰队仅相距数百米，时间上已相持 40 天之久，双方都觉得不耐烦了。面对战争一触即发的局面，福建当局怎么办？总督何璟秉性忠厚，一无才干，又极迷信，除拜佛念经以冀退敌外别无良策。巡抚张朝栋也是一筹莫展，只恐福州城被围困食物断绝，便抢购柴米及咸鱼等物囤积署中。钦差大臣张佩纶很自负，非三品以上官吏都不在他的眼里，致使众官袖手旁观，幸灾乐祸。船政大臣何如璋为人诡诈，不仅每日宴饮，事先不加预防，而且下令不准先行开炮，战期未到不准发给子弹。

法国海军总司令孤拔则日夜筹划，最后想出一个奇策——退潮时攻击。当时法国舰队对中国舰队是处于下游，法国舰队可用船头威胁中国舰队。中国方面则相反，船尾对着法舰，必须做半圆形的回转才能攻击法国舰队。退潮攻击的策略有相当大的危险性，如果中国舰队在涨潮时侧转船身，先下手攻击法国舰队，那么优势便转到中国方面去了。然而中国人一直不敢妄动。正如翰林院侍读龙湛霖在其奏折中指出：“历办海防以来，各口炮台因奉有不准先开炮之旨，守台将士见兵轮出入，莫可如何。现在敌舰敢于游弋海上，正因为是我之不敢开炮。”孤拔紧紧抓住中国这一弱点,制定了这个战策。

同年8月23日下午1时半,潮水已经涨平,孤拔正欲下令开战,船政局工程长魏翰奉命乘小船来到旗舰"窝尔达"号上会见孤拔,送回战书,要求将开战期改为明日。孤拔厉声说:"不行,开战之期已决。请贵使速速离舰,我将开炮。"魏翰一听此话,仓皇无措,迅即赶回船政局。此时何如璋方始发令给子弹开战。战争结果,法舰一艘未损,中国则一败涂地,福建水师兵舰11艘、师船9艘、汽艇7艘被击毁击沉。法舰乘胜又击坏了马尾船厂,然后孤拔率舰队退出闽江,沿途把两岸炮台逐一破坏,而炮台毫无抵抗,因为炮口一律向前,不能旋转炮身向后射击。由此可见,中法战争中军事上的'不败',表明洋务运动有成功的一面,但却告诉我们,洋务运动要最终成功,必须克服政治上的腐败,那就是必须实行政治上的改革,也即变封建专制制度为民主立宪制度。"然而这是不可能的,洋务运动一开始就规定了它的界限——"中体西用",开展这一运动的目的是维护清王朝的封建统治。所以要变封建专制制度为民主立宪制度,只有让位给维新运动。

第十六章

清德宗的变法维新梦

慈禧太后

光绪帝

康有为

梁启超

荣　禄

袁世凯

1.公车上书

“唤起吾国四千年之大梦,实自甲午一役始也。”(梁启超:《戊戌政变记·改革起原》,《戊戌变法》第1册,第296页。)确实如此,空前的民族灾难使中华民族觉醒。

1895年4月17日上午10时,中日双方在日本马关(即下关)春帆楼签订了《马关条约》。条约文本上赫然规定五大项:①中国认明朝鲜为独立自主国家;②中国割让辽东半岛、台湾全岛及所有附属岛屿给日本;③中国将库平银二亿两交给日本,作为赔偿军费,该款分八次交清;④日本臣民得在中国通商口岸任便开厂,各项机器交所定的进口税;⑤开放沙市、重庆、苏州、杭州为商埠。4月22日,军机大臣孙毓汶、徐用仪捧着条约文本进宫,逼光绪帝御批。光绪帝犹豫不决,三次提起朱笔,终未落笔。翁同龢见皇上踌躇,便跪奏道:“倭人所订和约如此苛刻,实出情理之外,望陛下以祖宗基业为重,从缓钦准。”说罢叩头不已。在旁的李鸿藻见状,也脱帽叩头不止。光绪帝心如刀绞,扔下朱笔,将两位老臣扶起。4月23日,条约已订的消息一经传出,群臣纷纷上奏反对条约。当天收到封奏10件,都系联名,奏者共120人。其后数日,奏折雪片般飞来,内有宗室王公、部院、谏垣,外有各省督抚、前线将领,莫不谏阻;各省在京会试的举人也呈请都察院代递,痛哭流涕者不在少数。其中梁启超上书道:“伏乞皇上俯察民情,深计后患,保全疆土,严饬李鸿章订正和款,勿割台湾。”户部给事中洪良品上奏:“立毁和约,勿徇一切纷纭,以杜妄议。”吏部候补主事鲍心增等奏道:“奸臣秦桧主和,坏天下于中原既失之后。今李鸿章实误国事于金瓯未缺之时,恐又非奸桧之比。”(郑彭年:《甲申甲午风云》,复旦大学出版社,1997年,第346—347页。)光绪帝看了这些奏折,有很大感触,头脑中浮起了废约的念头。其实光绪帝还不知道外面的情况,此时拒约再战的呼声已震撼整个北京城。由广东举人康有为领导的“公车上书”正在轰轰烈烈地展开。

戊戌变法的领袖康有为在闻得《马关条约》签订之后，愤怒万分，他这样写道："呜呼噫嘻，万里之广土，四万万之众民，而可有此约哉！夫今非战败之损也，非有开罪之失也，而一纸书来，取南满、东蒙、山东、福建万里之地，及国命之铁，甚至蹶而踏之，餍而缚之，以财政军政顾问相要，以全国之要地警察，国命所托之兵工厂相索，是以我为保护国也。保护国者，亡国之别名也。高丽、安南、印度……诸国是也。凡人闻而怵惕伤心，岂有万里之广土，四万万之众民，能闻之受之，而今若罔知者哉！"(康有为：《中日和约书后》，《戊戌变法》第1册，第423页。)为了要求清政府拒绝批准《马关条约》，继续抗战，康有为联合在京会试的18省举人千余名，共同上书请愿，坚决反对投降。经康有为一昼两夜的努力，请愿书拟成，共18000余字，要求拒和、迁都和变法，这就是著名的"公车(即举人)上书"。请愿书拟就之后，康有为召集各省举人于5月1日至3日在宣武门松筠庵谏草堂讨论，打算在5月4日到都察院投递。但是清廷恐怕有变，一面派人到各省会馆(举人在北京的住所)造谣恐吓，一面逼迫光绪帝批约。5月2日，翁同龢持北洋大臣王文韶捏造事实的来电到养心殿见光绪帝，上奏道："四月二十八、二十九两天，天津大风雨，加之海啸，新河上下各营被冲，水深四五尺，淹毙甚众，计六十余营受害。北自秦王岛，南至埕子口皆然。此时值此奇变，岂非天哉？"光绪帝闻奏，也以为此乃天意，绕殿急步多时，最后顿足流涕，奋笔疾书"钦准"两字。5月3日盖用御玺。5月5日，钦差换约大臣伍廷芳、联芳两人由天津乘轮船赴烟台换约。5月8日夜10时，中日双方代表在烟台顺德饭店互换条约，《马关条约》正式生效。因此，生米已煮成熟饭，原来打算5月4日把请愿书送交都察院转呈的计划只好放弃，"公车上书"始终没有呈交清廷。关于公车上书的详情，康有为记道："中日和约十一款，全权大臣既画押，电至京师，举国哗然，内之郎曹，外之疆吏，咸有争论，而声势最盛、言论最激者，莫如公车上书一事。初则广东举人梁启超联名百余，湖南举人任锡纯、文俊铎、谭绍棠各联名数十，首诣察院，呈请代奏。既而福建、四川、江西、贵州诸省继之，既而江苏、湖北、陕甘、广西诸省继之，又既而直隶、山东、山西、河南、云南诸省继之。盖自三月二十八(4月22日)、三十(4月24日)、四月初二、初四、初六(4月26、28、30日)等日(都察院双日堂期)，察院门外车马阗溢，冠衽杂遝，言论滂积者，殆无虚晷焉。书上数日不报，各公车再联十八省同上一书。广东举人康长素者，素有时名，尝以著书被谤议于时，主其事，草疏万八千余字，集众千三百余人，力言目前战守之方，他日自强之道。文既脱稿，乃在宣武门松筠庵之谏草堂传观、会议，庵者前明杨椒山先生故宅也。和款本定于四月十四日(5月8日)在烟台换约，故公呈亦拟定于初十日(5月4日)在察院投递。而七、八、九三日(5月1日至3日)为会议之期。乃一时订和之使、主和之臣，恐人心汹涌，局将有变，遽于初八日 (5月2日)请将和款盖用御宝，发使赍行。是日天本晴丽，风日暒；忽于晌午后大雨震电，风雹交作，逾刻而止，即其时也。是时松筠庵坐中议者尚数十百人，咸未谂用宝之举，但觉气象愁惨，相对欷歔，愤悒不得语，盖气机之感召然耶？是夕议者既散归，则闻局已大定，不复可救，于是群议涣散，有谓仍当力争以图万一者，亦有谓成事不说无为蛇足者；盖各省坐是取回知单者又数百人，而初九日(5月3日)松筠之足音已跫然矣，议遂中寝，惜哉惜哉！”(《康有为奏议·公车上书记序》，《戊戌变法》第2册，第154—155页。)

此次公车上书的直接目的——拒约再战虽然没有达到，但它打破了两千多年来封建社会的禁例，敢于集会论政，敢于联名请愿，甚至敢于要求变法自强，这实在是破天荒。它揭开了维新运动的序幕。

2.变法纲领的提出

维新运动的兴起，中日甲午战争是其近因。它一方面促使中华民族危机尖锐化，许多爱国志士发愤变法自强；另一方面它证明向西方学习的明治维新成功，刺激了中国的维新运动。康有为把日本明治维新看作中国向西方学习的借鉴："夫凡有兴作，必有失弊，几经前车之覆，乃得后轨之遒。今我有日本，为向导之卒，为测水之竿，为探险之队，为尝药之神农，为识途之老马，我尽收其利而去其害，何乐如之？譬如作室，欧美绘型，日本为匠，而我居之也。譬如耕田，欧美觅种灌溉，日本锄艾，而我食之也。虽国势不同，民俗少异，有不可尽用者，则斟酌补苴，弥缝救正，亦何难焉……臣考日本之事，至久且详，睹前车之覆，至险可鉴，若采法其成效，治强又至易也。大抵欧美以三百年而造成治体，日本效欧美，以三十年而摹成治体。若以中国之广土众民，近采日本，三年而宏规成，五年而条理备，八年而成效举，十年而霸图定矣。"(康有为：《日本明治变政考·序》，《戊戌变法》第3册，第4—5页。)胡棻也说："日本一弹丸岛国耳，自明治维新以来，力行西法，亦仅三十余年，而其工作之巧，出产之多，矿政、邮局、商政之兴旺，国家岁入租赋共约八千余万元，此为西法致富之明效也。"(胡棻：《变法自强疏》，戊戌变法》第2册，第279页。)胡棻还强调，中国除向西方学习之外别无道路可走："今日即孔孟复生，舍富强外，亦无立国之道，而舍仿行西法一途，更无致富强之术。"(胡棻：《变法自强疏》，戊戌变法》第2册，第279页。)

以日本为榜样向西方学习的大方向既定，那么具体采取怎么样的措施呢？康有为从光绪十四年九月（1888年10月）至二十四年正月(1898年2月)先后向清廷呈递7个奏折，提出变法纲领，这里逐一记述如下：

《上清帝第一书》(1888年10月)。此书康有为向清廷提出三大建议：一是变成法，二是通下情，三是慎左右。关于变成法，他说："日本崎岖小岛，近者君臣变法兴治，十余年间，百废俱举，南灭琉球，北辟虾夷，欧洲大国，睨而不敢伺，况以中国地方之大，物产之盛，人民之众……何弱不振哉？臣谓变法，则治可立待也。"关于通下情，他说："古者君臣有坐论之礼……下情既亲，无不上达，则奸消弊缩……去堂陛之隔,使臣下人人得尽其言于前,天下人人得献其才于上……今若增设训议之官,召置天下耆贤,以抒下情,则皇太后、皇上高坐法官之中,远洞万里之外,何奸不照,何法不立哉?”关于慎左右,他说:“去谗慝而近忠良,妙选魁垒端方、通知古今之士,日侍左右,兼预燕内以资启沃,则德不期修而自修矣。”(以上引文均见《上清帝第一书》,《戊戌变法》,第129—130页。)

《上清帝第二书》(即公车上书,1895年5月2日)。此书分为前后两部分:前一部分是为与日本继续作战而加强国力的紧急措施;后一部分是为救亡图存而提出的变法纲领,它包括政治、经济、文化、军事等各个方面。关于前一部分的紧急措施有三项:一是下诏鼓天下之气(其中包括三诏:第一诏为“罪己之诏”,第二诏为“明罚之诏”'第三诏为“求才之诏”。);二是迁都定天下之本;三是练兵强天下之势。关于后一部分的变法,康有为把它分为富国、养民和教民三个方面。他首先肯定变法:“《易》曰:‘穷则变,变则通。’董仲舒曰:‘为政不调,甚者更张,乃可谓理。’若谓祖宗之法不可变,则我世祖章皇帝何尝不变太宗文皇帝之法哉?……不变法而割祖宗之疆土,驯至于亡,与变法而光宗庙之威灵,可以大强,孰轻孰重,孰得孰失,必能辨之者。不揣狂愚,窃为皇上筹自强之策,计万世之安,非变通旧法,无以为治。”(康有为:《上清帝第二书》,《戊戌变法》第2册,第140页。)

第二关于富国方面,康有为提出了6项措施:一是创设银行,发行纸币,即所谓钞法;二是修筑铁路,发展交通,即所谓铁路;三是制造机器轮船,发展民用工业,即所谓机器轮舟;四是开采矿藏,即所谓开矿;五是设立铸银局,铸银元以抵制洋元,即所谓铸银;六是全国建立邮政网,即所谓邮政。总之,这6项措施就是要求在中国发展资本主义。第三关于养民方面,康有为提出了4项措施:一是设立农会和丝茶学会等,引进西方先进的农业技术,即所谓务农;二是全国各地遍设考工院,翻译外国制造之书,提高制造技术,即所谓劝工;三是各省设立商会，降低税金，发展商业，即所谓惠商；四是移民垦荒，救济老弱病残，设立警惰院收容无业游民从事生产，即所谓恤穷。第四关于教民方面，康有为提出了4项建议：一是全国广泛设立学校，学习西方近代科技知识；二是普遍设立图书馆，提高人民文化水平；三是翻译出版各类书籍，推广文化知识；四是奖励设立报馆，既可广见闻，又可通时务，有益于政教。最后康有为说："伏唯皇上英明天鞓，下武膺运，历鉴覆辙，独奋乾纲，勿摇于左右之言，勿惑于流俗之说，破除旧习，更新大政，宗庙幸甚，天下幸甚！"（康有为：《上清帝第二书》，《戊戌变法》第2册，第154页。）

《上清帝第三书》（1895年6月3日）。此书的宗旨是："为安危大计，乞及时变法，富国养民，教士治兵，求人才而慎左右，通下情而图自强，以雪国耻，而保疆圉。"（康有为：《上清帝第三书》，《戊戌变法》第2册，第166页。）此书有关变法内容基本上与第二书相同，有关练兵之法增加了新的内容：一为汰冗兵而合营勇，二为起民兵而立团练，三为练旗兵而振满蒙，四为募新制以精器械，五为广学堂而练将才，六为厚海军以威海外。此外，与第二书相比，还增添了奖励出国学习一条："内弊既除，则外交宜讲……激励士庶，出洋学习，或资游历，并给凭照，能著新书，皆予优奖，归授教习，庶开新学，则上之可以赞圣聪，下之可以开风气矣。"（康有为：《上清帝第三书》，《戊戌变法》第2册，第168页。）以上两次上书均未到达天庭，而此次上书时康有为已中了进士，为朝廷命官（工部主事），都察院不敢扣压，将上书代递军机处，由军机大臣翁同龢呈上光绪帝。康有为的上书终于到达天庭，产生了巨大影响。

《上清帝第四书》（1895年6月30日）。因为第三书只谈到通变之方法，没有发挥其体要及先后和轻重缓急，故上此书加以补充。在此书中，康有为提出了两项应该率先进行的改革措施，即一是立科以励智学，二是设议院以通下情。所谓立科以励智学，就是仿效西方诸国，致力西学，凡有人著述新书，发表古来未创之学说；或制造新器，开创古来未有之机巧,均给予奖励,许其专利,使大家竞创新法,加速中国富强。所谓设议院以通下情,就是仿效西方诸国设立议院,消除君臣隔阂,使上下情通,民间疾苦得以上闻,朝廷意旨也可下达,一切本于众议,避免奸臣弄权,杜绝贪官中饱。为使上下情通,一定要实行以下五项措施:一是下诏求贤。设立上书处,准许人民到午门递折;二是开门集议。设立御门会议,令天下郡邑每10万户推选一人参加会议,共商国是。省府州县也开设此种机构;三是辟馆顾问。即设立皇帝顾问团,顾问20人,分班侍值,为皇帝提供咨询。四是设报聪达。即在直省要郡开设报馆,既可传递国内外消息,又可普及知识;五是开府辟士。即朝廷设立幕府,选举贤才参政。督抚、县令也仿此制。最后康有为对光绪帝抱着巨大期望:"伏乞皇上讲明理势之宜,对较中外之故,特奋乾断,龚行天健,破积习而复古义,启堂构而立新基,无为旧俗所牵,无为庸人所惑,纡降尊贵,通达下情,日见贤才,日求党论,以整纪纲而成大化,雪仇耻而扬天威,宗庙幸甚,天下幸甚!"(康有为:《上清帝第四书》,《戊戌变法》第2册,第188页。)但是事情没有那么顺利,此书因顽固派阻碍没有上达天庭。

《上清帝第五书》(1898年1月)。此书写于德国因"巨野教案"占据胶州湾之后,我国面临被列强瓜分的危机。康有为悲愤地写道:"夫自东师辱后,泰西蔑视,以野蛮待我,以愚顽鄙我。昔视我为半教之国者,今等我于非洲黑奴矣……昔者安南之役(中法战争),十年乃有东事(甲午战争),割台之后,两载遂有胶州(事变)……自尔之后,赴机愈急,蓄势益紧,事变之来,日迫一日;教堂遍地,无刻不可启衅……蚁穴溃堤,衅不在大,职恐自尔之后,皇上与诸臣,虽欲苟安旦夕,歌舞湖山而不可得矣,且恐皇上与诸臣求为长安布衣而不可得矣……夫今日在列大竞争之中,图保自存之策,舍变法外别无他图。"(康有为:《上清帝第五书》,《戊戌变法》第2册,第189—195页。)接着康有为提出三个转乱为治的方策:一是"采法俄、日以定国是,愿皇上以俄国大彼得之心为心法,以日本明治之政为政法而已”。二是“大集群才而谋变政，六部九卿诸司百执，自有才贤，咸可咨问”。三是“听任疆臣各自变法。夫直省以朝廷为腹心，朝廷以行省为手足”。但是此书也没有上达天庭。

《上清帝第六书》（又称《应诏统筹全局折》，1898 年 1 月 29 日）。此书是康有为在总结他历次上书的基础上全面论述变法的主张：“夫方今之病，在笃守旧法而不知变，处列国竞争之世而行一统垂裳之法。此如已夏而衣重裘，涉水而乘高车，未有不病暍而沦胥者也。夫物新则壮，旧则老，新则鲜，旧则腐，新则活，旧则板，新则通，旧则滞，物之理也。法既积久，弊必丛生。故无百年不变之法，况今兹之法，皆汉唐元明之敝法，何尝为祖宗之法度哉？”（康有为：《上清帝第六书》，《戊戌变法》第 2 册，第 198 页。）变法的具体措施，康有为主张效法日本明治维新：第一，“大集群臣于天坛太庙或乾清门，诏定国是，躬申誓戒，除旧布新，与民更始”。第二，“令群臣具名上表，咸革旧习，黾勉维新，否则自陈免官，以激励众志”。第三，“一定舆论，设上书所于午门，日轮派御史两人监收，许天下士民皆得上书，其群僚言事，咸许自达，无得由堂官代递，以致阻挠”。第四，“设制度局于内廷，选天下通才十数人，入直其中……皇上每日亲临商榷”。此外设立法律、度支、学校、农、工、商、铁路、邮政、矿务、游会、陆军、海军等 12 个局，办理新政。地方每道设一民政局，每县设一民政分局，办理新政。民政局督办地位与督抚平等。此书上达光绪帝手中，日加披览，并下发到总理衙门讨论。

《上清帝第七书》（1898 年 2 月）。此书没有新的内容，只是强调上下相通，君民相亲是治国之基本：“人主不患体制之不尊，而患太尊；天下不患治安之无策，而患不取。”“尝考中国败弱之由，百弊丛积，皆由体制尊隔之故。”“历观自古开国之君，皆与臣民相亲……自古危败之君，并与其臣相隔绝，隋炀（帝）之畏闻盗贼，万历（帝）之久不视朝，所以致国祚之倾也。”（以上引文均见康有为：《上清帝第七书》，《戊戌变法》第 2 册，第 203—206 页。）其他康有为还上了许多奏折，如《请废八股试帖楷法试士改用策论折》《请告天祖誓群臣以变法定国是折》《请停弓刀石武试改设兵校折》(以上皆 1898 年 6 月)、《敬谢天恩并统筹全局折》《请开学校折》《请饬各省改书院淫祠为学堂折》《请广译日本书派游学折》《请励工艺奖创新折》《请裁绿营放旗兵改营勇为巡警仿德日而练兵折》(以上皆 1898 年 7 月)、《请定立宪开国会折》《请君民合治满汉不分折》(以上皆 1898 年 8 月) 等。这些奏折均置于光绪帝的案头,成为下诏变法的主要依据。

3.唤起国民的觉醒

(1)创办报纸

1895 年 6 月康有为的《上清帝第四书》没有送到清廷,深感变法困难重重,时机尚未成熟,决定唤起国民觉醒,振奋国民精神,积蓄力量,以待他日之用。欲唤醒民众,开报馆办报纸是最好的办法。梁启超说:“去塞求通,厥道非一,而报馆导其端也。”(梁启超:《论报馆有益于国事》,《戊戌变法》第 4 册,第 521 页。)他还把报纸比作耳目喉舌:“其有助耳目喉舌之用,而起天下之废疾者,则报馆之为也。”(《戊戌变法》第 4 册)那时除清政府控制的《京报》外,中国还没有一张自己创办的新式报纸。于是 1895 年 8 月 17 日康有为捐资创办了一张中国人自办的报纸《万国公报》。该报由梁启超、麦孟华两人主笔,他们根据从上海购得的数十种翻译书和外国人在华创办的一些报纸,撰为短文,宣传维新思想。《万国公报》每逢双日出版,每期出千余份,委托送《京报》的人附带赠给各官邸。关于办报之事,康有为自述道:“以士大夫不通外国政事风俗,而京师无人敢创报以开知识,变法本原,非自京师始,非自王公大臣始不可,乃与送京报人商,每日刊送千份于朝士大夫,纸墨银二两,自捐此款,令卓如(梁启超)、孺博(麦孟华)日属文,务学校、军政各类,日誊于朝,多送朝士,不收报费。朝士乃日闻所不闻,识议一变焉。”(《康南海自编年谱》,《戊戌变法》第 4 册,第 132 页。)英人李提摩太也记述道："政府的机关报《京报》是一千年来在首都的唯一的出版物，但是现在中国历史上初次出现了一个新报纸，虽然秘密受政府的津贴，但对政府是独立的，这是由维新会(强学会)发行的。值得注意的是，在这个时期内维新党的怯懦。他们知道了广学会出版的月报，多年来在高级官吏间流通，没有遇到阻碍。于是命名他们头一次出的报纸名称和我们的一样叫《万国公报》。主要的内容是从我们杂志转载过去，仅有的分别是我们报纸在上海铅印，而他们是用政府出版京报的木版印的。因此在外表上和政府的机关报相似，而内容则是介绍广学会传播的西方思想。"(李提摩太：《留华四十五年记》，《戊戌变法》第3册，第553页。)《万国公报》出至第45期之后，1895年12月16日改名为《中外纪闻》，梁启超、汪大燮任主笔。此时强学会成立(1895年11月)不久，《中外纪闻》便成了强学会的机关报。1896年1月北京强学会被封禁，《中外纪闻》也就停刊。

1897年10月26日严复、王修植、夏曾佑等人在天津创办了一份日报《国闻报》(8开4版)，刊登国内外时事及社论。国内消息偏重北方各省，国外消息来自伦敦、巴黎、柏林、纽约、彼得堡等地。该报鼓吹西方民主政治，学习欧美各国的文教工商，力求自强。而学习对象均有选择，如译俄国各报是因为"交涉起，壤地犬牙，实首俄国，事实既确，情伪自明，天下之事，商之天下"。译英国各报是因为"三岛区区，富强称最，民智之效，于斯尤明，商权海权，皆关时政"。译法国各报是因为"地腴民秀，方此神州，乾嘉以还，变而弥上，学教之新旧，兵战之利钝，斯泰西得失之林也"。译德国各报是因为"介乎俄法，国碎民庞，庚午一鸣，范以铁血，学实抗法，贾亦英俦"。译美国各报是因为"立国民主，新制孔繁，农商不兵，其工最乐"。译日本各报是因为"舍旧图新，能奋无小，泰东论起，昱唯一权。"(以上引文均见《天津国闻报馆启》，《戊戌变法》第4册，第530页。)关于办《国闻报》的目的，创刊号上的《国闻报缘起》中说："将以求通焉耳。夫通之道有二，一曰通上下之情,二曰通中外之故。”(《严复集》第 48 页,转引自杨正典:《严复评传》,第 16 页。)

《国闻报》出版后的次月,增出旬刊《国闻汇编》,报道外事和西方报刊摘译。旬刊由严复、夏曾佑负责,日报由王修植负责。前者文字艰深,读者为士大夫;后者文字浅近,读者为一般民众。《国闻报》是维新派在北方的宣传阵地,与上海的《时务报》南北遥相呼应,成为维新运动的两大宣传阵地。严复的许多文章均在《国闻报》上发表,如《论中国分党》(1897 年 7 月 12 日、13 日)、《上今上皇帝万言书》(1898 年 1 月 27 日)、《保种余义》(1898 年 6 月 11 日)和《西学门径功用》(1898 年 9 月 22 日)等。尽管严复的文章并不过激,仍遭到顽固派的奏劾:“闰三月丙寅(1898 年 5 月 3 日)谕军机大臣等:有人奏,天津设有国闻报馆,咸谓系北洋水师学堂总办道员严复合股所开。本年三月(4 月)间归日本人经理,而水师学生译报如故,请饬查禁等语。国闻报馆,如系中国人所开,不应借外人为护符,如已归日本人经理,则不应用水师学生代为译报,着王文韶查明该报馆现办情形及道员严复,有无与外人勾串之事,据实具奏。”不久王文韶奏道:“遵查道员严复被参各节,查无其事,应恳免其置议。”但是朝廷仍谕饬严复及水师学堂学生:“嗣后不得再有只字附登报馆,以自取戾。”(《上谕》第 39 条,《戊戌变法》第 2 册,第 15 页。)1898 年 10 月 11 日,江南道监察御史徐道焜又纠参严复等(《故宫博物院所藏有关》戊戌变法的奏折原稿目录,《戊戌变法》第 2 册,第 516 页。)但未使《国闻报》停刊,这是日本人暗中撑腰之故。

当时上海是全国的文化中心,几乎全国所有的报刊都集中在上海。甲午战争前,上海已有两家英文报刊,即《字林西报》和《北华捷报》,还有三家外国人办的中文报刊,即《申报》(1872 年由英人美查创办)、《字林沪报》(《字林西报》的中文版)和《新闻报》(1893 年由英人丹福士等创办)。此外还有两家教会办的报刊,即基督教广学会办的《万国公报》和天主教办的《益闻录》,而中国人自己办的报刊则一家也没有。如后所述,北京强学会于1895年8月成立,1896年1月封禁,其机关报《中外纪闻》随即停办。上海强学会于1895年11月成立,与北京强学会差不多同时封禁,故其上海强学会只存在一二个月,其机关报《强学报》也是昙花一现,随即停刊。

上海强学会虽然被封禁,但维新派在强学会原有的基础上于1896年办了一份风行全国的旬刊《时务报》。《时务报》创办人是黄遵宪、梁启超和汪康年,黄为倡议者、资助者,梁为主笔,汪为经理。该报每10天出版一次(1898年增出日报,名为《时务日报》),每册约20页,约3万字,大部分由梁启超撰写及删改,其余都经他审校。那时梁启超才24岁,他作为一个天才的宣传家和学贯中西的学者,以全副精力投入办报工作。据说仲夏酷暑,洋烛皆变流质,独居一楼上,挥汗执笔,夜以继日地忘我工作。结果取得了空前的成绩, 据梁启超自述:“甲午挫后,《时务报》起,一时风靡海内,数月之间,销行万余份,为中国有报以来所未有,举国趋之,如饮狂泉。”(梁启超:《清议报一百册祝辞并论报馆之责任及本馆之经历》,《饮冰室合集·文集》卷6。)李提摩太称赞道:“康有为大弟子梁启超,现在上海开办一个报纸,叫作《时务报》,是维新党的机关报。从最初就是一个灿烂的胜利,震动了整个的帝国,武昌张之洞总督及其他官吏们力加支持。文章的格式是介乎少数学者所懂的古文,及劳动者所能了解的俗语之间。是如此的雅洁, 因而得到每个学者的赞美。”(李提摩太:《留华四十五年记》,《戊戌变法》第3册,第560页。)宋伯鲁也称赞道:“广东举人梁启超,尝在上海设一《时务报》,一依西报体例,议论明达,翻译详明。其中论说皆按切时势,参酌中外,切实可行;所译西报,详言兵制、学校、农矿、工商各政,条理粲然。”(宋伯鲁:《奏改时务报为官报折》,《戊戌变法》第2册,第349页。)但是由于张之洞以为报中多言民权,干涉甚烈,梁启超屡与张之洞的代理人汪康年发生冲突, 最后竟于1897年11月辞去主笔职务, 到湖南时务学堂去执教了。因此朝廷采纳宋伯鲁建议,将《时务报》改为《时务官报》,被官方控制,失去了原有的光彩。

《时务报》的创办打破了清廷封闭《中外纪闻》和《强学报》之后的无形禁令,全国各地相继出现了各种类似的报刊。它们是上海的《通学报》(旬刊,1897 年出,6 年后停)、《农学报》(旬刊,1897 年出,出至 315 册停)、《苏报》(日报,1897 年出,1903 年查封)、《新学报》(半月刊,1897 年出,停刊年代不详)、《实学报》(旬刊,1897 年出,出至 10 余册即停)、《萃报》(杂志,1897 年出, 停刊年代不详)、《求是报》(旬刊,1897 年出, 同前)、《算学报》(杂志,1897 年出, 同前)、《译书公会报》(杂志, 1897 年出,不久即停)、《集成报》(杂志,1897 年出,停刊年代不详)、《指南报》(日报,1897 年出,同前)、《苏海汇报》(日报,1897 年出,同前)、《时事报》(日报,1897 年出,同前)、《维新报》(日报,1897 年出,同前)、《富强报》(1897 年出,同前)、《画报》(1897 年出,同前)、《中外博闻》(1897 年出,同前)、《时事日报》(1897 年出,同前)、《农会报》(1897 年出,同前)、《商务报》(杂志,1897 年出,同前)、《蒙学报》(杂志,1897 年出,同前)、《求我报》(杂志,1898 年出,同前)、《格致新闻》(旬刊,后与《益闻录》合并)、《时务日报》(后改《中外日报》,1898 年出,1908 年停)、《东亚报》(旬刊,1898 年出,未满一年停)、《工商学报》(杂志,每月四册,不久即停)、《医学报》(1898 年出,停刊年代不详);无锡的《无锡白话报》(1898 年出,后改名《中国官音白话报》,半月刊,同前);杭州的《杭报》(日报,1897 年出,同前)、《经世报》(日报,1897 年出,同前);宁波的《甬报》(日报, 1898 年出,同前);温州的《利济报》(1897 年出,同前);芜湖的《皖江日报》(1898 年出,同前);江西的《通学汇编》(1898 年出,同前);湖南的《湘学报》(旬刊,1897 年出,同前);湘报(日报,1898 年出,同前);澳门的《知新报》(旬刊,1897 年 2 月出,1899 年 1 月停)等。

(2)成立学会

以康有为为首的维新派, 为开展一个群众性的维新变法运动,打算建立学会,把那些拥护变法的人团结在它的周围。一旦学会得到清廷认可后,便推广到地方,各省成立学会。经过康有为及其学生梁启超、麦孟华等人四处奔走,苦口婆心地反复解说,终于取得了朝中一些大臣如翁同龢、孙家鼐、李鸿藻、张荫桓、张之洞等不同程度的支持。1895 年 9 月, 以康有为为首的维新派和帝党派官僚联合组成的强学会在北京宣武门外后孙公园胡同安徽会馆成立, 选举陈炽为提调,张孝廉为助理,梁启超为书记员。会员有康有为、梁启超、麦孟华、陈炽、沈曾植、文廷式、丁立钧、张孝廉、杨锐、袁世凯、徐世昌、翁同龢、孙家鼐、李鸿藻、张之洞、张权、王鹏运、汪大燮、欧格纳(英国人)、李提摩太(英国人)、李佳白(美国人)、毕德格(美国人)等 29 人。强学会又名译书局,也叫强学书局或强学局,表面上是研究学术,实际上是个政治组织,每十天开一次会,会上进行演讲,宣传变法。据梁启超说:“强学会所办之事为五大端:一译东西文书籍,二刊布新报,三开大图书馆,四设博物仪器院,五建立政治学校,我国之有协会有学社,自此始也。”(梁启超:《改革起源》,《戊戌变法》第 1 册,第 297—298 页。)北京强学会没有特地制定的纲领,康有为在成立时写的《强学会序》被大家议定为强学会的纲领:

“俄北瞰,英西啖,法南瞵,日东眈,处四强邻之中而为中国,岌岌哉!况磨牙涎舌,思分其余者,尚有十余国。辽、台茫茫,回变扰扰,人心皇皇,事势儳儳,不可终日。昔印度,亚洲之名国也,而守旧不变,乾隆时英人以十二万金之公司通商而墟五印(度)矣。昔土耳其,回部之大国也,疆土跨亚欧非三洲,而守旧不变,为六国执其政、剖其地、废其君矣……若吾不早图,倏忽分裂……则寸埃更无净土,肝脑原野,衣冠涂炭,嗟吾神明之种族,岂可言哉! ……日本有尊攘之徒,用成维新。盖学业以讲求而成,人才以磨砺而出。合众人之才力,则图书易庀;合众人之心思,则闻见易通……图避谤乎闭谤呼?闭户之士哉!有能来言尊攘乎岂唯圣清二帝、三王孔子之教,四万万之人将有托耶!”(康有为:

《强学会序》,《戊戌变法》第4册,第384—385页。)对于这篇序文,梁启超予以高度评价:“康有为撰此开会主义书,痛陈亡国以后惨酷之状,以激励人心,读之者多为之下泪,故热血震荡,民气渐伸。”(梁启超:《改革起源》,《戊戌变法》第1册,第298页。)

北京强学会成立后不久,康有为即南下,赴上海成立强学会。由于得到两江总督张之洞的支持,1895年12月中旬在上海跑马场西首王家沙一号召开强学会筹备会议,拟定章程。该章程第一条,规定了上海强学会的宗旨:“本会专为中国自强而立,以中国之弱,由于学之不讲,教之未修,故政法不举。今者鉴万国强盛弱亡之故,以求中国自强之学。总会立于上海,以接京师,次及各直省。”(《上海强学会章程》,《戊戌变法》第4册,第389页。)根据该章程,上海强学会要开办的事有四件:一是译印图书,二是刊布报纸,三是开图书馆,四是开博物院。可见,上海强学会是以传播西学、新学,讲求维新变法,救亡图存为宗旨。

1896年1月12日《强学报》在上海创刊,康有为的学生徐勤、何树龄为主笔。在其创刊号上,发表了康有为的《上海强学会后序》。该文指出:“吾中国地合欧洲,民众倍之,可谓庞大魁巨矣,而吞割于日本,盖散而不群,愚而不学之过也。”(康有为:《上海强学会后序》,《戊戌变法》第4册,第388页。)为不像牛马一样受制于人,必须共同学习。“一人独学,不如群人共学,不如十百亿兆人共学。学则智,群则强,累万亿兆皆智人,则强莫与京”。(《戊戌变法》第4册。)

强学会的活动遭到顽固派的痛恨,御史杨崇伊上奏弹劾强学会:“近来台馆诸臣,于后孙公园赁屋,创立强学书院,专门贩卖西学书籍,并抄录各馆新闻报,刊印《中外纪闻》,按户销售,复借口公费,函索外省大员,以毁誉为要挟,请饬严禁。”(《上谕》,《戊戌变法》第2册,第2页。)光绪帝在西太后的压力下,被迫着都察院查封。于是1896年1月,北京、上海的强学会先后被封禁,而上海的《强学报》只出了3期。强学会虽然被封禁,但成立学会的风气渐开,已有不可抑压之势。同年2月4日御史胡孚宸奏请解禁，于是北京强学会改为官书局，派大臣管理。但完全失去了强学会本旨，仅存其外观而已。会员黄遵宪、梁启超和汪康年等，将上海强学会改为《时务报》。《时务报》出版后，各省闻风成立各种学会，以讲新学，其宗旨大致与强学会相同。计有味经学会(陕西)、地学公会(湖南)、显学会(广东)、苏学会(苏州)、质学会(湖北)、圣学会(广西)、粤学会(广东)、群学会(广东)、农学会(上海)、蒙学会 (上海)、知耻会(北京)、南学会(湖南)、任学会(湖南衡州)、群萌学会(湖南浏阳)、南会分会(湖南岳州)、大同译书局(上海)、译书公会(上海)、测量会(南京)、不缠足会(沪、粤、湘、闽、新加坡)、公理学会(湘、粤)、东文学社(沪、粤)、经济学会(北京)、闽学会(闽)、蜀学会(川)、陕学会(陕)、保国会(北京)、致用学会(湖南龙南)、郴州学会(湖南)、明达学会(湖南常德)。

(3)设立学校

关于设立学校，梁启超有精辟的论述："今之言治国者，必曰仿效西法，力图富强，斯固然也。虽然，非其人莫能举也。"也就是说，向西方学习治国之法自不待言，但主要还是依靠人才。他又说："亡而存之，废而举之，愚而智之，弱而强之，条理万端，皆归本于学校。"(以上引文均见梁启超：《学校总论》，《戊戌变法》第 4 册，第 481、484 页。)也就是说，培养人才的学校是一切之根本。梁启超的办学总纲有三：一是教(太平大同之学)，二是政(政治)，三是艺(技术)。他指出当前办学的弊病："今之同文馆、广方言馆、水师学堂、武备学堂、自强学堂、实学馆之类，其不能得异才何也？言艺之事多，言政与教之事少。其所谓艺者，又不过语言文字之浅，兵学之末，不务其大，不揣其本，即尽其道，所成已无几矣。又其受病之根有三：一曰科举之制不改，就学乏才也。二曰师范学堂不立，教习非人也。三曰专门之业不分，致精无自也。"(梁启超：《学校总论》，《戊戌变法》第 4 册，第 484 页。)而京师大学堂的设立，可以说是力求克服上述弊病的一大措施。关于京师大学堂设立详见后述。

梁启超说："世界之运，由乱而进于平。胜败之原，由力而趋于智。故言自强于今日，以开民智为第一义。"(梁启超:《学校总论》,《戊戌变法》第4册、第479页。)把办学校提到救国的高度。因此，他于1897年11月辞去上海《时务报》主笔的职务，到湖南长沙时务学堂讲学。时务学堂创办于同年10月，其办学目的是培养一批维新人才，推动湖南乃至全国的维新运动。《湖南时务学堂缘起》说："今日之事岌岌哉，一蹶再蹶，输币割地，刳肉饲虎，身肉有尽，虎欲无厌，他日之患害，其十倍于今日者，且日出而未有已也。故不攘夷，则无中国……日本以攘夷立国者也……及明治维新，幡然改图，广开学校，悉师西法，十年之后，风气大成，遂有今日……今事变益急，天子宵旰惮虑，唯广立学校，培植人才，为自强本计。"(《湖南时务学堂缘起》,《戊戌变法》第4册，第491—492页。)可见时务学堂是为效法日本明治维新而创办的。

时务学堂计划每年招生120名，年龄规定为14至20岁，由各县绅士、官吏保送，经考试录取。学制5年，毕业后送京师大学堂继续深造，或出洋留学。当时教师队伍，熊希龄为提调(主持行政)，梁启超为中文总教习，欧榘甲、韩文举、叶觉迈、唐才常等为分教习，李维格为西文总教习。关于时务学堂的教学情形，梁启超记述道："谭嗣同与黄遵宪、熊希龄等，设时务学堂于长沙，聘启超主讲席，唐才常为助教。启超至，以《公羊》《孟子》教，课以记，学生仅四十人，而李炳寰、林圭、蔡锷称高才生焉。启超每日在讲堂四小时，夜则批答诸生记，每条或至千言，往往彻夜不寐，所言皆当时一派之民权论，又多言清代故实，胪举失政，盛倡革命，其论学术，则自荀卿以下汉、唐、宋、明、清学者，掊击无完肤。时学生皆住舍，不与外通，堂内空气日日激变，外间莫或知之。及年假，诸生归省，出记示亲友，全湘大哗。"(梁启超:《清代学术概论》,《戊戌变法》第1册，第442页。)

长沙时务学堂创办之后，湖南乃至全国闻风而起，纷纷开办私立新式学堂，计有：逊业小学堂(广东)、通艺学堂(北京)、明达学堂(湖南常德)、算艺学堂(湖南浏阳)、八旗奉直小学堂(北京)、时敏学堂（广东)、女学堂(上海)、校经学堂(湖南)、致用学堂(湖南浏阳)、中西学堂(浙江绍兴)、大同学堂(澳门)、原生学舍(澳门)、大同学校（日本横滨)、实力学堂(新加坡)等。

(4)引进西学提倡民权

中国过去引进西学,一直是只限于“形下之学”即科学技术,西方的“形上之学”即哲学始未触及。即使是19世纪70年代赴英美的留学生,也只是主要学习海军和制造,附带学些法律,对于欧洲的哲学一无所知。即使是严复,他虽然是第一个从学术理论上介绍鼓吹进化论和天赋人权论,但只能说是社会学,对哲学缺乏研究。至于维新运动的领导人康有为,既不懂西文又没有去过西方,他的西学知识是从传教士的译著中获得,免不了是间接的、肤浅的,不得不从中国封建文化的遗产中去寻找维新的理论武器。他的两大著作——《新学伪经考》和《孔子改制考》作为变法的张本,未免有旧瓶新酒、不中不西之感。而严复曾留学英国,游学法国,对西学感性和理性上都有一定的认识,他把引进的西学——进化论、民权论作为中国救亡图存的理论基础,所以他的译著读来富有新鲜感、急迫性,以“科学”的根据,对当时的中国人敲起了警钟,要大家下决心抛弃数千年来传统的儒家政教,变法图强,挽救民族危亡。现在看来,达尔文的进化论是否真正的科学还成问题,但在当时严复认为达尔文的“物竞天择”“适者生存”这种理论,“近之可以保身治生,远之可以经国利民”(严复:《原强》,《戊戌变法》第3册,第41页)。在列强瓜分中国的危机下,只有奋发图强,适应“天演”规律,才能避免灭国亡种之祸。因此严复译的赫胥黎著《天演论》一问世,立即风靡全国,连高傲的康有为也承认:“严复者,乃直隶道为天津水师学堂督办,译《天演论》,为中国西学第一人也。”(康有为:《与张之洞书》,《戊戌变法》第2册,第524页。)

严复以“天演论”作为警钟,敬告全国,只要发愤变法自强,中国仍可得救,"存亡生死,其权仍旧操之于我"。这在当时对唤起民众觉悟确实起了很大作用。维新运动的理论根据本来极其薄弱,在"学问饥荒"中康有为把孔子抬出来作为教主的今文经学理论牵强附会,经不起一击。既然维新运动的最终目的是要以西方诸国为样板,建立一个资本主义国家,那么建立并发展这种社会的理论根据应当到西方去找。所以严复从西方引进的进化论受到人们欢迎,因为在中国即将亡国的严重形势下,它在中国知识分子中间具有很大的说服力,成为中国维新运动的"科学"的理论基础。从此以后,康有为的旧式的今文经学作为维新理论便失去了它的作用。

与引进西方的进化论同时,严复还引进了西方的民权论,把自由提高到"命脉所在"的高度:"今之称西人者曰:'彼善会计而已。'又曰:'彼擅机巧而已。'不知吾今兹之所见所闻,如汽机兵械之伦,皆其形下之粗迹,即所谓天算格致之最精,亦其能事之见端,而非命脉所在。"那么西方的命脉是什么?严复说:"不外于学术,则黜伪而崇真,于刑政屈私以为公而已。""黜伪而崇真"就是科学,"屈私以为公"就是民主。他又说:"斯两者,与中国'理道'初无异也,顾彼行之而常通,吾行之而常病者,则自由不自由异耳。"严复还介绍说,自由是西方国家和社会的总纲:"天生民,各具赋畀,得自由者乃为全受,故人人各得自由,国国各得自由,第务令毋相侵损而已。侵人自由者,斯为逆天理,贼人道,其杀人伤人及盗蚀人财物,皆侵人自由之极致也。故侵人自由,虽国君不能,而其刑禁章条,要皆为此设耳。"他还指出西方的自由与中国的理道相似而不同之处:"中国最重三纲,而西人首明平等;中国亲亲,而西人尚贤;中国以孝治天下,而西人以公治天下;中国尊主,而西人隆民;中国贵一道而同风,而西人喜党居而州处;中国多忌讳,而西人众讥评。"(以上引文均见严复:《论世变之亟》,《戊戌变法》第3册,第71—73页。)

严复在《原强》中进一步论述西方的平等自由民主:"(西洋)无论

王侯君公,降以至于穷民无告,自教而观之,则皆为天之赤子,而平等之义以明。平等义明,故其民知自重,而有所劝于为善。""西之教平等,故以公治众,而尚自由,自由故,贵信果;东之教立纲,故以孝治天下,而首尊亲,尊亲故,薄信果,然其流弊之极。""法令始于下院,是民各奉其所自主之约,而非率上之制也。宰相以下,皆由一国所推择,是官者,民之所设,以厘(治理)百工,而非徒以尊奉仰戴者也。"因此,今日要提高中国民众之德,同心合力抵御外仇,则非有"道"不可。这"道"是什么?严复回答:"设议院于京师,而令天下郡县,各公举其守宰,是道也。"他肯定地说:"欲民之忠爱必由此,欲教化之兴必由此,欲地利之尽必由此,欲道里之辟、商务之兴必由此,欲民各束身自好、而争濯磨于善必由此。呜呼,圣人复起,不易吾言矣。"(以上引文均见严复:《原强》,《戊戌变法》第3册,第41—59页。)

严复在其《辟韩》中,将提倡民权反对专制的理论发挥得淋漓尽致。韩愈曾著有《原道》,主张专制政治,为君王统治人民制造理论依据。韩愈说:"古之时,人之害多矣。有圣人者立,然后教之以相生相养之道,为之君,为之师……君者,出令者也。臣者,行君之令,而致之民者也。民者出粟米麻丝,作器皿,通货财,以事其上者也。君不出令,则失其所以为君;臣不行君之令,而致之民,则失其所以为臣;民不出粟米麻丝,作器皿,通货财,以事其上,则诛。"把人民供养统治者、受其统治当作天经地义的事。严复指责韩愈的话是极大的错误,人民为什么供养统治者呢?"其有相欺相夺而不能自治也,故出什一之赋而置之君,使之作为刑政甲兵,以锄其强梗,备其患害……君不能为民锄其强梗,防其患害则废;臣不能行其锄强梗防患害之令,则诛乎?"主张君不能为民就废黜,臣不能为民就杀头。他还引孟子的话说:"民为贵,社稷次之,君为轻。此古今之通义也。"韩愈为什么不这样说呢?因为他只知有一人而不知有亿兆人民。严复认为秦以来中国之君王都是窃国大盗,"安坐而出其为所欲为之令,使天下无数之民,各出其苦筋力、劳神虑者以供其欲，少不如是焉则诛。天之意固如是乎？道之原又如是乎？”于是严复介绍西方的情况说：“西洋之言治者曰：‘国者斯民之公产也，王侯将相者通国之公仆隶也。’而中(国)之尊王者曰：‘天子富有四海，臣妾亿兆。臣妾者，其文之故训，犹奴虏也。”(以上引文均见严复：《辟韩》，《戊戌变法》第3册，第79—82页。)因此西洋之民尊贵胜过帝王将相，中国之民卑贱，都是“奴产子”。如果一有战斗，西洋民为公产公利自动战斗，而中国则奴仆为其主人战斗，驱贱人去与贵人作战，当然何往而不败。

谭嗣同的《仁学》被誉为中国历史上所未尝有过的攻击封建道德观念、封建政治的最优秀作品，谭嗣同本人被梁启超称赞为晚清思想界的一颗彗星。谭嗣同认为，人与人之间的道德关系是互相的、是平等的，这种道德便是所谓“仁”。可是封建制度下的道德关系是片面的，只有臣的道德，而没有君的道德；只有子的道德，而没有父的道德；只有妻的道德，而没有夫的道德，这就是所谓“名教”。他痛骂历代君王是“独夫”“民贼”“禽兽”，哀号流涕大呼“冲决利禄之罗网，冲决俗学之罗网，冲决全球群学之罗网，冲决君主之罗网，冲决伦常之罗网……”《仁学》极力反对君主专制政治，特别是异族对华夏的统治：“天下为君主囊橐中之私产，不始今日……然而有知辽、金、元、清之罪，浮于前此君主乎？其土则‘秽壤’也，其人则‘膻种’也，其心则‘禽心’也，其俗则‘毳俗’也，逞其‘凶残淫杀’，攫取中原子女玉帛……犹以为未厌，锢其耳目，桎其心思，挫其气节。”(梁启超：《清代学术概论》，《戊戌变法》第1册，第445页)梁启超说：“《仁学》下篇，多政治谈，其篇首论国家起源及民治主义，实当时谭、梁一派之根本信条，以殉教的精神力图传播者也。由今观之，其论亦至平庸、至疏阔，然彼当时，并卢梭《民约论》之名亦未梦见，而理想多与暗合；盖非思想解放之效不及此。其鼓吹排满革命也，词锋锐不可当。”(梁启超：《清代学术概论》，《戊戌变法》第1册，第444页。)不过上述严复的《辟韩》，谭嗣同是读过的，而《辟韩》的论点是卢梭《民约论》一派的思想,所以不能说谭嗣同的《仁学》丝毫没有受到西学的影响。

4.维新运动与西学及传教士

维新人士的成长乃至维新运动的产生和开展,对西方传教士至关重要,因为西学是通过传教士之手传入中国的。康有为在自编年谱中记道:"光绪八年(1882 年)25 岁,五月(6 月)顺天(府)乡试,借此游京师……既罢,还游扬州、镇江,登平山堂泛舟金焦而归。道经上海繁盛,益知西人治术之有本。舟车行路,大购西书以归讲求焉。十一月(12 月)还家,自是大讲西学,始尽释故见。"(《康有为自编年谱》,《戊戌变法》第 4 册,第 116 页。)一年以后,康有为学习西学大有进步,决心埋头钻研学问,连考试做官的念头也打消了。他说:"购《万国公报》,大攻西学书,声、光、化、电、重学及各国史志,诸人游记皆涉焉。于时欲辑《万国文献通考》,并及乐律、韵学、地图学。是时绝意试事,专精学问,新识深思,妙悟精理、读仰思,日新大进。"(《康有为自编年谱》,《戊戌变法》第 4 册,第 116 页。)从此以后,康有为的世界观大开:"因显微镜之万数千倍者,视虱如轮,见蚁如象,而悟大小齐同之理。因电机光线一秒数十万里,而悟久速齐同之理。知至大之外,尚有大者,至小之内,尚包小者,剖一而无尽,吹万而不同。……故日日以救世为心,刻刻以救世为事,舍身命而为之,以诸天不能尽也,无小无大,就其所生之地,所遇之人,所亲之众,而悲哀拯救之,日号于众,望众从之,以是为道术,以是为行己。"(《康有为自编年谱》,《戊戌变法》第 4 册,第 119 页。)

康有为的得意门生梁启超,也是早年醉心于西学。1890 年 18 岁赴京考试,落第回乡,路经上海,"从坊间购得《瀛环志略》,读之始知有五大洲各国,且见上海制造局译出西书若干种,心好之,以无力不能购也。"(梁启超:《三十自述》,《戊戌变法》第四册,第 44 页。)同年秋,入康有为门下,开始接受新学:"先生乃以大海潮音,作狮子吼,取其所挟持之数百年无用旧学,更端驳诘,悉举而摧陷廓清之。自辰入见,及戌始退，冷水浇背，当头一棒，一旦尽失其故垒，惘惘然不知所从……明日再谒，请为学方针，先生乃教以陆王心学，并及史学西学之梗概。自是决然舍去旧学……生平知有学，自兹始。”(梁启超:《三十自述》,《戊戌变法》第四册，第44页。)梁启超西学造诣极深，任上海《时务报》主笔。“当时《时务报》盛行，启超名重一时，士大夫爱其语言笔札之妙，争礼下之。上自通都大邑，下至僻壤穷陬，无不知有新会梁氏者。及应聘入湖南主讲时务学堂，专阐发康门一家之学，倡议废拜跪，易服色，抑君权，伸民权。”(胡思敬:《梁启超》,《戊戌变法》第4册，第47页。)1898年26岁，梁启超被光绪帝召见，进呈《变法通议》，大加奖励，赏给六品衔，命办京师大学堂译书局事务。梁启超推崇西学，著有《西学书目表》，选录广学会出版的西书42种。其中最佳的，梁启超首推李提摩太译的《泰西新史揽要》:“《泰西新史揽要》，述百年以来欧美各国变法自强之迹，西书中最佳之书也。”(梁启超:《读西学书法》,《戊戌变法》第1册，第455页。)其次是《万国公报》:“癸未、甲申间(1883—1884)，西人教会始创《万国公报》，后因事中止，至己丑(1889年)后复开至今，亦每月一本，中译西报颇多，欲觇时事者，必读焉。”(梁启超:《读西学书法》,《戊戌变法》第1册，第456页。)《万国公报》是基督教广学会出版的，而李提摩太担任该会总干事，可见梁启超对李提摩太的学问何等敬佩。

谭嗣同也讲究西学，他的哲学著作《仁学》中多处谈到“以太”(Ether,19世纪西方流行的科学名词，一种存在于宇宙之间的精微粒子，以此假定来解释物理现象)，以西方的“以太”来解释中国哲学中的“气”，说明物质不灭的原理。(顾卫民:《基督教与近代中国社会》，第303页。)1893年谭嗣同在上海时曾到格致书院访问，传教士傅兰雅带他参观了陈列着的化学标本、电器和照相器材。后来还参观了江南制造局等近代企业。他还买了许多江南制造局翻译馆出版的西学书带回湖南。(顾卫民:《基督教与近代中国社会》，第302页。)

当时维新人士与西方传教士往来很普遍，梁启超还主动要求做李提摩太的秘书。李提摩太记述道："维新会(强学会)里的会员，有一位青年约28岁，是康有为最出色的弟子，名叫梁启超。他听见说我需要一位中文秘书，愿来服务。以后我在北京的时候，他一直协助我。别的会员，有江西省的文廷式，是一位翰林，且是妃子的师傅；湖南谭嗣同，是湖北巡抚的儿子，以后在1898年政变时被杀；江西金铸，他曾把我的改革计划为翁同龢写出来；另外有当时的直隶军队的将领袁世凯，还有其他许多人。维新党得到军机大臣翁同及皇帝师傅孙家鼐完全的同情，并得到英国公使欧格讷(Nicholas O'Conor)很大的鼓励。约在这个时候，我在山东的老朋友美国长老会李佳白博士(Dr. Gilbea Reid)在北京高级社会阶层里工作，希望使他们对基督教表示友好。他和毕德格先生(Mr. Pethick)同我，时常被维新会会员约去吃饭，我们也还请他们。每次宴会上发表了关于改革中国的演说，并且举行讨论，会员们感到了深刻的兴趣。他们请我留在北京几个月，以便向他们建议如何进行工作。"(李提摩太：《留华四十五年记》，《戊戌变法》第3册，第554—555页。)李提摩太告诫维新人士，不要操之过急，不但要说服光绪帝，还要争取慈禧太后，但他们没有听。

李提摩太系英国传教士，1870年被英国浸礼会派遣来华，先后在山东、东北、山西等地传教。他主张中国传教工作重点应当从平民转移到清政府上层官吏和士大夫中间，并加强出版事业。因此他专门与清政府大官交往。1890年7月应李鸿章聘请，赴天津任《时报》主笔，有系统地向中国提出了政治、经济、文化等各方面改革主张。1891年李提摩太三次赴南京会见张之洞，建议让英国单独治理中国未成。1895年9月李提摩太赴北京参与维新运动。不久，李提摩太会见翁同龢，向翁提交了一个改革中国的计划："(我)叙明了上帝对中西任何国家都没有表示偏爱，按照永恒不变的法则，国家顺从上天就兴盛，国家违背上天就衰败落后，我指出四项中国最基本的需要：教育改革、经济改革、国内和国际和平及精神的刷新。为了实现这些大的计划，我建议：一、皇上应有两位外国顾问；二、应有八位大臣的内阁，一半是满、汉人，另一半是明了世界趋势的外国官吏；三、立即实行币制改革，并将金融建立于健全的基础上；四、立即修建铁路及开办矿厂；五、设立教育部，在帝国各地设立近代式的学校及学院；六、创办通俗报纸，用外国记者帮助中国编辑，来启迪人民；七、为了国防，建立一支适当的陆海军。这个计划由翁同龢呈给皇帝，并且得到他的批准，后来由广学会发表。”（李提摩太：《留华四十五年记》，《戊戌变法》第 3 册，第 556 页。）10 月 12 日，李提摩太与光绪帝师傅孙家鼐会见约一小时以上。孙告诉李，他翻译的马恳西（Mack enzie）著《泰西新史揽要》，每天与皇帝一起阅读，已经有两个月了。孙先后三次聘请李担任京师大学堂总监，都被李拒绝。

这一年（1895 年）李提摩太在北京活动了 5 个月，至 1896 年 1 月以慈禧太后为首的顽固派下令封闭北京强学会，李决定离开北京，翁同龢到李寓所话别。李到上海后即回英国休假，到 1897 年秋李重来上海担任广学会总干事的时候，“维新运动像是一条溶化了的大冰河，或者是开了冻的黑龙江，把巨大障碍的冰块冲到海洋”（李提摩太语）。从 1898 年 6 月 11 日起，到 9 月 21 日止的 103 天内，光绪帝在维新派的推动下一连发了几十道变法上谕，这就是中国近代史上著名的“百日维新”。在此期间，光绪帝还批准李提摩太担任自己的顾问，并通知他早日赴京上任。当李提摩太接到通知赶到北京的时候已经是 9 月中旬了。孙家鼐通知他，光绪帝决定 9 月 23 日召见。不料 9 月 21 日慈禧太后发动政变，将光绪帝幽禁于瀛台后，亲自临朝听政，并下令逮捕维新领袖。李提摩太立即召集梁启超、谭嗣同等人到他寓所开紧急会议，商讨挽救办法，保护皇帝。他们决定分别吁请各国公使出面干涉，但各国公使在未获本国政府训令之前不便行动。于是梁启超溜到天津，乘日本轮船逃至东京；李提摩太乘到天津找英国公使的机会逃回上海；康有为得到光绪帝密谕早已乘船逃到上海，在吴淞口外转乘英轮逃到香港。其他维新人士逃到了美国、日本和中国澳门。有些不想逃跑的人，于9月28日未经审讯即被处死。他们是谭嗣同、刘光第、杨锐、杨深秀、康广仁、林旭6位义士,史称“戊戌政变六君子”。当时李提摩太对他们从容就义这样记道:“当他们解往刑场的时候,林旭(林则徐后裔)请求允许他说几句话,但是被拒绝了,可是谭嗣同不顾是否允许,他对刑官喊道:‘为了救国,我愿洒了我的血,但是今天每一个人的牺牲,将有千百人站起来继续进行维新的工作,尽其忠诚去反抗篡夺。’维新的志士们就这样牺牲了。林旭的妻子听说他被杀害的消息后,立刻自杀。”(李提摩太:《留华四十五年记》,《戊戌变法》第3册,第566页。)

5.变法的具体内容

从1898年6月11日至9月21日的百日维新期间,光绪帝在维新派的推动下颁布了二三百件变法上谕,使维新运动达到高潮。但是由于以慈禧太后为首的顽固派反对,这个运动一开始就表现出先天不足,经不起一击。变法第一天颁布的定国是诏说:“朕唯国是不定,则号令不行,极其流弊,必至门户纷争,互相水火,徒蹈宋明积习,于时政毫无裨益,即以中国大经大法而论,五帝三王,不相沿袭,譬之冬裘夏葛,势不两存,用特明白宣示,嗣后中外大小诸臣,自王公以及士庶,各宜努力向上,发愤为雄,以圣贤义理之学,植其根本,又须博采西学之切于时务者,实力讲求,以救空疏迂谬之弊。”(《上谕》第45条,《戊戌变法》第2册,第17页。)这里变法决心不大,内容含糊,而且是以中学为根本,西学为辅佐。康有为在《上清帝第六书》中强调:“制度局之设,尤为变法之源。”因为当前的官衙都是守旧之官,很难实行改革。6月16日光绪帝召见康有为时,康有为仍强调设立制度局领导变法:“所谓变法者,须自制度法律先为改定,乃谓之变法。今所言变法者,是变事耳,非变法也。臣请皇上变法,须先统筹全局而全变之,又请先开制度局而变法律,乃有益也。”(《康南海自编年谱》,《戊戌变法》第4册,第145页。)但作为变法中枢的制度局始终未设,因此百日维新中的变法项目是没有系统和次序的。现从以下几个方面谈一谈它的内容，从而察知西学对变法影响到何种程度。

(1)选拔人才

正因为没有设立制度局和待诏所，全面选拔人才组成变法领导班子,所以只在原有中央机构中增添一些贤才,而且由大臣保举,人才选拔显得有零零星星之感。

6月11日上谕:“方今各国交通,使才(外交人才)为当务之急,着各直省督抚……酌保数员,交总理各国事务衙门考验,带领引见。(《上谕》第46条,《戊戌变法》第2册,第19页。)

6月13日上谕:“工部主事康有为、刑部主事张元济,均着于本月二十八日(6月16日)预备召见。湖南盐法长宝道黄遵宪、江苏候补知府谭嗣同,著该督抚送部引见。广东举人梁启超,着总理各国事务衙门察看具奏。”(梁启超按:国朝成例,四品以上乃能召见,召见小臣,自咸丰后四十余年未有之异数也。梁启超以布衣召见，尤为本朝数百年所未见,皇上之求才若渴,不拘成格如此。)(《上谕》第48条,《戊戌变法》第2册,第20页。)

6月16日上谕:“康有为着在总理各国事务衙门章京上行走。”(《上谕》第55条,《戊戌变法》第2册,第22页。)

7月3日上谕:“赏举人梁启超六品衔,办理译书局事务。”(是日召见梁启超)(《上谕》第70条,《戊戌变法》第2册,第29页。)

8月11日上谕:“湖南盐法长宝道黄遵宪，着开缺以二品京堂候补,充出使日本,命速来京。”(《戊戌百日维新运动大事表》,《戊戌变法》第4册,第565页。)

8月29日上谕:“少詹事陈宝箴、王锡蕃奏保通达时务人才,湖南候补道夏献铭、试用道黄炳离、降调前内阁学士陈宝琛、内阁候补侍读杨锐、礼部候补主事黄英采、刑部候补主事刘光第、广东候补道杨枢、试用道王秉恩、江苏试用道欧阳霖、江西试用道恽祖祁(和)杜俞、湖北候补道徐家干、江苏候补道柯逢时、湖北试用道薛华培、候补道左孝同，以上各员在京者，着各该衙门传知该员预备召见，其余均由各该督抚饬知来京，一体预备召见。福建兴泉永道周莲，业经电谕饬令来京，预备召见。现尚在籍之四川候补道沈翊清，北洋差委候补道严复，着边宝泉、荣禄饬令该员来京，预备召见。内阁候补中书林旭，着该衙门传知该员，预备召见。"(《上谕》第 161 条，《戊戌变法》第 2 册，第 65 页。)

9 月 5 日上谕："候补侍读杨锐、刑部候补主事刘光第、内阁候补中书林旭、江苏候补知府谭嗣同，均着赏加四品卿衔，在军机章京上行走，参与新政事宜。"(梁启超按：四卿名为章京，实则宰相。后此新政，皆四人行之，密诏传授，亦交四人焉。)(《上谕》第 183 条，《戊戌变法》第 2 册，第 75 页。)

9 月 12 日赐康有为密诏："朕惟时局艰难，非变法不足以救中国，非去守旧衰谬之大臣，而用通达英勇之士，不能变法。"

9 月 15 日上谕："张英麟奏酌保人才以备任使一折，广西候补道林贺峒、候补道林怡游、分省补用知府刘恩驹，均着来京预备召见；刑部候补主事陈春瀛，著该部传知该员预备召见。"

9 月 17 日上谕："江苏补用道钱德培、特用道阮祖棠、记名道罗嘉杰、试用道陶森甲、候补道沈敦和、安徽候补道张佩绪、江苏试用道刘思训、江苏候补知府柯逢时、江西候补知府袁树勋、江苏候补道丁葆元、江苏候补知州章邦直，着该督抚即饬各该员来京预备召见。其另片奏保之河南候补道易顺鼎，即着刘坤一传知该员一并来京预备召见。"(《上谕》第 244 条，《戊戌变法》第 2 册，第 98 页。)

总之，选拔人才实行得很不理想。光绪帝想重用康有为而被后党所阻，只能让他做个总理衙门章京(秘书)。礼部虽然改组，但后党的裕禄仍为礼部尚书。总理衙门中只有倾向帝党的张荫桓是大臣，倾向维新派的张元济是原来的章京，新委任的康有为只是个办事的章京。都察院中只有原来的御史杨深秀、宋伯鲁是倾向维新派，没有增添新人。军机处虽然选拔年轻的维新人物杨锐、刘光第、林旭、谭嗣同为章京，暗夺守旧大臣之权。但他们任职只有半个月就政变了，所起作用不大。以上种种情形，光绪帝也是不得已的，他赐杨锐密诏说："朕亦岂不知中国积弱不振，至于阽危，皆由此辈(后党)所误，但必欲朕一旦痛切降旨，将旧法尽变，而尽黜此辈昏庸之人，则朕之权力实有未足。果使如此，则朕位且不能保，何况其他？"(《上谕》第228条，《戊戌变法》第2册，第91页。)

(2)政治改革

首先是鼓励官民议政，给予一定的言论出版自由：

7月26日上谕："报馆之设，所以宣国是而达民情，必应官为倡……将《时务报》改为官报，派康有为督办其事……其天津、上海、湖北、广东等处报馆，凡有报单均着该督抚咨送都察院及大学堂各一份……至各报体例，自应以胪陈利弊，开广见闻为主，中外时事，均许据实昌言，不必意存忌讳。"(《上谕》第107条，《戊戌变法》第2册，第44页。)

8月2日上谕："朝廷振兴庶务，不厌讲求，所赖大小臣工，各抒谠论，以备采择……其部院司员，有条陈事件者，着由各堂官代奏。士民有上书言事者，着赴都察院呈递，毋得拘牵忌讳，稍有阻隔。"(清朝规定，不仅人民，即使四品以下的京官和三品以下的地方官也都不许上书。)(《上谕》第114条，《戊戌变法》第2册，第48页。)

9月2日上谕："前经降旨，士民有上书言事者，着赴都察院呈递……嗣后都察院，凡接有条陈事件，如系封口呈请代奏，即着将原件进呈，毋庸拆阅。其具呈到院者，即将原呈封进，不必另行抄录，均着随到随递，不准稽压，倘有阻格，即以违旨惩处。"(《上谕》第173条，《戊戌变法》第2册，第71页。)

9月4日上谕："朕近来屡次降旨，部院司员及士民有上书言事者，均不得稍有阻格……不料礼部尚书怀塔布等竟敢首先抗违，将该部主事王照条陈一再驳斥……若不予以严惩,无以儆戒将来,礼部尚书怀塔布、许应骙……均着即行革职。至该主事王照,不畏强御,勇猛可嘉,着赏给三品顶戴,以四品京堂候补,用昭激励,特谕。”(《上谕》第198条,《戊戌变法》第2册,第72—73页。)

9月13日上谕:“各省藩臬道府,均得上书言事……其州县管官言事者,仍由督抚将原封呈递。至士民有上书言事者,即径由本省道府随时代奏,均不准稍有抑阻。”(《上谕》第227条,《戊戌变法》,第91页。)

其次是精简机构和裁减冗官:

8月30日上谕:“近日臣工条奏,多以裁汰冗官为言,虽未必尽可准行,而参酌情形,实亦有亟当改革者。……如詹事府本属闲曹,无事可办;其通政司、光禄寺、鸿胪寺、太仆寺、大理寺等衙门,事务甚简,半属有名无实,均着即行裁撤,归并内阁及礼兵刑部办理。又外省如直隶、甘肃、四川等省,皆系以总督兼管巡抚事,惟湖北、广东、云南三省,督抚同城,原未划一……所有督抚同城之湖北、广东、云南三省巡抚并东河总督,着一并裁撤。其湖北、广东、云南三省,均著以总督兼管巡抚事。东河总督应办事宜,即归并河南巡抚兼办……各省不办运务之粮道、向无盐场仅管疏销之盐道,亦均着裁缺,归各省藩司巡守道兼理。此外如各省同、通、佐贰等官,有但兼水利盐捕,并无地方之责者,均属闲冗,即着奏明裁汰。”(《上谕》第162条,《戊戌变法》第2册,第65页。)此外光绪帝还下令裁减绿营、准许旗人自谋生计。

最后是立宪法与设议会。8月间内阁学士阔普通武呈《请定立宪开国会折》(康有为代拟),主张立宪法开国会:“臣窃闻东西各国之强,皆以立宪法开国会之故。国会者,君与国民共议一国之政法也。盖自三权鼎立之说出,以国会立法,以法官司法,以政府行政,而人主总之,立定宪法,同受治焉……春秋改制,即立宪法,后王奉之,以至于今。伏乞上师尧舜三代,外采东西强国,立行宪法,大开国会,以庶政与国民共之,行三权鼎立之制,则中国之治强,可计日待也。”(《请定立宪开国会折》,

《戊戌变法》第2册,第236—237页。)其他维新人士也纷纷上书,请求开设议院,正如杨锐在家信中所说:“现在新进喜事之徒,日言议政院,上意颇动,而康梁两人又未见安置。”(《杨参政公家书》,《戊戌变法》第2册,第572页。)杨锐推测开议院是为安置康梁,由他们领导议院。康有为也记述道:“于时复生(谭嗣同)、暾谷(林旭)又欲开议院,吾以旧党盈塞,力止之。”为什么康有为要阻止开议院呢?原来康有为认为,制度局不开,变法“琐碎拾遗,终无当也”,目前最重要的是开懋勤殿以议制度。同时康有为认为,目前守旧势力太大,不能操之过急:“内阁学士阔普通武尝上疏请开议院,上本欲用之,吾于《日本变政考》中,力发议院为泰西第一政,而今守旧盈朝,万不可行,上然之。”(《康南海自编年谱》,《戊戌变法》第4册,第158页。)守旧势力大固然是康有为不主张立即开议院的原因,但其主要的原因在于在立宪之前还要有一个过渡阶段——征集天下俊才于京师,大开懋勤殿,编纂政法,以备施行。

(3)教育改革

教育改革是戊戌变法的重点,它可分为三个方面:一是改革科举制度,二是兴办新式学校,三是派遣留学生。

第一,关于改革科举制度。清代的考试制度是沿袭隋、唐以来历代的成规,通过考试制度选拔知识分子到政府中去做官,也就是培养国家干部。从考试制度来看弊病不大,但考试内容却是僵死空洞的八股文。八股文题都摘自“四书”,考生须按朱熹注释立论,不能自由发挥,危害极大。维新人士对八股文都是痛心疾首,大加鞭挞。严复说:“八股取士,使天下消磨岁月于无用之地,堕坏志节于冥昧之中,长人虚骄,昏人神智,上不足以辅国家,下不足以资事蓄;破坏人才,国随贫弱,此之不除,徒补苴罅漏,张皇幽渺,无益也。”(严复:《救亡决论》,《戊戌变法》第3册,第63页。)6月16日光绪帝召见康有为时,康有为对光绪帝说:“今日之患,在吾民智不开,故虽多而不可用。而民智不开之故,皆以八股为之。学八股者,不读秦汉以后之书,更不考地球各国之事,然可以通籍累致大官。今群臣济济,然无以任事变者,皆由八股致大位之故。故台辽之割,不割于朝廷,而割于八股;二万万之款不赔于朝廷,而赔于八股;胶州、旅大、威海、广州湾之割,不割于朝廷,而割于八股。"光绪帝说:"然,西人皆为有用之学,而吾中国皆为无用之学,故致此。"康有为说:"上既知八股之害,废之可乎?"光绪帝说:"可。"康有为说:"上既以为可废,请上自下明诏,勿交部议,若交部议,部臣必驳矣。"光绪帝说:"可。"(《康南海自编年谱》,《戊戌变法》第4册,第146页。)于是下达上谕。

6月23日上谕:"我朝沿宋明旧制,以《四书》取士……近来风尚日漓,文体日敝,试场献艺,大都循题敷衍,于经义罕有发明,而谫陋空疏者,每获滥竽充选,若不因时通变,何以励实学而拔真才?着自下科为始,乡、会试及生童岁科各试,向用《四书》文者,一律改试策论。"(梁启超按:"昔人谓八股之害甚于焚书坑儒,实非过激之言也。故深知中国实情者,莫不谓八股为致弱之根源。")(《上谕》第60条,《戊戌变法》第2册,第24页。)

7月19日上谕:"乡、会试仍定为三场:第一场试中国史事、国朝政治论五道;第二场试时务策五道,专问五洲各国之政、专门之艺;第三场试《四书》义两篇、《五经》义一篇。"(《上谕》第99条,《戊戌变法》第2册,第41页。)这是张之洞、陈宝箴拟定的改试策论的内容。

第二,关于兴办西式学校。开办京师大学堂的诏书,3年以前就下达了,但到百日维新开始的第一天才正式决定开办。

6月11日上谕:"京师大学堂为各行省之倡,尤应首先举办,着军机大臣,总理各国事务王大臣,会同妥速议奏,所有翰林院编检,各部院司员,大门侍卫,候补候选道府州县以下官,大员子弟,八旗世职,各省武职后裔,其愿入学堂者,均准入学肄业,以期人才辈出,共济时艰,不得敷衍因循,徇私援引,致负朝廷谆谆告诫之至意,将此通谕知之。"(《上谕》第45条,《戊戌变法》第2册,第17页。)

7月3日上谕:“京师大学堂为各行省之倡,必须规模宏远,始足以隆观听而育人才。现据该王大臣,详拟章程,参用泰西学规,纲举目张。尚属周备,即着照所议办理,派孙家鼐管理大学堂事务。……此次设立大学堂为广育人才讲求时务起见,该大臣务当督饬教习等,按照奏定课程,认真训迪,日起有功,用副朝廷振兴实学至意。”(《上谕》第69条,《戊戌变法》第2册,第28页。)京师大学堂有两个特点:一是因各省中学堂草创,故大学堂兼小学堂、中学堂,其中分列班次,循级而升;二是因中国一向无师范学堂,各省学堂不能收效,故大学堂中另立师范斋,以培养教习。为解决教科书问题,上海开一编辑局,编译教科书。教材分小学、中学、大学三级。

除中央开办京师大学堂之外,地方也要办中小学堂:

7月10日上谕:“前经降旨开办京师大学堂,入堂肄业者,由中学小学以次而升,必有成效可睹。唯各省中学小学,尚未一律开办,着各该督抚督饬地方官,将各省府厅州县现有之大小书院,一律改为兼习中学西学之学校。至于学校等级,自应以省会之大书院为高等学,郡城之书院为中等学,州县之书院为小学,皆颁给京师大学堂章程,令其仿照办理。其地方自行指办之义学社学等,亦令一律中西兼习,以广造就。”(《上谕》第82条,《戊戌变法》第2册,第34页。)此外,民间祠庙不在祠典内的,由地方官晓谕,一律改为学堂。

第三,关于派遣留学生。

8月18日上谕:“谕军机大臣等:电寄各省督抚、日本政府,允将该国大学堂中学堂章程,酌行变通,俾中国学生易于附学,一切从优相待,以期造就。着各省督抚,就学堂中挑选聪颖学生,有志上进,略谙东文、英文者,酌定人数,克日电咨总署办。”(《上谕》第132条,《戊戌变法》第2册,第55页。)但不久即政变,此项计划没有实现。

(4)经济改革

提倡民办企业,发展农工商业,也就是发展资本主义,是维新派经济改革的主要内容。张謇提出了经济改革的基本方案:“商务亟宜实办,实办之计有三:一是定法,二是筹款,三是定捐税。工务亟宜开导,开导之计有二:一是如各省开劝工会,此会江南近已拟行,事简费省,试办不甚难,但须上有提倡,并立奖格以鼓励之。二是派大员集合资本,博采各省著名精巧之器,入巴黎大会,并选携名商慧工同往,察视各国好尚风俗,以便推广制造。农务亟宜振兴,振兴之计有四:一是久荒之地,听绅民召佃开垦成集公司,用机器垦种。二是未垦之地,先尽就近之人报买。三是凡开垦之地,水田免赋六年,旱田免赋十年。四是户部及各衙门费(用)宜明定成数。以上三条,大本在农,而人手在商,皆今日万不可再缓之图。”(张謇:《农工商标本急策》,《戊戌变法》第 3 册,第 179—180 页。)清廷大体上都按张謇的方案办了。

6 月 12 日上谕:“侍郎荣惠奏请,特设商务大臣……商务为富强要图,自应及时举办,前经总理衙门议请,于各省会设立商务局,公举殷实绅商,派充局董,详定章程,但能实力遵行,自必日有起色。即着各省督抚,督率员绅,妥速筹办……将办理情形迅速具奏。”(《上谕》第47 条,《戊戌变法》第 2 册,第 20 页。)

7 月 4 日上谕:“农务为富国根本,亟宜振兴,各省可耕之土,未尽地力者尚多,着各督抚,督饬各该地方官,劝谕绅民,兼采中西各法,切实兴办,不准空言搪塞……上海近日创设农学会,颇开风气,着刘坤一查明该学会章程,咨送总理衙门查颁行。其外洋农学诸书,并着各省学堂广为编译,以资肄习。”(《上谕》第 71 条,《戊戌变法》第 2 册,第 30 页。)

7 月 25 日上谕:“泰西各国首重商学,是以商务勃兴雄称海外……着刘坤一、张之洞拣派通达商务、明白公正之员绅,试办商务局事宜……应如何设立商学、商报、商会各端,暨某省所出之物产,某货所宜之制造,并着饬令,切实讲求,务使利源日辟,不令货弃于地,以期逐渐推广,驯至富强。”(《上谕》第 106 条,《戊戌变法》第 2 册,第 43—44页。)

8月2日上谕:“图治之法，以农为体，以工商为用……着各省督抚,认真劝导绅民,兼采中西各法,讲求利弊,有能创制新法者,必当立予优奖。”(《上谕》第116条,《戊戌变法》第2册,第48页。)

8月21日上谕:“训农又为通商惠工之本,中国向本重农,惟尚无专董其事者,以为倡导,不足以鼓励振兴,着即于京师设立农工商总局,派直隶霸昌道端方、直隶候补道徐建寅、吴懋鼎为督理。”(《上谕》第141条,《戊戌变法》第2册,第57页。)“各省府州县皆立农务学堂,广开农会,刊农报,购农器,由绅富之有田业者试办,以为之率。其工学商学各事宜,亦着一体认真举办,统归督办农工商总局大臣随时考察。各直省即由该督抚设立分局……所有各局开办日期及派出办理之员,并着先行电奏。”(《上谕》第141条,《戊戌变法》第2册,第57页。)

8月2日上谕:“铁路矿务为时政最要关键……着于京师专设矿务铁路总局,特派总理各国事务王大臣王文韶、张荫桓专理其事,所有各省开矿筑路一切公司事宜,俱归统辖,以专责成。”(《上谕》第117条,《戊戌变法》第2册,第48—49页。)

以上各项经济改革措施,由于地方顽固派拒不执行,没有收到成效。对此,光绪帝悲叹道:“各省积习相沿,因循玩愒,虽经严旨敦迫,犹复意存观望，即如刘坤一、谭钟麟总督两江、两广地方于本年(1898年)五六月(7至8月)间谕令筹办之事,并无一字复奏,迨经电旨催问,刘坤一则借口部文未到,一电塞责。谭钟麟且并电旨未复,置若罔闻。该督等皆受恩深重,久膺疆寄之人,泄沓如此,朕复何望?倘再借词宕延,定必予以严惩。”(《上谕》第150条,《戊戌变法》第2册,第60页。)然而光绪帝有什么权力来严惩那些顽固派呢?正如梁启超所说:“自四月(6月)以来,明诏累下,举行新政,责成督抚,而除湖南巡抚陈宝箴外,寡有能奉行诏书者。上虽谆谕至于三令五申,仍复藐视具文……然上虽盛怒,数四严责,终不能去一人,或惩一人者,以督抚皆西后(西太后)所用,皇上无用舍之权,故督抚皆藐视之,而不奉维新之令也。”

(《上谕》第150条的梁启超按语,《戊戌变法》第2册,第61页。)因此,9月21日慈禧太后公开出面“训政”之后,便恢复了以她为首的顽固政权的统治。9月26日下令推翻新政(这个命令仍以光绪帝上谕的形式发表),除京师大学堂保留外,一切复旧。

6.光绪帝之梦

以德国占领胶州湾为始,中国大部分领土都已成为列强的势力范围,即英国占有长江流域,俄国占有东北地区,德国占有山东,法国占有云南和两广的一部分,日本占有福建,中国即将被瓜分。“四万万人齐下泪,天涯何处是神州?”

光绪是一个比较有志气的皇帝,不甘心中国贫穷落后,积极设法向西太后夺权,以支持康有为的变法维新。有一天,他对庆亲王奕劻说:“太后若仍不给我事权,我愿退让此位,不甘作亡国之君。”不料奕劻把这番话告诉了西太后,她大骂光绪负心,并说什么“他不愿坐此位,我早已不愿他坐了”。

1898年6月11日,光绪帝颁布《明定国是诏》,表示变法决心。16日亲自召见康有为,详谈变法步骤,开始了历时103天的变法维新运动。康有为在此百日内,共上奏折21道,从军事、政治、经济、文化等方面建议光绪帝进行一系列改革,希望他像明治天皇那样,走维新的道路。

于是光绪帝便把袁世凯从天津小站召到宫内,对他说:“新政马上就要实行了,这对国家社稷是件生死攸关的大事。不过老佛爷也许不甚了解世界大势,未必能够赞同。为避免与老佛爷发生冲突,朕命你调一队兵去把颐和园暂时监守起来,在我们所决定实行的新政还没有发布之前,绝对不许一个人进园,也不许任何一个人出园。”袁世凯连声称是。当时袁世凯觉得这不过是使太后和外界交通暂时隔绝几天罢了,并无其他伤害,自己乐意为皇上效劳。

但是袁世凯出宫以后，心就变了。他想到太后的威风，不禁栗然，把光绪帝的话抛在脑后。不仅如此，升官发财的心驱使他泯灭天良，回天津后立即向自己的顶头上司荣禄密告。荣禄一听，大惊失色，但他很聪明，对此事不予表态，害怕自己被卷入漩涡。袁世凯心想，究竟依从皇上还是倒向太后？时间刻不容缓，必须立即做出决定。他急着问道：“荣大人，卑职对于这一次圣谕应该不应该遵行呢？”

荣禄再也没有回避的余地，只得吞吞吐吐地说：“袁大人，关于此事呢——”停顿片刻，吸了几袋水烟，才正面回答；“我们做臣子的，对于皇上是首先必须服从的，所以皇上既下这个命令，你就不能不遵行。但是另一方面，对太后的尽忠也是我们做臣子的分内之事。而现在依你所说，皇上给你的口谕里并不曾提到要你不去告诉太后的话。”荣禄这样回答，已经足够使袁世凯明白了。他便告辞荣禄，当天坐火车赶到北京。

袁世凯到达颐和园的时候，天已黑了。他跪在太后面前，加油添醋地将光绪所说的话说了出来，诬陷光绪帝令他带兵围困颐和园，用武力冲破园门，在乱兵中杀了太后。

太后听了怒火冲天，痛恨光绪帝的背叛。这几年她把朝政全都交给了光绪，除非万不得已便绝不过问，而现在负心之子竟然要杀母亲，真是大逆不道。如果再让他执政下去，连老祖宗的江山也要毁在那个不孝之子的手里了。于是她下令次日(9 月 21 日)銮驾回宫，给他一点颜色瞧瞧。

正当颐和园里忙得不亦乐乎的时候，光绪帝还在做着好梦哩！中国巨人站起来了，向来欺压他的洋人在他脚前变得十分渺小；中国因自己推行新政而顿时改变面貌：火车在原野上奔驰，轮船在海洋中乘风破浪行驶，电线杆到处林立，古老的庙宇改为新式学校，宫内成立了议院。自己到处受到老百姓的爱戴，“万岁”“万岁”的欢呼声响彻耳边……然而他渐渐地发觉自己不是在做梦，似乎确有人在枕边喊着“万岁”。他睁开睡眼一看，床帐外面有一个人跪在那里喊着“万岁爷”，不过不是老百姓,而是心腹太监王商。

王商见皇上醒了,立即一口气将从颐和园传来的消息说了出来。他告诉皇上,袁世凯如何上颐和园密告,太后又如何发怒,已经准备銮驾回宫了。真是一个晴天霹雳,他立即意识到新政必毁,自己必受责骂。但是在这样仓促的时间内怎能挽回败局呢?完了,一切都完了。

不久王商带来了第二次消息:太后的銮驾已经出了颐和园,正在一路赶回宫来。就在这千钧一发之际,光绪帝仍没有忘记那几个帮助自己策划新政的赤胆忠心的大臣——康有为、梁启超和翁同龢,急派心腹去给他们送信,让他们赶快逃出京城。于是康有为在英舰保护下逃往香港,梁启超在日舰保护下逃往东京,翁同龢则乘火车逃回原籍常熟。

接着王商又带来了第三次消息:太后的銮驾正在进宫。光绪帝和珍妃急忙整好衣冠,走到宫外的一座大殿石坪上跪着接驾。

銮驾来了,一班侍卫神气活现地先进宫来。接着,满脸怒容的慈禧太后从轿上下来。

慈禧太后劈头盖脸一顿指责,光绪帝终于明白变法彻底失败了。

第二天早晨,光绪帝归政太后的诏书颁布,那拉氏复出"训政"。荣禄则大肆逮捕维新派。9月29日,"戊戌六君子"即谭嗣同、林旭、杨锐、刘光第、杨深秀、康广仁六人惨遭杀害。昙花一现的百日维新运动就这样在血泊中消失了。此运动表明:只要清王朝统治着中国,哪怕一点点改革都不能实行,除非把它彻底推翻。

第七章

中华民国先行者的革命梦

武昌起义

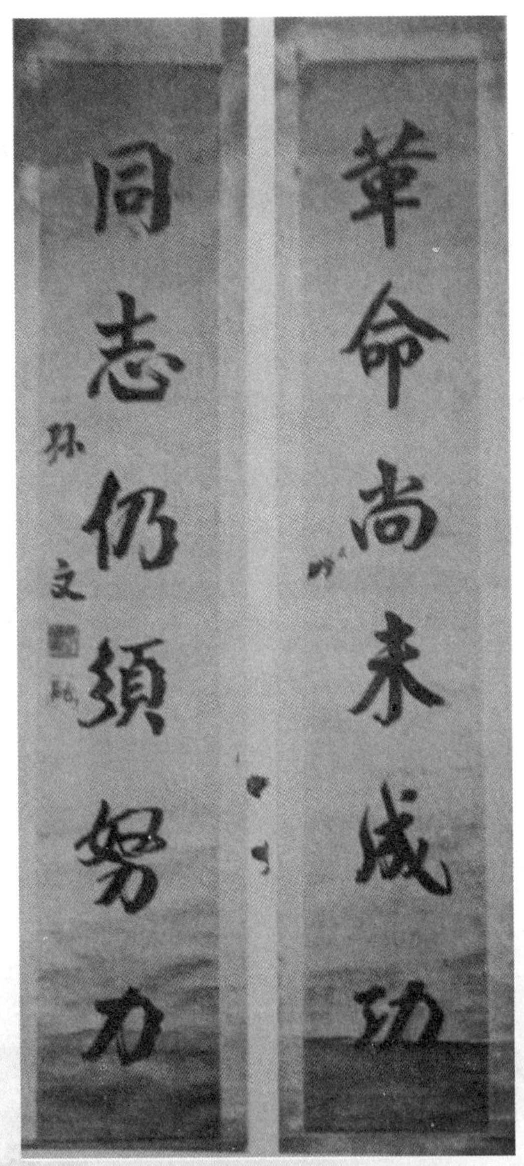

孙文:革命尚未成功 同志仍须努力

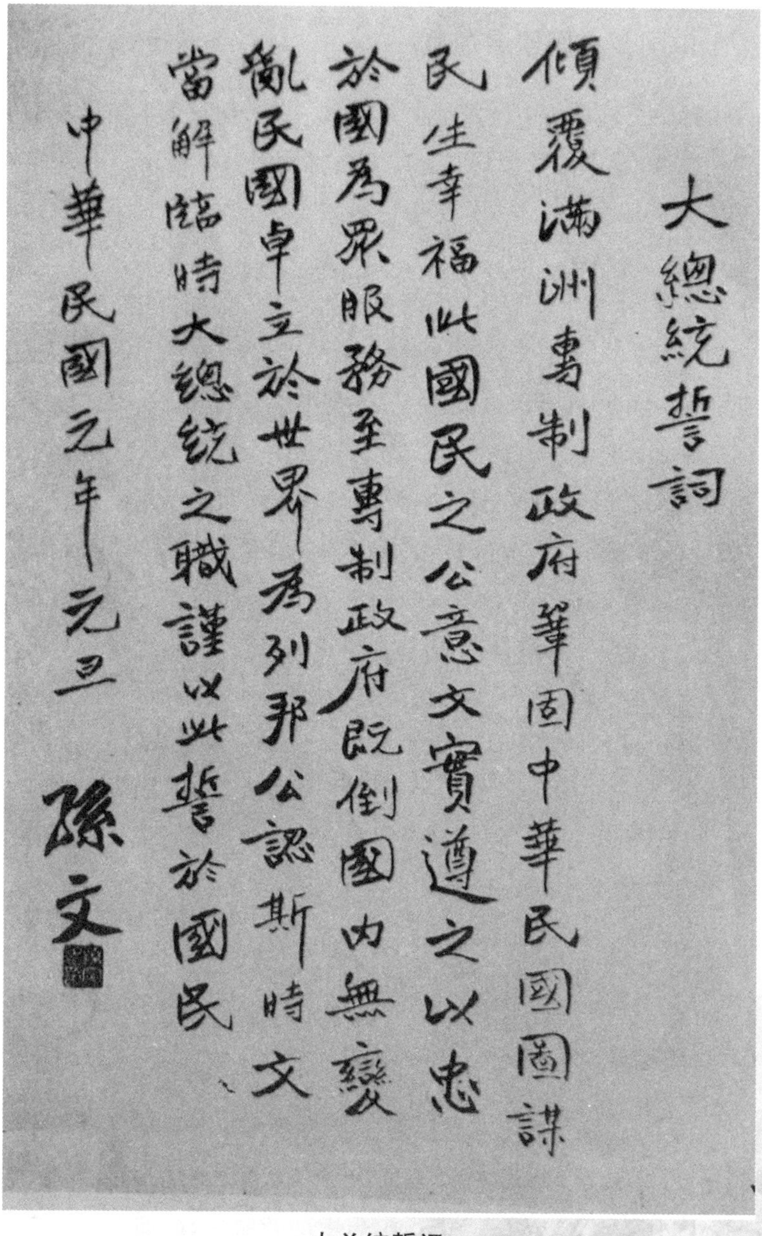

大總統誓詞

傾覆滿洲專制政府鞏固中華民國圖謀
民生幸福此國民之公意文實遵之以忠
於國為衆服務至專制政府既倒國內無變
亂民國卓立於世界為列邦公認斯時文
當解臨時大總統之職謹以此誓於國民

中華民國元年元旦

孫文

大总统誓词

1.中国革命同盟会成立

由孙中山领导的中国民主主义革命，在长期艰苦卓绝的斗争中不断得到发展,至中国革命同盟会成立之时始创一新纪元。1905年8月20日革命同盟会在日本东京赤阪区霞关阪本金弥子爵的府第召开成立大会。会议通过会章,选举孙中山为总理,下设执行、评议、司法三部。本部下设支部,支部下设分会。国内设南部、东部、中部、西部、北部五个支部。各处设分会,由主盟人主持党务。国外设南洋、欧洲、美洲、檀岛四个支部。同盟会的宗旨是:“驱除鞑虏,恢复中华,建立民国,平均地权”。同盟会的成立标志着中国民主主义革命进入一个新阶段。正如孙中山自己所说:“及乙巳(1905)之秋,集合全国之英俊而成立革命同盟会于东京之日,吾始信革命大业可及身而成矣。于是乃敢定中华民国之名称,而公布于党员,使之各回本省,鼓吹革命主义,而传布中华民国之思想焉。不期年而加盟者逾万人,支部则亦先后成立于各省。从此革命风潮一日千丈,其进步之速,有出人意表者矣。”(孙文:《革命原起》),同年11月在《民报》发刊词中正式提出三民主义(民族、民权、民生),以此号召推翻清朝,建立民国。至1911年4月底,先后发动10次(同盟会成立前2次,成立后8次)起义均告失败,同盟会内产生微词。经过反复研究,决定改变起义方针和地点,即从过去主要依靠会党的方针变为依靠新军,地点以专在南方转移到中都,终于革命取得成功。当然革命胜利的决定性因素在于人心所向,并非战略战术的转变。

2.辛亥革命前夜

1910年5月间,东京同盟会总会的同志认为革命力量集中于南部是不妥当的,华东一带的同志也认为不能集中精力于南方。后来11省同盟会代表在上海开会,主张组织中部同盟会,派谭人凤往香港与黄兴商量。黄兴没有决定。第二次广州起义失败后,谭人凤返回上海,嘱宋教仁起草中部同盟会简章。1911 年 7 月 31 日假北四川路湖北小学召开中国同盟会中部总会成立大会，出席大会的有宋教仁、陈其美、谭人凤等二十余人。中部总会发表宣言："奉东京本部为主体，认南部分会为友邦，以推覆清政府，建设民主的立宪政体为主义。"总部成立后，相继在长江流域的湖北、湖南、安徽、四川、江西等省设立分会，总部设在上海。中部总会的设立，实际上就是谭、宋等人对孙中山的领导和策略不满。孙中山也有自知之明："谭宋等因广州一败再败，于是转谋武汉。"

中部同盟会一改过去只靠精英举事的策略，在清政府新军中发展党人，策动部队起义。那时候长江流域革命形势大好，主要是出现"保路风潮"。清政府宣布将川汉、粤汉铁路"收归国有"。后又将路权让给各国列强，两湖、四川、广东人民大愤，掀起保路风潮。随着保路风潮的兴起，国内外危机爆发：8 月 4 日四川革命党人龙鸣剑等联合哥老会首领成立保路同志军，发动反清起义。13 日党人林冠慈、陈敬岳在广州双门底行刺水师提督李准。李受重伤，林被卫队击杀，陈被捕牺牲。24 日四川革命形势迅猛发展，成都保路同志会扩大为民众大会。大会决议于本日全川罢市罢课。党人杨庶堪等策划重庆起义。

下旬革命党人吴玉章等在荣县宣布独立，一时成为成都东南反清武装斗争的中心。湖北文学社、共进会两秘密革命团体在武昌举行联席会议，推蒋翊武为临时总司令，孙武为参谋长，策划起义。9 月 7 日川督赵尔丰在成都逮捕立宪派蒲殿俊等，又屠杀请愿民众数十人。于是成都西南近数十州县民团先后赴省营救，与防军发生冲突，革命党人呼号而起。总之武昌起义前夜，革命形势可以"山雨欲来风满楼"一句来概括。

9 月 24 日武昌党人在胭脂巷机关开会，决定 10 月 6 日举事。后因形势恶劣，改为 10 月 9 日夜间发难，当即派人赴襄、郧、荆、宜等地传达如期起义，还致电在上海的居正，立即同谭人凤、宋教仁一起来汉。

至 10 月 9 日那一天，武昌城里风声鹤唳，大多数人惊慌异常，汉口俄租界出了事。原来孙武和邓玉麟在汉口俄租界宝善里14号机关配制炸弹，是日下午隔壁11号刘公之弟刘同来14号，吸纸烟时不小心，落下的火星引起炸弹爆发，孙武的脸部烧坏。此时在街上站岗的印度巡捕听见轰隆一声，大吃一惊，见屋顶冒烟，赶到楼上一看，只见满楼板铁片，几箱子炸弹，四五百套革命军装，还有一百余支手枪，连忙向领事报告，领事告知江海关道齐耀珊。他一面派兵捉革命党，一面打电话给总督瑞澄。清兵奉命来到宝善里14号，受伤的孙武早被送到同仁医院去了，捕去刘公夫人和刘同等，搜去黄星旗、印章、告示、入会志愿书、党人名册等。

这天蒋翊武在武昌小朝街85号机关里和刘尧澄谈话。后来又派人将新军中步、马、工、辎、炮各营的代表请来，传达上海总部延期起义的意见。及至中午汉口机关部破坏的消息传来，蒋翊武直叹气，不知所措，大家默然。良久，只听见刘复基说："事到如此，就一不做二不休，决定今晚起义吧。"

此时邓玉麟适从汉口过来，也赞成今夜起事。蒋翊武见大家都赞成，就下令如下：

> 一、本军于今夜十二时举义，兴复汉族，驱除满虏。二、本军无论战守，均宜恪守纪律，不准扰害同胞及外人。三、凡步、马、工、辎等军，闻中和门外炮声，即由原驻地拔队，依下面的命令进攻……

命令既下，众人写了二三十张，分送各处。只等炮声一响就起义。过了一个时辰，张某慌慌张张地跑到楼上来说："坏了，坏了！我给杨洪盛的那几个炸弹，他用篮子提着，上面盖着白菜，来到工程营门口，不料守门的不让他进去，又来翻他的菜篮。杨洪盛见势不妙，只得从篮内取出炸弹向他丢去，排长跑得快，没有击中，杨洪盛自己却炸坏了脸。我赶快逃走，想来杨洪盛被抓住了。"

彭楚藩听了指着自鸣钟说:“不要紧,不要紧,已经 11 点多了,不久就可以听到炮声了。翊武,你快将地图看熟,以便临时指挥。”此时忽听有人乱敲门。蒋翊武知事不好,就对众人道:“事已至此,不要慌。”说时便拿一个炸弹,只望一人当先。刘复基说:“等我来,你们给我打接应。”说着就拿了两个炸弹跑下楼去,大队军警刚好破门而入,刘复基连掷两个炸弹都没有爆炸,楼上丢了几个仍然炸不倒他们,原来炸弹保险栓保着,所以没有爆炸。军警先将刘复基捉住,彭楚藩、蒋翊武从邻舍屋顶逃跑未成,也被逮捕。在押送途中,蒋翊武逃跑,刘、彭二人被押到总督衙门,与先前被捕的杨洪盛一起入狱。由于形势紧迫,总督瑞澄连夜命属员代审。审后彭楚藩、刘复基、杨洪盛三人被押出门斩首处决。此时已是 10 月 10 日 7 点钟了。

3.武昌起义

1911 年 10 月 10 日武汉三镇上空乌云密布,革命的风暴即将来临。三烈士就义,各个秘密机关先后被破,名册被搜去,军警学校严禁出入,清兵继续捕入,城门紧闭……人们陷于一片恐怖之中。是日一早,工程营总代表熊秉坤,闻昨夜彭、刘、杨三人被杀,便派本党通讯员李泽乾往各机关察看。李泽乾回来报告,5 个机关均被破坏,熊秉坤内心好不惭愧:革命事业最重要的是兵力,而我们军人握有兵力却不自振作,依赖几个机关里的人,这岂不是大错特错呀!决计首难。早饭毕,熊秉坤召集各处同志密议。他说:“现在是关键时刻,岂能顾虑许多。现已奉部命,工程营首先发难,占领军械所,取得子弹。现已势成骑虎,今日反亦死,不反亦死,大丈夫能惊天动地,虽死尤烈!”众同志士气高涨,约定午后 3 时晚操毕举事,可是子弹全被上缴,怎么办?吕功超回家取来他哥哥存放的两盒子弹,于郁文等人从其排长处偷来了两盒子弹,这些就是起义的全部弹药。

不料至下午 3 时,湖北全军停止晚操,熊秉坤的计划不能实行。此时恰巧30标派人来问讯,便约定晚上7时至9时发难,由熊秉坤带领出营,向30标西营门发三枪为信号,请即响应。

晚晴8点多钟,二排排长陶启胜得到起义的情报,前来侦察。他见下士金兆龙、程定国等人正在换枪装子弹,大声呵斥道:"你们想造反吗?"

金兆龙回答说:"造反又怎样?"于是两人发生冲突,扭打起来。程定国用枪托击陶启胜,陶放了金逃走。程定国举枪射击,中陶启胜腰部,"此即首义第一声也"。

此时工程全营轰动,枪声四起,持续半小时。熊秉坤率队兵临楼门,击杀反抗的工程营代理管带阮某等三人,即鸣笛集合,至营库取子弹,仅得军刀20把。韩似信机灵,将油火灯推倒,火起。熊秉坤率队出营,经30标西营门,如约发三枪,奔赴楚望台军械局。此时城北起火,21混成协辎重工程李选皋等发难,也奔楚望台。

熊秉坤率队至楚望台,军械局罗炳顺、马荣两人内应,占领军械局,开库取出枪械。不久,工程营同志拥左队队官吴兆麟来,被公推为临时指挥。吴兆麟即命令左队原排长邝名功带队,经王府口攻总督署;前队原排长伍正林带队,经金水闸、保安门,攻总督署前。不久,29标代表蔡济民带队前来会战。金兆龙接炮队8标进城。接着30标、15标,测绘学校都起来响应。

由于总督署一时攻不下来,起义军三路放火,瞬间火光烛天,如同白昼。蔡汉卿、孟华臣在楚望台、蛇山两处放炮,无不命中。蔡济民、熊秉坤等各率所部冲东辕门,敌人逃至西辕门。纪鸿钧冲入西辕门内放火,火延及大堂,纪鸿钧战死。湖广总督瑞澄急命打穿署后围墙带卫兵由吴家巷潜逃,出文昌门,登"楚豫"兵舰,督署攻克。第八镇统制张彪逃往汉口刘家庙。混成协协统黎元洪避至黄土坡。这样,武昌清政府官吏逃避一空,给武昌起义成功创造先决条件。

督署既下,藩署尚由清兵守卫,41标胡延佐、蔡济民、吴醒汉前往会攻，占领凤凰山和蛇山的炮队参加轰击。藩司联甲逃走，卫队四逃。起义军又对负隅顽抗的旗兵(满洲兵)施加打击，旗兵或死或逃。至中午，武昌全城为革命党占领，各部领导集中在阅马厂咨议局开会，商组军政府及推举都督。

4.清廷反攻

且说湖广总督瑞澄逃上"楚豫"舰后，立即电奏清廷。清廷闻奏，立即下谕旨：湖广总督瑞澄革职留用，派陆军大臣荫昌督率陆军两镇，萨镇冰督率海军，程允和督率长江水师前往救援。10月14日清廷又任命袁世凯为湖广总督，后再授为钦差大臣。还下谕旨，将第一军交冯国璋统率，第二军交段祺瑞统率。冯、段是袁氏的部下，这下湖北前线的军权完全转移到袁世凯手中了。

10月30日袁世凯自彰德南下，进驻湖北孝感，亲自督率北洋军猛攻汉口。11月1日攻入汉口，焚烧三昼夜，肆行抢劫屠杀。

袁世凯攻占汉口之后，又扑灭了北方军的一次起义，即"滦州兵谏"。兵谏的次日，清廷下"罪已诏"，特赦政治犯，解除党禁，汪精卫因此被释放。同时清廷还解散皇族内阁，授袁世凯为内阁总理大臣。11月8日资政院依据新宪法推举袁世凯为总理。当时袁世凯在湖北孝感军营，接到上谕后故作姿态，电辞不就。经清廷再三电促，始率队北上。13日到达北京，次日谒见隆裕太后，誓言效忠清朝。接着由袁世凯组阁，使内阁成为袁氏内阁。他又迫载沣交出"监国摄政"大印，退回藩邸。接着调冯国璋进京，担任禁卫军总统。派段芝贵另编拱卫军，驻扎京城。这样，袁世凯掌握了清廷的全部统治权，隆裕太后和小皇帝成了他手中随意摆布的傀儡。

武昌光复后，汉口、汉阳相继为革命军占领，而现在革命军最首要的是选出都督，领导军政。当时 原定的都督刘公隔在汉口，孙武受伤，蒋翊武出亡，詹大悲、胡瑛在狱，居正等在上海，而各起义军领袖资望均浅,一时都督之位无适当人选。后由吴兆麟提议,临时推举21混成协协统黎元洪为都督。接着便组织都督府,定国号为“中华民国”,改年号为黄帝纪元4609年,以黎都督名义通电全国。革命军旗为18星旗。设招贤馆,招募军政人才。同时致电上海,催促居正、黄兴、宋教仁来鄂,并转电孙中山,从速回国,主持大计。又派代表携带照会,递交汉口各领事馆,申明七条外交政策。谁知黎元洪是个胆小的人,坚不承认都督,也不肯在安民告示即《中华民国军政府鄂军都督布告》上签字,不得已由李翊东代写一“黎”字,其余由书记缮写遍贴全城。

5.劝诱和议

如上所述,袁世凯在北京稳住阵脚后,便回过头来全力对付革命党人,即实现他的所谓“招抚民党的策略”。他授意幕僚刘承恩,命他写信给黎元洪,转达他“早息兵争以安百姓”的一片心意。与此同时,为了迎合革命党人“反满”的愿望,把自己打扮成汉族利益的拥护者,说什么大家都是汉人,不要相互残杀。

当北洋军攻占汉口以后,袁世凯亲至滠口,一面出告示晓谕,一面命刘承恩、蔡廷干为代表到武昌,直接与黎元洪谈判。黎元洪对他们说:“建立共和国是革命党人一贯的主张,我们不能违背这个原则。在下希望两位先生回去,劝告袁世凯,掉转枪头,推倒清朝。”刘、蔡两人枉然而返。

袁世凯仍不死心,11月20日再次派刘承恩及张春霆到汉口,在俄国领事馆和黎元洪的代表孙发绪会谈。俄国领事敖康夫抱着不可告人的目的,充当“中间人”。刘坚持君主立宪,孙则坚持民主共和,双方互不相让,会议未果。

袁世凯一计不成又生一计,接见了刚从刑部狱中放出来的汪精卫,借以笼络汪为自己效力。杨度秉承袁世凯的意旨,串通汪精卫,于11月15日成立国事共济会,上书资政院要求实行停战,并召开临时国民议会议决民主问题，以期和平了结。结果停战资政院没有通过，国民会议君主民主的主张也遭到南方革命党人的谴责。袁世凯的计谋不能得逞，只得解散共济会。

袁世凯对革命党人的和平攻势屡遭挫折后，决定在军事上给武昌民国以后打击，挫伤革命领导人的锐气，然后诱和方能收效。于是密令冯国璋攻打汉阳，革命军奋力抵抗，经过6天激战，清军攻下汉阳。革命军退守武昌。

从全国形势看，袁世凯在汉阳的胜利是局部的胜利。从11月初开始南方各省接连发动起义，并且全部取得成功。11月4日光复会李燮和、同盟会陈其美在上海发动起义成功，陈其美在上海为沪军都督，李燮和在吴淞称吴淞都督。5日杭州革命党人在蒋介石指挥的敢死队与新军配合下攻陷抚署，派员迎立宪派汤寿潜来杭任浙江军政府都督。接着苏州独立，原江苏巡抚程德全任都督。随即组成沪苏浙联军，和起义的新军一起向南京进攻。13日海军舰队13艘于九江起义，加入革命。同时福建、安徽、广东、广西、贵州和四川先后宣布独立，脱离清朝的统治。12月2日江浙联军占领南京，两江总督张人俊、将军铁良、江防军统领张勋等相继北逃。同月外蒙古在沙俄策动下宣布独立。实际上袁世凯的北洋军阀处于四周包围之中。

就在这种大好形势下，11月30日13省代表假汉口英租界顺昌洋行开会。12月3日通过临时政府组织大纲，并决议：如袁世凯反正，当公举为大总统。

袁世凯获悉大喜，立即派段祺瑞南下担任湖广总督，将冯国璋调入北京任禁卫军总统。段祺瑞到湖北后，立即停止炮击武昌，与湖北军政府秘密媾和，信使往来不绝于途。他多次向革命军表示，只要推袁世凯为总统，则共和可望。与此同时，密派廖宇春（保定陆军小学堂总办）为北方代表，到上海与黄兴所派代表顾忠琛（江浙联军参谋长）秘密谈判，20日达成5条协议，其中3条是：一是确定共和政体，二是优待清皇室，三是先推翻清政府者为大总统。

6.孙文回国定乾坤

1911年12月7日袁世凯派唐绍仪为全权代表南下议和。17日到达上海，次日便与革命军代表伍廷芳进行会谈。不久汪精卫、杨度也南下，暗中协助唐绍仪。唐此次来议和的秘密使命是要取得革命党人推举袁世凯为总统的确实保证，所以他一开会就说："口风已露出，若推举袁世凯为总统，则清室退位不成问题。"

当时国内的君主立宪派大多投机革命，并取得各省政府的要职。革命党内外几乎全是"和议派"，他们推翻清王朝心切，只要袁世凯抛弃清皇室，就推他为总统。而袁的野心极大，在局势不明朗时还不想丢掉清皇室。所以革命党里有许多人采用妥协办法，想用总统的位置去换取袁世凯做出抛弃清王朝的抉择，其中包括长期追随孙中山革命的黄兴。正当南北议和的时候，孙中山从欧美回国了。12月25日孙中山乘"地湾夏"号抵沪，住静安寺路哈同花园。各报记者纷纷前来采访，他对《大陆报》主笔说："革命不在金钱，而在热心。吾此次回国未带金钱，所带者精神而已。"

12月27日孙中山会见各省会议代表，商谈组织临时政府问题。

12月29日在南京选举中华民国临时大总统，17省代表无记名投票，每省一票。开票结果，孙中山得16票，黄兴得1票，孙中山当选为中华民国临时政府第一任大总统。

7.中华民国成立

1912年1月1日孙中山赴宁就任中华民国临时大总统。下午5时，专车抵达南京，聚集在下关欢迎的各省代表、文武官员、军队、男女学生及民众共计四五万人。各炮台均放21炮，以示欢迎。孙中山步出下关站之后，换乘扎彩马车驶往总统府。

夜11时,孙中山在总统府举行就职典礼,各省公民代表齐声欢呼万岁,声震屋瓦。接着乐队奏军乐。奏乐毕,由各省代表景耀月报告选举情况。他说:"今日之举,为五千年历史所未有,我国民所希望者,在共和政府之成立及推倒满洲专制政府,使人民得享自由幸福。孙先生为近代革命创始者,富有政治学识,各省公民选定后,今日任职。愿孙中山始终爱护国民自由,毋负国民期望。现请先生宣誓。"孙中山即大声宣读誓词:

> 倾覆满洲专制政府,巩固中华民国,图谋民生幸福,此国民之公意,文实遵之,以忠于国,为众服务。至专制政府既倒,国内无变乱,民国卓立于世界,为列邦公认,斯时文当解临时大总统之职,谨以此誓于国民。中华民国元年元旦。

宣誓毕,由景耀月致颂词,接着致送大总统印绶。然后,孙中山以此印发布《临时大总统就职宣言》。宣言由胡汉民代读。宣言书提出"扫尽专制之流毒,确定共和,以达革命宗旨,定国民之志愿"。规定对内政务的方针为"民族之统一""领土之统一""军政之统一""财政之统一"。对外方针是"持和平主义,与我友邦益增睦谊,将使中国见重于国际社会"。宣言书最后说:"临时之政府,革命时代之政府也……必使中华民国之基础确立于大地,然后临时政府之职务始尽,而吾人始可告无罪于国民也。"

宣言书读毕,由海陆军人代表徐绍桢致颂词。接着由代表及海陆军人大声三呼"中华共和国万岁!"礼成,奏乐散会。

同日发布《大总统劝告北军将士文》《大总统告海陆军士文》《临时大总统宣告各布邦书》。

是日孙文发布通电:"中华民国改用阳历,以黄帝纪元4609年11月13日为中华民国元年元旦。"

是日还犒赏各省军队,由江苏都督庄蕴宽代电各省,犒赏湖北首义之师5万元,江南4万元,海军1万元,其余各省由军都督酌发。

1月3日,临时参议院通过国务人员名单,中华民国临时政府组成:陆军部总长黄兴、次长蒋作宾,海军部总长黄钟瑛、次长汤芗铭,司法总长伍廷芳、次长吕志伊,财政总长陈锦涛、次长王鸿猷,外交总长王宠惠、次长魏宸组,内务总长程德全、次长居正,教育总长蔡元培、次长景耀月,实业总长张謇、次长马君武,交通总长汤寿潜、次长于右任。

1月5日,发布《临时大总统宣告各友邦书》,提出了共和国的外交方针;清政府与各国缔结之条约,民国均认为有效,到条约期满为止。清政府所借之外债及赔款,民国承认偿还之责。

3月11日颁布《中华民国临时约法》。它是中国历史上第一部宪法,以法律的形式确定在中国实行民主共和国制度。此外孙中山还实行了许多改革,如不准刑讯,禁绝鸦片,禁止贩卖人口,禁止缠足,全国剪辫,解放受歧视的人民等。

8.清帝国灭亡——中华帝制的终结

袁世凯是嗜权之徒,孙中山就任临时大总统后,他悍然撕毁北方议和代表唐绍仪签订的各项协议,并令他辞职。同时唆令姜桂题、冯国璋、张勋等北洋将领联名致电清政府内阁,极力主张维持君主立宪,反对共和。而且向清廷王公贵族呼吁,要他们拿出钱来继续打仗,下令“全军准备再战”。

实际上袁世凯并非真想作战,而是虚声恫吓革命党人,以取得对自己更有利的条件。孙中山看出袁世凯没有真正的诚意,开始北伐。北伐军以湘鄂革命军为第一军,沿京汉路挺进;以在南京的各省部队为第二军,沿津浦路挺进;以淮扬革命军为第三军,以烟台革命军为第四军,两军会师济南;以关外的革命军为第五军,以山西、陕西的革命军为第六军,向北京挺进。北伐军很快光复了徐州,张勋逃到济南,大大鼓舞了北伐军的士气。与此同时,北京发生革命党人在丁字街暗杀袁世凯事件,炸死卫队长及卫兵十余人,杨禹昌、黄之萌、张先培三位义士当场被捕就义。这样,袁世凯被吓破了胆,换转脸面,以赞成和议的面孔出现,密令唐绍仪继续和革命党谈判。唐绍仪卸去专使的头衔,以袁世凯私人密使身份与革命党频频接触,议题集中在总统位置让给袁世凯一事。

当时革命党上层领导人中间,只有孙中山一人反对议和,其他如黄兴、宋教仁、胡汉民、汪精卫等皆主张议和,黄兴甚至说:"如果和议不成,只有剖腹以谢天下。"还有革命党的妥协分子,和立宪派沆瀣一气,朝夕鼓噪,埋怨孙中山理想太高。汪精卫甚至对孙中山说:"你不赞成和议,难道舍不得总统吗?"

孙中山本有"天下为公"的民主革命思想,不看重总统的位置,而且早就表白过,可以让位。他之所以对议和抱谨慎态度,完全出于对野心家袁世凯不信任,既见内外交迫,便致电伍廷芳转告袁世凯:"如清帝实行退位,宣布共和,则临时政府绝不食言,文即可正式宣布解职,以功以能,首推袁氏。"这一下子,正中袁氏下怀。

袁世凯取得孙中山的这个明确保证以后,立即逼迫清帝退位,并策划另一阴谋。他以在丁字街被刺为借口,称病不朝,又扬言即将辞职。外表看来,似乎心灰意冷,将要退出政治舞台,暗中却唆使杨度在北京组成共和促进会,抨击阻挠共和的亲贵王公,还让以段祺瑞为首的北洋将领 46 人联名"请愿共和"。另外串通外省的袁党抚督联名电奏,一致要求"降明谕,宣布共和"。他这样做,除了要逼迫清帝退位外,还有一个不可告人的目的,就是制造由北洋集团一手造成共和局面的假象,贪革命之功为己有,以便攘夺革命果实。

正在"请愿共和"的风潮中,宗社党首领良弼被革命党人彭家珍炸死,满朝亲贵心惊胆战,纷纷逃出北京。皇太后隆裕在此无可奈何的情况下,只得授袁世凯全权,与南京临时政府磋商退位条件。1912 年 2 月

12日(宣统三年十二月二十五日)清廷接受优待条件,下诏逊位。逊位诏书如下:

旨朕钦奉

隆裕皇太后懿旨:前因民军起事,各省响应,九夏沸腾,生灵涂炭。特命袁世凯遣员与民军代表讨论大局,议开国会,公决政体。两月以来尚无确当办法,南北暌隔彼此相持。商辍于途,士露于野,徒以国体一日不决,故民生一日不安。今全国人民心理多倾向共和,南、中各省既倡议于前,北方诸将亦主张于后,人心所向,天命可知。予亦何忍因一姓之尊荣,拂兆民之好恶。是用外观大势,内审舆情,特率皇帝将统治权公诸全国,定为共和立宪国体。近慰海内厌乱望治之心,远协古圣天下为公之义。袁世凯前经资政院选举为总理大臣,当兹新旧代谢之际,宜有南北统一之方,即由袁世凯以全权组织临时共和政府,与民军协商统一办法,总期人民安堵,海宇乂安,仍合满汉蒙回藏五族完全领土为一大中华民国。予与皇帝得以退处宽闲优游岁月,长受国民之优礼,亲见郅治之告成,岂不懿欤。

钦此

宣统三年十二月二十五日

(根据白寿彝主编《中国通史》第19册影印件)

至此,统治中国268年的清王朝灭亡。

2月13日孙中山向参议院辞职,推荐袁世凯继位。不过附带三个条件:一是临时政府地点设在南京,二是新总统亲到南京受任临时大总统方始辞职,三是新总统遵守颁布之一切法制章程。15日参议院举行临时大总统选举会,17省议员每省一票,全体一致选袁世凯为临时大总统,并发电给袁世凯。袁阴谋得逞,自然欣然接受,回电假惺惺地说:“凯之私愿,始终以国利民福为目的。当兹危急存亡之际,国民既伸公义相责难,凯敢不勉尽公仆义务”,“以一己之意见辜全国之厚期?”

9.袁世凯窃据总统之位

孙中山就任临时大总统后的第二天,收到袁世凯打来的电报:“君主、共和问题现方付之国民公决,所决如何,无从预揣,临时政府之说,未敢与闻。谬承奖诱,惭悚至不敢当。”孙中山知道袁在忌恨自己,把前几天发给他的电报当作“奖诱”。为表白自己的诚心,复电说:“文不忍南北战争,生灵涂炭,故议和之举并不反对……倘由君之力,不劳战争,达国民之志愿,保民族之调和,清室亦得安乐,一举数善,推功让能,自是公论。文承各省推举誓词具在,区区之心,天日鉴之。若以文为诱致之意,则误会矣。”

孙中山为人民免受战争之祸,确实诚心让位。1911 年他还在伦敦的时候,与《滨海杂志》记者谈话中说:“不论我将成为全中国名义上的元首,还是与别人或那个袁世凯合作,对我都无关紧要。我已做成了我的工作,启蒙和进步的浪潮业已成为不可阻挡的。”可见孙中山把权力看得很淡薄,绝不是嗜权之徒。而袁世凯却以“小人之心度君子之腹”,策划一系列阴谋,企图窃取革命果实。

10.二次革命失败

1912 年 8 月同盟会与统一共和党、国民共进会、国民公党及共和实进会合并,成立了国民党。国民党以孙中山为理事长,一切党务都由代理理事长宋教仁主持。而宋是个热衷于议会民主政治的人,想以议会来钳制袁世凯的独裁,到各省游说,鼓吹议会和民主,同时发表激烈言论批评袁世凯的种种不是,遭到袁的痛恨。1913 年 3 月 19 日,宋教仁在上海北火车站遇刺身亡。经过精心调查,血案真相大白,原来是袁世凯所为。孙中山大怒,力主起兵推翻袁氏的统治。经大家讨论,一致表示起兵讨袁。

7月8日，李烈钧奉孙中山之命潜回江西湖口，以江西讨袁总司令的名义首先举起义旗，发表讨袁檄文，对外通电，“二次革命”开始。黄兴决然赴宁，投入讨袁战争，并强迫江苏都督程德全宣布江苏独立。接着，上海、福建、安徽、湖南、浙江纷纷宣布独立，不多久，大江南北燃起熊熊的讨袁战火。

袁世凯对南方的起义，亲自督率北军作战。由于在军队数量上北洋军占优势，而讨袁起军仓促，来不及集中，加之军队分散，没有统一指挥，最严重的是讨袁军没有群众基础，被反噬为“乱党”“暴民”，被加上破坏民国、“涂炭生灵”等罪名。袁世凯颠倒黑白，把自己说成“爱国”“救星”，而把孙中山领导的正义的讨袁派说成是“罪魁祸首”。他装腔作势，说什么“本大总统老矣，六十老翁，复何所求？”而讨袁军方面，在北洋军优势兵力压迫下，立即陷入混乱，某些领导人首先逃跑，三军无主，岂能不败？尽管少数军官和士兵浴血奋战，仍免不了以悲剧收场。孙中山、陈其美、柏文蔚、黄兴、李烈钧、胡汉民皆先后亡命日本。这样，南北统一。1913年10月10日，袁世凯就正式总统，辛亥革命胜利成果化为乌有。

1913年8月孙中山亡命日本后，鉴于国民党内部不纯，决定筹组中华革命党。9月1日发表中华革命党成立宣言。进入1914年，中华革命党发展迅速，在东京、上海吸收了大批党员。中华革命党1919年10月改组为中国国民党。

11.联俄、联共、扶助农工

1919年五四运动以后，群众革命情绪高涨，蛰居上海的孙中山决定出来领导革命。同年11月20日前后，共产国际代表维经斯基到上海孙中山寓所访问，孙中山开始了与共产国际的接触，他不但会见了苏俄大使的代表马林，还直接与李大钊接触，两人谈得十分投机。其后李大钊成为孙家的座上客,畅谈不厌,几乎忘食。李大钊在加入国民党以前,向孙中山说明自己是共产国际支部的成员,不能脱去共产党党籍时,孙中山说:“这不打紧,你尽管一面做第三国际党员,一面加入本党帮助我。”

1922 年 8 月 17 日,中国共产党在杭州举行中央会议,决定有条件地接受共产国际代表马林关于共产党员和社会主义青年团加入国民党的意见。同日,孙中山发表对外宣言:“在现在条件下的中国,联邦制将起离心的作用,它最终只能导致我国分裂成为许多小的国家……中国是一个统一的国家,这一点已牢牢地印在我国的历史意识之中,而联邦制则必削弱这种意识。”

孙中山在国民党内有识之士的支持下,以及共产党的积极推动下,联俄联共改组国民党的工作在顺利进行。1923 年元旦孙中山发表《中国国民党宣言》,宣布以三民主义、五权宪法为建国纲领。同年 2 月 21 日孙中山抵达广州,下榻农林试验场(不久在此设大本营,就大元帅职)。此时孙中山联俄联共的政策已定,对来农林试验场访问的美国人布罗克曼说:“对于来自美国、英国、法国或其他强国的援助,我们已经绝望了。某些迹象表明了帮助我们南方政府(广州军政府)的唯一国家,就是俄国的苏维埃政府。”

1923 年 10 月 6 日,孙中山的首席顾问鲍罗廷到达广州,孙中山夫妇在寓所书斋与鲍罗廷会面时孙问:“据说苏联红军的组织性纪律性很强是吗?我们缺少的就是这个。”

鲍答:“是这样,试问没有严密的组织和铁的纪律,如何战胜敌人?今后我将在这方面努力。”

“谢谢!现在我开始发觉,这不仅是军队,党内也缺少严密的组织和铁的纪律。”

“是的,国民党内组织不完善,毫无纪律可言。更严重的是党员存在着许多异己分子、腐败的官僚和投机分子,而且党内缺乏群众基础。

所有这一切都必须纠正。”“再者,三民主义是符合中国国情的,目前中国不必搞共产主义。我们的政策是促进国民革命,我们已经指示共产党集中力量于此。中国的所有革命者,包括共产党员,都应当在国民党和先生的旗帜下来实现三民主义。”鲍罗廷的话得到孙中山深信,为改组国民党和建立黄埔军校的成功奠定了基础。

1924年1月20日,国民党第一次全国代表大会在广州的广东高等师范学校开幕,这是孙中山与国民党右派斗争取得全面胜利的标志。大会接受了中国共产党提出的反帝反封建的政治主张,重新解释了三民主义,事实上确立了联俄、联共、扶助农工三大政策,实现了第一次国共合作。大会还通过了任命10名共产党员为中央执行委员会的委员和候补委员(约占总数的1/4)。此时国民党就成为工人、农民、小资产阶级、民族资产阶级的民主革命联盟。

1924年10月18日孙中山发表《中国国民党北伐宣言》之时,北方爆发第二次直奉战争。谁也没有想到,5天之后的23日,正当直系军阀吴佩孚与奉系军阀张作霖两军在山海关激战之时,直军第三路军司令冯玉祥回师北京,发动政变,囚禁贿选总统曹锟,驱逐废帝溥仪出宫,史称“北京政变”。冯玉祥数次电请孙中山北上共商国是。于是1924年11月13日孙中山偕夫人宋庆龄乘永丰舰北上,12月4日到达天津。后因病至31日才进入北京。到北京后孙中山病情加重,确诊为晚期肝癌。于是进协和医院治疗。3月11日病情恶化,接受医生建议签署遗嘱。这就是举世闻名的《总理遗嘱》:“余致力国民革命凡四十年,其目的在求中国之自由平等。积四十年之经验,深知欲达到此目的,必须唤起民众及联合世界上以平等待我之民族,共同奋斗。现在革命尚未成功,凡我同志,务须依照余所著建国方策、建国大纲、三民主义及第一次全国代表大会宣言,继续努力,以求贯彻。最近主张开国民会议及废除不平等条约,尤须于最短时间,促其实现,是所至嘱。”

1925年3月12日上午9时30分,一代伟人孙中山先生病逝于北京铁狮子胡同行辕，享年59岁。

12.蒋介石叛变革命

1925年7月1日，国民政府宣布成立(一般称广东革命政府)。政府为委员、主席制。国民政府委员是汪精卫、胡汉民、张静江、谭延闿、许崇智、于右任等16人。国民政府委员会常务委员是汪精卫、胡汉民、谭延闿、许崇智、林森，国民政府主席是汪精卫，外交部部长胡汉民，财政部部长廖仲恺，军事部部长谭延闿，建设部部长孙科，国民政府高等顾问为鲍罗延。这里要特别提出的是，作为大革命的发动者、组织者和领导者的中国共产党被排除在外。7月3日，汪精卫兼任主席的国民政府军事委员会成立。与此同时，国民革命军成立。

1926年7月9日，国民革命军在广州北校场举行北伐誓师大会，蒋介石正式受命国民革命军总司令。总司令统辖以下八军：第一军(由何应钦指挥)，军官大部分由黄埔军校毕业；第二军(由谭延闿指挥)，主要由湖南人组成；第三军(由朱培德指挥)，基本上是滇军；第四军(由李济深指挥)，主要由粤军组成；第五军(由李福林指挥)，主要是广州南部的一支驻军；第六军(由程潜指挥)，主要是湖南人；第七军(由李宗仁指挥)，基本上是桂军；第八军(由唐生智指挥)，新组成。

国民革命军出师后，由于革命军大部分由共产党领导，英勇善战，出师不过半年多时间，克复了长江以南半壁江山。国民政府为进一步实现孙中山统一全国的遗志，迁都武汉，并派宋庆龄、徐谦、孙科、宋子文、陈友仁、蒋作宾、鲍罗廷去武汉筹备迁都工作。他们从广州坐火车到韶关，下车步行到南雄，然后越过大庾岭入江西，再从赣州到南昌而入武汉。

1927年元旦，国民政府正式宣布迁都武汉，在武昌旧督署开始办公。正当武汉三镇人民热烈庆祝武汉成为国都的时候，蒋介石这个野心家却极力反对迁都武汉，力主把国民政府迁到南昌，以便直接控制国民政府,还企图另立中央,分裂国民党。但遭到国民党左派和共产党人的坚决反对,在国民党中央执委和国民政府委员的联席会议上予以否决。

蒋介石迁都南昌的阴谋被戳穿之后,便施展更隐蔽的阴谋手段,即先将执掌宋氏门户的宋蔼龄争取过来,然后争取宋子文,最后和宋美龄结婚。这样一方面孤立宋庆龄,另一方面可以取得主导地位。蒋介石乘北伐途经庐山之机,派人秘密送信到汉口,让宋蔼龄到九江商议要事。宋蔼龄立即搭乘中国银行的船赶到九江,在船上与蒋介石作了一次长谈,达成了政治交易。

蒋介石与宋蔼龄的九江会晤,开始了蒋宋两大家庭合作的格局,同时也定下了其后的反革命策略。

1927 年 3 月 15 日,蒋介石终于离开了停留达四个月的南昌,登上中山舰,由舰只护航沿长江而下。蒋介石 16 日在南昌、17 日在九江、20 日在安庆、25 日在南京分别按照既定的反共基本决策下达命令,制造一系列反共事件。3 月 26 日中山舰到达上海,蒋介石在上海完成了进行反革命的一切准备工作,尤其是取得江浙财阀提供的巨额经费之后,4 月 8 日离开上海到达南京。9 日国民党中央监察委员会发表"护党救国"的通电,全面批判继续坚持国共合作,拥护联俄、联共、扶助农工三大政策的武汉国民党政府。同日蒋介石正式任命国民革命军总参谋长白崇禧出任上海戒严司令,第 26 军军长周凤岐任副司令。10 日蒋介石又以"已被共产党人所把持"为名,将由共产党员邓演达领导的国民革命军总政治部解散,由吴稚晖出任政治部主任。11 日,蒋介石在南京秘密下令:"已克复各省一致进行清党。"于是震惊中外的四一二反革命政变开始了。

11 日晚,上海戒严,流氓头目杜月笙以请客吃饭为名,将中共党员、代理上海总工会委员长汪寿华骗至家中,将他击昏后装入麻袋活埋。

4 月 12 日凌晨,在上海戒严司令部白崇禧、上海警备区特务处长杨虎和东路军政治部主任陈群的指挥下,第 26 军和第 1 军第 2 师向上海工人纠察队总部、市总工会和 14 处工人纠察队的集合所发动进攻,将 2700 名武装工人纠察队的武装全部解除,当场打死打伤反抗的纠察队员和工人 300 余名。

4 月 13 日,上海市总工会发动工人举行总罢工,部分群众到闸北区宝山路第 26 军第 2 师部门口请愿,当场被打死 100 余人,受伤者无数。

4 月 14 日,上海戒严司令部强行解散上海特别市临时政府、中国济难会,取消市党部、总工会、妇联、学联等群众团体,破坏各种革命组织,同时全市进行大逮捕。仅上海一地,3 天之内 500 余人被杀,数千人被捕,5000 余人下落不明。戒严司令部还悬赏捕捉共产党员,查获首要者每名赏洋 1000 元,附从者赏洋 500 元。

4 月 18 日南京政府宣告成立,胡汉民为主席,钮永建为秘书长,蒋介石为国民革命军总司令,古应芬为财政部部长,伍朝枢为外交部部长,王宠惠为司法部部长、黄郛为上海特别市市长。

就在南京政府成立的这一天,新政府发布第一号令:“从严拿办共产党的首要、次要危险分子。”第一号通缉令:通缉鲍罗廷、陈独秀、谭平山、林伯渠、毛泽东、邓演达等著名中共党员和国民党左派。

在上海四一二反革命政变带动下,在北洋军阀控制的北京和蒋介石控制的浙江、安徽、福建、广东、湖南、江西、湖北等地也发生反革命暴乱,大批革命群众被杀。在北京,北洋军阀竟将中共创始人李大钊绞死。

从此以后,中国国民党完全背弃孙中山的革命主张,成为代表帝国主义、封建主义和官僚主义利益的反动集团,全面实行了卖国、内战、独裁的政策。中国革命也就从孙中山领导的旧民主主义革命转变成中国共产党领导的新民主主义革命。

参考文献

1.澳门《东西方文化交流》,澳门基金会出版,1994 年。
2.白寿彝:《中国通史》,上海人民出版社,1989 年。
3.班固:《汉书》标点本,中华书局,1962 年。
4.陈寿:《三国志》标点本,中华书局,1982 年。
5.范文澜、蔡美彪:《中国通史》,人民出版社,2009 年。
6.范晔:《后汉书》标点本,中华书局,1965 年。
7.费正清:《中华民国史》,中国社会科学出版社,1994 年。
8.顾长声:《传教士与中国近代社会》,上海人民出版社,1981 年。
9.顾卫民:《基督教与中国近代社会》,上海人民出版社,1995 年。
10.胡伟希:《辛亥革命与中国近代思想》,人民大学出版社,1991 年。
11.《近代史资料》,中华书局,1963 年。
12.翦伯赞:《中国通史参政资料》,中华书局,1985 年。
13.梁启超:《李鸿章传》,海南出版社,1993 年。
14.刘昫:《旧唐史》标点本,中华书局,1978 年。
15.刘毓璜:《中国古代史》,南京大学出版社,1955 年。
16.欧阳修:《新唐史》标点本,中华书局,1975 年。
17.司马光:《资治通鉴》标点本,中华书局,1956 年。

18.司马迁:《史记》标点本,中华书局,1982 年。
19.孙中山:《革命原起》,《中国近代史资料丛刊辛亥革命》,上海人民出版社,1957 年。
20.魏征:《隋书》标本点,中华书局,1973 年。
21.夏东元:《洋务运动史》,华东师范大学出版社,1992 年。
22.赵尔巽:《清史稿》标点本,中华书局,1977 年。
23.郑彭年:《勿忘国耻》,中国社会科学出版社,2000 年。
24.郑彭年:《西风东渐——中国改革开放史》,人民出版社,2005 年。
25.中国史学会:《中国近代史资料丛刊——戊戌变法》,上海人民出版社,1957 年。
26.中国史学会:《中国近代史资料丛刊——鸦片战争》,上海人民出版社,1957 年。
27.中国史学会:《中国近代史资料丛刊——洋务运动》,上海人民出版社,1957 年。
28.中国中日关系史学会:《东方文化与现代化》,时事出版社,1992 年。
29.中国中外关系史学会:《中外关系史论丛第 5 辑》,书目文献出版社,1993 年。
30.朱谦之:《中国哲学对欧洲的影响》,福建人民出版社,1985 年。